AF607570

Allan Kardec

El libro de los Médiums

Allan Kardec

El libro de los Médiums

o

Guía de los Médiums
y de las evocaciones

• Colección Sendero •

EL LIBRO DE LOS MÉDIUMS

Traducción: Javier Pedrosa

Edita: Olmak Trade S.L.
C/ Roca Plana 1
08110 - Montcada i Reixac
Barcelona (España)

www.olmaktrade.com
info@olmaktrade.com

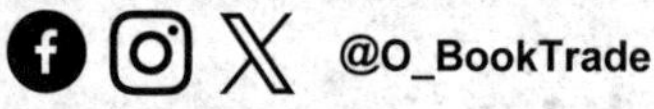

Impreso en España / Printed in Spain

I.S.B.N: 978-84-10109-85-8
Depósito Legal: B 22590-2024

INTRODUCCIÓN

La experiencia nos confirma todos los días en la opinión de que las dificultades y las decepciones que se encuentran en la práctica del espiritismo tienen su origen en la ignorancia de los principios de esta ciencia, y estamos felices por haber constatado que el trabajo que hemos hecho, para precaver a los adeptos contra los escollos de un noviciado, ha producido sus frutos, y que muchos han debido a la atenta lectura de esta obra el haber podido evitarlos.

Un deseo muy natural, entre las personas que se ocupan del espiritismo, es el poder entrar por sí mismas en comunicación con los Espíritus; esta obra está destinada a facilitarles el camino haciéndoles aprovechar del fruto de nuestros largos y laboriosos estudios, porque tendrían una idea muy falsa, pensando que para ser experto en esta materia basta saber colocar los dedos sobre una mesa para hacerla girar o tener un lápiz para escribir.

Se engañarían igualmente, si creyesen encontrar en esta obra una receta universal e infalible para formar los médiums. Aunque cada uno contenga en sí mismo el germen de la cualidades necesarias para poderlo ser, estas cualidades no existen sino en grados muy diferentes, y su desarrollo proviene de causas que no dependen de ninguna persona el hacerlas nacer a voluntad. Las reglas de la poesía, de la pintura y de la música, no hacen ni poetas, ni pintores, ni músicos de aquellos que no tienen el genio: guían en el empleo de facultades naturales. Lo mismo pasa con nuestro trabajo; su objeto es indicar los medios de desenvolver la facultad medianímica, tanto como lo permitan las disposiciones de cada uno, y sobre todo dirigir el empleo de éstas de una manera útil, cuando la facultad existe. Pero ese no es el fin único que nos hemos propuesto.

Al lado de los médiums propiamente dichos, está la multitud, que aumenta todos los días, de personas que se ocupan de las manifestaciones espiritistas. Guiarles en sus observaciones, señalarles los escollos que pueden y deben necesariamente encontrar en una cosa nueva, iniciarles en la manera de tener relación con los Espíritus, indicarles los medios de tener buenas comunicaciones, tal es el esquema que debemos abrazar, so pena de hacer una cosa incompleta. Nadie quedará, pues, sorprendido, al encontrar en nuestro trabajo noticias que, de pronto, podrán parecer extrañas: la experiencia demostrará su utilidad. Después de haberlo estudiado con cuidado, se comprenderán mejor los hechos de que será testigo; el lenguaje de ciertos Espíritus parecerá menos raro. Como instrucción práctica, no se dirige pues exclusivamente a los médiums, sino a todos aquellos que están en disposición de ver y observar los fenómenos espiritistas.

Algunas personas hubieran deseado que publicásemos un manual práctico muy sucinto, conteniendo en pocas palabras la indicación de los procedimientos que deben seguirse para entrar en comunicación con los Espíritus: piensan que un librito de esta naturaleza, pudiendo, por lo módico de su precio, circular con profusión, sería un poderoso medio de propaganda, multiplicando los médiums; en cuanto a nosotros, miramos tal obra como más dañosa que útil, al menos por el momento. La práctica del espiritismo está rodeada de muchas dificultades, y no está exenta de los inconvenientes que sólo un estudio serio y completo puede precaver. Sería, pues de temer que una indicación demasiado sucinta, provocase experiencias hechas con ligereza, que podrían dar lugar a arrepentirse; éstas son cosas con las cuales no es *conveniente* ni prudente jugar, y creeríamos prestar un mal servicio poniéndolas a disposición del primer atolondrado que tomase a diversión el hablar con los muertos. Nos dirigimos a las personas que ven en el espiritismo un fin serio, que comprenden toda su gravedad, y no hacen un juego de las comunicaciones con el mundo invisible.

Habíamos publicado una *Instrucción práctica* con el objeto de guiar a los médiums; esta obra está hoy agotada, y aunque se hizo con un fin eminentemente grave y serio, no la reimprimiremos, porque no la encontramos aún bastante completa para ilustrar sobre todas las dificultades que se pueden encontrar. La hemos reemplazado por ésta, en la que reunimos todos los datos que una larga experiencia y un estudio concienzudo, nos permitieron adquirir. Contribuirá, lo esperamos al menos, a dar al espiritismo el carácter grave que es su esencia y evitar que se vea en él un objeto de ocupación frívola de diversión.

A estas consideraciones añadiremos una muy importante, que es la mala impresión que produce sobre las personas novicias o mal dispuestas, la vista de experiencias hechas ligeramente y sin conocimiento de causa; tienen por inconveniente el dar del mundo de los Espíritus, una idea muy falsa y de prestar el flanco a la burla y a una crítica muchas veces fundada; por eso es que, raramente, los incrédulos salen convertidos de estas reuniones, y poco dispuestos a ver el lado grave del espiritismo. La ignorancia y la liviandad de ciertos médiums, han hecho más mal, del que parece, en la opinión de muchas gentes.

El espiritismo ha hecho grandes progresos desde algunos años, pero los ha hecho sobre todo inmensos, desde que ha entrado en la vía filosófica, porque ha sido apreciado por las gentes ilustradas. Hoy día no es ya un espectáculo: es una doctrina de la que ya no se ríen los que se mofaban de las mesas giratorias. Poniendo nuestros esfuerzos en dirigirle y mantenerle en este terreno, tenemos la convicción de conquistarle más partidarios útiles, que provocando de cualquier modo, manifestaciones de las cuales se podría abusar. Ya muchos tenemos la prueba de eso por el número de adeptos que ha hecho la sola lectura de *El Libro de los Espíritus*.

Después de haber expuesto en *El Libro de los Espíritus* la parte filosófica de la ciencia espiritista, damos en esta obra la parte práctica para el uso de aquellos que quieran ocuparse de las manifestaciones, ya por sí mismos, ya para darse cuenta de los fenómenos que pueden ser llamados a presenciar. En ella verán los escollos que se pueden encontrar, y tendrán así un medio de evitarlos. Estas dos obras, aunque continuación la una de la otra, son hasta cierto punto independientes; pero al que quiera ocuparse seriamente del tema diremos que lea desde luego *El Libro de los Espíritus,* porque contiene los principios fundamentales, sin los cuales ciertas partes de esta obra serían tal vez difícilmente comprendidas.

Mejoras importantes fueron introducidas en esta segunda edición que es mucho más completa que la primera. Se ha corregido con un cuidado muy particular por los Espíritus, que han agregado un número muy grande de observaciones y de instrucciones del más alto interés. Como todo lo han revisado y lo han aprobado o modificado a su gusto, se puede decir que esta edición es en gran parte su obra, porque su intervención no se ha limitado a algunos artículos firmados; no hemos indicado los nombres sino cuando esto nos ha parecido necesario para caracterizar ciertas citas un poco extensas, como emanadas de ellos textualmente; de otro modo nos hubiera sido necesario citarlos casi en cada página, especialmente en todas las respuestas hechas a las preguntas propuestas, lo que no nos ha parecido útil. Los nombres, como se sabe, importan poco en semejante materia; lo esencial es que el conjunto del trabajo responda al fin que nos hemos propuesto. La acogida hecha a la primera edición, aunque imperfecta, nos hace esperar que ésta no lo será con menos favor.

Como hemos añadido en ella muchas cosas y muchos capítulos enteros, hemos suprimido algunos artículos que tenían doble colocación, entre otros *la Escala espiritista,* que se encuentra ya en *El Libro de los Espíritus*. Hemos igualmente suprimido del *Vocabulario* lo que no entraba especialmente en el cuadro de esta obra y que se halla últimamente reemplazado por cosas más prácticas. Por otra parte, este vocabulario no era bastante completo; lo publicaremos más tarde separadamente, bajo la forma de un pequeño diccionario de filosofía espírita; sólo hemos conservado las palabras nuevas o especiales relativas al objeto del que nos ocupamos.

PRIMERA PARTE

NOCIONES PRELIMINARES

CAPÍTULO I

¿HAY ESPÍRITUS?

1. La duda concerniente a la existencia de los Espíritus, tiene por causa primera la ignorancia de su verdadera naturaleza. Se les figura generalmente como seres aparte en la creación, y cuya necesidad no está demostrada. Muchos no los conocen sino por los cuentos fantásticos que han oído desde la cuna, poco más o menos como se conoce la historia por los romances; sin investigar si estos cuentos, separados los accesorios ridículos, se apoyan sobre un fondo de verdad, sólo les impresiona lo absurdo; no quieren tomarse el trabajo de quitar la corteza amarga para descubrir la almendra y rehúsan el todo, como hacen con la religión los que, por ver ciertos abusos, todo lo confunden en la misma reprobación.

Cualquiera que sea la idea que se forme de los Espíritus, esta creencia está necesariamente fundada sobre la existencia de un principio inteligente fuera de la materia, y es incompatible con la negación absoluta de este principio. Tomamos, pues, nuestro punto de partida en la existencia, la supervivencia y la individualidad del alma, de lo que el *espiritualismo* es la demostración teórica y dogmática, y el *espiritismo* la demostración patente. Hagamos, por un instante, abstracción de las manifestaciones propiamente dichas, y razonando por inducción, veamos a qué consecuencia llegaremos.

2. Desde el momento que se admite la existencia del alma y su individualidad después de la muerte, es menester también admitir: 1º) que es de una naturaleza diferente del cuerpo, puesto que una vez separada de éste no tiene ya sus propiedades; 2º) que goza de la conciencia de sí misma puesto que se le atribuyen la alegría o el sufrimiento; de otro modo sería un ser inerte, y tanto valdría para nosotros no tenerla. Admitido esto, el alma va a alguna parte, ¿en qué se convierte y a dónde va? Según la creencia común, va al cielo o al infierno ¿pero dónde están el cielo y el infierno? Se decía en otro tiempo que el cielo estaba arriba y el infierno abajo; ¿pero qué es lo que está arriba o abajo en el universo desde que se conoce la redondez de la Tierra, el movimiento de los astros que hace que lo que es arriba en un momento dado venga a ser lo bajo en doce horas, lo infinito del espacio en el cual el ojo se sumerge en distancias inconmensurables? Es verdad que por lugares bajos se entienden también las profundidades de la tierra; ¿pero qué han venido a ser estas profundidades después de las excavaciones geológicas realizadas? ¿Qué se han hecho estas esferas concéntricas llamadas «cielo de fuego», «cielo de las estrellas», desde que se sabe que la Tierra no es el centro de los mundos, que nuestro mismo Sol no es más que uno de los millones de soles que brillan en el espacio, y que cada uno de ellos es el centro de un torbellino planetario? ¿Qué importancia tiene la Tierra perdida en esta inmensidad? ¿Por cuál privilegio injustificable este grano de arena imperceptible, que no se distingue por su volumen ni por su posición, ni por un rol particular, estaría él sólo poblado de seres racionales? La razón rehúsa admitir esta inutilidad de lo infinito, y todo nos dice que esos mundos están habitados. Si están poblados, suministran pues su contingente al mundo de las almas, pero repetimos, ¿qué es de estas almas, puesto que la astronomía y la geología han destruido el concepto de las moradas que les estaban señaladas, y sobre todo desde que la teoría tan racional de la pluralidad de los mundos, las ha multiplicado hasta el infinito? La doctrina de la localización de las almas, no pudiendo ponerse de acuerdo con los datos de la ciencia, otra doctrina más lógica les señala por dominio, no un lugar determinado, y circunscrito, sino el espacio universal: es todo un mundo invisible en medio del cual vivimos, que nos circuye y nos rodea sin cesar. ¿Hay en esto una imposibilidad, alguna cosa que repugne a la razón? De ningún modo, todo nos dice, al contrario, que no puede ser de otra manera. ¿Pero entonces qué vienen a ser las penas y las recompensas futuras, si les quitáis los lugares especiales? Observad que la incredulidad, respecto a esas penas y recompensas, está, generalmente, provocada, porque se las presenta en condiciones inadmisibles; pero decid en lugar de esto que las almas hallan su dicha o su desgracia en sí mismas; que su suerte está subordinada a su estado moral; que la reunión de las almas afines y buenas es una fuente de felicidad; que según su grado de depuración, penetran y ven cosas que se borran ante las almas groseras, y todo el mundo lo comprenderá sin trabajo; decid además que las almas no llegan al grado supremo sino por medio de los esfuerzos que hacen para mejorarse y después de una serie de pruebas que sirven a su depuración; que los ángeles son las almas que han llegado al último grado, el que todas pueden alcanzar con buena voluntad; que los ángeles son los mensajeros de Dios encargados de velar en la ejecución de sus designios en todo el universo; que son dichosos de estas misiones gloriosas, y daréis a su felicidad un fin más útil y más atractivo que el de una contemplación perpetua, que no sería otra cosa que una inutilidad perpetua; decid, en fin, que los demonios no son otros que las almas de los malvados, todavía no depuradas, pero que pueden llegar a serlo como las otras, y esto parecerá más conforme a la justicia y a la bondad de Dios, que la doctrina de seres creados para el mal y perpetuamente dedicados a él. He aquí, repetimos, lo que la razón más severa, la lógica más rigurosa, en una palabra, el buen sentido, pueden admitir.

Las almas que pueblan el espacio son precisamente lo que se llaman *Espíritus*; los *Espíritus* no son, pues, otra cosa que las almas de los hombres despojadas de su envoltura corporal. Si los Espíritus fuesen seres aparte, su existencia sería más hipotética: pero si admitimos que hay almas, es necesario también admitir los Espíritus, que no son otros que las almas; si se admite que las almas están por todas partes, es necesario admitir igualmente que los Espíritus están por doquier. No se podría, pues, negar la existencia de los Espíritus sin negar la de las almas.

3. Esto no es, en verdad, sino una teoría más racional que la otra; pero ya es mucho una teoría que no contradiga ni la razón ni la ciencia; si además está corroborada por los hechos, tiene para sí la sanción del razonamiento y de la experiencia. Estos hechos, nosotros los encontramos en el fenómeno de las manifestaciones espiritistas, que son así la prueba patente de la existencia y de la supervivencia del alma. Pero para muchas gentes, su creencia no va más allá; admiten la existencia de las almas y por consecuencia la de los Espíritus, pero niegan la posibilidad de comunicarse con ellos, por la razón, dicen, que seres inmateriales no pueden obrar sobre la materia. Esta duda está fundada sobre la ignorancia de la verdadera naturaleza de los Espíritus, de la cual se forma generalmente una idea muy falsa, por cuanto se les considera sin razón como seres abstractos, vagos e indefinidos, lo que no es así.

Figurémonos desde luego el Espíritu en su unión con el cuerpo; el Espíritu es el ser principal, ya que es el ser *pensador y superviviente*; el cuerpo no es, por consiguiente, más que un *accesorio* del Espíritu, una envoltura, un vestido que deja cuando está usado. Además de esta envoltura material, el Espíritu tiene una segunda, semimaterial que le une a la primera; en la muerte, el Espíritu se despoja de ésta, pero no de la segunda a la que nosotros damos el nombre de *periespíritu*. Esta envoltura semimaterial que afecta la forma humana, constituye para él un cuerpo fluídico, vaporoso, pero que, por ser invisible para nosotros en su estado normal no deja de poseer algunas de las propiedades de la materia. El Espíritu no es, pues, un punto, una abstracción, sino un ser limitado y circunscrito, al cual sólo falta ser visible y palpable para parecerse a los seres humanos. ¿Por qué, pues, no obraría sobre la materia? ¿Porque su cuerpo es fluídico? ¿Pero no es entre los fluidos más rarificados, los mismos que se miran como imponderables, la electricidad, por ejemplo, que el hombre encuentra sus más poderosos motores? ¿Es que la luz imponderable no ejerce una acción química sobre la materia ponderable? Nosotros no conocemos la naturaleza íntima del periespíritu; pero supongámosle formado de materia eléctrica, o de otra tan sutil como ésta, ¿por qué no tendría la misma propiedad siendo dirigida por una voluntad?

4. La existencia del alma y la de Dios, que son la consecuencia una de la otra, siendo la base de todo el edificio, antes de entablar alguna discusión espiritista, importa asegurarse si el interlocutor admite esta base. Si a estas preguntas:

¿Creéis en Dios?

¿Creéis tener un alma?

¿Creéis en la supervivencia del alma después de la muerte?, responde negativamente, o si dice simplemente: *No sé; querría que fuese así, pero no estoy seguro de ello*, lo que, las más de las veces, equivale a una cortés negativa, disfrazada bajo una forma menos explícita a fin de no chocar muy bruscamente lo que él llama preocupaciones respetables, sería tan inútil ir más allá, como el pretender demostrar las propiedades de la luz al ciego que no la admitiese, porque en definitiva, las manifestaciones espiritistas no son otra cosa que los efectos de las propiedades del alma; con aquél es necesario seguir otro orden de ideas si no se quiere perder el tiempo.

Si se admite la base, no a título de *probabilidad*, si no como cosa segura, incontestable, la existencia de los Espíritus, se deduce naturalmente.

5. Resta ahora la cuestión de saber si el Espíritu puede comunicarse al hombre, esto es, si puede intercambiar pensamientos con él. ¿Y por qué no? ¿Qué es el hombre si no un Espíritu encarcelado en un cuerpo? ¿Por qué el Espíritu libre no podría comunicarse con el Espíritu en prisión, como el hombre libre con el que está entre cadenas? Una vez que admitís la supervivencia del alma, ¿es racional no admitir la supervivencia de los afectos? Puesto que las almas están por todas partes, ¿no es natural pensar que la de un ser que nos ha amado durante su vida, venga cerca de nosotros, que desee comunicarse, y que se sirva para esto de los medios que están a su disposición? ¿Durante su vida no obraba sobre la materia de su cuerpo? ¿No era ella quien dirigía sus movimientos? ¿Por qué, pues, después de su muerte, de acuerdo con otro Espíritu ligado a un cuerpo, no tomaría este cuerpo vivo para manifestar su pensamiento, como un mudo se sirve de uno que hable para hacerse comprender?

6. Hagamos por un instante abstracción de los hechos que, para nosotros, hacen la cosa incontestable; admitámoslos a título de simple hipótesis; pidamos que los incrédulos nos prueben, no por una simple negativa, porque su dictamen personal no puede hacer ley, sino por razones perentorias, que esto no puede ser. Nosotros nos colocaremos sobre su terreno, y puesto que quieren apreciar los hechos espiritistas con ayuda de las leyes de la materia, que tomen, por consiguiente, en este arsenal, alguna demostración matemática, física, química, mecánica, y fisiológica, y prueben por *a* más *b*, partiendo siempre del principio de la existencia y supervivencia del alma:

1) que el ser que piensa en nosotros durante la vida no debe pensar más después de la muerte;

2) que, si piensa, no debe pensar más en los que ha amado;

3) que si piensa en aquellos que ha amado, no debe querer ya comunicarse con ellos;

4) que si puede estar por todas partes, no puede estar a nuestro lado;

5) que si está a nuestro lado, no puede comunicarse con nosotros;

6) que por su envoltura fluídica no puede obrar sobre la materia inerte;

7) que si puede obrar sobre la materia inerte, no puede obrar sobre un ser animado;

8) que si puede obrar sobre un ser animado, no puede dirigir su mano para hacerle escribir;

9) que pudiendo hacerlo escribir, no puede responder a sus preguntas y transmitirle su pensamiento.

Cuando los adversarios del espiritismo nos hayan demostrado que esto no puede ser, por razones tan patentes como aquellas por las cuales Galileo demostró que no es el Sol el que da vueltas alrededor de la Tierra, entonces podremos decir que sus dudas son fundadas; desgraciadamente hasta ese día toda su argumentación se resume en estas palabras: *Yo no creo, luego esto es imposible*. Nos dirán sin duda que toca a nosotros probar la realidad de las manifestaciones; nosotros se la probamos por los hechos y el raciocinio, si no admiten ni lo uno ni lo otro, si aún niegan lo que ven, corresponde a ellos el probar que nuestro raciocinio es falso y que los hechos son imposibles.

CAPÍTULO II

LO MARAVILLOSO Y LO SOBRENATURAL

7. Si la creencia en los Espíritus y en sus manifestaciones fuese una concepción aislada, el producto de un sistema, podría con alguna apariencia de razón ser sospechosa de ilusión; pero que se nos diga ¿por qué se la encuentra tan viva entre todos los pueblos antiguos y modernos, y en los libros santos de todas las religiones conocidas? Esto es, dicen algunos críticos, porque en todo tiempo el hombre ha amado lo maravilloso. —¿Qué es, pues, lo maravilloso según vosotros? —Lo que es sobrenatural. —¿Qué entendéis por sobrenatural? —Lo que es contrario a las leyes de la naturaleza. —¿Acaso conocéis estas leyes con tanta perfección que os sea posible marcar un límite a la potencia de Dios? ¡Pues bien! Probad entonces que la existencia de los Espíritus y sus manifestaciones son contrarias a las leyes de la naturaleza; que esto no es y no puede ser una de estas leyes. Seguid la doctrina espiritista y ved si se eslabona con todos los caracteres de una admirable ley que resuelve todo lo que las leyes filosóficas no han podido resolver hasta este día. El pensamiento es uno de los atributos del Espíritu; la posibilidad de obrar sobre la materia, de hacer impresión sobre nuestros sentidos y por consecuencia de transmitir su pensamiento, resulta, si podemos expresarnos así, de su constitución fisiológica: luego no hay en este hecho nada de sobrenatural, nada de maravilloso. Que un hombre muerto y bien muerto, resucite corporalmente, que sus miembros dispersos se reúnan para volver a formar su cuerpo, he aquí lo maravilloso, lo sobrenatural, lo fantástico; eso sería una verdadera derogación que Dios no puede cumplir sino por un milagro, pero no hay nada de esto en la doctrina espiritista.

8. Sin embargo, se dirá, admitís que un Espíritu puede levantar una mesa y mantenerla en el espacio sin punto de apoyo; ¿acaso no es esto una derogación de la ley de gravedad? — De la ley conocida, sí, ¿pero la naturaleza ha dicho su última palabra? Antes que se hubiese conocido la fuerza ascensional de ciertos gases, ¿quién hubiera dicho que una pesada máquina llevando muchos hombres, pudiera triunfar a la fuerza de atracción? A los ojos del vulgo ¿no debería parecer maravilloso, diabólico? El que hubiera propuesto, hace un siglo, transmitir un despacho a 500 leguas, y recibir la contestación en algunos minutos, hubiera pasado por un loco; si lo hubiese hecho, se hubiera creído que tenía el diablo a sus órdenes, porque entonces sólo el diablo era capaz de ir tan aprisa. ¿Por qué, pues, un fluido desconocido, no tendría la propiedad en circunstancias dadas, de contrabalancear el efecto de la gravedad, como el hidrógeno contrabalancea el peso del globo aerostático? Hacemos esta observación de paso, que es una comparación, mas no una asimilación, y únicamente para demostrar, por analogía, que el hecho no es físicamente imposible. Pero fue precisamente cuando los sabios, en la observación de estas especies de fenómenos, quisieron proceder por vía de asimilación que se engañaron. Por lo demás el hecho existe; todas las denegaciones no podrán hacer que no sea, porque negar no es probar; para nosotros no hay nada de sobrenatural; es todo lo que podemos decir por el momento.

9. Si el hecho está constatado, se dirá, nosotros lo aceptamos, y reconocemos la causa que acabáis de señalar, la de un fluido desconocido, ¿pero qué prueba la intervención de los Espíritus? En esto está lo maravilloso, lo sobrenatural.

Sería menester aquí una demostración que no estaría en su sitio y tendría por otra parte doble colocación, porque resalta de todas las otras partes de la enseñanza. Sin embargo, para resumirla en pocas palabras, diremos que está fundada, en teoría, sobre este principio: todo efecto inteligente debe tener una causa inteligente, y en la práctica sobre la observación de que los fenómenos llamados espiritistas, habiendo dado pruebas de inteligencia, debían tener su causa fuera de la materia; que esta inteligencia no siendo la de los asistentes —esto es un resultado de la experiencia— debía estar fuera de ellos; y puesto que no se veía el ser en acción, debía ser un ente invisible. Desde entonces fue, que por la observación se llegó a reconocer que este ser invisible, al cual se ha dado el nombre de Espíritu, no es otro que el alma de aquellos que han vivido corporalmente, y que la muerte ha despojado de su grosera envoltura visible, no dejándoles más que una envoltura etérea, invisible en su estado normal. He aquí pues, lo maravilloso y lo sobrenatural reducidos a su más simple expresión. Una vez acreditada la existencia de seres invisibles, su acción sobre la materia resulta de la naturaleza de su envoltura fluídica; esta acción es inteligente, porque muriendo, ellos no han perdido más que su cuerpo, pero han conservado la inteligencia que es su esencia; ahí está la llave de todos estos fenómenos reputados sin razón sobrenaturales. La existencia de los Espíritus no es pues un sistema preconcebido, una hipótesis imaginada para explicar los hechos; es un resultado de observaciones y la consecuencia natural de la existencia del alma; negar esta causa, es negar el alma y sus atributos. Aquellos que crean poder dar, de estos efectos inteligentes, una solución más racional, pudiendo sobre todo dar razón de *todos los hechos*, que tengan la bondad de hacerlo y entonces se podrá discutir el mérito de cada uno.

10. A los ojos de estos que miran la materia como la única potencia de la naturaleza, *todo lo que no puede ser explicado por las leyes de la materia es maravilloso o sobrenatural*; y para ellos, *maravilloso* es sinónimo de *superstición*.

Bajo este título la religión, fundada sobre la existencia de un principio inmaterial, sería un tejido de supersticiones; no se atreven a decirlo en voz alta, pero lo dicen bajito, y creen salvar las apariencias concediendo que es necesaria una religión para el pueblo, y para hacer que los niños sean sabios; luego, de dos cosas una, o el principio religioso es verdadero o es falso; si es verdadero, lo es para todo el mundo; si falso, tan malo es para los ignorantes como para las gentes ilustradas.

11. Los que atacan al espiritismo en nombre de lo maravilloso, se apoyan pues, generalmente, sobre el principio materialista, porque negando todo efecto extramaterial, niegan, por lo mismo, la existencia del alma; sondead el fondo de su pensamiento, escudriñad bien el sentido de sus palabras, y veréis casi siempre este principio, si no categóricamente formulado, despuntar bajo las apariencias de una pretendida filosofía racional con que ellos lo cubren. Rebatiendo a cuenta de lo maravilloso, todo lo que se deduce de la existencia del alma, son consecuentes consigo mismos; no admitiendo la causa, no pueden admitir los efectos: de ahí en ellos una opinión preconcebida que les invalida para juzgar sanamente el espiritismo porque parten del principio de la negación de todo lo que no es material. En cuanto a nosotros, de que admitamos los efectos que son la consecuencia de la existencia del alma, ¿se sigue acaso que aceptemos todos los hechos calificados de maravillosos, que seamos los campeones de todos los que sueñan, los adeptos de todas las utopías, de todas las excentricidades sistemáticas? Sería menester conocer muy poco el espiritismo para pensarlo, pero nuestros adversarios no miran éste tan de cerca; la necesidad de conocer aquello de que hablan es el menor de sus cuidados. Según ellos, lo maravilloso es absurdo; pues el espiritismo se apoya sobre hechos maravillosos, luego el espiritismo es absurdo: esto para ellos es un juicio sin apelación. Creen oponer un argumento sin réplica, cuando después de haber hecho eruditas investigaciones sobre los convulsionarios de Saint-Médard, los calvinistas de las Cévennes, o las religiosas de Loudun, han conseguido descubrir hechos patentes de superchería que nadie niega; ¿pero estas historias son el evangelio del espiritismo? ¿Sus partidarios han negado que el charlatanismo haya explotado ciertos hechos en su provecho; que la imaginación los haya creado, que el fanatismo los haya exagerado mucho? El espiritismo no es solidario de las extravagancias que se pueden cometer en su nombre, como la verdadera ciencia, no lo es de los abusos de la ignorancia, ni la verdadera religión, de los excesos del fanatismo. Muchos críticos juzgan al espiritismo por los cuentos de hadas y las leyendas populares que son sus ficciones; es como si juzgáramos la historia por los romances históricos o las tragedias.

12. En lógica elemental, para discutir una cosa es menester conocerla, porque la opinión del crítico no tiene valor, hasta tanto que hable con perfecto conocimiento de causa; sólo entonces aunque su opinión fuese errónea, puede tomarse en consideración; ¿pero qué valor tendrá sobre una materia que no conoce? El verdadero crítico debe dar prueba, no sólo de erudición, sino de un saber profundo respecto del objeto que trate, de un juicio sano y de una imparcialidad a toda prueba, de otro modo el primer músico del lugar podría arrogarse el derecho de juzgar a Rossini, y un aprendiz el de censurar a Rafael.

13. El espiritismo no acepta, pues, todos los hechos reputados maravillosos o sobrenaturales; lejos de eso, demuestra la imposibilidad de un gran número, y el ridículo de ciertas creencias que constituyen, propiamente hablando, la superstición. Es verdad que en lo que admite, hay cosas que para los incrédulos son puras maravillas o sea de la superstición; está bien, pero, al menos no discutáis sino estos puntos, porque sobre los otros no hay nada que decir y predicáis a convertidos. Atacándolo con lo mismo que él refuta, probáis vuestra ignorancia en el asunto, y vuestros argumentos caen en falso. ¿Pero, se dirá, en dónde se detiene la creencia del espiritismo? Leed, observad, y lo sabréis. Toda ciencia sólo se adquiere con el tiempo y el estudio; así es que el espiritismo que toca las cuestiones más graves de la filosofia, a todas las ramas del orden social, que abraza a la vez al hombre físico y al hombre moral, es por sí mismo toda una ciencia, toda una filosofía que no puede ser aprendida en algunas horas como cualquiera otra ciencia; habría tanta puerilidad en querer ver todo el espiritismo en una mesa giratoria, como en ver toda la física en ciertos juegos de niño. Para aquel que no quiera detenerse en la superficie, no son horas, sino meses y años que son necesarios para sondear todos sus arcanos. Que se juzgue por eso del grado de saber y del valor de la opinión de aquellos que se arrogan el derecho de juzgar, porque han visto uno o dos experimentos, las más de las veces a manera de distracción y pasatiempo. Ellos dirán sin duda que no están siempre en disposición de ocuparse en este estudio: concedido; nada les obliga; pero entonces cuando no se tiene tiempo de aprender una cosa, que no se hable de ella y aun menos se la juzgue, sino se quiere ser acusado de ligero; y cuanto más se ocupa una posición elevada en la ciencia menos se le disimula el que trate ligeramente un objeto que no conoce.

14. Resumimos nuestro pensamiento en la siguientes proposiciones:

1) Todos los fenómenos espiritistas tienen por principio la existencia del alma, su supervivencia al cuerpo, y sus manifestaciones.

2) Estos fenómenos, están fundados sobre una ley de la naturaleza, y no tienen nada de *maravilloso* ni de *sobrenatural* en el sentido vulgar de estas palabras.

3) Muchos de los hechos son reputados sobrenaturales porque no se

conoce su causa. Señalándoles el espiritismo una causa, les hace entrar en el dominio de los fenómenos naturales.

4) Entre los hechos calificados de sobrenaturales hay muchos cuya imposibilidad demuestra el espiritismo y por eso los coloca entre las creencias supersticiosas.

5) Aunque el espiritismo reconozca en muchas creencias populares, un fondo de verdad, no acepta de ningún modo la veracidad de todas las historias fantásticas creadas por la imaginación.

6) Juzgar al espiritismo por los hechos que no admite, es manifestar ignorancia, y quitar todo el valor a tal opinión.

7) La explicación de los hechos admitidos por el espiritismo, sus causas y sus consecuencias morales, constituyen toda una ciencia y toda una filosofía, que requieren un estudio serio, perseverante y profundo.

8) El espiritismo no puede mirar como crítico serio sino al que ha visto, estudiado y profundizado todo, con la paciencia y perseverancia de un observador concienzudo; aquel que sabrá tanto sobre este objeto, como el adepto más ilustrado; quien habrá por consiguiente sacado sus conocimientos de otra parte que de los romances de la ciencia, a quien no se podría oponer *ningún hecho* del cual no tuviera conocimiento, ningún argumento que no hubiese meditado, que refutaría, no por negaciones, sino por otros argumentos más perentorios; aquel que podría, en fin, señalar una causa más lógica a los hechos averiguados. Este crítico está todavía por encontrarse.

15. Hemos mencionado ahora mismo la palabra *milagro*; una corta observación sobre este punto, no estará mal colocada en este capítulo sobre lo maravilloso.

En su acepción primitiva, y por su etimología, la palabra milagro significa cosa *extraordinaria, cosa admirable de ver*; pero esta palabra, como tantas otras, se ha separado de su sentido original, y hoy día se dice (según la Academia) *de un acto de la potencia divina contrario a las leyes comunes de la naturaleza*. Tal es en efecto su acepción usual, y sólo por comparación y por metáfora se aplica a las cosas vulgares que nos sorprenden y cuya causa es desconocida. No entra, de ninguna manera, en nuestras miras examinar si Dios ha podido juzgar útil, en ciertas circunstancias, derogar las leyes establecidas por él mismo; nuestro fin es únicamente demostrar que los fenómenos espiritistas, por extraordinarios que sean, no derogan de ningún modo estas leyes, no tienen ningún carácter milagroso, como tampoco son maravillosos o sobrenaturales. El milagro no se explica; los fenómenos espiritistas, al contrario, se explican de la manera más racional: éstos no son, pues, milagros, sino simples efectos que tienen su razón de ser en las leyes generales. El milagro tiene además otro carácter, el de ser insólito y aislado. Luego desde el momento que un hecho se reproduce, por decirlo así, a voluntad y por diversas personas, no puede ser milagro.

La ciencia hace todos los días milagros a los ojos de los ignorantes, he aquí porque en otro tiempo, los que sabían más que el vulgo pasaban por hechiceros, y como se creía que toda ciencia sobrehumana venía del diablo, se les quemaba. Hoy en día que se está mucho más civilizado se contentan con enviarles a los manicomios.

Que un hombre realmente muerto, como hemos dicho al principio, vuelva a la vida por una intervención divina, eso es un verdadero milagro porque es contrario a las leyes de la naturaleza. Pero si este hombre tiene sólo las apariencias de la muerte, si hay todavía en él un resto de *vitalidad latente*, y que la ciencia o una acción magnética consigue reanimarle, para las gentes ilustradas, es un fenómeno natural; pero a los ojos del vulgo ignorante, el hecho pasará por milagroso, y el autor será apedreado o venerado, según el carácter de los individuos. Que en medio de ciertas aldeas un físico lance un cometa eléctrico y haga caer el rayo sobre un árbol, este nuevo Prometeo será ciertamente mirado como armado de una potencia diabólica, y dicho de paso, Prometeo nos parece singularmente haber adelantado a Franklin; pero Josué deteniendo el movimiento del sol, o mejor, de la tierra, he aquí el verdadero milagro, porque nosotros no conocemos ningún magnetizador dotado de tan gran potencia para operar tal prodigio. De todos los fenómenos espiritistas, uno de los más extraordinarios es, sin contradicción, el de la escritura directa, y uno de aquellos que demuestran de la manera más patente la acción de las inteligencias ocultas; pero aunque el fenómeno sea producido por seres ocultos, no es más milagroso, que los otros que son debidos a agentes invisibles, porque estos seres ocultos que pueblan los espacios son una de las potencias de la naturaleza, potencia, cuya acción es incesante sobre el mundo material, así como sobre el mundo moral.

El espiritismo, ilustrándonos sobre esta potencia nos da la llave de una porción de cosas inexplicadas e inexplicables, por cualquier otro medio, y que han podido en tiempos anteriores pasar por prodigios; revela lo mismo que el magnetismo, una ley, si no desconocida, al menos mal comprendida; o mejor dicho, se conocían los efectos, porque se han producido en todo tiempo, pero no se conocía la ley, y la ignorancia de esta ley es la que ha engendrado la superstición. Conocida esta ley, lo maravilloso desaparece, y los fenómenos entran en el orden de las cosas naturales. He aquí por qué los espiritistas no hacen milagros haciendo girar una mesa o escribir a los difuntos, como el médico haciendo revivir a un moribundo, o el físico haciendo caer el rayo. Aquel que pretendiese, con la ayuda de esta ciencia, *hacer milagros*, sería, o un ignorante o un farsante.

16. Los fenómenos espiritistas, lo mismo que los fenómenos magnéticos, han debido pasar por prodigios antes que se conociese su causa; pero, como los escépticos, los espíritus fuertes, esto es, aquellos que tienen el privilegio exclusivo de la razón y del buen sentido, no creen que una cosa sea posible desde el momento que no la comprenden. He aquí por qué todos los hechos reputados prodigiosos, son objeto de sus bufonadas: y como la religión contiene gran número de hechos de este género, no creen en la religión, y de ahí a la incredulidad absoluta, sólo hay un paso. El espiritismo explicando la mayor parte de estos hechos, les da una razón de ser. Viene pues en ayuda de la religión, demostrando la posibilidad de ciertos hechos, que por no tener el carácter milagroso, no son menos extraordinarios, y Dios no es por esto menos grande ni menos poderoso, que si hubiera derogado sus leyes. ¡De cuántas burlas ha sido objeto, san Cupertino, por elevarse con su cuerpo en el espacio! Mas la suspensión etérea de un cuerpo sólido es un hecho explicado por la ley espiritista; hemos sido *personalmente testigo ocular de eso* y el señor Home, así como otras personas conocidas, han renovado muchas veces el fenómeno producido por san Cupertino. Luego este fenómeno entra en el orden de las cosas naturales.

17. En el número de los hechos de este género es menester colocar en primera línea las apariciones, porque éstas son las más frecuentes. La de la Salette, que dividió al mismo clero, no tiene para nosotros nada de insólito. Seguramente no podemos afirmar que el hecho haya tenido lugar, porque no tenemos la prueba material; mas para nosotros es posible, dado que millares de hechos análogos *recientes* nos son conocidos; creemos en ellos, no sólo porque hemos constatado su realidad, sino sobre todo porque nos damos perfectamente cuenta del modo cómo se producen. Quien quiera remitirse a la teoría que luego damos de las apariciones, verá que este fenómeno viene a ser tan sencillo y tan plausible como una porción de fenómenos físicos que no son prodigiosos, salvo por no tener la clave. En cuanto al personaje que se presentó en la Salette, es otra cuestión; su identidad no nos ha sido demostrada de ningún modo, nosotros hacemos constar simplemente que una aparición puede haber tenido lugar, lo demás no es de nuestra competencia; cada uno puede, respecto a esto, guardar sus convicciones; el espiritismo no tiene que ocuparse de ello; nosotros decimos solamente que los hechos producidos por el espiritismo nos revelan leyes nuevas, y nos dan la clave de una porción de cosas que parecían sobrenaturales; si algunos de aquellos que pasaban por milagrosos encuentran en él una explicación lógica, es un motivo para no apresurarse en negar lo que no se comprende.

Los fenómenos espiritistas son contestados por ciertas personas, precisamente porque parecen salir de la ley común y por lo mismo no pueden comprenderlos. Dadles una base racional y la duda cesa. La explicación, en este siglo en que no bastan palabras, es, pues, un poderoso motivo de convicción. Así vemos todos los días personas que no han sido testigos de ningún hecho, que no han visto ni girar una mesa, ni escribir a un médium, y que, sin embargo, están tan convencidas como nosotros, únicamente porque han leído y comprendido. Si sólo se debía creer en lo que uno ha visto con los ojos, nuestras convicciones se reducirían a muy poca cosa.

CAPÍTULO III

MÉTODO

18. El deseo (muy natural y loable) de todos los adeptos, deseo que nunca se alentará demasiado, consiste en ganar nuevos prosélitos para la doctrina. Con miras a facilitar su tarea nos proponemos examinar aquí el medio más seguro, a nuestro entender, para alcanzar ese objetivo, a fin de ahorrarles esfuerzos inútiles.

Hemos dicho ya que el espiritismo es toda una ciencia y toda una filosofía. Aquel que con seriedad desee conocerlo debe, como primera condición, sujetarse a un estudio serio y persuadirse de que, como sucede con cualquier otra ciencia, no es un juego realizarlo. El espiritismo, lo hemos expresado también, concierne a todas las cuestiones que a la humanidad interesan. Inmenso es su campo, y conviene sobre todo encararlo por el lado de sus consecuencias. Su base está constituida, sin duda, por la creencia en los Espíritus, pero ésta no es suficiente para convertir a una persona en un espírita esclarecido, como tampoco basta creer en Dios para transformarse en un teólogo. Así pues, veamos de qué manera es conveniente proceder en esta enseñanza para llevar a los demás con más seguridad a la convicción.

No teman los adeptos la palabra enseñanza. No existe tan sólo aquella enseñanza que se imparte desde lo alto de la cátedra o de la tribuna; hay también la de la simple conversación. Toda persona que trate de persuadir a otra, ya sea por la vía de las explicaciones, o por la de las experiencias, está ofreciendo una enseñanza. Lo que nosotros deseamos es que su trabajo logre frutos, por eso creemos preciso dar algunos consejos, que serán igualmente útiles para quienes deseen instruirse por sí mismos; encontrarán en ellos el medio de alcanzar la meta con mayor seguridad.

19. Por lo general, se cree que para convencer a otros basta con mostrarles hechos. Este pareciera, en efecto, el procedimiento más lógico, y sin embargo la experiencia prueba que no es siempre el mejor, ya que muchas veces conocemos personas a las cuales los hechos más evidentes no persuaden en manera alguna. ¿A qué se debe esto? Es lo que trataremos de demostrar.

En el espiritismo la cuestión de los Espíritus es secundaria, está en segundo término. No constituye el punto de partida. Precisamente en ello consiste el error en que se incurre y que a menudo hace fracasar con ciertas personas los intentos de adoctrinarlas. Visto que los Espíritus no son otra cosa que las almas de los hombres, el verdadero punto de partida es, pues, la existencia del alma. Ahora bien, ¿cómo es posible que el materialista admita que fuera del mundo material existen seres, si piensa que él mismo no es sino materia? ¿Cómo puede creer en la existencia de otros Espíritus, cuando no cree ser uno él mismo? En vano amontonaréis ante sus ojos las pruebas más palpables: las rechazará todas, porque no admite el principio en que se basan. Toda enseñanza metódica debe ir de lo conocido a lo desconocido. Para el materialista lo conocido es la materia. Partid, pues, de ella, y tratad ante todo, haciendo que la observe, de convencerlo de que en él mismo existe algo que escapa a las leyes de la materia. En suma, *antes de convertirlo en espiritista tratad de hacerlo espiritualista*, para aquello hay todo un orden diferente de hechos, un adoctrinamiento especialísimo que hay que suministrar por otros medios. Hablarle de los Espíritus antes de que esté convencido de poseer un alma equivale a comenzar por donde habría que terminar, porque no puede aceptar él la conclusión si no admite sus premisas. En consecuencia, antes de emprender la tarea de persuadir a un incrédulo, aun mediante los hechos, conviene asegurarse de su opinión respecto del alma; esto es, si cree en su existencia, en su supervivencia al cuerpo y en su individualidad después de la muerte. Si su respuesta es negativa, hablarle de los Espíritus será trabajo perdido. Esta es la regla; no afirmamos que no tenga excepción, pero en tal caso habrá probablemente otra causa que toma a la persona menos refractaria.

20. Entre los materialistas hay que distinguir dos clases. En la primera incluimos a aquellos que lo son *por sistema*. En éstos no anida simplemente la duda, sino la negación completa, la que razonan a su manera; en su sentir, el hombre es una máquina, que funciona en tanto está armada, se deteriora luego y, después de la muerte, sólo queda su armazón. Por suerte, los materialistas de este tipo son muy pocos y no forman en ninguna parte una escuela públicamente proclamada. Huelga insistir sobre los deplorables efectos que resultarían, para el orden social, si semejante doctrina se divulgara. Acerca de este tema nos hemos extendido suficientemente en *El Libro de los* Espíritus, nº 147 y Conclusión, § III.

Aunque hemos dicho que la duda de los incrédulos se desvanece en presencia de una explicación racional, hay que exceptuar, empero, a los materialistas, los que niegan todo poder y todo principio inteligente más allá de la materia. Los más de ellos, se obstinan por orgullo en su opinión y creen que su amor propio los compromete a persistir en la misma. Se obstinan, pues, a despecho de toda prueba en contrario que se les ofrezca, porque no quieren quedar en desventaja. Con éstos no hay nada que hacer. Y tampoco debemos dejarnos engañar por el falso aspecto de sinceridad de los que dicen «mostradme y creeré». Otros, más francos, declaran rotundamente: «Aunque viera, no creería».

21. La segunda clase de materialistas —mucho más numerosa— comprende a los que lo son por indiferencia y se podría decir que *a falta de cosa mejor*, porque el verdadero materialismo es un sentimiento antinatural. No lo son en forma deliberada y sólo piden poder creer, pues la incertidumbre constituye para ellos un tormento. Hay en ellos una vaga aspiración de porvenir, pero este futuro les ha sido presentado con tintes que su razón no puede aceptar. De ahí la duda y, como consecuencia de ésta, la incredulidad. Por tanto, en ellos la incredulidad no es un sistema de pensamiento. Así pues, ofrecedles una cosa racional y se aprestarán a admitirla. Éstos se hallan en condiciones de comprendernos, porque están más cerca de nosotros que lo que ellos mismos suponen. Con el otro tipo de materialistas no habléis ni de revelación ni de ángeles, ni de paraíso: no os comprenderían. En cambio, poniéndoos en su propio terreno, probadles en primer término que las leyes de la fisiología son impotentes para explicarlo todo. El resto vendrá por añadidura. Muy diferente es cuando la incredulidad no constituye un preconcepto, porque entonces la creencia no falta del todo, pues hay un germen latente de ella, sofocado por las malas hierbas, pero que una chispa podría reanimar. Es el caso del ciego a quien devuelven la vista y que se siente dichoso por ver de nuevo la luz, o el del náufrago al que alcanzan una tabla de salvación.

22. Al lado de los materialistas propiamente dichos hay una tercera clase de incrédulos que, aun siendo espiritualistas, al menos de nombre, no por ello se muestran menos refractarios: son los *incrédulos de mala voluntad*. A éstos les molestaría creer, pues ello turbaría su tranquilidad para dedicarse a los goces materiales. Temen hallar en nuestra doctrina la condena de su ambición, de su egoísmo y de las vanidades humanas con que se deleitan. Cierran los ojos para no ver y se tapan los oídos para no escuchar. Sólo cabe tenerles lástima.

23. Únicamente a título ilustrativo hablaremos de una cuarta categoría, que llamaremos la de los *incrédulos interesados* o *de mala fe*. Saben muy bien a qué atenerse en cuanto a espiritismo pero lo condenan en público por motivos de interés personal. Nada hay que decir de ellos, como tampoco se puede hacer cosa alguna... Si el materialista sincero se equivoca, tiene al menos la disculpa de su buena fe. Se puede lograr que recapacite demostrándole su error. En cambio, en el incrédulo interesado hay un preconcepto contra el cual se estrellan todos los argumentos que se le opongan. El tiempo se encargará de abrirle los ojos y mostrarle, quizás a sus expensas, dónde están sus verdaderos intereses, pues no pudiendo impedir que la verdad se difunda, será él también arrollado por el torrente y con él naufragarán aquellos intereses que creía estar protegiendo.

24. Además de estas diversas categorías de oponentes hay una infinidad de matices, entre los que se cuentan *los incrédulos por pusilanimidad*: éstos cobrarán valor cuando vean que los otros no se queman; *los incrédulos por escrúpulos religiosos*: un estudio amplio les enseñará que el espiritismo se apoya sobre las bases fundamentales de la religión y respeta todas las creencias, y que uno de sus efectos consiste en crear sentimientos religiosos en aquellos que no los poseen o en fortalecerlos en quienes tales sentimientos son vacilantes. Vienen luego los incrédulos por orgullo, por Espíritu de contradicción, por negligencia, por frivolidad, etcétera.

25. No podemos omitir tampoco una categoría que denominaremos la de los *incrédulos por desilusión*. Incluye a las personas que de una confianza exagerada han pasado a la incredulidad, por haber experimentado desengaños. Entonces, desalentadas, han abandonado y rechazado todo. Están en el mismo caso del que niega la existencia de la buena fe porque ha sido defraudado. También su situación resulta de un estudio incompleto del espiritismo y de falta de experiencia. Al que los Espíritus engañan le sucede esto, generalmente, porque les pregunta cosas que no deben o no pueden responder, o porque no se halla lo bastante ilustrado en esta materia para discernir la verdad de la impostura. Por lo demás, muchos sólo ven en el espiritismo una nueva forma de adivinación e imaginan que los Espíritus han sido creados para decir la buenaventura. Ahora bien, los Espíritus frívolos y burlones no dejan de divertirse a costa de tales personas. Así pues anuncian casamiento a las muchachas, honores, herencias o tesoros ocultos a los ambiciosos, etc. De ahí provienen a menudo ingratas desilusiones, de las cuales el hombre serio y prudente sabe siempre preservarse.

26. La clase muy numerosa, aun la más numerosa de todas, pero que no podría ser incluida entre los que se oponen al espiritismo, es la de los *irresolutos*. En general, son *espiritualistas por principio*. En la mayoría de ellos hay una vaga intuición de las ideas espíritas, una aspiración hacia algo que no pueden definir. Sólo les falta coordinar y formular sus pensamientos. Para ellos el espiritismo viene a ser como un rayo de luz, es la claridad que disipa las nieblas. Por eso se dan prisa en acogerlo, pues los libera de las angustias de la incertidumbre.

27. Si echamos ahora un vistazo a las diversas categorías de *creyentes* encontraremos en primer término a los que son *espiritistas sin saberlo*. Propiamente hablando, constituyen una variedad o matiz de la clase anterior. Sin haber oído hablar jamás de la doctrina, tienen la intuición innata de los grandiosos principios que de ella emanan, y ese sentimiento se trasluce en ciertos pasajes de sus escritos y discursos, hasta el punto de que al leerlos o escucharlos se les creería perfectamente iniciados en el espiritismo. Hallamos muchos ejemplos de esto entre los escritores sagrados y profanos, así como entre los poetas, oradores, moralistas y antiguos y modernos filósofos.

28. Entre aquellos a quienes un estudio directo ha convencido, se puede distinguir a:

1) Los que creen pura y simplemente en la autenticidad de las manifestaciones. El espiritismo es para ellos sólo una ciencia de observación, un conjunto de hechos en mayor o menor grado curiosos. Los llamaremos *espiritistas experimentadores*;

2) los que ven en el espiritismo algo más que hechos y comprenden su parte filosófica. Admiran la moral que de él deriva, pero no la ponen en práctica. La influencia de la doctrina sobre su caracteres insignificante o nula. En nada alteran sus hábitos adquiridos y no se privarían de uno solo de sus placeres: el avaro sigue siendo insensible; el orgulloso, muy pagado de sí mismo; el envidioso y el celoso, agresivos. Para ellos, la caridad cristiana es tan sólo una bella máxima. Son los *espiritistas imperfectos*;

3) los que no se conforman con tan sólo admirar la moral espírita, sino que la practican y aceptan todas sus consecuencias. Seguros de que la vida en la Tierra es una prueba pasajera, tratan de aprovechar el breve lapso de su duración para avanzar por la senda del progreso, única que puede elevarlos en la jerarquía del mundo invisible. Se esfuerzan por hacer el bien y reprimir sus malas inclinaciones. Sus relaciones con el prójimo son siempre firmes, pues su convicción los aparta de todo pensamiento del mal. La caridad es para ellos, en todo, su norma de conducta. Son los *verdaderos espíritas* o, dicho mejor, los *espíritas cristianos*.

4) Están, por último, los *espíritas exaltados*. La especie humana sería perfecta si adoptara siempre el lado bueno de las cosas. En todo la exageración es dañosa. En cuanto a espiritismo, la exageración otorga una confianza demasiado ciega y a menudo pueril en cuanto se relaciona con el mundo invisible, haciendo que se acepte con excesiva facilidad y

sin comprobación aquello cuyo absurdo e imposibilidad la reflexión y el examen demostrarían. Pero el entusiasmo no hace reflexionar: engaña con el deslumbramiento. Esta clase de adeptos es más perjudicial que útil a la causa del espiritismo. Son los menos idóneos para convencer a los demás, porque con razón se desconfía de su buen juicio. Con total buena fe resultan víctimas de engaños, ya por parte de los Espíritus impostores o de los hombres que tratan de explotar su credulidad. Si sólo sobre ellos recayeran las consecuencias de su conducta el mal no sería tan grave: lo peor es que sin quererlo proporcionan armas a los incrédulos que buscan con mucha más frecuencia ocasiones de mofarse que de convencerse y no dejan de achacar a todos los espíritas la ridiculez de algunos de ellos. Sin duda, esto no es justo ni racional, pero, como sabemos, los adversarios del espiritismo sólo consideran de buena ley a su propia razón, y de lo que menos se preocupan es de conocer a fondo aquello de que están hablando.

29. Los medios de convencerse varían en extremo según los individuos. Lo que persuade a unos no produce ningún efecto sobre otros. Si una persona se convence al presenciar ciertas manifestaciones físicas, otra en cambio lo hará ante comunicaciones inteligentes, y la mayoría, por medio del razonamiento. Inclusive podemos afirmar que, para la mayor parte de aquellos que no han sido preparados mediante el razonamiento, los fenómenos físicos significan poco. Cuanto más extraordinarios son tales fenómenos y en mayor medida se apartan de las leyes conocidas, tanto más oposición encuentran, y esto sucede por un motivo muy simple: por naturaleza nos vemos inducidos a dudar de aquello que no es refrendado por la razón. Cada cual lo encara desde su punto de vista y se lo explica a su manera. El materialista ve en ello una causa puramente física o una superchería. El ignorante y el supersticioso lo considera obra del demonio o cosa sobrenatural. En cambio, una explicación previa de lo que se iba a ver hubiera tenido por efecto destruir las ideas preconcebidas y mostrar, sino la realidad, al menos la posibilidad del fenómeno. Así, lo comprenderían antes de haberlo presenciado. Ahora bien, si logramos que se reconozca la posibilidad del hecho, tendremos recorridas las tres cuartas partes del camino a la convicción.

30. ¿Es útil tratar de convencer a un incrédulo obstinado? Ya hemos dicho que esto depende de las causas y de la naturaleza de su incredulidad. Muchas veces la insistencia que ponemos en persuadirlo lo mueve a creer en su importancia personal, y es éste otro motivo para llevarlo a obstinarse más todavía. Aquel que no se convence ni por el razonamiento ni por los hechos es porque debe sufrir aún la prueba de la incredulidad. Hay que dejar a la Providencia la tarea de ofrecerle circunstancias más propicias. Son bastantes las personas que sólo están pidiendo recibir la luz, para que perdamos nuestro tiempo con los que la rechazan. Por consiguiente, dirigíos a los hombres de buena voluntad, que son más numerosos de lo que se cree, pues su ejemplo, multiplicándose, vencerá más resistencias que las palabras. Al verdadero espírita no le faltarán jamás oportunidades para hacer el bien. Corazones afligidos por calmar, consuelos a prodigar, desesperaciones que hay que calmar, reformas morales que se han de lograr, he ahí su misión, y en todo ello encontrará asimismo sus auténticas satisfacciones. El espiritismo está en el aire, se difunde por la fuerza misma de las circunstancias y porque toma dichosos a quienes lo profesan. Cuando sus adversarios sistemáticos lo escuchen resonar en torno a ellos, aun entre sus propios amigos comprenderán que se encuentran aislados y se verán forzados, o a callar, o a rendirse ante la evidencia.

31. Para proceder a la enseñanza del espiritismo como se haría con las ciencias comunes, habría que pasar revista a toda la serie de fenómenos que pueden producirse, empezando por los más simples y llegando en forma gradual a los más complicados. Pues bien, esto es precisamente lo que no se puede, porque sería imposible desarrollar un curso de espiritismo experimental como se hace con un curso de física o química. En las ciencias naturales se trabaja con la materia inerte, que manipulamos a voluntad y estamos casi siempre seguros de poder regular sus efectos. En cambio, en el espiritismo tenemos relación con inteligencias que poseen su libertad y nos demuestran a cada instante que no se encuentran sujetas a nuestros caprichos. Así pues, es preciso observar, aguardar los resultados y captarlos al paso. Por eso afirmamos sin rodeos que *quien se jacte de obtener los fenómenos a voluntad no* *puede ser sino un ignorante o un impostor*. De ahí que el espiritismo verdadero no se convierta nunca en un espectáculo y no suba a los tablados de los saltimbanquis. Es inclusive un poco ilógico suponer que los Espíritus acudan a desfilar ante nosotros y se sometan a nuestra investigación, como si fueran objetos de curiosidad. Por tanto, los fenómenos podrán dejar de presentarse cuando los necesitaríamos o aparecer en un orden completamente opuesto al que se desea. Agreguemos a ello que para obtenerlos se requieren personas dotadas de facultades especiales, y que tales facultades difieren hasta lo infinito, conforme a las aptitudes de los individuos. Ahora bien, como es sobremanera raro que una misma persona posea todas las facultades necesarias, esto acarrea una dificultad adicional, porque habría que tener siempre a mano una verdadera colección de médiums, cosa que no es posible.

Muy sencillo es el modo de obviar este inconveniente, y consiste en empezar con la teoría. En ella se pasa revista a todos los fenómenos, se les explica y describe, se hace comprender su posibilidad, dando a conocer las condiciones en que pueden producirse y los obstáculos que podrán impedir su manifestación; sea cual fuere entonces el orden en que circunstancialmente aparezcan, no habrá en ellos nada que pueda sorprender. Este procedimiento ofrece todavía una ventaja más, y es la de ahorrar hartas desilusiones al experimentador. Prevenido de antemano acerca de las posibles dificultades, podrá mantenerse alerta y evitar adquirir experiencia a su propia costa.

Nos sería difícil decir cuántas personas vinieron a nosotros desde que comenzamos a ocuparnos del espiritismo; cuántas de ellas hemos visto que permanecían indiferentes o seguían incrédulas en presencia de los hechos más manifiestos, y sólo más tarde fueron persuadidas mediante una explicación racional; cuántas otras se dispusieron a la convicción por medio del razonamiento, y cuántas, en suma, han sido persuadidas sin haber visto cosa alguna, sino tan sólo por haber comprendido. Hablamos, pues, por experiencia, de ahí que afirmemos que el mejor método de adoctrinamiento espírita consiste en dirigirse a la razón antes que a los ojos. Es el sistema que seguimos al impartir nuestras lecciones y estamos muy satisfechos de él.[1]

1. Nuestra enseñanza teórica y práctica es siempre gratuita.

32. El estudio previo de la teoría presenta otra ventaja, consistente en mostrar de inmediato la grandeza del objetivo y el alcance de esta ciencia. El que se inicia viendo moverse una mesa o escuchando golpes en ella es más proclive a la burla, porque difícilmente se imagina que de una mesa pueda surgir una doctrina regeneradora de la humanidad. Siempre hemos subrayado que los que creen antes de haber visto, porque han leído y comprendido, muy al contrario de ser superficiales son aquellos que más reflexionan. Apegándose en mayor medida al fondo que a la forma, para ellos el aspecto filosófico es el principal, pues los fenómenos propiamente dichos tienen un carácter accesorio, y se dicen a sí mismos que aunque tales fenómenos no existieran, no por ello dejaría de haber una filosofía que es la única capaz de resolver problemas que hasta la fecha eran insolubles; la única que ofrece la teoría más racional acerca del pasado y el porvenir del hombre. Éstos prefieren una doctrina que explica antes que aquellas otras que no explican nada o explican mal... El que reflexiona comprende muy bien que se podría prescindir de las manifestaciones y no por eso dejaría de subsistir en pie la doctrina: los fenómenos acuden a corroborarla, a confirmarla, pero no constituyen su parte esencial. El observador serio no los rechaza, sino todo lo contrario, pero aguarda las circunstancias propicias que lo pongan en situación de ser testigo de ellos. La prueba de lo que aseveramos es que antes de haber oído hablar de las manifestaciones espíritas muchas personas tenían ya la intuición de esta doctrina, que no ha hecho sino dar un cuerpo, un conjunto a sus propias ideas.

33. Por otra parte, no sería exacto afirmar que quienes comienzan por la teoría carecen de temas de observación práctica. Contrariamente, los hay, y más valiosos inclusive que aquellos fenómenos que podrían producirse ante ellos: estamos refiriéndonos a los hechos numerosos de *manifestaciones espontáneas*, de que hablaremos en capítulos venideros. Hay pocas personas que no las conozcan, al menos de oídas. Muchos las han experimentado por sí mismos sin haberles prestado en su momento mayor atención. La teoría les explica ahora este tipo de manifestaciones, y sostenemos que tales hechos tienen gran peso cuando se apoyan sobre testimonios irrecusables, por cuanto no es posible sospechar que hayan sido preparados de antemano o se hagan en complicidad con terceras personas. Si los fenómenos provocados no existieran, los espontáneos no dejarían por ello de subsistir, y el espiritismo sólo les ofrecería una explicación racional, lo que ya sería mucho. Por eso, la mayoría de aquellos que se informan por medio de lecturas rememoran esos hechos, que son para ellos una confirmación de la teoría.

34. Incurriría en un completo error, acerca de nuestra manera de ver las cosas, quien pensara que estamos aconsejando descuidar los hechos. Por medio de ellos hemos llegado a la teoría. Bien es verdad que debimos para esto consagrarnos a un asiduo trabajo, a lo largo de muchos años y con millares de observaciones. Pero, puesto que los hechos nos han servido y siguen sirviéndonos a diario, seríamos inconsecuentes con nosotros mismos si pusiéramos en tela de juicio su importancia, sobre todo cuando estamos escribiendo un libro destinado a darlos a conocer. Decimos tan sólo que sin el razonamiento los hechos no bastan para inculcar la convicción: que una explicación previa, al destruir los prejuicios, y al mostrar que aquéllos no contrarían en nada a la razón, *predispone* a admitirlos. Tan cierto es esto que de cada diez personas no completamente iniciadas que asistan a una sesión experimental, por muy satisfactoria que sea ésta para los adeptos, nueve saldrán sin haberse convencido, y algunas de ellas más incrédulas que antes de entrar allí, pues las experiencias realizadas no habrán respondido a sus expectaciones. Todo lo contrario sucederá con aquellos que puedan explicarse los hechos por poseer ya un conocimiento teórico al respecto. Para éstos las experiencias constituyen un medio de control, mas nada les sorprende, ni siquiera el fracaso, porque saben en que condiciones se producen los fenómenos y que sólo hay que pedirles lo que pueden dar. Una comprensión previa de los hechos los pone en condiciones de explicarse todas las anomalías, pero además les posibilita captar una multitud de detalles, de matices a menudo muy sutiles, que son para ellos otros tantos medios de convicción y que al observador ignorante escapan. Tales los motivos que nos mueven a admitir en nuestras sesiones experimentales sólo a aquellas personas que posean nociones preparatorias suficientes para comprender lo que ahí se está haciendo, porque nos hallamos persuadidos de que las otras perderían en ellas su tiempo o nos harán perder el nuestro.

35. Para los que deseen adquirir tales conocimientos preliminares mediante la lectura de nuestras obras, he aquí el orden de lectura que les aconsejamos:

1) *Qué es el espiritismo*. Este librito, de sólo unas cien páginas, es una exposición sumaria de los principios de la doctrina espírita; un panorama general que permite abarcar el conjunto dentro de un marco restringido. En pocas palabras se ve el objetivo y se puede juzgar su alcance. Además, se encontrarán ahí las respuestas a las principales preguntas u objeciones que están naturalmente dispuestas a formular las personas no iniciadas en la materia. Esta primera lectura, que requiere corto tiempo, constituye una introducción que facilitará un estudio más profundizado.

2) *El Libro de los Espíritus*, contiene la doctrina completa dictada por los Espíritus mismos, con toda su filosofía y la totalidad de sus consecuencias morales; se devela el destino del hombre en él y se le inicia en el conocimiento de la naturaleza de los Espíritus y en los misterios de la vida de ultratumba. Al leerlo se comprende que el espiritismo tiene una finalidad sería y no constituye un frívolo pasatiempo.

3)*El Libro de los Médiums*. Está destinado a orientar en la práctica de las manifestaciones mediante el conocimiento de los medios más adecuados para comunicarse con los Espíritus. Es una guía, tanto para los médiums como para los que evocan, y el complemento de *El Libro de los Espíritus*.

4) *La Revue spirite*. Se trata de una variada antología de hechos, explicaciones teóricas y fragmentos compendiados que completan lo que se expresa en los dos libros anteriores, cuya forma de aplicación viene a ser, en cierto modo. La revista puede leerse al mismo tiempo que las obras precedentes, pero su lectura resultará más provechosa e inteligible si se hace después de haber estudiado *El Libro de los Espíritus*. [2]

Esto, en cuanto nos concierne. Quienes desean conocerlo todo en una ciencia deben necesariamente, leer la totalidad de lo que se haya escrito sobre la materia, o al menos lo principal, y no limitarse a un solo

2. *La Revue spirite,* publicada por Kordec entre 1858 y 1869, es hoy muy difícil de obtener, pero se han publicado algunos extractos en castellano, como *Viaje espírita en 1862*. [E.]

autor. Tienen que enterarse asimismo del pro y el contra de las críticas tanto como de los panegíricos, iniciándose en los diferentes sistemas de pensamiento que existen, a fin de poder juzgar por comparación. A este respecto no recomendamos ni criticamos ninguna obra, pues no queremos influir en manera alguna sobre la opinión que el lector pueda formarse de ellas. Al aportar nuestra piedra al edificio no buscamos para nosotros un lugar destacado. No nos corresponde ser juez y parte, y no abrigamos la ridícula pretensión de ser los únicos dispensadores de luz; corresponde al lector apartar lo bueno de lo malo, lo verdadero de lo falso.

CAPÍTULO IV

SISTEMAS

36. Cuando comenzaron a producirse los extraños fenómenos del espiritismo o, dicho mejor, al renovarse su aparición en estos últimos tiempos, el primer sentimiento que despertaron fue el de la duda acerca de su realidad misma, y más todavía con respecto a su causa. Al ser reconocidos como verdaderos, por los testimonios irrecusables que se obtuvieron y las experiencias que cada cual pudo llevar a cabo, aconteció que cada uno los interpretaba a su manera, conforme a sus ideas personales, sus creencias o prejuicios. De ahí aparecieron muchos sistemas de pensamiento que una observación más atenta debía reducir a su justo mérito.

Los adversarios del espiritismo creyeron hallar un buen argumento en esta divergencia de opiniones al manifestar que ni siquiera los espíritas mismos estaban de acuerdo unos con otros. Era esa una razón muy débil, si se piensa que los primeros pasos de toda ciencia naciente son por fuerza inseguros, hasta que el tiempo haya permitido reunir y coordinar los hechos que pueden asentar la opinión. A medida que tales hechos se completan y son mejor observados, las ideas prematuras van desvaneciéndose y se establece la unidad de criterio, si no en todos los pormenores, al menos en lo que toca a los puntos fundamentales. Esto es lo que ha acontecido con el espiritismo: no podía sustraerse a la ley común y, por su índole misma, debía aun prestarse más que cualquier otra cosa a la diversidad de las interpretaciones. Hasta puede afirmarse que a este respecto ha madurado con mayor celeridad que otras ciencias que le precedieron en el tiempo, como la medicina, por ejemplo, acerca de la cual sigue estando dividida la opinión de los más grandes científicos.

37. Para seguir en un orden metódico la marcha progresiva de las ideas es conveniente que nos refiramos en primer término a lo que podríamos denominar *sistemas de negación*, esto es, los que sustentan los adversarios del espiritismo. Ya hemos refutado sus objeciones en la introducción y en la conclusión de *El Libro de los Espíritus*, así como en la obrita titulada *Qué es el espiritismo*. Sería repetitivo que volviésemos aquí sobre el particular. Nos limitaremos a recordar en pocas palabras los motivos sobre los cuales se fundan.

De dos clases son los fenómenos espíritas: efectos físicos y efectos inteligentes. Al no admitir la existencia de los Espíritus, en virtud de que no aceptan que haya nada fuera de la materia, se concibe que los adversarios de la doctrina nieguen la realidad de los efectos inteligentes. En cuanto a los efectos físicos, los comentan desde su propio punto de vista, y sus argumentos pueden resumirse en estos cuatro sistemas:

38. *Sistema del charlatanismo*. Entre los que se oponen al espiritismo hay muchos que atribuyen tales fenómenos a la superchería, por la razón de que algunos de esos efectos han podido ser simulados. Esta hipótesis convertiría a todos los espiritistas en víctimas de engaños y a la totalidad de los médiums en embaucadores, sin tomar en cuenta la posición, el carácter, el saber y la honorabilidad de las personas. Si tal suposición mereciera una respuesta, diríamos que ciertos fenómenos de la física también son imitados por los prestidigitadores y que esto nada prueba en contra de la auténtica ciencia. Además, hay personas cuyo carácter permite descartar toda sospecha de fraude por parte de ellas, y habría que carecer por completo de educación y urbanidad para atreverse a decirlo que son cómplices del charlatanismo. En un salón muy respetable, cierto caballero que se tenía por bien educado se permitió una expresión de este tipo y la anfitriona de la casa le respondió: «Señor, puesto que no estáis satisfecho, os devolverán vuestro dinero en la puerta... y con un ademán le dio a entender que lo mejor era que se marchase». ¿Significa esto que nunca se han cometido abusos? Para creerlo habría que admitir que los seres humanos son perfectos. Se abusa de todo, hasta de las cosas más santas. ¿Cómo podría el espiritismo salvarse de ello? Pero el mal uso que es posible hacer de algo, no autoriza en modo alguno a prejuzgar de la cosa misma. El contralor que se puede ejercer respecto a la buena fe de las personas consiste en analizar los motivos que inspiran su conducta. Donde no haya especulación, el charlatanismo nada tendrá que hacer.

39. *Sistema de locura.* Algunos, por condescendencia, quieren descartar la sospecha de fraude y pretenden que los que no engañan a los demás se engañan a sí mismos: esto equivale a tratarlos de imbéciles. Por su parte, los incrédulos, con menos miramientos, afirman lisa y llanamente que se trata de locura, y así se atribuyen sin empacho el privilegio del buen sentido. Es este el gran argumento de aquellos que no tienen una razón valedera que oponer. Además, esa forma de ataque ha caído en el ridículo a causa de su inconsistencia y no merece que dilapidemos nuestro tiempo refutándola. A los espiritistas no les importa mucho: defienden con valor su convicción y se consuelan pensando que tienen por hermanos en la desgracia a bastantes personas cuyo mérito no puede ponerse en tela de juicio. En efecto, es preciso que convengamos en que esta locura —si es tal— posee una característica muy singular, y es que afecta con preferencia a la clase ilustrada, en la cual cuenta el espiritismo, hasta hoy, a la inmensa mayoría de sus adeptos. Si hay entre ellos algunos excéntricos, no significan una prueba contra la doctrina, así como los fanáticos religiosos no permiten probar nada contra la religión, los melómanos exaltados, nada contra la música, y los maníacos calculistas, nada contra las matemáticas. Toda idea tiene sus fanáticos, y habría que ser muy corto de entendederas para confundir la exageración de algo con la cosa misma.

40. *Sistema de alucinación.* Otra opinión, menos ofensiva puesto que tiene un leve tinte científico, consiste en achacar los fenómenos a ilusiones de los sentidos. De esta manera, el observador de los mismos lo hace de muy buena fe, sólo que cree estar viendo lo que en realidad no ve. Cuando observa una mesa que se eleva y se mantiene en el aire sin ningún punto de apoyo, la mesa no se habrá movido de su lugar, sino que aquel la ve en el aire por una suerte de espejismo o por un efecto de refracción, como el que hace que veamos una estrella, o un objeto en el agua, fuera de su posición real. Esto, en rigor de verdad, sería posible, pero los que han sido testigos del fenómeno mencionado pudieron verificar que la mesa estaba separada del piso pasando bajo ella, lo que parece difícil si no hubiera perdido contacto con el suelo. Por otra parte, ha sucedido muchas veces que la mesa se rompió al caer: ¿dirán también que es este sólo un efecto óptico?

Una causa fisiológica muy conocida puede, sin duda alguna, hacer que creamos ver girar un objeto que no se mueve, o que nos parezca que damos vueltas cuando nos hallamos inmóviles. Pero cuando varias personas alrededor de una mesa son arrastradas por un movimiento tan rápido que a duras penas pueden seguirlo, y algunas de ellas se ven a veces arrojadas al suelo, ¿se afirmará que todas padecen de vértigo, como el ebrio que cree ver pasar su casa delante de él?

41. *Sistema del músculo crujiente.* Si fuera así en lo que atañe a la vista, no podría ocurrir lo propio con el oído, y cuando los golpes son escuchados por todos los que asisten a una sesión no se puede razonablemente atribuirlos a mera ilusión. Entiéndase bien, descartamos de plano toda posibilidad fraudulenta y suponemos que una observación atenta ha llevado a la comprobación de que los golpes no se deben a ninguna causa fortuita o material.

Es verdad que un sabio médico les da una explicación que, en su sentir, es concluyente: «La causa de esos golpes consiste —expresa— en las contracciones, voluntarias o involuntarias del tendón del músculo peroneo lateral corto».[1] Y entra al respecto en los más completos deta-

1. Jobert (de Lamballe). Para ser justo es preciso decir que este descubrimiento es debido a Schiff. Jobert ha desarrollado sus consecuencias delante de la Academia de Medicina para dar el golpe de maza a los Espíritus golpeadores. Se encontrarán, en cuanto a esto, todos los detalles en la *Revue spirite* de junio de 1859.

lles anatómicos para demostrar el mecanismo merced al cual ese tendón puede producir tales ruidos imitando redobles de tambor y ejecutando inclusive melodías rítmicas, de donde concluye que quienes creen estar escuchando golpes en una mesa son víctimas, o de una superchería, o de una ilusión. La ocurrencia no es nueva. Por desgracia para el autor de este presunto descubrimiento, su teoría es incapaz de proveer explicación a la totalidad de los casos observados. Digamos, en primer lugar, que los que poseen la singular facultad de hacer crujir a voluntad su músculo peroneo lateral corto, o cualquier otro, y de ejecutar tonadas por este medio, son individuos excepcionales, en tanto que la propiedad de hacer que resuenen golpes en las mesas es muy común, y que entre los que tienen esta última son muy pocos los que poseen también aquélla. En segundo lugar, el sabio doctor ha olvidado explicar cómo los crujidos musculares de una persona inmóvil y separada de la mesa son capaces de producir en ella vibraciones sensibles al tacto; de qué manera esos ruidos pueden repercutir a voluntad de los asistentes en diversas partes de la mesa, así como en otras piezas del mobiliario, las paredes, el cielo raso, etc., y cómo, en suma, la acción de dicho músculo podría extenderse a una mesa a la cual no se toca y hacer que se mueva. Además, esa explicación —si fuera tal— sólo invalidaría el fenómeno de los golpes, pero no puede hacer lo propio con todas las otras formas de comunicaciones. De lo cual debemos concluir que el doctor Jobert juzgó sin haber visto nada, o sin haberlo visto todo y bien... Siempre es de lamentar que algunos hombres de ciencia se apresuren a dar, acerca de materias que desconocen, explicaciones que los hechos pueden desmentir. Su sabiduría misma debería tornarlos tanto más cautos en sus juicios cuanto más retroceden ante ellos las fronteras de lo desconocido.

42. *Sistema de las causas físicas*. Aquí salimos ya de los sistemas de negación absoluta. Una vez reconocida la realidad de los fenómenos, la primera idea que acudió en forma espontánea a la mente de los que los habían admitido fue la de atribuir los movimientos de las mesas al magnetismo, a la electricidad o a la acción de cualquier otro fluido; en resumen, a una causa enteramente física, material. Esta opinión no tenía nada de irracional y hubiera prevalecido si los fenómenos se hubiesen limitado a efectos apenas mecánicos. Se dio también una circunstancia que parecía corroborarla: en ciertos casos aumentaba la potencia de los golpes en virtud del mayor número de asistentes a la sesión; cada uno de éstos podía ser considerado, pues, como un elemento de un acumulador humano de energía eléctrica. Ya hemos dicho que lo que caracteriza como verdadera a una teoría es el que ésta sea capaz de explicarlo todo, pero si un solo hecho logra contradecirla, entonces la teoría es falsa, incompleta o demasiado rígida. Esto es lo que no tardó en suceder aquí. Los movimientos y golpes producidos mostraron signos de inteligencia al obedecer a la voluntad y responder al pensamiento de las personas allí reunidas: en consecuencia, debía tener una causa inteligente. Desde el momento mismo en que el efecto dejaba de ser puramente físico, por el mismo motivo su causa debía tener otro origen. Por eso el sistema de una acción *exclusiva* de un agente material ha sido abandonado y sólo volvemos a encontrarlo con aquellos que juzgan *a priori y sin haber visto nada*. El punto esencial consiste, pues, en verificar la acción inteligente, y de ello podrá convencerse quien desee tomarse la molestia de observar.

43. *Sistema del reflejo*. Cuando se hubo reconocido en los fenómenos la presencia de una acción inteligente, restaba saber cual era el origen de esa inteligencia. Se pensó que podía ser la del médium o de los asistentes a la sesión, que se reflejaba como lo hacen la luz o las ondas sonoras. Era posible que así fuese: sólo la experiencia podía decir la última palabra. Para comenzar, observemos que este sistema se aparta ya por completo de la idea puramente materialista. Para que la inteligencia de los asistentes pudiera actuar por vía indirecta había que admitir en el hombre la existencia de un principio fuera del organismo.

Si el pensamiento expresado por los fenómenos hubiera sido siempre el de los asistentes, la teoría de la reflexión se habría visto confirmada. Ahora bien, aun reducido el fenómeno a estas dimensiones, ¿no era del más alto interés? El hecho de que el pensamiento repercutiera en un cuerpo inerte y se tradujera en movimientos y ruidos, ¿no constituía de por sí algo muy notable? ¿No había en ello nada que acicateara la curiosidad de los sabios? ¿Por qué entonces lo desdeñaron, ellos, que se fatigan hasta el agotamiento buscando una fibra nerviosa?

Dijimos que sólo la experiencia podía conceder o negar razón a esa teoría, y ha sido la experiencia la que se la negó, porque demuestra a cada instante, y con los hechos más positivos, que el pensamiento expresado por los fenómenos puede ser no sólo extraño al de los asistentes, sino que muchas veces es del todo contrario al de éstos; que acude a contradecir todas las ideas preconcebidas y frustrar todos los vaticinios. En efecto, cuando yo digo blanco y me responden negro, me es difícil creer que la contestación provenga de mí mismo. Hay quienes se apoyan en algunos casos en que existe identidad entre el pensamiento expresado en el fenómeno y el de las personas presentes en la sesión, pero ¿qué prueba esto, fuera de que los asistentes pueden pensar del mismo modo que la inteligencia que está comunicándose? No siempre deben ser de diferente opinión. Cuando estáis conversando y vuestro interlocutor expresa un pensamiento que es igual al vuestro, ¿diréis por ello que ese pensamiento proviene de vosotros y no de él? Bastan algunos ejemplos contrarios bien verificados para probar que esa teoría no puede ser absoluta. Además, ¿cómo explicar por medio de la reflexión del pensamiento el fenómeno de la escritura producida por personas que no saben escribir; las respuestas del más alto vuelo filosófico obtenidas por individuos iletrados; las contestaciones que se dan a preguntas mentales o formuladas en un idioma que el médium desconoce, y miles de otros hechos que no dejan resquicio a dudas acerca de la independencia de la inteligencia que está manifestándose? La opinión opuesta no puede ser sino resultado de la falta de observación.

Si la presencia de una inteligencia extraña está moralmente probada por la índole de las respuestas que se obtienen, también se verifica en lo material por el hecho de la escritura directa, esto es, la escritura que se produce en forma espontánea, sin pluma ni lápiz, sin contacto físico y a despecho de todas las precauciones adoptadas para precaverse contra cualquier ardid. El carácter inteligente del fenómeno no podría ser puesto en tela de juicio. Por tanto, hay en él algo más que una acción fluídica. Por otra parte, la espontaneidad del pensamiento expresado, fuera de todo lo que se esperaba y de las preguntas formuladas, no permite ver en él un mero reflejo del de los asistentes.

El sistema del reflejo es bastante «descortés» en ciertos casos.

Cuando en una reunión de personas decentes sobreviene en forma inopinada una de esas comunicaciones que sublevan por su carácter grosero, sería hacer muy flaco favor a los asistentes si se pretendiera atribuirla a uno de ellos; es probable que cada cual se diera prisa en repudiarla.

44. *Sistema del alma colectiva*. Es una variante del anterior. Acerca de este sistema, la que se manifiesta sólo es el alma del médium, pero ésta se identifica con las de otros muchos seres vivos, presentes o ausentes, e integra un *todo colectivo* que reúne las aptitudes, inteligencia y conocimientos de cada cual. Aunque el folleto donde esta teoría se expone haya sido titulado *La Luz* [2] nos ha parecido que el estilo de la obra es sobremanera oscuro. Confesamos no haberla comprendido bien y sólo de memoria hablamos de ella. Además es, como otras muchas, una opinión individual que ha logrado pocos prosélitos. El nombre de *Emah Tirpsé* es el que adopta el autor para designar al ser colectivo que él representa. Tiene por divisa el epígrafe: *Nada hay oculto que no deba ser conocido*. Esta proposición es evidentemente falsa, porque existen multitud de cosas que el hombre no puede ni debe saber: muy presuntuoso sería quien pretendiese penetrar todos los secretos de Dios.

45. *Sistema sonambúlico*. Éste ha logrado más partidarios y sigue contando todavía con algunos. Igual que el anterior, admite que todas las comunicaciones inteligentes tienen su origen en el alma o Espíritu del médium, pero cuando se trata de explicar las aptitudes de éste para desarrollar temas que exceden sus propios conocimientos, en vez de suponerle un alma múltiple, atribuye tales aptitudes a una momentánea sobreexcitación de las facultades mentales, a una especie de estado sonambúlico o extático que exalta y desarrolla su inteligencia. No se puede negar, en ciertos casos, la influencia de esta causa, pero basta haber visto operar a la mayoría de los médiums para persuadirse de que ella no puede explicar todos los hechos y que constituye la excepción en lugar de ser la regla. Se podría pensar que esto es así si el médium

2. Comunión. La luz del fenómeno del Espíritu. Mesas que giran, sonámbulos, médiums, milagros. Magnetismo espiritual: potencia de la práctica de la fe, por *Emah Tirpsé*, un alma colectiva escribiendo por intermedio de una tablilla, Devroye, Bruselas, 1858.

tuviera siempre el aspecto de un inspirado o de un extático, apariencia que, por otra parte, él podría simular perfectamente si quisiera representar la comedia; pero ¿cómo creer que exista inspiración cuando el médium escribe igual que una máquina, sin el menor atisbo de conciencia de lo que está obteniendo, sin la mínima emoción, sin ocuparse de lo que hace, y aun mirando hacia otro lado, riendo y charlando de una cosa y otra? La sobreexcitación de las ideas se concibe, pero no se comprende que sea capaz de lograr que escriba aquel que no aprendió a hacerlo, y menos todavía cuando las comunicaciones se transmiten mediante golpes o con ayuda de una tablita o canastilla. En el transcurso de esta obra veremos que parte hay que atribuir a la influencia de las ideas del médium, pero los hechos en que la inteligencia extraña se revela por medio de signos incontestables son tan numerosos y evidentes que no pueden dejar dudas al respecto. El error de la mayoría de los sistemas de interpretación que aparecieron en los primeros tiempos del espiritismo consiste en haber extraído conclusiones generales de algunos hechos aislados.

46. *Sistema pesimista, diabólico o demoníaco*. Aquí entramos en otro orden de ideas. Una vez comprobada la intervención de una inteligencia extraña, se trataba de saber cuál era la naturaleza de esa inteligencia. No cabe duda de que el medio más simple era preguntarlo a ella misma. Pero algunas personas no han encontrado en este procedimiento una garantía satisfactoria y sólo han querido ver, en la totalidad de las manifestaciones, una obra diabólica. A su entender, únicamente pueden comunicarse el diablo o los demonios. Aunque en el día de hoy este sistema encuentra poca resonancia, no por eso dejó de gozar en alguna época de cierto crédito, debido al carácter mismo de aquellos que trataban de hacerlo prevalecer. Con todo, haremos notar que los partidarios del sistema demoníaco no deben ser clasificados entre los adversarios del espiritismo, sino todo lo contrario. Ya sean demonios o ángeles las entidades que se comunican, de una forma u otra siguen siendo seres incorpóreos. Ahora bien, cuando se admite que los demonios pueden manifestarse, se está aceptando la posibilidad de comunicación con el mundo invisible, o al menos con parte de ese mundo.

La creencia en que los que se comunican son exclusivamente los demonios, por muy irracional que sea, podía no parecer imposible cuando se consideraba a los Espíritus como seres aparte, creados fuera de la humanidad. Pero desde que nos consta que los Espíritus no son otra cosa que las almas de los que han vivido físicamente, aquella creencia perdió todo su prestigio y podemos decir también su verosimilitud. Porque en tal caso habría que aceptar que todas esas almas son demonios, ya fuesen las de un padre, un hijo o un amigo, y que nosotros mismos al morir nos convertimos en demonios, doctrina poco optimista y no muy consoladora para muchas personas. Bastante difícil será persuadir a una madre de que su hijo querido, al que perdió, y que después de la muerte viene a ofrecerle pruebas de su afecto y de su identidad, sea un agente de Satanás. Bien es verdad que entre los Espíritus los hay malísimos y que no valen más que los llamados demonios, por la sencillísima razón de que existen hombres muy malos y a quienes la muerte no hace mejores en forma inmediata. La cuestión está en saber si son ellos los únicos que pueden comunicarse. A los que piensan de este modo formularemos las siguientes preguntas:

1) ¿Hay Espíritus buenos y Espíritus malos?

2) ¿Es Dios más poderoso que los malos Espíritus (o demonios, si así queréis denominarlos)?

3) Afirmar que tan sólo los malos se comunican vale tanto como decir que los buenos no pueden hacerlo. Si es así, será verdad una de dos cosas, a saber: esto sucede por voluntad de Dios, o contra la voluntad de Dios. Si es contra su voluntad, entonces los malos Espíritus son más poderosos que él. Si es por su voluntad, ¿por qué el Señor, en su bondad, no lo permitiría a los buenos, para contrabalancear la influencia de los otros?

4) ¿Qué pruebas podéis aportar acerca de la imposibilidad, de que los Espíritus buenos se comuniquen?

5) Cuando oponemos la sabiduría que revelan ciertas comunicaciones, replicáis que el demonio adopta cualquier disfraz con tal de seducir mejor. En efecto, conocemos que hay Espíritus hipócritas que embellecen su lenguaje con un falso barniz de sabiduría, pero ¿admitís que la ignorancia pueda imitar el auténtico saber, y que una naturaleza ruin sea capaz de falsificar la verdadera virtud, sin dejar traslucir nada que pueda descubrir el fraude?

6) Si el que se comunica es tan sólo el demonio, ya que es él enemigo de Dios y de los hombres, ¿por qué entonces recomienda rogar a Dios, someterse a su voluntad, soportar sin protestas las tribulaciones de la vida, no ambicionar honores ni riquezas, practicar la caridad y todas las máximas de Cristo; en suma, hacer cuanto se necesita para destruir su imperio? Si el que está dando tales consejos es el demonio, hay que convenir en que, por muy astuto que sea, se muestra bastante torpe al proporcionar armas contra sí mismo.[3]

7) Puesto que los Espíritus se comunican, esto acontece porque Dios lo permite. Al ver que existen buenas y malas comunicaciones, ¿no es más lógico pensar que Dios permite las primeras para aconsejarnos el bien y las otras para probarnos?

8) ¿Qué pensaríais de un padre que dejara a su hijo a merced de ejemplos y consejos perniciosos y que apartara de él, que le prohibiese tener tratos con las personas que hubieran podido desviarlo del mal? Aquello que un buen padre no haría, debemos pensar que Dios, que es la bondad por excelencia, podría hacerlo, procediendo así peor que un hombre?

9) La Iglesia reconoce por auténticas ciertas manifestaciones de la Virgen y de otros santos, en apariciones, visiones, comunicaciones verbales, etc. Ahora bien, esa creencia ¿no se contradice acaso con la doctrina según la cual sólo los demonios se comunican?

Creemos que algunas personas han profesado de buena fe semejante teoría, pero pensamos también que muchas lo han hecho tan sólo para disuadir a los demás de ocuparse de tales cosas, debido a las malas comunicaciones que estarían expuestos a recibir. Al decir que sólo el diablo se manifiesta han querido inspirar miedo, más o menos como cuando dicen a un niño: «No toques esto porque te quemarás». Loable podrá ser la intención que las inspira, pero no se da en el blanco, pues la sola prohibición de algo acicatea la curiosidad, y el temor al diablo refrena a

3. Esta cuestión ha sido tratada en *El Libro de los Espíritus* (nº 28 y ss); pero recomendamos a este objeto, como sobre todo lo que toca a la parte religiosa, la obrita titulada: *Carta de un católico sobre el espiritismo*, por el doctor Grand, antiguo cónsul de Francia (casa Ledoyen, in-18, precio 1 fr.), así como la que nosotros vamos a publicar bajo el título de *Las contradicciones del espiritismo*, bajo el punto de vista de la religión, de la ciencia y del materialismo.

muy pocas personas: quieren conocerlo, aunque no sea más que para ver cómo es, luego se admiran de no hallarlo tan negro como creían.

¿No habrá también otro motivo en esa hipótesis de que sólo el diablo se comunica? Personas hay para las cuales todos los que no comparten su opinión están equivocados. Pues bien, los que pretenden que la totalidad de las comunicaciones sean obra del demonio, ¿no será que los mueve el temor de no hallar a los Espíritus de acuerdo con ellos acerca de todos los puntos de opinión, y mayormente sobre los que conciernen a los intereses de este mundo más que a los del otro? No pudiendo negar la realidad de los fenómenos, han querido presentarlos con una faz aterradora. Pero este medio no ha tenido más eficacia que los otros, y donde el temor al ridículo nada puede, hay que dejar que las cosas sigan su curso,

Un musulmán que escuchara a un Espíritu hablar contra ciertas leyes del Corán pensaría, a buen seguro, que se trataba de un Espíritu malo. Lo propio sucedería con un judío en lo que respecta a determinadas prácticas de la ley mosaica. En cuanto a los católicos, hemos oído afirmar a uno de ellos que el Espíritu que estaba comunicándose no podía ser sino el diablo, porque se había permitido disentir con él acerca del tema del poder temporal, pese a que, por lo demás, la entidad comunicante sólo había predicado la caridad y tolerancia, el amor al prójimo y el renunciamiento a las cosas de este mundo, todo lo cual está de acuerdo con las máximas que Cristo enseñó.

Visto que los Espíritus no son otros que las almas de los hombres, y estos no son perfectos, de ello resulta que existen también Espíritus imperfectos, cuyo carácter se trasluce en sus comunicaciones. Es un hecho indiscutible que los hay malos, astutos, hondamente hipócritas, de los que es menester cuidarse. Pero, porque existan en la Tierra individuos perversos, ¿es esta una razón para rehuir el trato social con nuestros semejantes? Dios nos ha dado razonamiento y juicio para evaluar a los Espíritus tanto como a los hombres. El medio más eficaz de precaverse contra los inconvenientes que puede presentar la práctica del espiritismo no es prohibirlo, sino hacer que se le comprenda. Un temor imaginario sólo impresiona en forma momentánea y no afecta a todos. En cambio, todos comprenderán la realidad si se demuestra claramente.

47. *Sistema optimista*. Al lado de aquellos que únicamente ven en estos fenómenos la acción de los demonios hay otros que los atribuyen tan sólo a los buenos Espíritus. Suponen que una vez desprendida el alma de la materia ningún velo existe ya para ella y tiene que haber conquistado el súmmum de la sabiduría y de la ciencia. Su ciega confianza en esta superioridad absoluta de los seres del mundo invisible ha sido para muchos la fuente de hartas desilusiones. Debieron aprender a sus expensas a desconfiar de ciertos Espíritus, no de otro modo que como se aprende a no fiarse de algunos hombres.

48. *Sistema del uniespíritu o monoespíritu*. Una variante del sistema optimista consiste en la creencia de que un solo Espíritu se comunica con los humanos y ése es *Cristo*, protector de la Tierra. Cuando obtenemos comunicaciones de la más baja trivialidad, de una grosería indignante, llenas de malevolencia y ruindad, sería una profanación y una impiedad suponer que puedan emanar del Espíritu del bien por excelencia. Si los que creen esto sólo hubieran logrado siempre comunicaciones irreprochables, se concebiría su engaño; pero la mayoría de ellos está de acuerdo en haberlas tenido muy malas, y explican el hecho alegando que se trata de una prueba que el buen Espíritu les inflige al dictarles cosas absurdas. Así pues, en tanto unos achacan todas las comunicaciones al diablo, que puede expresar cosas buenas para tentarnos, otros piensan que únicamente Jesús se manifiesta, y podrá decir cosas malas para ponernos a prueba. Entre esas dos opiniones tan opuestas, ¿quién decidirá? El buen sentido y la experiencia. Y decimos experiencia, porque es imposible que los que profesan ideas tan exclusivas lo hayan visto todo y bien.

Cuando se les oponen los hechos de identidad, los cuales atestiguan la presencia de parientes, amigos o conocidos que se manifiestan en forma, escrita, visual y demás, responden que se trata en todos los casos de un mismo Espíritu: el diablo, según unos, o Cristo, según los otros. Y que ese Espíritu adopta cualquier forma. Pero no nos explican por qué los demás Espíritus no pueden también comunicarse, o con qué objeto el Espíritu de Verdad vendría a engañarnos presentándose bajo falsas apariencias y abusando de una pobre madre, por ejemplo, al hacerle creer mentirosamente que es el hijo cuya pérdida ella lamenta. La razón se rehúsa a admitir que el Espíritu Santo entre todos se rebaje hasta el punto de representar semejante comedia. Por otra parte, negar la posibilidad de toda otra comunicación, ¿no equivale a despojar al espiritismo de lo que tiene de más dulce: la consolación que brinda a los afligidos? Digamos simplemente que un sistema como éste es irracional y no pueden resistir un examen serio.

49. *Sistema multiespírita o poliespírita.* Todos los sistemas a que hemos pasado revista, sin exceptuar los de negación, se basan en unas cuantas observaciones, incompletas o mal interpretadas. Si una casa es roja por un lado y blanca por otro, el que sólo la haya visto de uno de sus lados afirmará que es roja, y el que la vea del opuesto, que es blanca: ambos tendrán razón en un sentido y estarán equivocados en el otro. Pero un tercero que haya observado la casa desde todos los ángulos afirmará, en cambio, que es roja y blanca, y será el único que está en lo cierto. Pues bien, lo propio acontece con la opinión que uno se forma sobre el espiritismo: puede ser verdadera en cierto sentido, pero será falsa si se generaliza lo que únicamente es un aspecto parcial, si tomamos por regla lo que no es más que una excepción, si se confunde la parte con el todo. De ahí que afirmemos que quien desee estudiar con seriedad esta ciencia debe ver mucho y durante mucho tiempo. Porque sólo el tiempo le permitirá captar sus detalles, advertir sus sutiles matices, observar una multitud de hechos característicos que construirán para él otros tantos rayos de luz. Pero si se detiene en la superficie, se expone a formarse un juicio prematuro y, por consiguiente, erróneo. Acto seguido enumeraremos las consecuencias generales que se han deducido de una observación completa y que constituyen actualmente la creencia de la generalidad de los espiritistas, puesto que los sistemas restrictivos han pasado a ser tan sólo opiniones aisladas:

1) Los fenómenos espíritas son producidos por inteligencias extracorpóreas, esto es, por Espíritus.

2) Los Espíritus constituyen el mundo invisible. Se les halla en todas partes. Los espacios están poblados de ellos hasta lo infinito. Los hay sin cesar en torno de nosotros y estamos en contacto con ellos.

3) Los Espíritus obran continuamente sobre el mundo físico y el mundo moral, y son una de las potencias de la naturaleza.

4) Los Espíritus no son seres aparte en la creación. Son las almas de los que han vivido en la Tierra o en otros mundos y que se han despojado de su envoltura corporal, de donde se sigue que las almas de los hombres son Espíritus encarnados y que al morir nosotros pasamos a ser Espíritus.

5) Hay Espíritus de todos los grados de bondad y de maldad, de saber y de ignorancia.

6) Todos se hallan sujetos a la ley del progreso y pueden alcanzar la perfección. Pero como poseen su libre albedrío, llegan a aquélla en un tiempo más o menos largo, conforme a sus esfuerzos y a su voluntad.

7) Son dichosos o desventurados, según sea el bien o el mal que hayan hecho durante su vida y con arreglo al grado de adelanto en que estén. La felicidad perfecta, sin ninguna tacha, sólo es patrimonio de aquellos Espíritus que alcanzaron el grado supremo de perfección.

8) En determinadas circunstancias, todos los Espíritus podrán manifestarse a los hombres: el número de los que pueden comunicarse con éstos es indefinido.

9) Los Espíritus se comunican a través de los médiums, que les sirven de instrumentos e intérpretes.

10) La superioridad o inferioridad de los Espíritus es reconocible por el lenguaje con que se expresan; los buenos aconsejan sólo el bien y únicamente dicen cosas buenas. Todo en ellos pone de manifiesto su elevación. Los malos engañan, y todas sus expresiones exhiben el sello de la imperfección y la ignorancia.

Los diferentes grados por que pasan los Espíritus se detallan en la *Escala Espírita* (véase *El Libro de los Espíritus*, II, Capítulo I, nº 100). El estudio de esta clasificación es indispensable para evaluar la naturaleza de los Espíritus que se manifiestan, sus buenas y malas cualidades.

50. *Sistema del alma material*. Consiste tan sólo en una opinión particular acerca de la naturaleza íntima del alma. Según esta opinión, el alma y el periespíritu no serían dos cosas distintas o mejor dicho, el periespíritu sería el alma misma, que iría purificándose gradualmente a través de las diversas transmigraciones, no de otro modo que como el alcohol se depura mediante varias destilaciones. En cambio, la doctrina espírita sólo considera al periespíritu como la envoltura fluídica del alma o Espíritu. Ahora bien, puesto que el periespíritu está formado por una especie de materia, aunque muy etérea, el alma poseería, conforme a esta hipótesis, una naturaleza material más o menos esencial, según su grado de depuración.

Este sistema no invalida ninguno de los principios fundamentales de la doctrina espírita, por cuanto no modifica en nada el destino del alma. Las condiciones de la felicidad futura de ésta siguen siendo las mismas. El alma y el periespíritu integran un todo bajo la denominación de Espíritu, así como el germen y el perispermo forman una sola cosa bajo el nombre de fruto, de suerte que la cuestión se reduce a considerar el todo como homogéneo en vez de hallarse constituido por dos partes distintas.

Como se ve, esto no conduce a ninguna consecuencia, y no nos hubiéramos referido al tema si no hubiésemos encontrado personas inclinadas a ver una nueva escuela en algo que no es, en definitiva, más que una simple interpretación verbal. Tal opinión (por lo demás muy restringida), aun cuando se hubiera generalizado más no significaría una escisión entre los espiritistas, así como las dos teorías de la emisión o las ondulaciones de la luz no la provocan entre los físicos. Los que quisieran apartarse del conjunto por una cuestión tan pueril sólo probarían con ello que conceden mayor importancia a lo accesorio que a lo principal, y que son incitados a la desunión por Espíritus que no pueden ser buenos, ya que los buenos Espíritus no inculcan jamás la acritud y la cizaña. Por eso comprometemos a todos los verdaderos espíritas a mantenerse en guardia contra semejantes sugerencias y a no otorgar a ciertos detalles más importancia de la que merecen: el fondo es lo esencial.

Sin embargo, creemos deber decir en pocas palabras sobre qué se funda la opinión de los que consideran al alma y al periespíritu como dos cosas diferentes. Está basada en la enseñanza de los Espíritus, que sobre este particular no han variado nunca de concepto. Y conste que hablamos de los Espíritus esclarecidos, pues hay otros que no saben sobre el asunto más que los hombres, e inclusive menos que éstos. En cambio, la teoría contraria es una concepción puramente humana. Por nuestra parte, no hemos ni inventado ni supuesto al periespíritu para explicar los fenómenos: su existencia nos fue revelada por los Espíritus y la hemos confirmado por medio de observaciones (*El Libro de* los Espíritus, nº 93). Además, la existencia del periespíritu se apoya también en el estudio de las sensaciones de los Espíritus (*El Libro de* los Espíritus, nº 257) y, sobre todo, en el fenómeno de las apariciones tangibles, que implicaría, según el otro criterio, la solidificación y disgregación de las partes constitutivas del alma, y en consecuencia su desorganización. Asimismo habría que admitir que esa materia, que puede tomarse perceptible a nuestros sentidos, es en sí misma el principio inteligente, lo que no es más justo que confundir el cuerpo con el alma o la vestimenta con el cuerpo. En cuanto a la naturaleza real del alma, nos es desconocida. Cuando se afirma que ella es inmaterial, esto ha de entenderse en un sentido relativo y no absoluto, por cuanto la inmaterialidad absoluta sería la nada. Ahora bien, el alma o Espíritu es algo: queremos significar que su esencia es de tal modo superior que no presenta ninguna analogía con lo que denominamos materia y que, por tanto, para nosotros es inmaterial *(El Libro de los Espíritus*, nos. 23 y 82).

51. Ved aquí la respuesta que a este respecto dio un Espíritu:

«Lo que unos llaman *periespíritu* no es sino lo que otros denominan envoltura material fluídica. Para que me comprendáis diré, de una manera más lógica, que dicho fluido es la perfectibilidad de los sentidos, la extensión de la vista y de las ideas. Estoy hablando de los Espíritus elevados. En cuanto a los Espíritus inferiores, los fluidos terrestres son todavía por completo inherentes a ellos. En consecuencia, se trata de materia, como estáis viéndolo. De ahí los padecimientos del hambre, frío y demás penurias que no pueden afectar a los Espíritus superiores, visto que los fluidos terrestres se encuentran depurados en tomo al pensamiento, vale decir, el alma. Esta última, para realizar su progreso, tiene siempre necesidad de un agente (instrumento). El alma sin un agente (instrumento) no es nada para vosotros o, dicho mejor, no podéis concebirla. Para nosotros, Espíritus errantes, el periespíritu es el agente (instrumento) mediante el cual nos comunicamos con vosotros, ya sea de forma indirecta mediante vuestro cuerpo o vuestro periespíritu, ya sea directamente con vuestra alma. De ahí provienen las infinitas variedades de médiums y de comunicaciones. Queda ahora en pie el problema científico, vale decir, la esencia misma del periespíritu. Esta es otra cuestión. Comprended, en primer lugar, su posibilidad lógica. Sólo restará entonces una discusión acerca de la naturaleza de los fluidos, que por el momento no se puede explicar, pues la ciencia no conoce bastante al respecto. Pero se llegará a la explicación si la ciencia se aviene a marchar de acuerdo con el espiritismo. El periespíritu puede cambiar hasta lo infinito. El alma es la inteligencia y su naturaleza no cambia. Sobre este punto no vayáis más lejos porque se trata de una cuestión que no puede ser explicada. ¿Creéis acaso que no investigo yo también, como lo hacéis vosotros? Vosotros indagáis el periespíritu. Nosotros, ahora, investigamos el alma. Aguardad, pues.»

LAMMENAIS

Así pues, si Espíritus que podemos considerar adelantados no han podido todavía sondear la naturaleza del alma, ¿cómo podríamos hacerlo nosotros? Es perder el tiempo querer escrutar el principio de las cosas que, conforme se ha dicho en *El Libro de los Espíritus*, nos. 17 y 49, está en los secretos de Dios. Pretender descubrir, con ayuda del espiritismo, aquello que no se encuentra aún al alcance de la humanidad, es desviar a aquél de su verdadero objetivo, y viene a ser lo mismo que si un niño quisiera saber tanto como un anciano. Lo esencial es que el hombre aplique el espiritismo a su perfeccionamiento moral. El resto no es sino una curiosidad estéril y a menudo producto del orgullo, cuya satisfacción no le hará dar ningún paso adelante. El único medio de progresar consiste en ir haciéndonos mejores. Los Espíritus que han dictado el libro que lleva su nombre dieron prueba de su sabiduría al mantenerse —en lo tocante al principio de las cosas— dentro de los límites que Dios no permite franquear, dejando a los Espíritus sistemáticos y presuntuosos la responsabilidad de teorías prematuras y erróneas, más atractivas que sólidas, y que un día caerán ante el embate de la razón, como lo han hecho tantas otras surgidas de cerebros humanos. Aquellos no nos dijeron más que lo justamente necesario para hacer comprender al hombre el porvenir que le aguarda y con esto alentarlo en la práctica del bien. (Véase Segunda Parte, Capítulo I, «Acción de los Espíritus sobre la materia».)

SEGUNDA PARTE

DE LAS MANIFESTACIONES ESPIRITISTAS

CAPÍTULO PRIMERO

ACCIÓN DE LOS ESPÍRITUS SOBRE LA MATERIA

52. Una vez descartada la opinión materialista, que es condenada a la vez por la razón y por los hechos, todo se resume a saber si el alma, después de la muerte, puede manifestarse a los encarnados. Así reducido el asunto a su más simple expresión, lo encontramos singularmente despejado. En primer término podríamos preguntar por qué seres inteligentes, que en cierto modo viven en nuestro medio, aunque nos sean invisibles por su naturaleza misma, no podrían mostrar su presencia de la manera que fuese. El simple razonamiento dice que esto no tiene nada de absolutamente imposible, y ya es algo. Por otro lado, esta creencia es aceptada por la totalidad de los pueblos, por cuanto la encontramos dondequiera y en todas las épocas. Ahora bien, una intuición no podría haberse generalizado tanto, ni sobrevivir al transcurso de los tiempos, si no tuviera un fundamento real. Está apoyada también por el testimonio de los libros sagrados y por el de los Padres de la Iglesia, y han tenido que surgir el escepticismo y el materialismo de nuestro siglo para relegarla a la categoría de las ideas supersticiosas. Si estamos en el error, entonces lo están asimismo los libros sagrados y los Padres de la Iglesia.

Pero estas no son más que consideraciones morales. Una causa ha contribuido particularmente a consolidar la duda, en una época tan positiva como la nuestra, en que deseamos explicárnoslo todo, en que queremos saber el porqué y el cómo de cada cosa: esa causa es la ignorancia en que se está acerca de la naturaleza de los Espíritus y los medios por los cuales pueden manifestarse. Cuando se ha obtenido este conocimiento, el fenómeno de las manifestaciones no tiene nada de sorprendente e ingresa en el orden de los hechos naturales.

53. La idea que la gente se forma sobre los Espíritus hace que desde el primer momento el fenómeno de las manifestaciones le resulte incomprensible. Tales manifestaciones sólo pueden ocurrir por medio de la acción del Espíritu sobre la materia. De ahí que quienes creen que el Espíritu es la ausencia de toda materia, se pregunten, con alguna apariencia de razón, cómo es posible que el mismo actúe materialmente. Y allí está el error, por cuanto el Espíritu no es una abstracción, sino un ser definido, limitado y circunscrito. El Espíritu encarnado en el cuerpo humano constituye el alma. Cuando abandona el cuerpo al sobrevenir la muerte, aquel no sale de ahí desprovisto de toda envoltura. Todos los Espíritus nos afirman, en sus comunicaciones, que siguen conservando la forma humana y, en efecto, cuando se nos aparecen los reconocemos con esa forma.

Observémoslos con atención en el momento mismo en que acaban de dejar la vida física. Se hallan entonces en un estado de turbación. Todo es confuso en su entorno. Ven su cuerpo entero o mutilado, según el género de muerte que hayan tenido. Por otra parte, se ven y se sienten vivos. Algo les dice que ese cuerpo es el suyo, y no comprenden que se hayan separado de él. Continúan viéndose bajo su forma anterior, y tal visión produce en algunos, durante cierto lapso, una singular ilusión: la de creerse todavía vivos. Les es preciso adquirir experiencia de su nuevo estado para persuadirse de la realidad. Una vez disipada la turbación de los primeros momentos, el cuerpo pasa a ser para ellos un viejo vestido del cual se han desembarazado y cuya pérdida no lamentan. Se sienten más livianos y como si se hubieran liberado de un fardo. No experimentan ya dolores físicos y son muy dichosos al poder elevarse, hender el espacio, así como cuando estaban vivos lo hacían muchas veces en el transcurso de sus sueños.[4] Pese a la ausencia de su cuerpo físico, com-

4. Si nos acordamos de todo lo que hemos dicho en *El Libro de los Espíritus* sobre los

prueban que su personalidad sigue íntegra. Poseen una forma, sí, pero que no les molesta ni les incomoda. Tienen, en resumen, conciencia de su yo y de su individualidad. ¿Qué debemos concluir de esto? Que el alma no lo deja todo en el féretro, sino que se lleva algo consigo.

54. Numerosas observaciones y hechos irrecusables, de que hablaremos más adelante, han conducido a extraer en consecuencia que hay en el hombre tres elementos, a saber:

1) el alma o Espíritu, principio inteligente en el que reside el sentido moral;

2) el cuerpo, envoltura grosera, material, de la que está temporalmente revestido para el cumplimiento de ciertas miras providenciales, y

3) el periespíritu, envoltura fluídica, semimaterial, que sirve de vínculo entre alma y cuerpo.

La muerte es la destrucción o dicho mejor, la disgregación de la envoltura grosera, que el alma abandona. La otra envoltura se desprende de aquélla y sigue al alma, el cual de esta manera continúa teniendo una envoltura que aunque fluídica, etérea, vaporosa e invisible para nosotros en su estado normal, no deja de ser materia, aun cuando hasta ahora no hayamos podido captarla y someterla al análisis.

Esta segunda envoltura del alma o *periespíritu* existe pues, durante la vida corporal; es el intermediario de todas las sensaciones que el Espíritu percibe, mediante el cual transmite el Espíritu su voluntad al exterior y actúa sobre los órganos del cuerpo. Para valernos de una comparación material, es como el conductor eléctrico que sirve para transmitir y recibir el pensamiento. Es, en suma, ese agente misterioso, inaprensible, que se designa con el nombre de fluido nervioso, que desempeña un muy importante rol en la economía del organismo y que no se toma aún tan

sueños, y el estado del Espíritu mientras duerme (nos 400 a 418), se concebirá que estos sueños que casi todo el mundo ha tenido y en los cuales se ve uno transportado a través del espacio y como volando, no son otra cosa que un recuerdo de la sensación experimentada por el Espíritu, cuando durante el sueño había momentáneamente dejado su cuerpo material, no llevando consigo más que su cuerpo fluídico, el que conservará después de la muerte. Estos sueños pueden, pues, darnos una idea del estado del Espíritu cuando se verá desembarazado de las trabas que le retienen en la Tierra.

en cuenta como se debiera en los fenómenos fisiológicos y patológicos. Ya que la medicina sólo considera el elemento material, ponderable, omite en la apreciación de los hechos una causa incesante de acción. Pero no corresponde aquí examinar este tema. Sólo destacaremos que el conocimiento del periespíritu constituye la clave de una cantidad de problemas que hasta hace poco no hallaban explicación.

El periespíritu no es, en modo alguno, una de esas hipótesis a las que se recurre a veces en la ciencia para explicar un hecho. Su existencia no ha sido únicamente revelada por los Espíritus, sino que constituye el resultado de observaciones realizadas, conforme tendremos oportunidad de demostrarlo. Por el momento, y para no anticipar los hechos de que más adelante hablaremos, vamos a limitarnos a consignar que, ya sea durante su unión con el cuerpo o bien después de haberse desprendido de éste, el alma no está nunca separada de su periespíritu.

55. Se ha expresado que el Espíritu es una llama, una chispa. Esto debe entenderse como refiriéndose al Espíritu propiamente dicho, como principio intelectual y moral, y al que no sería posible atribuir una forma específica. Pero, sea cual fuere el grado de adelanto en que se encuentre, siempre se halla revestido de una envoltura o periespíritu, cuya naturaleza se va eterizando conforme se purifica y se eleva en la jerarquía espiritual. De suerte que, para nosotros, la idea de Espíritu es inseparable de la idea de forma, y no concebimos a aquél sin ésta. El periespíritu es parte integrante del Espíritu así como el cuerpo es parte integrante del hombre. Pero el periespíritu en sí no es el Espíritu, de la manera que el cuerpo en sí no es el hombre. Porque el periespíritu no posee la facultad de pensar, y es con relación al Espíritu lo que el cuerpo respecto al hombre: el agente o instrumento de su acción.

56. El periespíritu tiene la forma humana, y cuando se nos aparece lo hace, por lo general, bajo aquella forma con la que conocimos al Espíritu encarnado en la Tierra. Según esto, se podría creer que el periespíritu, una vez desprendido de todas las partes del cuerpo físico, aparece moldeado en cierto modo sobre aquél y conserva su sello, pero no parece cierto que las cosas sean así.

La forma humana, con algunas diferencias de detalle, y salvo las modificaciones orgánicas requeridas por el medio en que el ser es llamado a vivir, se vuelve a encontrar en los habitantes de todos los mundos. Tal es, al menos, lo que los Espíritus afirman. Y esa es también la forma de todos los Espíritus no encarnados, que sólo poseen su periespíritu. La misma bajo la cual se ha representado en todo tiempo a los ángeles o Espíritus puros. De lo que debemos concluir que la forma humana es típica de todos los seres humanos, cualquiera sea el grado en que estén. Pero la sutil materia del periespíritu no posee la persistencia y rigidez de la materia compacta del cuerpo físico. Es, si así vale decirlo, flexible y expansible. De ahí que la forma que adopta, si bien calcada de la del cuerpo, no sea absoluta. Cede a la voluntad del Espíritu, el cual puede imprimirle tal o cual apariencia, según lo desee, en tanto la envoltura corporal, sólida, le ofrece una resistencia insuperable. Una vez desembarazado del obstáculo que representa el cuerpo, y que lo comprimía, el periespíritu se expande o se contrae, transformándose y prestándose, en suma, a todas las metamorfosis, de acuerdo con la voluntad que está obrando sobre él. Debido a esta facultad que su envoltura fluídica posee, el Espíritu que desea manifestarse puede, en caso necesario, tomar la apariencia exacta que tenía cuando estaba encarnado, e inclusive exhibir las particularidades físicas que puedan servir de signos para su reconocimiento por parte de las personas vivientes.

Como se advertirá, los Espíritus son seres que se nos asemejan e integran alrededor nuestro toda una población que en su estado normal nos es invisible. Y decimos «en su estado normal» porque, según veremos, tal invisibilidad no es absoluta.

57. Volvamos a la naturaleza del periespíritu, por cuanto se trata de un punto esencial para la explicación que vamos a ofrecer. Ya dijimos que, aunque fluídica, no por ello deja de ser la suya una especie de materia, y esto resulta del hecho de las apariciones tangibles a las cuales nos referiremos más adelante. Bajo la influencia de ciertos médiums se ha asistido a la aparición de manos que ostentaban todas las características de la vida, inclusive su tibieza; que se podían palpar, ofreciendo al tacto la resistencia de un cuerpo sólido; que hasta estrechaban las de los testigos vivientes, y que de súbito se desvanecían cual sombra. La acción inteligente de esas manos que (salta a la vista) obedecen a una voluntad cuando efectúan determinados movimientos, ejecutando asimismo tonadas en un instrumento musical, prueba que son partes visibles de un ser inteligente invisible. Su tangibilidad y temperatura; en suma, la impresión que producen sobre los sentidos, ya que se las ha visto dejar huellas en la piel de los asistentes al fenómeno, aplicar a éstos golpes dolorosos o acariciarlos con delicadeza, demuestran que son de un tipo de materia. Por otra parte, el hecho de que desaparezcan en forma instantánea está probando que dicha materia es eminentemente sutil y se comporta como ciertas sustancias que pueden de forma alternativa pasar del estado sólido al fluídico, y a la inversa.

58. La naturaleza íntima del Espíritu propiamente dicho, o sea, del ser pensante, nos es del todo desconocida: se nos revela sólo por sus actos, y éstos no pueden impresionar nuestros sentidos físicos sino a través de un intermediario material. Así pues, el Espíritu necesita materia para actuar sobre la materia. Tiene por instrumento directo a su periespíritu, como el hombre posee su cuerpo. Ahora bien, acabamos de ver que el periespíritu es también materia. Por tanto, su agente intermediario es el fluido universal, especie de vehículo sobre el cual actúa, de la misma manera que nosotros obramos sobre el aire para producir en él ciertos efectos mediante la dilatación o compresión, propulsión o vibraciones.

Así encarada, la acción del Espíritu sobre la materia se concibe con facilidad. Comprendemos entonces que todos los efectos que resultan de dicha acción entran en el orden de los hechos naturales y no tienen nada de maravilloso. Sólo parecían sobrenaturales porque su causa no se conocía. Desde que la conocemos, lo maravilloso desaparece y esa causa se encuentra por entero en las propiedades semimateriales del periespíritu. Se trata de un nuevo tipo de fenómenos, que leyes nuevas acuden a explicar, y que dentro de algún tiempo no suscitará más asombro que el que nos produce hoy en día el hecho de poder comunicarnos a distancia, en pocos minutos, por medio de dispositivos eléctricos.

59. Tal vez se pregunte el lector cómo el Espíritu, con ayuda de una materia tan sutil, puede obrar sobre cuerpos pesados y compactos, levantar mesas y hacer cosas por el estilo. A buen seguro que semejante objeción no podría proceder de un hombre de ciencia, porque sin alegar las propiedades desconocidas que este nuevo agente puede poseer, ¿no tenemos a la vista ejemplos análogos? ¿No es acaso en los gases más rarificados, en los fluidos imponderables, donde encuentra la industria sus más poderosos propulsantes? Cuando vemos al viento derribar edificios, al vapor arrastrar enormes pesos, a la pólvora deflagrada lanzar por los aires los peñascos y a la electricidad del rayo destrozando árboles y horadando muros, ¿qué tiene de extraño admitir que el Espíritu, con ayuda de su periespíritu, pueda levantar una mesa, sobre todo si sabemos que ese periespíritu puede tornarse visible y tangible, comportándose como un cuerpo sólido?

CAPÍTULO II

MANIFESTACIONES FÍSICAS
MESAS GIRATORIAS

60. Reciben el nombre de manifestaciones físicas las que se traducen en efectos perceptibles, tales como ruidos, movimiento y desplazamiento de cuerpos sólidos. Las hay espontáneas, vale decir, que no obedecen a ninguna voluntad. Y también provocadas. En primer término, sólo hablaremos de estas últimas.

El efecto más sencillo, y uno de los primeros que fueron observados, consiste en el movimiento circular impreso a una mesa. Este fenómeno se produce asimismo en los demás objetos, pero como, por motivos de comodidad, con la mesa se ha practicado más, para la designación de este tipo de efectos prevaleció el nombre de *mesas giratorias*.

Cuando decimos que tal fenómeno es uno de los primeros en haber sido observados, estamos refiriéndonos a los tiempos modernos, porque es muy cierto que todos los géneros de manifestaciones se conocen desde las más remotas épocas y no podrá ser de otra manera: puesto que se trata de efectos naturales, deben de haberse producido en todos los tiempos.

Tertuliano mismo hace referencia, en términos explícitos, a las mesas giratorias y parlantes.

Durante cierto tiempo, este fenómeno alimentó la curiosidad en las tertulias de salón, después de lo cual se cansaron de él, pasando a nuevas distracciones, ya que sólo constituía un medio de entretenimiento. Dos causas contribuyeron a ese abandono de las mesas giratorias: por una parte la moda de las personas frívolas, que rara vez consagran dos inviernos a un mismo juego, pero que en este caso (¡cosa prodigiosa!) les concedieron tres o cuatro. Y por la otra, el hecho de que a los individuos serios y observadores este fenómeno les dejara como saldo algo trascendente, hizo que abandonasen las mesas giratorias para ocuparse de las consecuencias de tales experimentos, que son mucho más importantes. Así pues, reemplazaron la experimentación por el estudio, y a esta simple razón se debe su aparente abandono de las mesas, que ha suscitado tanto alboroto entre los que se mofan de ellas.

Sea como fuere, lo cierto es que las mesas giratorias no dejan de ser el punto de partida de la doctrina espírita, y por este motivo debemos dedicarles algunos párrafos, tanto más cuanto que al presentar los fenómenos en su faz más sencilla, el estudio de sus causas se facilita, y una vez planteada la teoría, ésta nos proporcionará la clave de fenómenos más complejos.

61. Para la producción de este fenómeno se requiere la intervención de una o varias personas dotadas de una facultad especial, por la cual se las designa con el nombre de *médium*. El número de los que participen en la sesión no es de importancia, salvo que entre ellos podrá haber algunos que posean facultades mediúmnicas que no se les conozcan. En cuanto a los que carecen de toda mediumnidad, su presencia no influye sobre los resultados y hasta podría resultar más perjudicial que útil, debido a la disposición de Espíritu con que muchas veces participan.

Sobre esto, los médiums tienen mayor o menor poder y, por tanto, provocan efectos más o menos acentuados. Con frecuencia un médium poderoso producirá él solo mucho más que otros veinte juntos. Le bastará apoyar las manos en la mesa para que al punto comience ella a moverse, a elevarse o darse vuelta, sacudiéndose o girando con celeridad.

62. No hay ningún indicio que revele de antemano la presencia de facultades mediúmnicas en una persona. Sólo la experiencia las da a conocer. Cuando en una reunión se desea ensayar el experimento, solamente hay que sentarse en torno a una mesa y apoyar la palma de las manos en su superficie, sin ejercer presión ni esfuerzo muscular. En los primeros tiempos, como se ignoraban todavía las causas del fenómeno, se recomendaban muchas precauciones cuya absoluta inutilidad se reconoció después. Por ejemplo, la de alternar los sexos, e inclusive el contacto de los meñiques de los asistentes, para formar una cadena sin solución de continuidad. Esta precaución parecía necesaria porque se creía en la acción de una especie de corriente eléctrica. Más tarde, la experiencia demostró que era inútil. La única prescripción de rigurosa obligatoriedad es el recogimiento, un silencio absoluto y, sobre todo, la paciencia, cuando el fenómeno se hace esperar. Es tan posible que se produzca en unos pocos minutos como puede tardar media o una hora. Depende del poder mediúmnico de los presentes.

63. Digamos inclusive que la forma de la mesa, el material de que está hecha, así como la presencia de objetos metálicos o seda en las ropas de los asistentes, el día o la hora, la oscuridad o la luz, etc., son tan indiferentes como la lluvia o el tiempo. Sólo el peso de la mesa podría influir en alguna medida, pero únicamente en los casos en que la fuerza mediúnmica resulta insuficiente para lograr que se mueva. De lo contrario una sola persona (hasta un niño) puede hacer que se eleve una mesa de cien kilogramos, mientras que en condiciones menos propicias una docena de personas no conseguirían mover la más pequeña mesita de velador.

Dispuestas así las cosas, cuando el fenómeno comienza a manifestarse se escucha, casi siempre, un leve crujido en la mesa y se percibe una suerte de temblor, que es el preludio de los movimientos. La mesa pareciera estar esforzándose por soltarse, y después su movimiento de rotación se acentúa y va acelerándose hasta el punto de adquirir tal velocidad que cuesta a los asistentes muchísimo trabajo seguirlo. Una vez que el movimiento se ha iniciado pueden aquéllos apartarse de la mesa, cortando todo contacto físico con ella, sin que ésta deje de moverse en diversos sentidos.

En otras ocasiones la mesa se levanta y se apoya sobre una u otra pata, hecho lo cual retorna con suavidad a su posición de reposo. O sino se balancea, imitando el cabeceo de un barco de proa a popa o su vaivén de babor a estribor. Tampoco falta oportunidad (más para esto se necesita un poder mediúnmico considerable) en que se separa por completo del suelo y se mantiene en equilibrio en el aire, sin ningún punto de apoyo, elevándose a veces hasta el cielo raso, de modo que las personas pueden pasar por debajo de ella. Luego desciende despacio, balanceándose como si fuera una hoja de papel, o cae con fuerza y se rompe, lo que evidencia que no se está siendo víctima de una ilusión óptica.

64. Otro fenómeno que con mucha frecuencia se produce, según sea la naturaleza del médium, es el de los golpes que resuenan en el interior de la madera, sin que la mesa se mueva. Tales golpes, muy débiles en ocasiones, pero otras veces lo bastante fuertes, se hacen escuchar igualmente en los demás muebles de la habitación, en las puertas, las paredes o el cielo raso. (Volveremos a este tema en seguida.) Cuando resuenan en la mesa provocan en ella una vibración que puede apreciarse perfectamente al tacto y en modo especial si se aplica el oído contra la mesa.

CAPÍTULO III

MANIFESTACIONES INTELIGENTES

65. En lo que acabamos de describir, nada hay que revele la intervención de un poder oculto, y esos efectos podrían explicarse muy bien por medio de la intervención de una corriente, magnética o eléctrica, o la de cualquier fluido. Tal fue la primera explicación que se dio a esos fenómenos, y que en verdad podía pasar por muy lógica. No cabe duda de que hubiera prevalecido si otros hechos no hubiesen venido a demostrar que tal explicación no bastaba. Estos nuevos hechos eran las pruebas de inteligencia que los fenómenos ofrecían. Ahora bien, como todo efecto inteligente debe tener una causa inteligente, saltaba a la vista que aun admitiendo la acción de la electricidad o de cualquier otro fluido, había además otra causa. ¿Cuál podría ser? ¿Qué inteligencia se manifestaba? Esto fue lo que las observaciones siguientes revelaron.

66. Para que una manifestación sea inteligente no es menester que demuestre elocuencia, ingenio o sabiduría: basta con que pruebe estar realizando un acto volitivo libre, expresando una intención o respondiendo a un pensamiento. Claro que cuando vemos una veleta movida por el viento estamos seguros de que sólo obedece a un impulso mecánico. Pero si reconociéramos en los movimientos de la veleta signos intencionales, si girara a la derecha o a la izquierda, rápida o lenta, conforme a las órdenes que se le impartieran, nos veríamos forzados a admitir, no que la veleta posee inteligencia, sino que está obedeciendo a una inteligencia. Tal es lo sucedido con las mesas giratorias.

67. Hemos visto a éstas moverse, elevarse, producir golpes, bajo el influjo de uno o varios médiums. El primer efecto inteligente observado en ellas consistía en el hecho de que tales movimientos obedecían a las órdenes que se daban. De esta manera, sin desplazarse, la mesa se levantaba alternativamente sobre una pata u otra, conforme al mandato impartido. Luego, retornando a su posición de reposo, producía un número determinado de golpes, respondiendo así a una pregunta que se le había formulado. En otras ocasiones la mesa, sin que ninguno de los asistentes tuviese contacto físico con ella, se paseaba por la habitación, yendo a derecha o a izquierda, adelante o atrás, y ejecutando los diversos movimientos que se le ordenaban. Desde luego, descartamos toda sospecha de fraude, admitiendo la perfecta lealtad de los presentes, testimoniada por su honorabilidad y su total desinterés personal. Más adelante hablaremos sobre las supercherías, contra las cuales hay que mantenerse en guardia.

68. Por medio de golpes, y sobre todo mediante los crujidos en de interior de la madera, a que nos referimos antes, se obtienen efecto todavía más inteligentes, como la imitación de los diversos redobles del tambor, las descargas de fusilería que se escuchan durante las maniobra militares, o el cañoneo. Luego el rechinar de una sierra, martillazos diferentes ritmos musicales, y así por el estilo. Como se comprenderá, había allí un vasto territorio para la experimentación. Se pensó que, puesto que se trataba de una inteligencia oculta, ésta debía poder responder a las preguntas que se le formularan y, en efecto, lo hizo, con un sí o un no, mediante un número convenido de golpes. Pero esas respuestas no dejaban de ser limitadas, de ahí que haya surgido la idea de establecer un sistema de golpes que correspondiera a las diferentes letras del alfabeto, con lo que se pudo componer palabras y frases.

69. Esos fenómenos, reproducidos a voluntad por miles de personas y en todos los países, no dejaban lugar a dudas respecto a la naturaleza inteligente de las manifestaciones. Entonces surgió un nuevo sistema de interpretación, según el cual esa inteligencia no sería otra que la del médium mismo, la del interrogador o la de los asistentes a la sesión. La dificultad consistía en explicar cómo tal inteligencia era capaz de reflejarse en la mesa, traduciéndose por golpes. Puesto que se reconocía como verdad que dichos golpes no eran producidos por el médium, entonces lo serían por el pensamiento. Ahora bien, que el pensamiento sea capaz de hacer resonar golpes en la mesa constituía un fenómeno más prodigioso todavía que todos aquellos que se habían presenciado. No tardó mucho la experiencia en demostrar lo inadmisible de este parecer. En efecto, las respuestas se manifestaban, en la mayoría de los casos, en oposición formal con el pensamiento de los presentes, excediendo los alcances intelectuales del médium, y aun se daban en idiomas que él ignoraba, o relataban hechos desconocidos para todos. Tan numerosos son los ejemplos de esto, que es casi imposible que quienquiera se haya ocupado un poco de las comunicaciones espíritas no fuera en muchas ocasiones testigo de ellos. Citaremos un solo caso, que nos fue narrado por un testigo ocular.

70. En un barco de la marina imperial francesa que se hallaba anclado en su base de los mares de la China toda la tripulación, desde los simples marineros hasta la más alta oficialidad, se ocupaban en dialogar con las mesas. Cierto día tuvieron la idea de evocar al Espíritu de un teniente de navío de esa misma unidad naval, que había muerto un par de años antes. El Espíritu acudió a la evocación y, tras diversas comunicaciones con él, que colmaron de asombro a todos, expresó lo siguiente, por medio del código de golpes establecido: «Os ruego encarecidamente abonéis al capitán la cantidad de (aquí indicaba el importe), pues se la debo y lamento no haber podido pagársela antes de mi muerte». Nadie allí conocía el hecho. El capitán mismo había olvidado aquella deuda, que por otra parte era de muy pequeña cuantía. Buscó entonces entre sus papeles y halló, en efecto, la nota donde la deuda del teniente había quedado registrada: su monto era con exactitud el mismo que señalara el Espíritu. Nos preguntamos, pues: ¿Del pensamiento de cuál de los presentes podía ser reflejo esa indicación?

71. El arte de comunicarse por medio de un código alfabético de golpes fue perfeccionado, no obstante lo cual continuaba siendo un medio sobremanera lento. Con todo, sirviéndose de él se obtuvieron comunicaciones de cierta extensión, así como interesantes revelaciones acerca del mundo invisible. Los Espíritus mismos señalaron la conveniencia de adoptar otros sistemas, y a ellos se debe el procedimiento de las comunicaciones escritas.

Las primeras comunicaciones de este género se llevaron a cabo adosando un lápiz a la pata de una mesita liviana, y debajo de dicha pata se colocaba una hoja de papel en blanco. Una vez que la mesa se ponía en movimiento por influencia de un médium, comenzaba a delinear letras sueltas primero, palabras y frases más tarde. Este procedimiento fue simplificado en forma gradual valiéndose de mesitas de juguete del tamaño de la mano, construidas ex profeso con tal objeto; luego se reemplazaron éstas por canastillas, cajas de cartón y, por último, simples tablitas. Con este sistema la escritura resultaba tan fluida, veloz y fácil como cuando se escribe a mano, pero andando el tiempo se reconoció que todos esos objetos no eran, en fin de cuentas, más que apéndices de la mano del médium, verdaderos portalápices de los que se podía prescindir sosteniendo uno mismo el lápiz entre los dedos. De este modo la mano, conducida por un movimiento involuntario, escribía bajo el impulso que le daba el Espíritu comunicante, sin el concurso de la voluntad ni del pensamiento del médium. A partir de entonces, las comunicaciones entre los seres humanos y los de ultratumba no tuvieron más límites que la correspondencia habitual entre las personas de este mundo. Volveremos a referirnos a estos diversos sistemas, que explicaremos en detalle, pues el rápido esbozo que de ellos hicimos tenía por objeto mostrar la intervención de inteligencias ocultas, de otro modo denominadas Espíritus.

CAPÍTULO IV

TEORÍA DE LAS MANIFESTACIONES FÍSICAS

Movimientos y levitaciones. — Ruidos. — Aumento y disminución del peso de los cuerpos.

72. Una vez demostrada la existencia de los Espíritus por medio del razonamiento y de los hechos, así como su posibilidad de obrar sobre la materia, se trata ahora de conocer cómo se opera esa acción y de qué modo proceden para hacer mover las mesas y otros cuerpos inertes.

La explicación que concebimos con toda naturalidad es la que se nos ocurrió al principio, pero como fue refutada por los Espíritus, quienes dieron otra muy distinta y que era la que menos esperábamos, esto es una prueba evidente de que su teoría no constituye un reflejo de nuestra opinión. Ahora bien, aquella primera idea puede acudir a la mente de cualquiera. En cambio la teoría de los Espíritus no creemos que haya venido jamás a la imaginación de nadie. Fácilmente se reconocerá cuán superior es a la nuestra, aun cuando sea menos sencilla, por cuanto ofrece la solución de una multitud de hechos diversos, que no encontraban en aquélla una explicación satisfactoria.

73. Tan pronto como se conoció la naturaleza de los Espíritus, su forma humana, las propiedades semimateriales del periespíritu, la acción mecánica que son capaces de ejercer sobre la materia, de resultas de la cual en los fenómenos de apariciones se han visto manos fluídicas, y hasta tangibles, aferrar objetos y trasladarlos de un sitio a otro, era natural creer que el Espíritu se sirviera simplemente de sus propias manos para hacer girar la mesa y que la levantase en el aire con la fuerza de sus brazos. Pero en tal caso, ¿para qué se necesitaba un médium? ¿No podía el Espíritu actuar solo? Porque el médium, que las más veces apoya sus manos en sentido contrario al del movimiento, e incluso en otras ocasiones no las apoya en manera alguna, no puede, evidentemente, ayudar al Espíritu con ninguna acción muscular propia. En primer término, dejemos que hablen aquellos Espíritus a quienes hemos interrogado sobre este punto.

74. Las respuestas que siguen nos fueron dadas por el Espíritu de san Luis y después las confirmamos con otros muchos Espíritus.

1) El fluido universal ¿es una emanación de la Divinidad?

«No.»

2) ¿Es entonces una creación de la divinidad?

«Todo ha sido creado, excepto Dios.»

3) El fluido universal ¿es al mismo tiempo el elemento universal?

«Sí, constituye el principio elemental de todas las cosas.»

4) ¿Tiene alguna relación con el fluido eléctrico, cuyos efectos bien conocemos?

«Es su elemento.»

5) ¿Cuál es el estado en el cual el fluido universal se nos presenta en su mayor simplicidad?

«Para hallarlo en su simplicidad absoluta habría que remontarse hasta los Espíritus puros. En vuestro mundo está siempre más o menos modificado para formar la materia compacta que os rodea. No obstante, podéis decir que el estado que más se acerca a esa simplicidad absoluta es el del fluido que denomináis *fluido magnético animal*.»

6) Se ha dicho que el fluido universal es el origen de la vida. ¿Constituye al mismo tiempo la fuente de la inteligencia?

«No, ese fluido sólo anima a la materia.»

7) Puesto que es dicho fluido el que forma al periespíritu, parecería hallarse en él en una suerte de estado de condensación, que hasta cierto punto lo acerca a la materia...

«Hasta cierto punto, como acabáis de decirlo, porque no posee todas las propiedades de la materia, y se encuentra condensado en mayor o menor medida, según la naturaleza de los diferentes mundos.»

8) ¿Cómo hace el Espíritu para obtener que un cuerpo sólido se mueva?

«Combina una parte del fluido universal con el fluido que se desprende de un médium apropiado para lograr ese efecto.»

9) Los Espíritus ¿levantan la mesa valiéndose de sus propios miembros, en cierto modo solidificados?

«Esta respuesta no os dará todavía lo que deseáis. Cuando una mesa se mueve bajo vuestras manos, el Espíritu evocado toma del fluido universal lo necesario para animar a esa mesa con una vida artificial. Dispuesta así la mesa, el Espíritu la atrae y la mueve bajo la influencia de su propio fluido, emitido por su voluntad. Cuando la masa que quiere poner en movimiento es demasiado pesada para él, pide ayuda a otros Espíritus que están en sus mismas condiciones. Debido a su naturaleza etérea. el Espíritu propiamente dicho no puede actuar sobre la materia, si no es con el concurso de un intermediario, o sea, no puede hacerlo sin el vínculo que lo une a la materia. Ese vínculo, que constituye lo que llamáis periespíritu, os da la clave de todos los fenómenos espíritas de carácter material. Creo haberme explicado con bastante claridad para que me comprendáis.»

> *Observación*. Llamamos la atención del lector sobre la primera frase: «Esta respuesta *no os dará* TODAVÍA *lo que deseáis*». El Espíritu interrogado había comprendido perfectamente que todas las preguntas anteriores le habían sido formuladas sólo para llegar a ésta, y hace alusión a nuestro pensamiento, que esperaba, en efecto, una respuesta del todo diferente, vale decir, la confirmación de nuestra idea respecto a cómo el Espíritu procede para obtener el movimiento de las mesas.

10) Los Espíritus a quienes pide ayuda con ese propósito ¿son inferiores a él? ¿Están bajo sus órdenes?

«Casi siempre son sus iguales, y a menudo acuden por sí mismos, espontáneamente.»

11) ¿Todos los Espíritus son aptos para producir fenómenos de este tipo?

«Los que provocan esa clase de efectos son siempre Espíritus inferiores que todavía no se han desprendido por completo de toda influencia material.»

12) Comprendemos que los Espíritus superiores no se ocupen de cosas que están por debajo de ellos. Pero preguntamos si, puesto que se hallan más desmaterializados, tendrían el poder de hacerlo, si lo desearan.

«Poseen fuerza moral, así como los otros disponen de fuerza física. Cuando aquéllos necesitan de esta última, se sirven de los que la tienen. ¿No se os ha dicho que se valen de Espíritus inferiores, del modo que vosotros acudís a los cargadores para que os lleven las maletas?»

Observación. Se ha afirmado que la densidad del periespíritu —si vale la expresión— varía conforme al estado de los diferentes mundos. Parece que cambia también en el mismo mundo, conforme a los diversos individuos. En los Espíritus adelantados *moralmente* el periespíritu es más sutil y se acerca al de los Espíritus elevados; en los Espíritus inferiores, en cambio, se aproxima a la materia; y es precisamente esto lo que hace que en esos Espíritus de baja categoría persistan por tanto tiempo las ilusiones de la vida terrestre; piensan y obran como si no hubieran muerto físicamente; tienen los mismos deseos, y casi se podría decir que igual sensualidad. Ese carácter grosero del periespíritu, dándole más *afinidad* con la materia hace a los Espíritus inferiores más apropiados para las manifestaciones físicas. Por la misma razón un hombre culto, habituado a las tareas intelectuales, y cuyo organismo es endeble y delicado, no será capaz de levantar un pesado fardo como lo hace un cargador. En aquél la materia es, en cierto modo, menos compacta. Puesto que el periespíritu es con relación al Espíritu, lo que el cuerpo respecto al hombre, y la densidad del periespíritu se halla en razón de la inferioridad del Espíritu, tal densidad reemplaza en él a la fuerza muscular, esto es, le confiere, sobre los fluidos que se requieren para producir las manifestaciones, un poder mayor que el que poseen aquellos cuya naturaleza es más etérea. Así pues, si un Espíritu elevado quiere producir este tipo de efectos, procede de igual modo que entre nosotros las personas refinadas: encarga de ello a un *Espíritu que sea del oficio*.

13) Si hemos comprendido cabalmente lo que habéis dicho, el principio vital reside en el fluido universal. El Espíritu extrae de dicho fluido la envoltura semimaterial que constituye su periespíritu, y por medio de él actúa sobre la materia inerte. ¿Es así?

«Sí. Vale decir que anima a la materia con una especie de vida artificial. La materia se impregna de vida animal. La mesa que bajo vuestras manos está moviéndose vive como el animal, y obedece por sí misma al ser inteligente. No es que este último la empuje, como hace un hombre con un fardo. Cuando la mesa se eleva en el aire no es el Espíritu quien la levanta con la fuerza de sus brazos, sino que la mesa, animada, obedece al impulso que el Espíritu le da.»

14) ¿Qué rol desempeña entonces el médium en la producción de este fenómeno?

«Lo dije ya: el fluido propio del médium se combina con el fluido universal acumulado por el Espíritu que actúa. Es menester que ambos fluidos se unan, esto es, el fluido animalizado con el fluido universal, para dar vida a la mesa. Pero notad bien que esa vida es sólo momentánea, se extingue con la acción ejecutada, y a menudo antes que ésta haya concluido, tan pronto como la cantidad de fluido disponible deja de ser suficiente para animarla.»

15) ¿Puede el Espíritu obrar sin el concurso de un médium?

«Puede actuar sin saberlo el médium. O sea, que muchas personas sirven de auxiliares de los Espíritus para producir ciertos fenómenos sin que siquiera lo sospechen. El Espíritu extrae de ellas, como si se tratara de una fuente, el fluido animalizado de que necesita. De esta manera, la colaboración de un médium tal como la entendéis vosotros, no siempre es necesaria, lo cual acontece sobre todo en los fenómenos de carácter espontáneo.»

16) La mesa, una vez animada, ¿obra con inteligencia? ¿Piensa?

«No piensa más que el bastón con que hacéis una señal inteligente, pero la vitalidad de que está animada le permite obedecer al impulso de una inteligencia. Sabed bien, pues, que la mesa que se mueve no se convierte en *Espíritu* y no tiene, por sí misma, ni pensamiento ni voluntad.

Observación. En el lenguaje común nos valemos muchas veces de una expresión análoga al decir que una rueda que gira con velocidad está animada de un movimiento rápido.

17) ¿Cuáles la causa preponderante en la producción de esos fenómenos: el Espíritu o el fluido?

«El Espíritu es la causa; el fluido, el instrumento. Ambos son necesarios.»

18) ¿Qué papel representa la voluntad del médium, en tal caso?

«Llamar a los Espíritus y secundarlos en la tarea de impulsar el fluido.»

—¿Es siempre indispensable la acción de la voluntad del médium?

«Aumenta la potencia, pero no en todos los casos resulta necesaria, pues el movimiento puede efectuarse contra su voluntad y a despecho de ella, lo cual constituye una prueba de que hay en el fenómeno una causa que es independiente del médium.»

Observación. No en todos los casos se requiere el contacto de las manos para lograr que un objeto se mueva. La mayoría de las veces se necesita para dar el primer impulso, pero cuando el objeto se ha animado puede obedecer a la voluntad sin contacto físico. Esto depende, o del poder del médium, o de la naturaleza de los Espíritus que intervienen. Tampoco es indispensable un contacto inicial. Prueba de ello son los movimientos y desplazamientos espontáneos, que no se pensaba provocar.

19) ¿Por qué todos no pueden producir el mismo efecto y a qué se debe la diferencia de poder que se advierte entre uno y otro médium?

«Depende del organismo y de la mayor o menor facilidad con que puede realizarse la combinación de los fluidos. Por otra parte, el Espíritu del médium simpatiza en un grado variable con los Espíritus intervinientes, que en él encuentran el poder fluídico preciso. Con ese poder sucede lo mismo que con el de los magnetizadores: que es mayor o menor. A este respecto hay personas que son completamente refractarias. En otras, la combinación de los fluidos sólo se efectúa por un esfuerzo de su voluntad. Y no faltan aquéllas en quienes dicha combinación se opera con tanta espontaneidad y facilidad que ni siquiera sospechan que se esté produciendo, por lo que sirven de instrumentos sin saberlo, como ya lo hemos dicho.» (Véase el Capítulo V, que versa sobre las manifestaciones espontáneas).

Observación. No cabe duda de que el magnetismo es el principio de estos fenómenos, pero no como generalmente se lo entiende. Lo prueba el hecho de que existan magnetizadores muy poderosos que no lograrían hacer mover una mesa de noche, y en cambio otras personas, que no tienen poder para magnetizar (hasta niños), con sólo apoyar los dedos sobre una pesada mesa provocan movimientos en ésta. Por tanto, si el poder mediúnmico no está en razón del poder magnético, ello significa que hay otra causa.

20) Las personas llamadas «eléctricas», ¿pueden ser consideradas médiums?

«Esas personas extraen de sí mismas el fluido necesario para la producción de los fenómenos y pueden obrar sin el concurso de los Espíritus. No son médiums, en el sentido exacto del término, pero también es posible que sean asistidas por un Espíritu que aproveche sus disposiciones naturales.»

Observación. Sucedería con tales personas lo que con los sonámbulos, que pueden obrar con o sin la ayuda de un Espíritu. (Véase en el capítulo de los médiums, el epígrafe «Médiums sonámbulos».)

21) El Espíritu que obra sobre los cuerpos sólidos para moverlos ¿penetra en la sustancia misma de los cuerpos, o permanece fuera de ella?

«Lo uno y lo otro. Ya hemos dicho que la materia no representa un obstáculo para los Espíritus, que todo lo penetran. Una porción de su periespíritu se identifica, por así decirlo, con el objeto en el que entra.»

22) ¿Cómo hace el Espíritu para producir los golpes? ¿Se vale de un objeto físico?

«No, como tampoco utiliza sus brazos para levantar la mesa. Bien sabéis que no dispone de un martillo... Su martillo es el fluido combinado, puesto en acción por su voluntad, para mover o para golpear. Cuando mueve, la luz os permite ver esos movimientos. Cuando golpea, el aire os transmite el sonido.»

23) Lo concebimos cuando está golpeando en un cuerpo duro. Pero ¿cómo puede lograr que escuchemos ruidos o sonidos articulados en el aire mismo?

«Puesto que actúa sobre la materia, le es posible obrar sobre el aire tanto como sobre una mesa. En cuanto a los sonidos articulados, puede imitarlos, así como todos los demás ruidos.»

24) Decís que el Espíritu no emplea sus manos para mover la mesa. Con todo, en algunas manifestaciones visuales se ha visto aparecer manos cuyos dedos recorrían el teclado de un instrumento musical, oprimían las teclas y hacían escuchar sonidos. ¿No parece, entonces, que el movimiento de las teclas sea en este caso producido por la presión de los dedos? Y esa presión, ¿no es tan directa y real como cuando la sentimos sobre nosotros mismos dejándonos marcas en la piel?

«No podéis comprender la naturaleza de los Espíritus y su modo de actuar si no es por medio de comparaciones que sólo os dan una idea incompleta, y es un error que queráis siempre igualar sus procedimientos con los vuestros. Los actos que realizan deben estar de acuerdo con su organización. ¿No os he dicho que el fluido del periespíritu penetra la materia y se identifica con ella animándola con una vida artificial? Pues bien, cuando el Espíritu posa sus dedos sobre las teclas de un plano está realmente apoyándolas y hasta los mueve, pero no oprime las teclas con una fuerza muscular, sino las anima, del mismo modo que anima a la mesa, y las teclas, que obedecen a su voluntad, ponen en acción los martillitos que percuten las cuerdas del instrumento. Asimismo sucede algo que nos costaría trabajo comprender, y es que ciertos Espíritus se hallan tan poco evolucionados y tan materializados, si se les compara con los Espíritus superiores, que conservan todavía las ilusiones de la vida terrestre y creen actuar como cuando poseían un cuerpo físico. No se dan cuenta de la verdadera causa que desencadena los efectos por ellos producidos, así como un campesino desconoce la teoría de los sonidos que está emitiendo al hablar. Preguntadles cómo hacen para tocar el piano y os responderán que presionan las teclas con sus dedos, pues creen estar haciendo eso. Producen ese efecto de manera instintiva, sin que sepan en qué forma ocurre, y sin embargo es por imperio de su propia voluntad. Cuando hacen que escuchemos palabras sucede lo mismo.»

Observación. De estas explicaciones resulta que los Espíritus pueden crear todos los efectos que nosotros mismos producimos, pero por medios adecuados a su organización. Ciertas fuerzas que les son propias sustituyen a los músculos que nosotros necesitamos para actuar, así como en los mudos la mímica reemplaza a la palabra, que les falta.

25) Entre los fenómenos que se citan como pruebas de la acción de un poder oculto hay algunos que, evidentemente, son contrarios a todas las leyes conocidas de la naturaleza. ¿No es lícito entonces, dudar de ellos?

«Es que el hombre se encuentra lejos de conocer todas las leyes naturales. Si las conociera en su totalidad, sería un Espíritu superior. En consecuencia, cada día que pasa sufren un desmentido aquellos que, creyendo saberlo todo, pretenden imponer límites a la naturaleza, y no por esto dejan de seguir siendo orgullosos. Al descubrirle sin cesar nuevos misterios, Dios advierte al hombre que desconfíe de sus propias luces, porque día vendrá en que *la ciencia del más sabio será confundida*. ¿No estáis viendo a diario ejemplos de cuerpos animados de un movimiento capaz de superar la fuerza de gravedad? La bala de cañón, arrojada al aire, ¿no vence en forma momentánea dicha fuerza? Pobres hombres, que tan sabios os creéis, y cuya tonta vanidad es a cada instante derrotada, sabed que sois todavía muy pequeños.»

75. Estas explicaciones son claras, categóricas y sin ambigüedades. Resalta de ellas algo esencial y es que el fluido universal, en el que reside el principio de la vida, es el agente principal de las manifestaciones, y que dicho agente recibe su impulso del Espíritu, ya se halle éste encarnado o errante. El fluido condensado constituye el periespíritu o envoltura semimaterial del Espíritu. En el estado de encarnación, el periespíritu está unido a la materia del cuerpo. En el estado de erraticidad se halla libre. Cuando el Espíritu está encarnado, la sustancia del periespíritu se encuentra más o menos fundida con la materia corpórea, más o menos pegada a ella, si así puede decirse. En algunas personas hay en cierto modo, una emanación de ese fluido, como consecuencia de condiciones especiales de su organismo, y es de esto, hablando con propiedad, de lo que resultan los médiums de efectos físicos. La emisión del fluido animalizado puede abundar en mayor o en menor medida y su combinación podrá resultar más fácil o menos fácil, de ahí que el poder de los médiums varíe de unos a otros. Esa emisión no es en modo alguno permanente, lo que explica las intermitencias de la fuerza mediúmnica.

76. Hagamos una comparación. Si deseamos obrar materialmente sobre cualquier punto situado a cierta distancia, nuestra mente es la que quiere hacerlo, pero ella sola no podrá tocar ese punto: necesita un intermediario al cual dirigir: un bastón, un proyectil, una corriente de aire, etc. Observad, inclusive, que el pensamiento no actúa en forma directa sobre ese bastón, porque si no lo empuñamos, él no obrará por su cuenta. La mente —que es el Espíritu encarnado en nosotros— está unida al cuerpo mediante el periespíritu. No puede ejercer una acción sobre el cuerpo a no ser por el periespíritu, como tampoco puede hacerlo sobre el bastón si prescinde del cuerpo. Actúa sobre el periespíritu porque es la sustancia con la cual tiene más afinidad. A su vez, el periespíritu ejerce su acción sobre los músculos, éstos permiten que los dedos aferren el bastón, el cual va a tocar el punto preciso. Ahora bien, cuando el Espíritu no se halla encarnado necesita un instrumento exterior de que valerse, y este auxiliar es el fluido con cuya ayuda hace que el objeto obedezca al impulso de su voluntad.

77. De esta manera, cuando un objeto es puesto en movimiento, levantado o arrojado al aire, no es que el Espíritu lo aferre, lo eleve o lo lance lejos, como podríamos hacerlo con la mano. El Espíritu lo *satura*, si así puede decirse, con su fluido, combinado con el del médium, y el objeto, momentáneamente vivificado (o animado), actúa como lo haría un ser viviente, con la diferencia de que, no poseyendo voluntad propia, obedece al impulso de la voluntad del Espíritu.

Puesto que el fluido vital, impulsado en cierto modo por el Espíritu, da una vida artificial y momentánea a los cuerpos inertes, y visto también que el periespíritu es ese mismo fluido vital, se sigue de ello que cuando el Espíritu está encarnado es él quien da vida al cuerpo, por intermedio del periespíritu, y permanece unido al cuerpo en tanto el estado del organismo lo permite. Después, cuando se retira el Espíritu, el cuerpo muere. Ahora bien, si en vez de una mesa tallamos una estatua de madera, y se ejerce sobre dicha estatua la misma acción que sobre la mesa, de ello resultará que tendremos una estatua que se mueve, produce golpes y responde preguntas conforme al procedimiento establecido. En suma, dispondremos de una estatua momentáneamente animada de vida artificial, y así como se ha inventado la expresión de «mesas parlantes», podremos en tal caso hablar de «estatuas parlantes». ¿Qué luces no arroja esta teoría sobre una multitud de fenómenos por ahora sin explicación? ¿Cuántas alegorías y efectos misteriosos no explican?

78. Sin embargo, los incrédulos siguen objetando que la levitación de las mesas sin un punto de apoyo es imposible, por ser contraria a la ley de gravedad. Comenzando, les responderemos que su negación no constituye una prueba. Y en segundo término, que si el fenómeno existe no importaría que fuese contrario a todas las leyes conocidas, pues probaría entonces que se basa en una ley que ignoramos, y los negadores no pueden abrigar la pretensión de conocer todas las leyes de la naturaleza. Acabamos de explicar esta ley, pero no es una razón para que ellos la acepten, precisamente porque nos fue comunicada por Espíritus que han dejado su vestido terrestre, en lugar de serlo por Espíritus que aún conservan esa envoltura y ocupan sillones en la Academia. Si el Espíritu de Arago, cuando estaba encarnado, les hubiese enseñado esa ley, ellos la habrían aceptado a ojos cerrados. Pero la transmite el Espíritu de Arago ya desencarnado, la consideran una utopía. ¿Por qué? Porque ellos creen que al morir Arago físicamente todo él murió. No pretendemos disuadirlos de tal idea. No obstante, como esa objeción podría confundir a algunas personas, vamos a tratar de responder a ella colocándonos en su terreno, esto es, prescindiendo por un momento de la teoría de la animación artificial de los cuerpos inertes.

79. Cuando se hace el vacío bajo la campana de la máquina neumática, aquélla se adhiere con tal fuerza que es imposible levantarla, por la presión del aire sobre ella. Déjese entrar aire y la campana podrá ser levantada con toda facilidad, porque el aire del interior contrabalancea al de fuera. Si no la tocamos, la campana permanecerá en su sitio, en virtud de la ley de gravedad. Ahora, comprimid el aire del interior, de modo que obtenga una densidad mayor que el de fuera, y la campana se elevará a despecho de la pesantez terrestre. Si la corriente de aire es rápida y violenta, la campana podrá sostenerse en el espacio sin ningún apoyo visible, como se hace con esos muñecos que, colocados sobre un surtidor de agua, dan volteretas en la cima. ¿Por qué, pues, el fluido universal, *que es el elemento básico de toda materia*, al acumularse alrededor de la mesa no tendría la propiedad de disminuir o aumentar su peso específico relativo, de la manera que lo hace el aire con la campana de la máquina neumática y el hidrógeno con los globos aerostáticos, sin que esto signifique una derogación de la ley de gravedad? ¿Conocéis, acaso, todas las propiedades y todo el poder de ese fluido? No, sin duda. Pues bien, no neguéis entonces un hecho porque no podáis explicarlo.

80. Volvamos a la teoría del movimiento de las mesas. Si por el medio señalado puede el Espíritu levantar una mesa, será capaz de hacer lo propio con cualquier otra cosa: pongamos que sea un sillón... Si puede levantar un sillón, podrá también, disponiendo de fuerza suficiente, elevar al mismo tiempo a una persona que se encuentre sentada en él. He aquí la explicación de este fenómeno que ha producido cien veces el señor Home, en él mismo o en otras personas. Volvió a reiterarlo durante un viaje a Londres, y para probar que los espectadores no eran víctimas de una ilusión óptica, trazó en el cielo raso una marca con lápiz, pasando bajo ella. Ya se sabe que el señor Hume es un poderoso médium de efectos físicos, y en esta prueba está la causa eficiente del fenómeno y su objeto.

81. Hace poco hemos hablado del posible aumento del peso de los cuerpos. Se trata, en efecto, de un fenómeno que en ocasiones se da y que no tiene nada de anormal, como tampoco es anormal que bajo la presión de la columna atmosférica la campana de la máquina neumática presente una resistencia extraordinaria. Sometidos al influjo de ciertos médiums, se han visto objetos bastante livianos que ofrecían la misma resistencia y luego cedían de súbito, ante el menor esfuerzo que se les opusiera. En la experiencia citada, la campana no pesa, en realidad, ni más ni menos que su peso normal, pero parecería ser más pesada por el efecto de la causa exterior que está actuando sobre ella. Probablemente sucede lo mismo con la mesa. Ésta tiene siempre su mismo peso natural, por cuanto su masa no ha aumentado, pero una fuerza externa se opone a su movimiento. La causa tal vez esté en los fluidos ambientes que la penetran, así como la causa de que se incremente o disminuya el peso aparente de la campana reside en la presión del aire. Realizad el experimento con la campana de la máquina neumática en presencia de un individuo ignorante y no comprenderá que es el aire (que él no ve) el que actúa. Y no sería difícil persuadirlo de que se trata del diablo...

Quizá se alegue que, puesto que ese fluido es imponderable, su acumulación no puede aumentar el peso de un objeto. De acuerdo. Pero notad que si hemos empleado la palabra *acumulación* ha sido para compararlo y no con el propósito de identificarlo en forma absoluta con el aire. El fluido es imponderable, sea. Mas lo cierto es que nada lo prueba, ya que ignoramos su naturaleza íntima y nos hallamos lejos de conocer todas sus propiedades. Antes de que se experimentara con la presión del aire no se sospechaban los efectos que ella provoca. También se clasifica a la electricidad entre los fluidos imponderables. Sin embargo, un cuerpo puede ser retenido por una corriente eléctrica y ofrecer gran resistencia al que quiera levantarlo. Así pues, aparentemente se ha vuelto más pesado; del hecho de que no veamos la fuerza que lo retiene ahí sería lógico concluir que ella no existe. El Espíritu puede tener «palancas» que nos son desconocidas. A diario nos demuestra la naturaleza que su poder no se limita a lo que podemos percibir mediante nuestros sentidos.

Sólo podrá explicarse por una causa semejante a ésta el singular fenómeno, del que tantos ejemplos se han visto, de una joven débil y delicada levantando con dos dedos (sin gran esfuerzo, como si se tratara de una pluma) a un hombre fuerte y robusto, junto con la silla en la cual éste se sentaba. Ahora bien, lo que prueba que interviene en esos casos una causa exterior a la persona, es el carácter intermitente que su facultad demuestra.

CAPÍTULO V

MANIFESTACIONES FÍSICAS ESPONTÁNEAS

Ruidos, alborotos y perturbaciones. – Lanzamiento de objetos. – El fenómeno de los aportes. – Disertación de un Espíritu sobre los aportes.

82. Los fenómenos a que acabamos de referirnos son provocados, pero a veces sucede que tienen lugar en forma espontánea, sin participación de la voluntad: todo lo contrario, ya que con frecuencia se toman sumamente importunos. Lo que excluye, por otra parte, la hipótesis de que puedan ser efecto de una imaginación sobreexcitada por las ideas espíritas, es que se producen con personas que jamás han oído hablar de espiritismo, y en el momento en que menos lo esperaban. Tales fenómenos, cuya manifestación se podría considerar como de práctica espiritista natural, son importantísimos, por cuanto no pueden ser sospechados de connivencia previa entre los asistentes. De ahí que encarezcamos, a quienes se ocupan de las experiencias espíritas, que recojan cuantos fenómenos de este género lleguen a su conocimiento, pero, sobre todo, verifiquen con cuidado su autenticidad, mediante un minucioso estudio de las circunstancias en que sobrevienen los hechos, a fin de asegurarse de que no son víctimas de una ilusión o de una superchería.

83. Entre todas las manifestaciones espíritas las más simples y frecuentes son los ruidos y golpes. Ante éstos, en especial, debemos temer equivocarnos, porque una cantidad de causas naturales pueden originarlos. El viento que silba o que agita un objeto, un cuerpo inerte que movemos sin advertirlo, un efecto acústico, un animal oculto, un insecto, etc., a todo lo cual se deben agregar las picardías de los bromistas de mal gusto. Los ruidos que se deben a manifestaciones espíritas poseen, además, un carácter particular —aun cuando su intensidad y su timbre varíen mucho— que los hace fácilmente reconocibles, y no da margen a que los confundamos con los crujidos de la madera, las crepitaciones del fuego en la chimenea o el monótono tictac de un reloj de pared. Aquéllos son golpes secos, ora sordos, débiles y leves, ora claros y distintos, a veces estrepitosos, cambiando de lugar y repitiéndose sin regularidad. Ahora bien, de todos los posibles medios de control el que no puede dejar resquicio a dudas sobre su origen espírita es la obediencia de las manifestaciones a la voluntad humana. Si los golpes se hacen escuchar en el lugar que se designa, si responden al pensamiento por su número o por su intensidad, no se puede desconocer en ellos una causa inteligente. Pero la falta de obediencia a la voluntad no siempre es una prueba en contrario.

84. Admitamos ahora que, por medio de una comprobación minuciosa, se adquiere la certidumbre de que los ruidos escuchados, o cualquier otro efecto que se produzca, son manifestaciones espíritas leales, ¿es racional asustarse de ellas? Seguro que no. Porque en ningún caso podrían comportar peligro alguno: las personas a quienes se persuade de que el autor de las manifestaciones es el diablo son las únicas que podrán verse afectadas de una manera molesta, como sucede a los niños a quienes se mete miedo con el Espíritu maligno transformado en lobo por las noches, o amenazándolos con las brujas. No obstante, convendremos en que tales manifestaciones adquieren en ciertas circunstancias una intensidad y una persistencia desagradables, de manera que es muy natural que se desee desembarazarse de ellas. A este respecto se impone una explicación.

85. Hemos dicho ya que las manifestaciones físicas tienen por objeto llamar nuestra atención sobre algo y convencernos de la presencia de un poder superior al humano. También dijimos que los Espíritus elevados no se ocupan de ese tipo de manifestaciones, sino que se valen de Espíritus inferiores para provocarlas, así como nosotros nos servimos de personal para ejecutar las tareas rudas, y aquella con el propósito que acabamos de señalar. Una vez logrado el objetivo, la manifestación material cesa, porque ha dejado de ser necesaria. Uno o dos ejemplos permitirán al lector comprender mejor la cuestión.

86. Hace muchos años, cuando iniciaba yo mis estudios sobre espiritismo, una tarde en que me encontraba trabajando en el tema escuché golpes alrededor de mí durante cuatro horas consecutivas. Era la primera vez que me sucedía semejante cosa. Comprobé que no tenían ninguna causa accidental, pero por el momento no logré saber más. En esa época tenía ocasión de ver con frecuencia a un excelente médium escribiente. Así pues, al otro día interrogué al Espíritu que se comunicaba por su intermedio, inquiriéndole la causa de aquellos golpes. Me respondió:

—*Es tu Espíritu familiar, que quiere hablarte.*

—¿Y qué deseaba comunicarme?

—Puedes preguntárselo a él mismo, pues aquí está.

Interrogué entonces al otro Espíritu, quien se dio a conocer bajo un nombre alegórico (por otros Espíritus supe después que pertenece a un orden muy elevado y desempeñó en la Tierra un importante rol); me indicó errores que había cometido yo en el trabajo que tenía entre manos, puntualizándome *las líneas* en que tales yerros se encontraban y dándome útiles y sabios consejos. Agregó que estaría siempre junto a mí y acudiría a mi llamado cuantas veces deseara preguntarle algo. Y, efectivamente, desde aquel entonces ese Espíritu no me ha abandonado jamás. Me ha dado muchas pruebas de su gran superioridad, y su intervención *benévola* y *eficaz* ha sido manifiesta para mí en los asuntos de la vida material tanto como en lo que concierne a las cuestiones metafísicas. Pero después de nuestro primer diálogo cesaron los golpes. ¿Qué quería, pues? Entrar en comunicación regular conmigo. Para esto debía llamarme la atención. Una vez logrado ello y explicadas las cosas, con el establecimiento de relaciones habituales entre ambos, los golpes ya no tenían razón de ser. Por eso no se repitieron. Cuando los soldados se han levantado se deja de hacer sonar el tambor para despertarlos.

Un hecho más o menos similar a éste ocurrió a uno de nuestros amigos. Desde hacía algún tiempo resonaban en su habitación diversos ruidos que se tomaban muy molestos. Habiéndosele presentado la ocasión de interrogar al Espíritu de su padre, merced a un médium escribiente, supo qué querían de él, cumplió el pedido y a partir de entonces no percibió más ruidos. Hay que hacer notar que a las personas que tienen con los Espíritus un medio regular y fácil de comunicación es muy raro que se les presenten manifestaciones de este género y ello se comprende.

87. Las manifestaciones espontáneas no siempre se limitan a ruidos y golpes, sino degeneran a veces en verdaderos alborotos y perturbaciones; muebles y objetos diversos son derribados, llegan desde fuera proyectiles de todo tipo, puertas y ventanas se abren y se cierran por la acción de invisibles manos, se quiebran los vidrios, todo lo cual no puede atribuirse a una ilusión.

Frecuentemente estos trastornos son muy reales, pero en ocasiones sólo tienen la apariencia de la realidad. Por ejemplo, uno escucha una barahúnda en un cuarto vecino, el ruido de la vajilla que cae y se hace añicos con estrépito, la leña de la estufa rodando sobre el piso, y acude con premura, para encontrarse con que todo sigue estando allí tranquilo y en orden. Tan pronto como las personas se retiran de la habitación recomienza la batahola.

88. Las manifestaciones de este género no son ni raras ni nuevas. Poco periódicos locales no han traído alguna crónica de este tipo. El miedo, qué duda cabe, exagera a menudo hechos que alcanzaron dimensiones desmesuradamente ridículas al pasar de boca en boca. Con ayuda de la superstición, las casas donde se registraron tales episodios se consideraban frecuentadas por el diablo, y de ahí todos los cuentos maravillosos o terribles protagonizados por almas en pena. Por su parte, los bribones no han dejado de aprovechar tan buena ocasión para explotar la credulidad de las gentes, y muchas veces lo hicieron en su propio beneficio. Además, se comprende la impresión que sucesos de esta índole —aun reducidos a la realidad— pueden causar a personas de carácter débil y propensas, por la educación recibida, a alimentar ideas supersticiosas. El medio más eficaz para evitar los inconvenientes que estos hechos pudieran acarrear, puesto que no se podría impedirlos, consiste en hacer conocer la verdad al respecto. Las cosas más sencillas pueden espantar si se ignora su causa. Cuando los seres humanos se hayan familiarizado con los Espíritus, y aquellos a quienes se manifiestan no crean ya que una legión de demonios están pisándoles los talones, su temor desaparecerá.

En la *Revue spirite* podrá hallarse el relato de numerosos hechos auténticos de esta clase, entre otros la historia del Espíritu golpeador de Bergzabern, cuyas bromas de mal gusto duraron más de ocho años (números de mayo, junio y julio de 1858); la de Dibbelsdorf (agosto del mismo año); la del panadero de las Grandes-Ventes, cerca de Dieppe (marzo de 1860); la de la calle de los Nogales, en París (agosto del mismo año); la del Espíritu de Castelnaudary, publicada con el título de «Historia de un condenado» (febrero de 1860); la del fabricante de San Petersburgo (abril del mismo año), y otras muchas.

89. Los hechos de esta naturaleza revisten a menudo el carácter de una verdadera persecución. Conocemos a seis hermanas que vivían juntas y que a lo largo de varios años encontraron cada mañana sus ropas desparramadas, ocultadas hasta en los techos, desgarradas y hechas trizas, por muchas precauciones que adoptaran, guardándolas bajo llave. Con frecuencia ha sucedido que personas acostadas pero *completamente despiertas* vieran cómo se agitaban los cortinados de su cama, eran arrancadas con violencia sus mantas y almohadas, y a ellas mismas se las levantaba junto con el colchón, a veces arrojándolas fuera del lecho. Tales fenómenos abundan más de lo que se cree, pero casi siempre los que son sus víctimas no se atreven a contarlos, por temor al ridículo. Hemos sabido de casos en que creyeron curar a algunos individuos de lo que se pensaba ser alucinaciones, sometiéndolos al tratamiento que se utiliza con los alienados, lo cual los volvió realmente locos. La medicina no puede comprender todo esto, pues sólo admite en las causas el elemento material, de donde resultan errores muchas veces funestos. Día vendrá en que la historia describirá ciertos tratamientos médicos en uso en el siglo diecinueve con los mismos términos con que se juzgan hoy algunos procedimientos que se empleaban en la Edad Media.

Admitimos perfectamente que ciertos hechos son obra de la picardía o de la malevolencia. Pero cuando, una vez efectuadas todas las verificaciones, se reconoce como cierto que no han sido provocados por los hombres, hay que convenir en que se deben o al diablo, como afirman algunos, o a los Espíritus, según decimos nosotros. Ahora bien, ¿a qué clase de Espíritus?,

90. Los Espíritus superiores, al igual que entre nosotros los hombres graves y serios, no se entretienen metiendo ruido. Con frecuencia hemos llamado a los Espíritus para preguntarles por qué turbaban de ese modo el reposo de las gentes, y nos dijeron que los más de ellos no se proponen otro objetivo que el de divertirse: se trata de Espíritus más bien frívolos que malvados, que ríen del espanto que suscitan en sus víctimas y de las inútiles investigaciones que éstas emprenden para averiguar la causa del tumulto. Abundan episodios en que estos Espíritus se encarnizan con un individuo, al que se complacen en molestar persiguiéndolo de casa en casa. Otras veces se apegan a un sitio determinado sin más motivo que su capricho. Y no falta ocasión en que ejercen una venganza, conforme lo veremos después. En algunos casos su intención es más loable: quieren llamar la atención de ciertas personas a fin de comunicarse con ellas, ya sea con el objeto de hacerles una advertencia útil o bien para solicitarles algo. Muchas veces hemos visto que pedían oraciones, o que en su nombre, se cumpliera una promesa que no habían podido satisfacer por sí mismos, o que, en bien de su propia tranquilidad, se reparase una mala acción que cometieran cuando estaban encarnados. En general, no existe razón para amedrentarse: su presencia podrá ser importuna, mas no peligrosa. Por otra parte, es natural el deseo que sus víctimas tienen de desembarazarse de ellos, pero para lograr este resultado casi siempre hacen todo lo contrario de lo que se debe. Tratándose de Espíritus que se divierten, cuanto más en serio se les toma tanto más persisten, como esos niños traviesos que se obstinan en desafiar nuestra paciencia cuando más enfadados nos mostramos, y que constituyen el terror de los débiles. Si adoptáramos el sensato partido de reír nosotros también de sus pillerías concluirían por cansarse del juego y permanecer tranquilos. Conocimos a un individuo que, muy al contrario de irritarse, los incitaba, desafiándolos a que hicieran tal o cual cosa, y al cabo de pocos días no regresaron más. Pero como hemos señalado ya, los hay cuyo motivo no es tan frívolo. De ahí que siempre resulte útil enterarse de lo que quieren. Si nos piden algo, podemos tener la certeza de que sus visitas cesarán tan pronto como hayamos satisfecho su demanda. A este respecto, la mejor manera de recabar información consiste en evocar al Espíritu con la ayuda de un buen médium escribiente. Por sus respuestas veremos al punto con quién estamos tratando, y obraremos en consecuencia. Si es un Espíritu que sufre, la caridad exige que le respondamos con los miramientos que merece. Si es un bromista de mal gusto, se puede obrar con él sin consideraciones. Si un malvado, hay que rogar a Dios que lo ilumine. De todos modos, la plegaria da siempre buenos resultados. En cuanto a las solemnes fórmulas de exorcismo, les causan risa y los tienen sin cuidado, Ahora bien, cuando se logra entrar en comunicación con ellos, es preciso desconfiar de los calificativos burlescos o atemorizantes que se atribuyen a veces, para divertirse con la credulidad de algunas personas.

Volveremos con mayores detalles acerca de este asunto, para tratar las causas que con frecuencia toman ineficaces a las oraciones, en los capítulos de los *lugares encantados* y de la *obsesión*.

91. Aunque ejecutados por Espíritus inferiores, estos fenómenos son dispuestos frecuentemente por Espíritus de un orden más elevado, con el objeto de convencer a las personas de la existencia de seres incorpóreos, dotados de un poder superior al humano. La repercusión que tales hechos alcanzan, inclusive el temor que ocasionan, llaman la atención y terminarán por lograr que los más incrédulos abran los ojos a la verdad. Éstos encuentran más sencillo achacar tales fenómenos a la imaginación, explicación muy cómoda y que exime de ofrecer otras. Con todo, cuando se ven objetos que son zamarreados o arrojados a la cabeza de alguien, se necesitaría poseer una imaginación muy frondosa para figurarse que cosas así existen cuando en realidad no existen. Al observarse cualquier efecto, éste debe tener, necesariamente, una causa. Si una *fría y tranquila* observación nos está demostrando que ese efecto es independiente de toda voluntad humana y de cualquier causa material posible; si, además, nos ofrece señales *evidentes* de inteligencia y de libre voluntad, *lo que es el signo más característico*, por fuerza debemos atribuirlo a una inteligencia oculta. Pero, ¿quiénes son esos seres misteriosos? Eso es lo que los estudios espíritas nos enseñan de un modo incontrovertible, merced a los medios que nos proporcionan para comunicarnos con ellos. Por otro lado, esos estudios nos enseñan también a separar lo verdadero de lo falso o exagerado en los fenómenos que no nos explicamos. Si un efecto insólito se produce, ya sea ruido, movimiento o aparición, inclusive, lo primero que debemos pensar es que se debe a una causa completamente natural, porque es la más probable. Hay que buscar entonces con todo cuidado esa causa y sólo admitir la intervención de los Espíritus cuando exista pleno conocimiento de ello. Es esta la única manera de no engañarse. Un individuo que esté solo, por ejemplo, sin ninguna otra persona cerca y reciba una bofetada o un bastonazo en la espalda (como ha sucedido), no podría dudar de la presencia allí de un ser invisible.

Debemos mantenernos en guardia, no sólo contra aquellos relatos de hechos que puedan ser cuando menos tildados de exageración, sino además contra nuestras propias impresiones, para no atribuir un origen oculto a todo lo que no comprendamos. Infinidad de causas muy sencillas y naturales pueden originar efectos que a primera vista parecerán extraños, y sería una verdadera superstición ver por todas partes a Espíritus ocupados en derribar muebles, romper la vajilla y suscitar, en suma, las mil y una contrariedades domésticas que es más lógico achacar a nuestra propia torpeza.

92. La explicación dada al movimiento de los cuerpos inertes es perfectamente aplicable a aquellos efectos espontáneos que acabamos de examinar. Los ruidos, aun cuando sean más fuertes que los golpes que resuenan en las mesas, tienen una causa idéntica. Los objetos arrojados o movidos de su lugar lo son por la fuerza misma que levanta cualquiera de ellos. Una circunstancia acude aquí en apoyo de esta teoría. Podríamos preguntarnos dónde está el médium en estos casos, pero no se olvide lo dicho por los Espíritus, que en tales episodios hay siempre alguien cuyo poder actúa sin que él mismo lo sepa. Las manifestaciones espontáneas muy raramente se dan en sitios aislados. Casi siempre tienen lugar en casas habitadas, y debido a la presencia de ciertas personas que sin quererlo están ejerciendo una influencia. Esas personas son auténticos médiums que se ignoran a sí mismos, y por ello son denominados *médiums naturales*. Son, respecto a los otros médiums, lo que los sonámbulos naturales o espontáneos con relación a los sonámbulos magnéticos o provocados, y merecen igualmente que se les estudie.

93. La intervención voluntaria o involuntaria de una persona dotada de una aptitud especial para producir dichos fenómenos parece ser necesaria en los más de los casos, si bien existen episodios en que el Espíritu da la impresión de estar obrando solo. Es posible entonces que el Espíritu tome de una persona que se encuentra lejos el fluido animalizado, en vez de extraerlo de los que están ahí. Esto explica por qué los Espíritus que nos rodean de continuo no provocan a cada momento perturbaciones. Ante todo, es menester que el Espíritu quiera obrar así, se proponga una finalidad, tenga un motivo para ello, de lo contrario no lo hará. En segundo jugar, se requiere muchas veces que encuentre, precisamente en el sitio en que querría actuar, a un individuo apto para secundarlo, coincidencia esta que rara vez se da. Pero si esa persona aparece en forma inesperada, la aprovecha. No obstante, y pese a la conjunción de circunstancias propicias, podría aun verse impedido por una voluntad superior, que no le permitiera obrar a su gusto. También es posible que sólo se le autorice a hacerlo dentro de ciertos límites, y en el caso de que las manifestaciones sean conceptuadas útiles, ya como medio de convicción, o bien como prueba para la persona que ha de ser objeto de ellas.

94. Sobre este tema citaremos únicamente la conversación mantenida a propósito de los hechos que acontecieron en junio de 1860 en la calle de los Nogales, en París. Se hallarán los pormenores relativos al caso en la *Revue spirite*, de agosto de ese mismo año.

1) (A san Luis) ¿Tendríais la bondad de decirnos si los hechos que se asegura han acaecido en la calle de los Nogales son ciertos? Que sean posibles, no lo dudamos...

«Sí, esos hechos son verdaderos. Sólo que la imaginación de los hombres los ha exagerado, o por temor, o por burla. Pero, lo repito, son auténticos. Tales manifestaciones han sido provocadas por un Espíritu que está divirtiéndose un poco a costa de los moradores del lugar.»

2) ¿Hay en la casa una persona que motiva esas manifestaciones?

«Siempre son causadas por la presencia de la persona a la cual se provoca. El Espíritu perturbador aborrece al morador del lugar en que él está y se propone molestarlo e incluso lograr que se mude de allí.»

3) Preguntamos si, entre los que viven en la casa, hay alguno que

sea causa de los hechos, al ejercer una influencia mediúmnica espontánea e involuntaria...

«Es necesario, *pues sin esta condición el hecho no hubiera podido suceder*. Un Espíritu habita en un sitio que le es predilecto. Allí permanecerá en la inactividad, en tanto no aparezca una persona que le resulte adecuada para sus fines. Si esta persona llega, se divertirá cuanto le sea posible.»

4) La presencia de dicha persona en el lugar mismo, ¿es indispensable?

«Suele ser el caso más común, y ello aconteció, precisamente, en el episodio que habéis mencionado. Por eso dije que sin esta condición el hecho no hubiera podido suceder. Pero no era mi intención generalizar al respecto. En otros casos, la presencia inmediata no es necesaria.»

5) Puesto que esos Espíritus son siempre de un orden inferior, la aptitud que posea una persona para servirles de auxiliar, ¿autoriza a pensar desfavorablemente de ésta? ¿Denota que simpatiza con seres de tal naturaleza?

«No precisamente, por cuanto dicha aptitud deriva de una disposición física. Sin embargo, señala muy a menudo una tendencia de esa persona hacia lo material, propensión que mejor sería no tuviese. Porque cuanto más nos elevamos moralmente, tanto más atraemos hacia nosotros a los Espíritus buenos, los cuales alejan por fuerza a los malos.»

6) ¿De dónde saca el Espíritu los objetos que utiliza como proyectiles?

«Casi siempre encuentra esos objetos diversos en el lugar mismo, o en sus cercanías. La fuerza que procede de ese Espíritu los lanza al espacio y van a caer en el sitio en que él se ha propuesto que lo hagan.»

7) En vista de que las manifestaciones espontáneas son muchas veces permitidas y aun provocadas, con el propósito de convencer a los que no creen en los fenómenos, se me ocurre que si algunos incrédulos fueran personalmente objeto de ellas se verían obligados a rendirse ante la evidencia. Esas personas se quejan, en ocasiones, de no haber sido testigos de hechos concluyentes, ¿no dependería de los Espíritus hacer que se les dé una prueba que los impresione?

«Los ateos y los materialistas ¿no son acaso, a cada instante, testigos de los efectos del poder de Dios y del poder del pensamiento? Sin embargo, esto no les impide negar a Dios y al alma. Los milagros que Jesús obró, ¿Convirtieron a todos sus coetáneos? Aquellos fariseos que le decían: "Señor, haz que veamos algún prodigio", ¿no se asemejan a los que, en vuestro tiempo, piden que les hagáis presenciar manifestaciones? Si las maravillas de la Creación no han bastado para convencerlos, tampoco se persuadirían aunque los Espíritus se les aparecieran del modo menos equívoco, pues su orgullo los hace parecerse a esos caballos indóciles que se obstinan en no avanzar. Ocasiones de ver no les faltarían si las buscaran de buena fe, de ahí que Dios no juzgue pertinente hacer por ellos más de lo que hace por los que sinceramente tratan de instruirse, porque Él recompensa sólo a los hombres de buena voluntad. Su incredulidad no impedirá que la voluntad de Dios se cumpla. Ya estáis viendo que esa incredulidad no ha impedido que la doctrina se difunda. Así pues, cesad de inquietaros por su oposición, que es respecto a la doctrina lo que la sombra con relación al cuadro, al que da mayor relieve ¿Qué méritos tendrían si se les persuadiese por la fuerza? Dios les deja toda la responsabilidad de su obstinación, y esa responsabilidad será más terrible de lo que pensáis. Bienaventurados los que crean sin haber visto, dijo Jesús, porque éstos no dudan del poder de Dios.»

8) ¿Creéis que sería útil evocar a ese Espíritu para pedirle algunas explicaciones?

«Evocadlo, si así lo queréis; pero es un Espíritu inferior, que sólo os dará respuestas de muy escasa significación.»

95. Conversación mantenida con el Espíritu perturbador de la calle de los Nogales.

1. Evocación.

«¿Por qué me habéis llamado? ¿Queréis que os arroje piedras? ¡Entonces si veríamos un buen "sálvese el que pueda", pese a vuestro aspecto de bravura!»

2. Aunque nos lanzaras piedras, no nos asustaríamos. Incluso te preguntamos si positivamente puedes hacerlo...

«Aquí tal vez no pueda, ya que tenéis un guardián que os cuida bien.»

3. En la calle los Nogales, ¿había una persona que te servía de auxiliar para facilitar las bromas pesadas que hacías a los moradores de la casa?

«Claro que sí, encontré un buen instrumento, y en cambio no había allí ningún Espíritu docto, sabio y mojigato que me lo impidiera. Soy alegre y a veces me gusta divertirme.»

4. ¿Quién era la persona que te servía de instrumento?

«Una criada.»

5. ¿Lo hacía sin darse cuenta de ello?

«¡Oh, sí! ¡Pobre muchacha! Era la más aterrorizada.»

6. ¿Obrabas tú con un propósito hostil?

«Yo no tenía ningún propósito hostil, pero los hombres, que se valen de todo, tergiversarán esto en su propio beneficio.»

7. ¿Qué estás queriendo decir? No te comprendemos...

«Que yo trataba de divertirme, mas vosotros estudiaréis el caso y tendréis un hecho más para demostrar que existimos.»

8. Dices que no te movía un fin agresivo y, sin embargo, has astillado todos los vidrios del departamento, con lo que causaste un perjuicio real,

«Es un simple detalle.»

9. ¿De dónde sacaste los objetos que arrojabas?

«Son bastante comunes. Los encontré en el patio y en los jardines vecinos.»

10. ¿Encontraste todos ellos, o construisteis algunos? (Véase luego el capítulo VIII.)

«No creé ni compuse nada.»

11. Si no los hubieras hallado, ¿habrías podido construirlos?

«Hubiera sido más difícil, pero, en fin de cuentas, uno mezcla materiales y sale cualquier cosa.»

12. Cuéntanos ahora cómo los lanzabas...

«¡Ah, esto sí que es más difícil de explicar! Me valí de la naturaleza eléctrica de esa muchacha, juntó a la mía, que es menos material: entre los dos pudimos transportar esos diversos materiales.»

13. Pienso que estarás de acuerdo en darnos algunos datos acerca de tu persona. Dinos, en primer término, si hace mucho tiempo que estás muerto.

«Bastante tiempo; cincuenta años, por lo menos.»

14. ¿Qué eras cuando vivías?

«De bueno tenía poco. Juntaba trapos en este barrio, y en ocasiones me insultaban porque me gustaba mucho el rojo licor del buen Noé. Por eso he querido ahora hacer que todos levantasen campamento.»

15. ¿Tú mismo, y por tu propia voluntad, has respondido a nuestras preguntas?

«Tenía un instructor.»

16. ¿Quién es ese instructor?

«Vuestro buen rey Luis.»

Observación. Esta pregunta fue motivada por la naturaleza de algunas respuestas, que parecían exceder los alcances de ese Espíritu, tanto por el fondo de las ideas expresadas como por la forma del lenguaje. No tiene nada de extraño que haya sido ayudado por un Espíritu más esclarecido, que deseaba aprovechar la oportunidad para impartirnos una enseñanza. Este es un hecho muy común; pero una particularidad notable, en la presente circunstancia, es que el influjo del otro Espíritu se haya hecho sentir en la escritura misma. En efecto, la escritura de las respuestas en que este otro Espíritu intervino es más regular y más fluida. En cambio, la del ex trapero se muestra angulosa, gruesa e irregular, a menudo poco legible, y posee un carácter del todo diferente.

17. ¿Qué haces ahora? ¿Te ocupas de tu porvenir?

«No todavía. Ando errante. Tan poco me recuerdan en la Tierra que nadie ora por mí. Y puesto que no me ayudan, no trabajo.»

Observación. Más adelante se verá cuánto se puede cooperar al progreso y alivio de los Espíritus inferiores por medio de la plegaria y los consejos.

18. ¿Cómo te llamabas cuando vivías en el mundo?

«Jeannet.»

19. Pues bien, Jeannet, rogaremos por ti. Dinos si el haberte evocado te produjo placer o te contrarió.

«Placer más bien, porque sois buenos chicos, y alegres, aunque un tanto austeros. Pero lo mismo da. Me escuchasteis y estoy contento.»

JEANNET

El fenómeno de los aportes

96. Este fenómeno sólo difiere, de aquellos a que acabamos de referirnos, por la intención benévola del Espíritu que lo ejecuta por la naturaleza de los objetos, casi siempre finos, y por el modo suave y con frecuencia delicado con que se les aporta. Consiste en la presentación espontánea de objetos que no existen en el lugar en que se está. Casi siempre se trata de flores, a veces frutos, bombones, alhajas, etcétera.

97. Digamos, para comenzar, que dicho fenómeno se cuenta entre lo que más se prestan a la imitación y, por ende, hay que mantenerse alerta contra eventuales supercherías. Bien se nos alcanza hasta dónde puede llegar el arte de la prestidigitación con relación a experiencias de esta índole. Aún sin tener que vérselas con un profesional se puede con facilidad resultar víctima de una maniobra hábil e interesada. La más sólida de todas las garantías reside, en primer lugar, *en el carácter, la honorabilidad notoria y el absoluto desinterés* de la persona que obtiene semejante fenómeno. En segundo término, en el examen atento de todas las circunstancias que rodean al hecho. Y, por último, en el conocimiento esclarecido del espiritismo, lo único que puede llevarnos a descubrir algo sospechoso.

98. La teoría del fenómeno de los aportes y de las manifestaciones físicas en general se encuentra compendiada de una manera notable en la disertación siguiente, debida a un Espíritu cuyas comunicaciones poseen un sello incontestable de profundidad y de lógica. Se hallarán varias de ellas en el transcurso de esta obra. Se dio a conocer con el nombre de *Erasto*, discípulo de san Pablo, y como Espíritu protector del médium que le servía de intérprete:

«Para obtener fenómenos de este género hace falta, necesariamente, disponer de médiums que yo llamaría *sensitivos*, esto es, dotados en el más alto grado de las facultades mediúmnicas de expansión y penetrabilidad. Pues el sistema nervioso de tales médiums, fácilmente excitable, les permite, valiéndose de ciertas vibraciones, proyectar en torno a ellos y con profusión su fluido animalizado.

»Las naturalezas impresionables, aquellas personas cuyos nervios vibran ante el menor sentimiento, ante la más leve sensación, y a quienes la influencia moral o física, interna o exterior, sensibiliza, son sujetos muy aptos para convertirse en excelentes médiums de efectos físicos tangibles y de aportes. En efecto, su sistema nervioso, casi del todo desprovisto de la envoltura refractaria que aísla dicho sistema en los demás encarnados, los hace idóneos para desarrollar esos diversos fenómenos. En consecuencia, disponiendo de un sujeto, de esta naturaleza, y cuyas otras facultades no sean hostiles a la mediumnización, se obtendrán más fácilmente fenómenos de tangibilidad, golpes que resuenan en paredes y muebles, movimientos *inteligentes* y aun la suspensión en el aire de la materia inerte más pesada. Con mayor razón se lograrán dichos resultados si, en vez de un médium, se tienen a mano varios igualmente bien dotados.

»Pero de la producción de tales fenómenos a la obtención del de aportes hay mucha distancia. Porque en este último caso no sólo es más complejo y difícil el trabajo que debe realizar el Espíritu sino que éste únicamente puede operar con un solo dispositivo mediúnmico, vale decir que no es posible emplear en forma simultánea varios médiums para la consecución de un mismo fenómeno. Por el contrario, sucede incluso que la presencia de ciertas personas que son antipáticas al Espíritu actuante estorba de un modo radical su acción. A estos motivos que, como advertiréis, no carecen de importancia, agregad que los aportes requieren siempre mayor concentración, al paso que una más amplia difusión de ciertos fluidos, los que por su parte sólo pueden ser obtenidos con el concurso de los médiums mejor dotados, o sea, aquellos cuyo dispositivo *electromediúmnico* está mejor condicionado.

»Por lo general, los fenómenos de aportes son y seguirán siendo sobremanera raros. No necesito demostraros por qué son y serán menos frecuentes que los otros hechos de tangibilidad; de lo que os exprese lo deduciréis por vosotros mismos. Por otra parte, dichos fenómenos son de tal naturaleza que no sólo todos los médiums no resultan aptos para producirlos, sino que tampoco todos los Espíritus poseen capacidad para ello. En efecto, es menester que entre el Espíritu y el médium influido por él exista cierta afinidad, una especie de analogía; en resumen, algo así como una semejanza, que permita a la parte expansible del fluido *periespíritual* [1] del encarnado mezclarse, unirse y combinarse con el del Espíritu que se propone llevar a cabo un aporte. Esa fusión debe ser tal que la fuerza resultante se convierta en una, si así vale decirlo, de igual modo que como una corriente eléctrica, al actuar sobre el carbón, produce un único foco luminoso. Os preguntaréis: ¿por qué esa unión, esa fusión? Es que para obtener tales fenómenos se requiere que las propiedades esenciales del Espíritu actuante sean incrementadas por algunas de las que posee el mediumnizado, puesto que el *fluido vital*, indispensable para la producción de todo fenómeno mediúnmico, constituye un patrimonio exclusivo del encarnado y, por consiguiente, el Espíritu que opera se ve obligado a impregnarse de él. Sólo entonces puede, por medio de ciertas propiedades de vuestro ambiente (propiedades que desconocéis), aislar, tornar invisibles y hacer que se muevan determinados objetos materiales, así como también las personas.

»No se permite, por el momento, revelaros las leyes particulares que rigen a los gases y fluidos que os circundan. Pero antes de que hayan pasado muchos años, antes de que expire el plazo de una existencia humana, la explicación de tales leyes y fenómenos se os dará, y entonces veréis producirse una nueva variedad de médiums, que caerán en un estado cataléptico particular tan pronto como sean mediumnizados.

»Ya veis cuántas dificultades hay para conseguir aportes. De ahí podéis concluir con toda lógica que los fenómenos de esa naturaleza son extremadamente raros, según lo dije ya, y tanto más cuanto que los Espíritus se prestan muy poco a producirlos, pues les exigen un trabajo casi material, lo que significa molestia y fatiga para ellos. Además, se agrega

1. Se ve que, cuando se trata de expresar una idea nueva, para la cual no hay términos en el lenguaje, los Espíritus sabe perfectamente crear neologismos. Palabras como *electromediúmnico*, *periespíritico*, no son nuestras. Los que nos han criticado la creación de las palabras *espiritista*, *espiritismo* y *periespiritual*, que no tenían sus análogas, podrán ahora hacer el mismo proceso a los Espíritus.

otra circunstancia: que muy a menudo, a despecho de su energía y voluntad, el estado del médium mismo les opone una barrera infranqueable.

»Así pues, salta a la vista (y no dudo de que vuestro razonamiento lo confirme) que los hechos perceptibles de golpes, movimientos y levitación constituyen fenómenos sencillos, que se operan mediante la concentración y dilatación de determinados fluidos, y que pueden ser provocados y obtenidos por la voluntad y el trabajo de aquellos médiums que son aptos para conseguirlos, cuando a éstos los secundan Espíritus amistosos y benévolos, en tanto que los fenómenos de aportes son múltiples, complejos y exigen la conjunción de circunstancias especiales, pudiendo llevarse a cabo únicamente por parte de un solo Espíritu y de un único médium, además de lo cual requieren (fuera de las necesidades de la tangibilidad) una combinación muy especial para aislar y hacer invisibles el o los objetos que constituyen el aporte.

»Todos vosotros, espíritas, comprendéis mis explicaciones y os dais perfecta cuenta de esta concentración de fluidos especiales para lograr la locomoción y la tangibilidad de la materia inerte. Creéis en ello, así como aceptáis los fenómenos debidos a la electricidad y el magnetismo, con los cuales los hechos mediúmnicos tienen numerosas analogías y son, por así decirlo, su consagración y desarrollo. En cuanto a los incrédulos, y a esos sabios que son peores que los incrédulos, no tengo por qué convencerlos, así que no me ocupo de ellos. Día vendrá en que sean persuadidos por la fuerza de la evidencia, pues deberán inclinarse ante el testimonio unánime de los hechos espíritas, de igual modo que como se han visto forzados a hacerlo en presencia de tantos otros hechos que al principio habían rechazado.

»Resumiendo: si los fenómenos de tangibilidad son frecuentes, los aportes, en cambio, suelen ser muy raros porque las condiciones en que deben efectuarse son muy difíciles. Por tanto, ningún médium puede afirmar: "A tal hora, o en determinado momento, obtendré un aporte". Porque a menudo el Espíritu mismo se ve impedido de realizar su tarea. Y debo añadir que tales fenómenos son doblemente difíciles de conseguir en público, pues se encuentran casi siempre, entre los asistentes, elementos enérgicamente refractarios, que paralizan los esfuerzos del Espíritu y tanto más aún la acción del médium. Contrariamente, tened por cierto que esos fenómenos se producen casi siempre en particular, en forma espontánea, las más veces sin que los médiums lo sepan, sin premeditación de su parte y muy raramente cuando éstos se hallan prevenidos De donde debéis concluir que habrá motivo legítimo de sospecha cada vez que un médium se vanaglorie de producirlos a voluntad, o sea, de impartir órdenes a los Espíritus como si fuesen servidores suyos, lo cual es completamente absurdo. Considerad incluso una regla general que los fenómenos espíritas no se manifiestan para que sean exhibidos como un espectáculo y con el objeto de entretener a los curiosos. Si algunos Espíritus se prestan a este tipo de cosas sólo podrá tratarse de fenómenos simples y no de aquellos que, como los aportes y otros análogos, exigen condiciones excepcionales para su producción.

»Recordad espíritas, que si es absurdo rechazar de un modo sistemático la totalidad de los fenómenos de ultratumba, tampoco es sensato aceptarlos todos ciegamente. Cuando un fenómeno de tangibilidad, aparición, visibilidad o aporte ocurre de manera espontánea y súbita, aceptadlo en buena hora; pero nunca os recomendaré bastante que no admitáis nada a ojos cerrados. Cada hecho debe ser sometido a un examen minucioso, severo y en profundidad. Porque —creedlo— el espiritismo, tan rico en fenómenos sublimes y grandiosos, no tiene nada que ganar con esas pequeñas manifestaciones susceptibles de ser imitadas por prestidigitadores hábiles.

»Bien se me alcanza lo que me diréis: que tales fenómenos resultan útiles para persuadir a los incrédulos. Pero sabed que si no hubierais tenido otros medios de convicción que ésos, a la hora actual no habría ni la centésima parte de los espiritistas que hoy existen. Hablad al corazón, ya que por ese lado lograréis el mayor número de conversiones serias. Si juzgáis útil para ciertas personas mostrarles hechos materiales, al menos presentádselos en circunstancias que no puedan dar cabida a ninguna falsa interpretación, y sobre todo, no os apartéis de las condiciones normales de esos hechos, pues los fenómenos que se dan en condiciones inadecuadas proveen argumentos en contra a los incrédulos, en lugar de convencerlos.»

ERASTO

99. El fenómeno de aportes ofrece una particularidad bastante singular, y es que algunos médiums sólo lo obtienen en estado sonambúlico, cosa que, por lo demás, se explica fácilmente. En el sonámbulo se opera un desprendimiento natural, una especie de aislamiento del Espíritu y del periespíritu, que debe facilitar la combinación de los fluidos necesarios. Tal es el caso de los aportes de que fuimos testigos. Las preguntas siguientes fueron formuladas al Espíritu que los había producido, pero sus respuestas se resienten, a veces, de su falta de conocimientos. Las hemos sometido al Espíritu de *Erasto*, que es mucho más esclarecido desde el punto de vista teórico, quien las completó con observaciones muy sensatas. Uno es el artesano y el otro es el sabio. La comparación misma de esas dos inteligencias constituye un instructivo estudio, porque prueba que no basta ser un Espíritu desencarnado para comprenderlo todo.

1) ¿Queréis decirnos por qué los aportes sólo se obtienen durante el sueño magnético del médium?

«Debido a la naturaleza de este último. Los hechos que produzco cuando mi médium está dormido podría igualmente realizarlos con otro médium en estado de vigilia.»

2) ¿A qué se debe que demoréis tanto el aporte de los objetos, y qué motivo hay para que excitéis la codicia del médium, exacerbando su deseo de conseguir el objeto prometido?

«Necesito tiempo para preparar los fluidos que sirven para el aporte. En cuanto a por qué lo excito, muchas veces lo hago para divertir a los presentes y a la sonámbula.»

Observación de Erasto. El Espíritu que os ha respondido no sabe más sobre la cuestión. No se da cuenta del motivo real de esa avidez del médium, que él aguijonea instintivamente, sin comprender sus efectos. Cree estar divirtiendo a los asistentes cuando en realidad estimula —sin sospecharlo— una mayor emisión de fluido. Es la consecuencia de la dificultad que el fenómeno presenta, dificultad creciente cuando el mismo no es espontáneo, sobre todo operando con ciertos médiums.

3) La producción de este fenómeno, ¿depende de la naturaleza

especial del médium, y se podría lograr más fácil y prontamente si se dispusiera de otros médiums?

«La obtención del fenómeno de aportes depende de la naturaleza del médium y sólo es posible conseguirla sirviéndose de médiums de esa naturaleza. En cuanto a la prontitud del resultado, nos ayuda mucho en ello el hábito adquirido de operar a menudo con un mismo médium.»

4) La influencia de las personas presentes, ¿se hace sentir en alguna medida en los resultados?

«Cuando por parte de ellas existen incredulidad y oposición, esto puede molestarnos bastante. Preferimos mejor llevar a cabo nuestras pruebas ante personas creyentes y versadas en el espiritismo. Pero con esto no quiero afirmar que la mala voluntad de los asistentes podría impedirnos por completo la realización del fenómeno.»

5) ¿De dónde sacasteis las flores y bombones que habéis aportado?

«Las flores las recojo en jardines donde las hay de mi gusto.»

6) Y ¿los bombones? Suponemos que el comerciante de cuyo establecimiento los tomasteis tiene que haberse dado cuenta que le faltaban...

«Los cojo de donde quiero. Por lo demás, el comerciante no lo advirtió del todo, porque puse otros en su lugar.»

7) Muy bien, pero los anillos son objetos valiosos: ¿de dónde los tomasteis? ¿Acaso no habéis ocasionado un perjuicio al quitarlos a su dueño?

«Los saqué de lugares que todos desconocen, y de manera que nadie pudiera salir perjudicado.»

Observación de Erasto. Creo que el hecho es explicado de un modo insuficiente, debido a la incapacidad del Espíritu que os responde. Puede haber existido un daño real, pero el Espíritu no quiere admitir que se haya apoderado de nada. Un objeto sólo puede ser sustituido por otro que sea idéntico a aquél, o sea, de la misma forma y valor. En consecuencia, si un Espíritu poseyera la facultad de reemplazar el objeto que sustrae por otro igual, entonces no tendría razón para tomarlo, ya que podría aportar el sustituto.

8) ¿Es posible aportar flores procedentes de otro planeta?

«No, para mí es imposible.»

—*(A Erasto)* ¿Otros Espíritus tendrían ese poder?

«No, no se puede, en virtud de la diferencia de ambientes.»

9) ¿Podríais aportar flores que trajerais de otro hemisferio; de los trópicos, por ejemplo?

«Puesto que sigue siendo la Tierra, sí.»

10) Los objetos que nos trajisteis, ¿podríais hacerlos desaparecer de aquí, devolviéndolos a sus lugares de origen?

«Así como los hice venir, puedo devolverlos, según me plazca.»

11) Producir este fenómeno de los aportes, ¿os da algún trabajo u os ocasiona dificultad?

«No nos da trabajo alguno cuando tenemos permiso para hacerlo. En cambio, podría acarrearnos grandes dificultades si quisiéramos obtener fenómenos sin haber sido autorizados a ello.»

Observación de Erasto. El Espíritu no quiere admitir que el aporte le da trabajo, aunque sea cierto, pues se ve forzado a realizar una operación, por así decirlo, material.

12) ¿Cuáles son las dificultades que encontráis?

«Tan sólo malas disposiciones fluídicas, que pueden oponérsenos.»

13) ¿Cómo aportáis el objeto? ¿Lo sostenéis con las manos?

«No, lo envolvemos en nosotros mismos.»

Observación de Erasto. El Espíritu no explica con claridad su forma de operar, pues lo que acontece no es que envuelva el objeto en su propia personalidad. Pero, como su fluido personal es dilatable, penetrable y expansible, combina él una parte de ese fluido con una del fluido animalizado del médium y dentro de esa combinación (o mezcla) oculta y transporta el objeto que es sujeto del aporte. No es exacto, entonces, decir que lo envuelve en él mismo.

14) ¿Podríais aportar con igual facilidad un objeto de gran peso, de 50 kg, por ejemplo?

«Para nosotros el peso nada significa. Si aportamos flores es porque esto puede resultar más gratificante que un objeto de peso considerable.»

Observación de Erasto. Es cierto: podría aportar cien y también 200 kg de objetos, por cuanto la fuerza de gravedad, que existe para vosotros, se ve anulada en lo que a él se refiere. Pero este Espíritu tampoco aquí cae en la cuenta de lo que en realidad está sucediendo. La masa de los fluidos combinados es proporcional a la masa de los objetos; en suma, la fuerza debe estar en razón de la resistencia que se le oponga. De donde se sigue que, si el Espíritu no aporta más que una flor o un objeto liviano, a menudo ocurre tal cosa debido a que no encuentra en el médium —o en él mismo— los elementos requeridos para llevar a cabo un esfuerzo mayor.

15) A veces ciertos objetos desaparecen sin que se conozca la causa. Tales desapariciones ¿son obra de los Espíritus?

«Con mucha frecuencia sucede, más a menudo de lo que creéis. Y se podría poner remedio a ello rogando al Espíritu que devuelva lo que sustrajo.»

Observación de Erasto. También es verdad, pero en ocasiones el objeto desaparecido no se recupera más. Porque esos objetos que no volvemos a encontrar en casa muchas veces han sido llevados muy lejos. Con todo, como este fenómeno exige más o menos las mismas condiciones fluídicas que el de los aportes, sólo puede obtenerse con ayuda de médiums dotados de facultades especiales. De ahí que, cuando perdéis algo existen más probabilidades de que se deba a descuido vuestro y no a la actividad de los Espíritus.

16) ¿Hay efectos que consideramos ser fenómenos naturales pero se deben, en realidad, a la acción de ciertos Espíritus?

«Llenos están vuestros días de esos hechos que no comprendéis porque no habéis pensado en ellos. Un poco de reflexión os haría ver claro al respecto.»

Observación de Erasto. No atribuyáis a los Espíritus lo que es obra de la humanidad. Pero sí creed en su constante influencia oculta, que engendra en torno de vosotros mil circunstancias e incidentes que son necesarios para el cumplimiento de vuestros actos y de vuestra vida.

17) Entre los objetos que se aportan, ¿no los hay que pueden ser construidos por los Espíritus? ¿Es decir, producidos espontáneamente, por las modificaciones que los Espíritus pueden efectuar en el fluido o elemento universal?

«No por mí, pues no tengo permiso para ello. Sólo un Espíritu elevado podrá hacerlo.»

18) ¿Cómo habéis introducido aquellos objetos, días pasados, puesto que la habitación estaba cerrada?

«Los hice entrar conmigo, envueltos en mi sustancia, si así vale decirlo. En cuanto a agregar más al respecto, no podría explicarlo.»

19) ¿Cómo hicisteis para tomar visibles esos objetos, que un momento antes eran invisibles?

«Quité la materia que los envolvía.»

Observación de Erasto. Lo que los envuelve no es materia, propiamente dicha, sino un fluido, mitad tomado del periespíritu del médium, y la otra mitad extraído del Espíritu que está operando.

20) *(A Erasto)* ¿Un objeto puede aportarse en un sitio completamente cerrado? En suma, ¿es capaz el Espíritu de espiritualizar un objeto material, de modo que pueda éste penetrar a través de la materia?

«Es asunto complejo. El Espíritu podrá hacer que los objetos aportados se tomen invisibles, pero no penetrables. No puede disgregar la materia, lo que equivaldría a la destrucción del objeto. Una vez hecho invisible éste, el Espíritu está en condiciones de aportarlo cuando así lo quiera, desprendiéndolo sólo en el momento conveniente para que aparezca. Otra cosa distinta sucede con los objetos que nosotros construimos. Puesto que únicamente introducimos en ellos los elementos de la materia, y tales elementos son esencialmente penetrables, nosotros mismos penetramos y atravesamos los cuerpos más densos, con tanta facilidad como los rayos solares traspasan los vidrios de las ventanas, de modo que podemos decir con propiedad que hemos introducido el objeto en un lugar, por muy bien cerrado que éste se encuentre. Pero ello ocurre sólo en este caso.»

Nota. Véase más adelante la teoría de la formación espontánea de los objetos, el capítulo titulado «Laboratorio del mundo invisible».

CAPÍTULO VI

MANIFESTACIONES VISUALES

Datos acerca de las apariciones.– Ensayo teórico sobre las apariciones. – Espíritus-glóbulos.– Teoría de la alucinación.

100. De todas las manifestaciones espíritas las más interesantes son —qué duda cabe— aquellas por las cuales los Espíritus pueden hacerse visibles. Merced a la explicación de este fenómeno se verá que el mismo no es más sobrenatural que los restantes. En primer término ofreceremos las respuestas dadas por los Espíritus en lo que se refiere al tema.

1) ¿Pueden tornarse visibles los Espíritus?

«Sí, y en especial durante el sueño; no obstante, algunas personas los ven también hallándose en estado de vigilia, pero esto es más raro.»

Observación. En tanto el cuerpo reposa, el Espíritu se desprende de los lazos materiales. Está más libre y puede con mayor facilidad ver a los otros Espíritus, con quienes entra en comunicación. Los sueños son recuerdos de ese estado. Cuando al despertar no nos acordamos de nada, decimos que no hemos soñado, pero no por ello el alma ha dejado de ver y de disfrutar de su libertad. Aquí tratamos más especialmente de las apariciones que se producen en vigilia.[2]

---

2. Para más detalles acerca del estado del Espíritu durante el sueño, consúltese *El Libro de los Espíritus*, capítulo «Emancipación del alma», nº 409.

2) Los Espíritus que se manifiestan visualmente, ¿pertenecen a determinada categoría?

«No, sino a cualquiera de ellas, tanto las más elevadas como las más inferiores.»

3) ¿Es dado a todo Espíritu manifestarse en forma visual?

«Todos pueden, pero no siempre tienen permiso, o voluntad de hacerlo.»

4) ¿Con qué finalidad los Espíritus se muestran a la vista?

«Depende. Conforme a la naturaleza de cada cual, su objetivo puede ser bueno o malo.»

5) ¿Cómo es posible que se les permita hacerlo cuando no es bueno su propósito?

«En tales casos se hace para probar a aquellos a quienes los Espíritus se aparecen. Puede que la intención del Espíritu sea mala, pero el resultado será bueno.»

6) Los Espíritus que con mala intención se manifiestan en forma visual, ¿qué se proponen?

«Asustar, y muchas veces vengarse.»

—¿Y qué objetivo persiguen los Espíritus que se aparecen con buena intención?

«Consolar a las personas que lloran su muerte. Probarles que existen y que están cerca de ellas. Dar consejos y, en ocasiones, pedir ayuda para ellos mismos.»

7) ¿Qué inconveniente habría en que la posibilidad de ver a los Espíritus fuese permanente y general? ¿No sería este un medio para disipar las dudas, de los más descreídos?

«Así que el hombre se halla sin cesar rodeado de Espíritus, el hecho de verlos continuamente lo perturbaría, dificultando sus actividades y quitándole su propia iniciativa en los más de los casos, en tanto que, al creerse solo, actúa con más libertad. Y en lo que toca a los incrédulos, tienen bastantes medios para convencerse, si quieren sacar provecho de ellos y si el orgullo no los ha cegado. Bien sabéis que hay personas que han visto y que no por ello creen más, pues alegan que se trata de ilusiones. No os preocupéis por esa clase de individuos. Dios se encargará de ellos.»

Observación. Tanto inconveniente traería el vernos de continúo en presencia de los Espíritus como poder ver, en el aire que nos circunda, las miríadas de bacterias y virus que pululan en nuestro entorno. De donde debemos concluir que lo que Dios hizo bien hecho está, pues él sabe mejor que nosotros lo que nos conviene.

8) Si el ver a los Espíritus presenta inconvenientes, ¿por qué entonces en ciertos casos es permitido?

«A fin de dar una prueba de que no todo muere con el cuerpo físico, y que el alma conserva su individualidad después de la muerte. Esa fugaz visión basta para proporcionar dicha prueba y atestiguar la presencia, junto a vosotros, de vuestros amigos fallecidos. Pero no tiene los inconvenientes que acarrearía una visión continua de los Espíritus.»

9) En los mundos más adelantados que el nuestro, ¿es permanente la vista de los Espíritus?

«Cuanto más se aproxima el hombre a la naturaleza espiritual, con tanto mayor facilidad entra en relación con los Espíritus. La índole grosera de vuestra envoltura hace más difícil y rara la percepción de los seres etéreos.»

10) ¿Es racional atemorizarse ante la aparición de un Espíritu?

«Quien reflexione al respecto comprenderá que un Espíritu, sea cualquiera que fuere, es menos peligroso que un encarnado. Además, los Espíritus van a todas partes y no necesitamos verlos para saber que los hay junto a nosotros. El Espíritu que se proponga inferir un daño podrá hacerlo sin dejarse ver, y aun en este caso obrará con mayor seguridad. No es peligroso por ser Espíritu, sino más bien por la influencia que puede ejercer sobre la mente de una persona, desviándola del bien e incitándola al mal.

Observación. Las personas que hallándose solas o en la oscuridad tienen miedo, rara vez se dan cuenta de la causa de su aprensión. No podrían decir qué las amedrenta, pero a buen seguro deberían temer más el encontrarse con hombres que con Espíritus, porque un malhechor es más peligroso estando vivo que después de muerto. Una dama conocida nuestra tuvo una noche, en su dormitorio, una aparición tan real que creyó estar en presencia de una persona y su primera sensación fue de terror. Luego, una vez segura de que allí no había ningún extraño, se dijo para sus adentros: «Parece que *no es más que un Espíritu*; puedo dormir tranquila».

11) Aquel a quien un Espíritu se aparece, ¿podría entablar un diálogo

«Perfectamente, e inclusive es lo que siempre se debe hacer en este tipo de casos, preguntando al Espíritu quién es, qué desea y qué podemos hacer por él. Si se trata de un Espíritu desventurado y sufriente, la conmiseración que le tengamos lo aliviará. Y si es un Espíritu benévolo, acaso venga con intención de darnos buenos consejos.»

—En tal circunstancia, ¿como podrá respondemos el Espíritu?

«Lo hace a veces con sonidos articulados, igual que una persona viviente; pero casi siempre se establece una transmisión directa del pensamiento.»

12) Los Espíritus que se nos aparecen con alas, ¿las tienen realmente, o no son ellas otra cosa que una apariencia simbólica?

«No poseen alas los Espíritus, y tampoco las necesitan, ya que pueden trasladarse a cualquier parte, en su condición de Espíritus. Se aparecen de forma que puedan impresionar a la persona que es objeto de su manifestación. Los unos se muestran con ropas comunes, otros lo hacen envueltos en amplias vestiduras, y algunos con alas, como atributo de la categoría de Espíritus que representan.

13) Las personas que se nos manifiestan en sueños, ¿son en todos los casos las que aparentan ser?

«Casi siempre se trata de las mismas personas con las que vuestro Espíritu va a encontrarse, o que acuden a reunirse con vosotros.»

14) Los Espíritus burlones ¿no pueden adoptar la apariencia de las personas que nos son queridas, para inducirnos a error?

«Toman apariencias fantásticas con el objeto de divertirse a expensas de vosotros. Pero hay cosas de las cuales no se les permite mofarse.»

15) Siendo como es el pensamiento una especie de evocación,

se comprende que provoque la presencia de un Espíritu. Pero ¿cómo se explica que muchas veces las personas en quienes más pensamos, deseando ardientemente volver a verlas, no se nos presentan nunca en sueños, al paso que vemos a otras que nos son indiferentes y en las cuales no pensábamos en manera alguna?

«No siempre tienen los Espíritus posibilidad de manifestarse a vuestra vista, ni siquiera en sueños y pese a vuestro deseo de verlos: pueden impedírselo causas qué son independientes de su voluntad. A menudo es también una prueba, de la que el más ardoroso deseo no puede eximiros. En cuanto a las personas que os son indiferentes, si bien no pensáis en ellas, es posible que piensen en vosotros. Por lo demás, no podéis tener noción de las relaciones del mundo invisible: encontráis allí a gran número de conocidos íntimos —de mucho tiempo atrás o de hace poco—, de los cuales no tenéis la menor idea cuando os halláis en estado de vigilia.

Observación. Cuando no hay medio alguno de controlar las visiones o apariciones se puede, sin duda, atribuirlas a alucinaciones. Pero si aquéllas se ven después confirmadas por los acontecimientos, no sería posible achacarlas a la imaginación. Tales son, pongamos por caso, las apariciones, en el momento de su muerte, durante el sueño o en estado de vigilia, de personas en quienes no pensamos en modo alguno y que, por diversos indicios, vienen a revelarnos las circunstancias de todo punto inesperadas de su fallecimiento. Con frecuencia se ha visto a los caballos encabritarse y negarse a seguir avanzando en presencia de apariciones que espantaban a sus jinetes. Si la imaginación interviene en alguna medida cuando se trata de seres humanos, es bien seguro que no tiene la menor participación en lo que se refiere a los animales. Por otra parte, si las imágenes que vemos en sueños fueran siempre efecto de nuestras preocupaciones de la vigilia, nada explicaría por qué tantas veces sucede que no soñemos con las cosas en que más pensamos.

16) ¿Por qué ciertas visiones son más frecuentes cuando nos hallamos enfermos?

«También se dan en estado de perfecta salud. Pero en la enfermedad los lazos materiales se aflojan un tanto. El debilitamiento del cuerpo concede más libertad al Espíritu, el cual entra con mayor facilidad en comunicación con los otros Espíritus.»

17) Las apariciones espontáneas parecieran menudear más en determinadas regiones. ¿Será porque ciertos pueblos están mejor dotados que otros para tener ese tipo de manifestaciones?

«¿Acaso existe un acta de cada manifestación que se produce en el mundo? Las apariciones, ruidos y demás ocurren por igual en toda la Tierra, pero exhiben características propias, según los diferentes pueblos en que se presentan. En aquellos en los cuales la escritura se conoce poco, pongamos por caso, no hay médiums escribientes, que en cambio abundan en otros pueblos. En algunos lugares se registran ruidos y movimientos de objetos con más frecuencia que comunicaciones inteligentes, porque estas últimas son allí menos apreciadas y buscadas.»

18) ¿Por qué las apariciones se dan más en horas nocturnas? ¿No será que el silencio y la oscuridad hacen su efecto sobre la imaginación?

«Es por el mismo motivo que os hace ver durante la noche las estrellas, que no divisáis a plena luz del día. El exceso de claridad puede borrar una aparición tenue. Pero constituye un error creer que la noche sea más propicia para este tipo de manifestaciones. Preguntad a todos aquellos que las han presenciado, y comprobaréis que la mayoría las tuvieron en horas diurnas.»

Observación. Los hechos de apariciones son harto más frecuentes y generales de lo que se cree. Pero muchas personas no los confiesan por temor al ridículo, y otras los atribuyen a mera ilusión de los sentidos. Si en determinados pueblos parecen darse en mayor cantidad, se debe a que en ellos se conservan con más cuidado las tradiciones —verdaderas o falsas—, casi siempre amplificadas por la fascinación de lo maravilloso, a lo que se presta en mayor o menor grado el aspecto de los lugares. La credulidad induce entonces a ver efectos sobrenaturales en los fenómenos más comunes: el silencio que reina en los parajes solitarios, los torrentes que se precipitan barranca abajo, los rumores del bosque, las ráfagas de viento durante una tormenta, el eco multiplicándose en las montañas, las formas fantásticas que las nubes adoptan, las sombras y los espejismos; todo, en suma, engaña a las imaginaciones sencillas e ingenuas, que narran de buena fe lo que han visto o creído ver. Pero al lado de la ficción está la realidad. El estudio serio del espiritismo conduce a despojar a ésta de todos los ridículos accesorios que la superstición le agrega.

19) La visión de los Espíritus ¿se produce en estado normal, o sólo, durante el éxtasis?

«Puede tener lugar en condiciones de todo punto normales. No obstante, quienes los ven suelen hallarse a menudo en un estado especial, cercano al éxtasis, que les otorga una especie de doble vista (*El Libro de los Espíritus*, nº 447).

20) Los que ven a los Espíritus, ¿están viéndolos con los ojos?

«Creen que sí, pero, en realidad, la que ve es el alma. Lo prueba el hecho de que es posible verlos también con los ojos cerrados.

21) ¿Cómo puede un Espíritu hacerse visible?

«Es el mismo principio que rige todas las manifestaciones; se debe a las propiedades que posee el periespíritu, el cual es susceptible de experimentar diversas modificaciones, a voluntad del Espíritu.»

22) El Espíritu, propiamente dicho, ¿puede tornarse visible, o necesita siempre la ayuda del periespíritu para hacerlo?

«En vuestro estado material los Espíritus sólo pueden manifestarse contando con el concurso de su envoltura semimaterial, o periespíritu. Éste es el intermediario mediante el cual actúan sobre vuestros sentidos. Bajo esa envoltura se aparecen a veces, adoptando una forma humana o cualquier otra, ya durante el sueño, ya en estado de vigilia, y así en la luz como en la oscuridad.»

23) ¿Podríamos decir, entonces, que el Espíritu se hace visible por medio de la condensación del fluido de su periespíritu?

«Condensación no es la palabra exacta. Este término constituye más bien una comparación, que puede ayudaros a comprender el fenómeno, porque en rigor de verdad no existe condensación. Mediante la combinación de los fluidos se produce en el periespíritu una disposición especial, que no tiene analogías para vosotros y que lo hace perceptible.»

24) Los Espíritus que se aparecen ¿son siempre inaprehensibles e inaccesibles al tacto?

«Inaprehensibles como durante un sueño, en su estado normal. Sin embargo, pueden causar impresión al tacto, dejar huellas de su presencia, e incluso (en ciertos casos) tornarse momentáneamente tangibles, lo que prueba que entre ellos y vosotros existe materia.»

25) ¿Todas las personas son aptas para ver a los Espíritus?

«En el sueño, sí, pero no en estado de vigilia. Mientras dormís, vuestra, alma ve sin intermediarios. En cambio, cuando os encontráis despiertos, aquélla está siempre influida en mayor o menor grado por los órganos del cuerpo. De ahí que las condiciones no sean enteramente idénticas, en uno y otro caso.»

26) ¿De qué depende la facultad de ver a los Espíritus cuando se está despierto?

«Del organismo, de la mayor o menor facilidad que posea el fluido del vidente para combinarse con el del Espíritu. Por eso, no basta con que el Espíritu desee mostrarse, sino que hace falta, además, que encuentre la aptitud necesaria en la persona a la cual quiere manifestarse.»

—Esa facultad, ¿puede desarrollarse con el ejercicio?

«Sí, como todas las demás facultades. Pero es de aquellas con las cuales es mejor aguardar su desarrollo natural que provocarlo, para no correr el riesgo de sobreexcitar a la imaginación. La facultad de ver en forma general y permanente a los Espíritus es excepcional y no está dentro de las condiciones normales del ser humano.»

27) ¿Es posible provocar la aparición de los Espíritus?

«A veces sí, pero muy raramente. Casi siempre es espontánea. Para ello es menester estar dotado de una facultad especial.»

28) ¿Pueden los Espíritus tornarse visibles bajo otra apariencia que no sea la forma humana?

«La forma humana es la normal. El Espíritu podrá variar su aspecto, pero siempre dentro del tipo humano.»

—¿No podrían los Espíritus manifestarse en forma de una llama?

«Son capaces de producir llamas, resplandores o cualquier otro efecto, para atestiguar su presencia en el lugar. Pero esas cosas no son en sí el Espíritu mismo. La llama suele ser, por lo general, un efecto óptico o una emanación del periespíritu. En todo caso, se trata únicamente de una parte de este último. Sólo en las visiones aparece completo el periespíritu.»

29) ¿Qué pensaremos de la creencia que atribuye los fuegos fatuos a la presencia de almas o Espíritus?

«Superstición producida por la ignorancia. La causa física de los fuegos fatuos es bien conocida.»

—La llama azul que, según dicen, apareció sobre la cabeza de Servius Tullius cuando era niño, es fábula o realidad?

«Realidad. Era producida por el Espíritu familiar, que quería advertir a la madre. Esta médium vidente había visto una irradiación del Espíritu protector de su hijo. La percepción de los médiums videntes es mayor o menor, así como vuestros médiums escribientes varían también en lo que escriben. En tanto aquella madre sólo veía una llama, otro médium mejor dotado hubiera podido percibir al Espíritu mismo.»

30) ¿Podrían los Espíritus presentarse con formas de animales?

«Es posible que ocurra, pero se trata siempre de Espíritus muy inferiores, que adoptan tales apariencias. En todo caso serían formas transitorias, porque es absurdo creer que un animal real, sea cual fuere, pueda ser la encarnación de un Espíritu. Los animales siguen siendo siempre animales y no otra cosa.»

Observación. Únicamente la superstición puede inducir a creer que ciertos animales sean encarnaciones de Espíritus. Hace falta una imaginación muy complaciente o harto impresionable para ver algo de sobrenatural en las circunstancias un tanto extrañas en que los animales se presentan a veces. Con frecuencia el miedo hace ver cosas inexistentes, aunque no siempre es el temor el origen de esa creencia. Conocimos a una señora (muy inteligente, por otra parte) que prodigaba excesivo afecto a un gran gato negro, porque lo creía de una naturaleza *superanimal*. Jamás había oído hablar de espiritismo. Si hubiese conocido esta doctrina, le hubiera hecho comprender lo ridículo de la causa de su predilección por aquel animal, probándole la imposibilidad de semejante cosa.

101. Las manifestaciones más comunes de apariciones tienen lugar mientras dormimos, por medio de los sueños: tales son las visiones. No es nuestro propósito analizar aquí todas las particularidades de los sueños, resumiendo, diremos solamente que ellos pueden ser:

a) una visión actual de cosas presentes o lejanas;

b) una visión retrospectiva del pasado y, en algunos casos excepcionales, un presentimiento del porvenir;

c) también, frecuentemente, cuadros alegóricos que los Espíritus despliegan ante nuestra mirada para hacemos advertencias útiles o darnos saludables consejos, si se trata de Espíritus buenos o con el propósito de inducirnos a error y halagar nuestras pasiones, cuando son Espíritus imperfectos.

La teoría que a continuación se expone es aplicable tanto a los sueños como a todos los demás casos de apariciones. (Consúltese *El Libro de los Espíritus*, nos. 400 y ss.)

Creeríamos ofender al buen sentido de nuestros lectores si nos detuviéramos a refutar lo absurdo y ridículo que hay en aquello que vulgarmente se denomina «interpretación de los sueños».

102. Las apariciones, propiamente dichas, se dan en estado de vigilia, en pleno goce y libertad completa de las facultades humanas. Por lo general, se presentan con una forma vaporosa y diáfana, a veces vaga e indefinida; a menudo, y en los primeros instantes, como una luz blanquecina cuyos contornos se van dibujando poco a poco. Otras veces las formas se acentúan con claridad, pudiéndose distinguir los menores rasgos del semblante, hasta el punto de que es posible describirlo con mucha precisión. Los modales y el aspecto son similares a los que tenía el Espíritu cuando estaba encarnado.

Puesto que es capaz de adoptar cualquier apariencia, el Espíritu se muestra con la más adecuada para que lo reconozcan, si es su deseo. Así pues, aunque en su condición de Espíritu no adolezca ya de ninguna dolencia ni deformidad corporal, podrá según los casos presentarse baldado, cojeando, corcovado, herido o con cicatrices, si le es preciso para probar su identidad. Esopo, verbigracia, en cuanto Espíritu no es deforme, pero si se le evoca en su personalidad de Esopo, por muchas existencias que después de aquélla haya tenido, aparecerá feo y jorobado, vistiendo las ropas de su época. Un detalle notable es que, salvo circunstancias especiales, las partes de la aparición menos acentuadas son sus miembros inferiores, al paso que la cabeza, tronco, brazos y manos se pronuncian siempre netamente. De ahí que casi nunca se les vea caminar, sino deslizarse como sombras. En cuanto a la indumentaria, por lo general consiste en una vestidura rematada en largos pliegues flotantes, a lo que hay que agregar una cabellera ondulante y graciosa; tal es, al menos, la apariencia de los Espíritus que nada han conservado de las cosas terrestres. En cambio, los Espíritus comunes, aquellos a quienes conocimos durante su encarnación, por lo general se presentan con las ropas que vestían en el último período de su vida. Muchas veces las apariciones ostentan los atributos inherentes a su alta jerarquía, como una aureola, o alas en aquellos a quienes se puede considerar ángeles. A su vez, otros Espíritus exhiben características que recuerdan sus ocupaciones terrenales: así, un guerrero podrá aparecer con su armadura, un sabio portando libros, un asesino con un puñal, etc. En cuanto a los Espíritus superiores, poseen una fisonomía bella, noble y serena. Y, opuestamente, los más inferiores tienen algo de feroz y bestial, a veces mostrando incluso las huellas de los crímenes que cometieron o de los suplicios que han debido soportar. La cuestión del traje, objetos y accesorios es quizá la que más extraña a algunas personas. Le dedicaremos más adelante un capítulo especial, por cuanto se relaciona con otros hechos de suma importancia.

103. Hemos expresado antes que la aparición es diáfana y vaporosa. En ciertos casos sería posible compararla con la imagen reflejada en un cristal sin azogue en su parte posterior, y que pese a su nitidez no impide ver los objetos que se encuentran detrás. Con mucha frecuencia la perciben así los médiums videntes. Éstos la ven ir y venir, entrar en una habitación o salir de ella, circular entre la multitud de los encarnados, con el aspecto (al menos en lo que se refiere a los Espíritus comunes) de tomar parte activa en cuanto se hace a su alrededor, interesándose en ello y escuchando lo que se habla. A menudo se ve a las apariciones acercarse a una persona, insuflarle ideas e influir sobre ella, consolándola si se trata de Espíritus buenos, o mofándose si son malignos. Y se muestran tristes o satisfechos de los resultados obtenidos. En suma, son la contraparte del mundo corpóreo. Tal es ese oculto mundo que nos rodea, en medio del cual vivimos sin sospecharlo, así como vivimos también, sin tampoco darnos cuenta, en medio de las miríadas de microorganismos del mundo microscópico. El microscopio ha revelado el mundo de los seres infinitamente pequeños, cuya existencia no imaginábamos; y el espiritismo, con el concurso de los médiums videntes, nos reveló el mundo de los Espíritus, que es también una de las potencias activas de la naturaleza. Con ayuda de los médiums videntes hemos podido estudiar el mundo invisible, iniciarnos en sus hábitos, de la misma manera que un pueblo de ciegos podría estudiar el mundo visible, contando con la colaboración de unos pocos hombres que poseyeran el sentido de la vista. (Consúltese más adelante, en el capítulo de los médiums, el artículo sobre los médiums videntes.)

104. El Espíritu que quiere o puede aparecerse lo hace en ocasiones con una forma más definida aún, que exhibe todas las apariencias de un cuerpo sólido, hasta el punto de producir una ilusión perfecta y hacernos creer que tenemos delante a un ser corpóreo. Por último, no faltan casos en que —si se dan determinadas circunstancias— lo tangibible se torna real, esto es, podemos tocar, palpar, sentir la misma resistencia, igual temperatura que en un cuerpo vivo; lo que, por otra parte, no impedirá a la aparición desvanecerse con la celeridad del relámpago. En estos episodios no son únicamente nuestros ojos los que comprueban la presencia del aparecido, sino también el tacto. Si fuera posible atribuir a ilusión óptica o a una especie de fascinación las apariciones meramente visuales, no es ya lícito dudar cuando podemos asirlas, palparlas, y cuando ellas mismas nos tocan y estrechan. Ahora bien, las apariciones tangibles son las más raras. Pero las que se han registrado en los últimos tiempos por influencia de ciertos médiums poderosos, [1] y con toda la autenticidad de los testimonios irrecusables, prueban y explican aquellas otras que la historia consigna, acerca de personas que se han mostrado después de su muerte física con

1. Entre otros, el señor Hume.

todas las apariencias de la realidad. Además, y como lo hemos dicho ya, por extraordinarios que, estos fenómenos sean, todo lo maravilloso de ellos desaparece cuando conocemos su modo de producirse y comprendemos que, muy al contrario de constituir una derogación de las leyes de la naturaleza, son una nueva aplicación de dichas leyes.

105. Por su naturaleza misma y en su estado normal, el periespíritu es invisible, y tiene esto en común con gran cantidad de fluidos que sabemos existen pero los cuales, sin embargo, no hemos visto nunca. Mas el periespíritu puede también, a semejanza de ciertos fluidos, experimentar modificaciones que lo vuelven perceptible para la vista humana, ya sea por una especie de condensación, o bien mediante un cambio en su ordenamiento molecular. Precisamente entonces se nos aparece con una forma vaporosa. La condensación puede ser tal que el periespíritu toma las propiedades de un cuerpo sólido y tangible, pero podrá retomar instantáneamente su estado etéreo, invisible. Podemos comprender esto si lo comparamos con el vapor de agua, el cual pasa de la invisibilidad a un estado brumoso, luego líquido, después sólido, y a la inversa. Esos diferentes estados del periespíritu resultan de la voluntad del Espíritu y no de una causa física exterior, como sucede con los gases. Cuando el Espíritu se nos aparece es porque ha puesto a su periespíritu en el estado requerido para tomarlo visible. Pero no le basta para ello con su sola voluntad, por cuanto el cambio de estado del periespíritu se opera mediante su combinación con el fluido propio del médium. Ahora bien, dicha combinación no siempre es factible, lo que explica por qué la visibilidad de los Espíritus no constituye un hecho general. Así pues, no será suficiente el deseo del Espíritu de manifestarse en forma visual. Tampoco basta que una persona quiera verlo. Es menester que los dos fluidos puedan combinarse, que haya entre ellos una suerte de afinidad. Quizá haga falta, asimismo, que la emisión de fluido de la persona sea todo lo abundante que se necesita para operar la transformación del periespíritu, y acaso también se requieran otras condiciones que desconocemos. Por último, es indispensable que el Espíritu tenga autorización para mostrarse a la vista de determinada persona, permiso que no siempre se le otorga o que le es concedido sólo en ciertas circunstancias, por motivos que no se nos alcanzan.

106. Otra propiedad que el periespíritu posee, y que se debe a su naturaleza etérea, consiste en la penetrabilidad. En este sentido, no hay materia que le sea obstáculo para atravesarla. Las traspasa todas, así como la luz hace lo propio con los cuerpos transparentes. De ahí que no haya recintos cerrados capaces de oponerse al ingreso de los Espíritus. Éstos van a visitar al preso en su calabozo con igual facilidad que a un hombre que se halle en medio de la campiña.

107. Las apariciones en estado de vigilia no son raras ni nuevas. Las ha habido en todos los tiempos. La historia consigna gran número de ellas. Pero sin ir tan lejos, digamos que en nuestros días son harto frecuentes, y muchas de las personas que las presenciaron las tomaban en el primer momento por lo que se ha dado en llamar «alucinaciones». Menudean, sobre todo, en los casos de muerte de personas ausentes que vienen a visitar a sus parientes o amigos. Muchas veces no tienen, al hacer esto, un propósito bien definido, pero es posible afirmar que, por regla general, los Espíritus que de este modo se aparecen son atraídos por razones de simpatía. Examine cada cual sus recuerdos y comprobará que hay pocos individuos que no tengan conocimiento de algunos hechos de este género, cuya autenticidad no puede ser puesta en tela de juicio.

108. A las consideraciones precedentes agregaremos el examen de algunos efectos ópticos que han dado lugar al curioso sistema de interpretación de los *Espíritus-glóbulos*.

El aire no es siempre de una limpieza total, y en ciertas circunstancias las corrientes de moléculas aeriformes y su agitación (producida por el calor) son perfectamente visibles. No han faltado personas que tomaran esto por conjuntos de Espíritus moviéndose en el espacio. Basta mencionar esta hipótesis para refutarla. Pero ved aquí otro tipo de ilusión, no menos extravagante que aquélla, contra la que también es bueno precaverse.

El humor acuoso del ojo ofrece puntos apenas perceptibles que han perdido parte de su transparencia. Tales puntos son como corpúsculos opacos que se hallan en suspensión en el líquido, cuyos movimientos siguen. Por efecto del aumento y de la refracción, cuando miramos lejos nos dan la impresión de que en la atmósfera flotaran pequeños discos que varían de uno a diez milímetros de diámetro. Ahora bien, hay personas que confunden esos discos con Espíritus que al parecer las siguen, acompañándolas a todas partes, y en su entusiasmo toman por figuras los matices de la irisación, lo que es más o menos tan irracional como ver un rostro en la Luna. Una simple observación, provista por esas personas mismas, las devolverá al terreno de la realidad. Veamos cómo es esto.

Afirman que los discos o medallones no sólo les acompañan, sino siguen todos sus movimientos, desplazándose a derecha e izquierda, arriba y abajo, o deteniéndose conforme al movimiento de la cabeza. Esto no debe extrañarles, ya que dichos corpúsculos opacos se encuentran en el ojo mismo, por lo que deben seguir los movimientos de éste. Si fueran Espíritus habría que convenir en que estarían constreñidos a un rol demasiado mecánico para que se asigne a seres inteligentes y libres: rol muy tedioso, aun para Espíritus inferiores, y con tanta más razón incompatible con la idea que tenemos de los Espíritus superiores. Bien es verdad que algunos toman por malos Espíritus a los puntos negros o «moscas amauróticas». Estos discos, igual que los puntos opacos, poseen un movimiento ondulatorio que no excede jamás la amplitud de determinado ángulo, y lo que acentúa más la ilusión es el hecho de que no sigan de manera instantánea los movimientos de la línea visual. La explicación es muy simple. Los puntos opacos del humor acuoso (causa primera del fenómeno) son —conforme dijimos— mantenidos como en suspensión en la masa líquida, y tienden siempre a descender. Cuando ascienden es porque han sido impulsados por el movimiento del ojo de abajo hacia arriba, pero llegando a cierta altura, si fijamos la mirada veremos que los discos descienden por sí propios y después se detienen. Su movilidad es extrema, pues basta un imperceptible movimiento del ojo para hacer que cambien de dirección y recorran con celeridad toda la amplitud del arco, en el espacio en que la imagen se produce. Mientras no se pruebe que una imagen posea un movimiento propio, espontáneo e inteligente, no podemos ver en ella más que un simple fenómeno óptico o fisiológico.

Lo propio acontece con las lucecitas que se originan a veces, en forma de surtidor o en haces más o menos compactas, por la contracción de los músculos del ojo, y que es probable se deban a la electricidad fosforescente del iris, puesto que por lo general están circunscritas a la circunferencia del disco de ese órgano.

Semejantes ilusiones no pueden ser sino el resultado de observaciones incompletas. Quienquiera haya estudiado con seriedad la naturaleza de los Espíritus, por todos los medios que provee la práctica doctrinaria, comprenderá cuán pueriles son aquéllas. Así como combatimos las teorías arriesgadas mediante las cuales se ataca a las manifestaciones, cuando tales teorías se basan en la ignorancia de los hechos, así también debemos tratar de eliminar las ideas falsas que prueban en quienes las sustentan más entusiasmo que reflexión y que, por lo mismo, causan más mal que bien cuando se trata de enfrentar a los incrédulos, ya tan dispuestos de por sí a encontrar el lado ridículo de los fenómenos.

109. Según se ha visto, el periespíritu es el principio de todas las manifestaciones, y su conocimiento ha proporcionado la clave de gran cantidad de fenómenos, haciendo dar un paso adelante muy grande a la ciencia espirita al encaminarla por una vía nueva y despojarla de todo vestigio de lo maravilloso. Hemos hallado en él, mediante los Espíritus mismos (porque hay que tomar buena nota de que han sido ellos los que nos orientaron por este camino) la explicación de la acción del Espíritu sobre la materia, del movimiento de los cuerpos inertes, así como de los ruidos y apariciones. También encontraremos en él la explicación de otros muchos fenómenos que nos resta examinar antes de que pasemos al estudio de las comunicaciones, propiamente dichas. Tanto mejor comprenderemos estas últimas cuanto más hayamos analizado sus causas fundamentales. Si hemos entendido acabadamente ese principio lo aplicaremos con facilidad a los diversos hechos que puedan presentársenos.

110. Lejos estamos de considerar que la teoría que hemos ofrecido sea absoluta y constituya la última palabra en la materia. A no dudarlo, será completada o rectificada más adelante, cuando se hayan llevado a efecto nuevos estudios; pero, por muy incompleta o imperfecta que sea a la hora actual, puede seguir ayudándonos a comprender la posibilidad de los hechos debidos a causas que nada tienen de sobrenatural. Si se trata meramente de una hipótesis, no se puede, sin embargo, rehúsarle el mérito que tiene, de la racionalidad y de la probabilidad, como tampoco es posible negarle que vale tanto como todas las explicaciones que ofrecen los adversarios para probar que la totalidad de los fenómenos espíritas son únicamente ilusiones, fantasmagorías y ardides.

Teoría de la alucinación

111. Aquellos que no admiten la existencia de un mundo incorpóreo e invisible creen explicarlo todo por medio de la palabra *alucinación*. La definición de este término es conocida. Se trata de un error, de la ilusión que se forja una persona creyendo tener percepciones que en realidad no posee (del latín *allucinari*, errar, formado de *ad lucem*). Pero los sabios no han dado todavía —que sepamos— su razón fisiológica.

Si la óptica y la fisiología no parecen ya tener secretos para ellos, ¿por qué no han explicado todavía la naturaleza y el origen de las imágenes que se ofrecen al Espíritu en ciertas ocasiones?

Admitimos que quieran explicarlo todo mediante las leyes de la materia. Pero entonces que ofrezcan, con arreglo a esas leyes, una teoría de la alucinación, buena o mala. Sería por lo menos un intento de explicación.

112. La causa de los sueños no ha sido explicada jamás por la ciencia. Ésta los atribuye a un efecto de la imaginación, pero no nos dice qué es la imaginación, ni cómo produce esas imágenes tan claras y nítidas que en ocasiones se nos muestran. Esto equivale a querer explicar algo que no es conocido por medio de otra cosa que tampoco lo es; la cuestión queda entonces pendiente. Se dice que los sueños son recuerdos de las preocupaciones de la vigilia. Mas, aún admitiendo para el problema esta solución, que no es tal, resta saber en qué consiste ese espejo mágico que conserva así la impresión de las cosas. Sobre todo, ¿cómo explicar esas visiones de cosas reales que jamás se han visto en estado de vigilia, y en las que incluso no se penso nunca? Sólo el espiritismo puede proporcionar la clave de este extraño fenómeno, que pasa inadvertido precisamente por ser tan común, como todas las maravillas de la naturaleza que menospreciamos.

Los sabios han desdeñado ocuparse de la alucinación. Pero, sea o no real, no por ello deja de constituir un fenómeno que la fisiología debe poder explicar, so pena de confesar su incompetencia. Si un día un sabio toma la iniciativa de ofrecer, no una definición de ella —entendámonos bien— sino una explicación fisiológica, entonces veremos si su teoría es aplicable a la totalidad de los casos; si no omite, en especial, los hechos tan comunes de apariciones de personas en el momento de su muerte, y si dice a qué se debe que la aparición coincida con el fallecimiento de la persona misma. Si fuera éste un hecho aislado, se podría atribuir al azar, mas como por el contrario es muy frecuente, la casualidad no se repite de esta manera. Además, si el que ve al aparecido tuviera en mente la idea de que esa persona ha de morir, vaya y pase. Pero sucede que el que se aparece es casi siempre aquel en quien menos se pensaba. Por tanto, la imaginación no interviene en modo alguno en el fenómeno. Menos aún se puede achacar a la imaginación el conocimiento de las circunstancias de la muerte, acerca de las cuales no tenía la menor idea la persona que ve la aparición del difunto. Los «alucinacionistas», ¿alegarán que el alma (siempre y cuando admitan que ésta existe) tiene momentos de sobreexcitación, en que sus facultades se hallan exaltadas? Estaríamos de acuerdo, pero cuando lo que ve es real, no se trata entonces de una ilusión de los sentidos. Si en su exaltación el alma está viendo algo que no se encuentra presente, es porque ella se traslada. Y si nuestra alma posee la capacidad de transportarse hasta el sitio en que se halla una persona ausente, ¿qué impide que el alma de esa misma persona pueda llegarse hasta donde nosotros estamos? Tomen muy buena nota de esto los partidarios de la teoría de la alucinación, y no olviden que cualquier teoría a la cual se puedan oponer hechos contrarios será, por fuerza, falsa o incompleta.

Mientras aguardamos que nos respondan, vamos a tratar de enunciar algunas ideas al respecto.

113. Los hechos demuestran que hay apariciones auténticas, que la teoría espírita explica perfectamente y que sólo podrán ser negadas por aquellos que no admiten que exista nada en el ser humano fuera de su organismo. Pero, además de esas visiones reales, ¿existen también alucinaciones, en el sentido que se da a esta palabra? Es indudable. Y ¿cuál es el origen de estas últimas? Los Espíritus nos orientarán al respecto, pues la explicación completa nos parece que está contenida en las respuestas que dieron a las preguntas siguientes:

—¿Son siempre reales las visiones, o a veces se trata de una alucinación? Cuando en sueños, o como fuere, vemos por ejemplo al diablo o cualquier otra cosa fantástica inexistente, ¿no es éste un producto de nuestra imaginación?

«En ocasiones, sí, cuando se queda impresionado por ciertas lecturas o por historias de brujerías, uno las recuerda y cree ver entonces lo que no existe. Mas hemos dicho también que el Espíritu, con su envoltura semimaterial, puede adoptar todo tipo de formas para manifestarse. Así pues, un Espíritu burlón podrá aparecerse luciendo una cornamenta y provisto de garras, si le viene en gana hacerlo para mofarse de la credulidad de las gentes. Un Espíritu bueno, en cambio, se mostrará con alas y un semblante radiante.»

—¿Es posible considerar como apariciones los rostros y las imágenes diversas que se nos presentan a menudo cuando estamos soñolientos o, simplemente, cerramos los ojos?

«Tan pronto como los sentidos se aletargan, el Espíritu se desprende y puede ver, cerca o lejos, aquello que no podría percibir con los ojos del cuerpo. Esas imágenes son muy frecuentemente visiones, pero puede tratarse asimismo de un efecto de las impresiones que la vista de ciertos objetos ha dejado en el cerebro, el cual conserva sus huellas, así como las de los sonidos escuchados. El Espíritu desprendido está viendo entonces en su propio cerebro esas huellas que han quedado impresas en él, como en una placa fotográfica. Su heterogeneidad y mezcla forman conjuntos extravagantes y huidizos, que casi al punto se borran, pese a los esfuerzos que se hagan para retenerlos por más tiempo. A una causa similar hay que atribuir ciertas apariciones fantásticas, que no tienen nada de real y que se producen a menudo cuando se está enfermo.»

Hasta aquí las respuestas. Ahora bien, nos consta que la memoria es el resultado de las impresiones conservadas en el cerebro. ¿Merced a qué singular fenómeno tales impresiones, tan variadas y múltiples, no se confunden las unas con las otras? He aquí un enigma indescifrable, aunque no más extraño que el de las ondas sonoras que se entrecruzan en el aire sin por ello dejar de percibirse con toda claridad. En un cerebro sano y bien constituido esas impresiones son nítidas y definidas. Si el cerebro no se encuentra en tan buenas condiciones, aquéllas se borran y se confunden. De ahí la pérdida de la memoria o la confusión en las ideas. Esto parecerá aún menos extraordinario si se acepta, como en frenología, un destino especial para cada parte e incluso cada fibra del cerebro.

Así pues, las imágenes que los ojos transmiten al cerebro dejan en él una impresión, merced a la cual nos acordamos de un cuadro, por ejemplo, como si aún lo tuviéramos ante nuestra mirada. Se trata sólo de un mecanismo de la memoria, porque el cuadro ya no se encuentra allí. Ahora bien, en cierto estado de desprendimiento, el alma ve en el cerebro y vuelve a hallar en él esas imágenes, en especial aquellas que más la han impresionado en su momento, conforme a la índole de las preocupaciones o la disposición de ánimo del sujeto. De esta forma recupera la impresión de escenas religiosas o diabólicas, dramáticas o mundanas, así como siluetas de animales extraños que ha visto en otro tiempo en pinturas o a través de relatos, pues estos últimos dejan también sus impresiones. El alma ve realmente todo eso, pero sólo está viendo una imagen fotográfica conservada en el cerebro. En estado normal, tales visiones son fugitivas y efímeras, porque todas las partes del cerebro funcionan con libertad. Pero cuando estamos enfermos nuestro cerebro se halla siempre debilitado en mayor o menor medida, se ha alterado el equilibrio entre los diferentes órganos y únicamente algunos de ellos siguen activos, al paso que otros se encuentran en cierto modo paralizados. De ahí la persistencia de determinadas imágenes que no se han borrado, como sucede en estado normal, por las preocupaciones de la vida exterior. Es esta la verdadera alucinación y la causa primaria de las ideas fijas.

Como se ve, hemos explicado tal anomalía por medio de una ley rigurosamente fisiológica que es bien conocida, la de las impresiones cerebrales. Pero nos ha sido necesario dar intervención al alma. Ahora bien, si los materialistas, en cambio, no han podido todavía ofrecer una explicación satisfactoria de este fenómeno, es porque no quieren admitir la existencia del alma. Por eso mismo argumentarán que nuestra explicación carece de valor, pues planteamos como principio algo que está en discusión. ¿Discutido por quién? Por ellos. Pero admitido por la inmensa mayoría, desde que existen hombres en la Tierra. Y la negación de unos pocos no puede ser erigida en ley.

¿Es buena la explicación que hemos dado? La ofrecemos por lo que pueda valer, a falta de otra mejor y, si se quiere, a título de simple hipótesis, hasta tanto aparezca una que la supere. Tal como es, ¿explica todos los casos de visiones? Ciertamente que no, pero desafiamos a todos los fisiólogos para que, desde su punto de vista exclusivo, emitan una hipótesis capaz de explicar la totalidad de los casos. Porque cuando han enunciado sus palabras sacramentales de sobreexcitación y exaltación, no han dicho cosa alguna. En consecuencia, si todas las teorías «alucinacionistas» se muestran insuficientes para explicar el conjunto entero de los hechos, entonces existirá otra cosa que la alucinación, propiamente dicha. Nuestra teoría sería falsa si la aplicáramos a la totalidad de los casos de visiones, pues entre ellos los hay capaces de contradecirla. Pero puede ser verdadera si limitamos su aplicación a determinado tipo de efectos.

CAPÍTULO VII

BICORPOREIDAD Y TRANSFIGURACIÓN

Apariciones del Espíritu de los encarnados.— Hombres dobles. —San Alfonso de Ligorio y san Antonio de Padua. — Vespasiano. —Transfiguración.— Invisibilidad.

114. Estos dos fenómenos son variedades de manifestaciones visuales, y por maravillosos que a primera vista puedan parecer se reconocerá fácilmente, merced a la explicación que puede dárseles, que no dejan de pertenecer al orden de los fenómenos naturales. Ambos se basan en el principio de que cuanto se ha dicho acerca de las propiedades del periespíritu después de la muerte es aplicable asimismo al periespíritu de los encarnados. Ya sabemos que en el transcurso del sueño el Espíritu recobra parcialmente su libertad, esto es, se aparta del cuerpo físico, y muchas veces hemos tenido oportunidad de observarlo en ese estado. Pero el Espíritu —esté vivo o muerto el cuerpo— conserva siempre su envoltura semimaterial, y ésta, por las mismas causas que hemos mencionado, puede adquirir visibilidad y tangibilidad. Hay a este respecto hechos tan positivos que no dejan el menor resquicio a dudas. Nos limitaremos a citar algunos ejemplos que son de nuestro conocimiento personal y de cuya exactitud podemos dar fe, pero todo el mundo está en situación de observar otros análogos, con sólo consultar sus recuerdos.

115. La mujer de un amigo nuestro vio en muchas ocasiones, durante la noche, entrar en su habitación (no importa que estuviera ésta a oscuras o con la luz encendida) a una vendedora de frutas de los alrededores, a quien conocía de vista pero con la cual no había hablado nunca. Tal aparición le causó un terror tanto más intenso cuanto que en aquella época esta señora no tenía conocimiento alguno acerca del espiritismo, y también porque el fenómeno se reiteraba con sobrada frecuencia. Ahora bien, la vendedora estaba perfectamente viva y es muy probable que a esa hora se encontrara durmiendo. Mientras su cuerpo físico se hallaba en casa, su Espíritu y su cuerpo fluídico, o periespíritu, se hacían presentes en la habitación de la esposa de nuestro amigo. ¿Por qué sucedía esto? Es lo que no se sabe... En un caso así, un espiritista, iniciado en este tipo de fenómenos, se lo hubiera preguntado, pero precisamente fue esto lo que no se le ocurrió hacer a la señora. Todas las veces la aparición se eclipsaba sin que la testigo atinase a saber cómo, y siempre también, tras la desaparición, la señora iba a asegurarse de que todas las puertas se encontraban perfectamente cerradas y que nadie hubiera podido ingresar a su casa. Esta precaución le demostraba hallarse del todo introducirse y que no había sido víctima de un sueño. En otras ocasiones esta misma testigo veía en circunstancias similares a un hombre a quien no conocía, hasta que un día vio a su propio hermano, que estaba a la sazón en California. El aparecido tenía una apariencia tan real que en el primer momento pensó ella que había vuelto y quiso hablarle, pero él desapareció sin darle tiempo para ello. Más tarde la señora recibió una carta que le certificaba que su hermano seguía vivo. Esta dama era lo que se puede llamar un médium vidente natural, pero en aquel tiempo, según quedó dicho, no había oído hablar nunca de médiums.

116. Otra señora que vive en una provincia, hallándose enferma de bastante gravedad, vio una noche, a eso de las veintidós horas, a un señor entrado en años que residía en la misma ciudad y a quien ella solía encontrar en reuniones sociales, pero con el cual no le ligaba ninguna relación estrecha. El caballero estaba sentado en un sillón al pie del lecho de la paciente y de tiempo en tiempo aspiraba una pizca de rapé. Parecía estar cuidando de ella. Sorprendida de semejante visita y a tal hora, quiso preguntarle el motivo, pero él le hizo señas de que callase y durmiera. Varias veces la enferma intentó dirigirle la palabra, y otras tantas el visitante le indicaba silencio. La dama terminó por dormirse. Yendo y viniendo días, la paciente recuperó su salud y recibió la visita del caballero en persona, pero a una hora más conveniente, y la señora pudo comprobar que se trataba del mismo que se le había aparecido: vistiendo el traje y mostrando la tabaquera que había usado en su aparición, y con idénticos modales. Persuadida de que había venido a visitarla durante su enfermedad, le agradeció la molestia que se había tomado por ella. Entonces el señor se sorprendió grandemente, manifestándole que no había tenido el placer de verla desde hacía mucho. La dama en cuestión, que tenía conocimiento de los fenómenos espíritas, comprendió lo sucedido, pero no queriendo entrar en explicaciones se contentó con decirle que posiblemente lo había soñado.

«Es lo más probable», responderán los incrédulos, los «espíritus fuertes», vocablo que para ellos es sinónimo de «personas talentosas». Pero es notorio que esta señora no dormía del todo, como tampoco la anterior. «Pues entonces —se nos replicará— soñaba despierta. Dicho en otros términos: sufría una alucinación». ¡He aquí la palabra sacramental, la explicación universal de todo lo que no se comprende! Como ya hemos refutado suficientemente esta objeción, proseguiremos dirigiéndonos a aquellos que pueden entendernos.

117. Pero henos aquí ante otro episodio, más característico, y nos gustaría ver cómo pueden explicarlo suponiéndolo un mero producto de la imaginación.

Cierto caballero que vivía en una provincia no había querido nunca contraer matrimonio, a despecho de que su familia lo instaba a ello. Sus parientes habían insistido, sobre todo, en que se casara con una muchacha que residía en una ciudad cercana y a la cual no había visto jamás. Un día, hallándose él en su habitación, se sorprendió mucho al verse en presencia de una joven ataviada de blanco y ostentando en su cabeza una corona de flores. La aparición le manifestó que era su novia y le extendió la mano, que estrechó entre las suyas, pudiendo observar que lucía un anillo. Al cabo de algunos instantes, todo se esfumó. Sorprendido por la aparición, y habiéndose asegurado de que estaba bien despierto, preguntó a los de su casa si alguien había venido durante el día. Le contestaron que nadie. Pasó un año, y cediendo a nuevas solicitaciones de una pariente suya, resolvió ir a conocer a la muchacha que le proponían. Llegó al lugar el día de Corpus-Christi. La gente volvía de la procesión y una de las primeras personas que se ofrecieron a su vista, al ingresar en la casa, fue una joven en quien reconoció a la que se le había aparecido. Estaba vestida igual, pues el día de su aparición había sido también Corpus-Christi. El caballero quedó atónito al verla, y ella, por su parte, lanzó una exclamación de sorpresa y mostró signos de sentirse descompuesta. Cuando volvió en sí, la joven dijo que ya había visto a ese mismo señor un año antes, el día del Corpus. Acordaron casarse. Era hacia 1835. En aquella época no se sabía mucho de Espíritus y, además, tanto él como ella eran personas muy positivistas y su imaginación se hallaba bien lejos de estar exaltada.

Acaso se diga que ambos estaban imbuidos de la idea del matrimonio propuesto y que tal preocupación los hizo alucinarse. Pero no olvidemos que el caballero era tan indiferente al proyecto de enlace que tardó un año en resolverse a visitar a la novia que le proponían. Aun si admitimos esta hipótesis, quedaría por explicar el hecho de la aparición, así como la coincidencia del atuendo de la joven en las dos fechas en que se celebraba el Corpus-Christi, y por último, la situación de que ambos se hubieran reconocido mutuamente sin haberse visto jamás en la vida real, hechos que no pueden ser fruto de la imaginación.

118. Antes de ir más lejos, debemos responder de inmediato a una pregunta que no dejarán de formularnos, y es la de saber cómo puede el cuerpo seguir viviendo mientras su Espíritu se halla ausente. Podríamos limitarnos a replicar que el cuerpo posee capacidad para mantenerse de su propia vida orgánica, que es independiente de la presencia en él del Espíritu, y la prueba de esto consiste en que las plantas viven sin poseer un Espíritu. Pero añadiremos que durante la vida del cuerpo el Espíritu jamás se desprende por completo de aquél. Los Espíritus desencarnados (y también algunos médiums videntes) reconocen al Espíritu encarnado por una estela luminosa que lo une al cuerpo físico, fenómeno que nunca tiene lugar cuando este último se encuentra sin vida, porque entonces la separación de ambos es total. Precisamente, por medio de ese lazo de unión el Espíritu es advertido al punto —sea cual fuere la distancia que lo separe de su cuerpo— de la necesidad que éste puede tener de su presencia, y en tal circunstancia regresa hasta él con la celeridad del relámpago. De ello resulta que el cuerpo no puede jamás morir durante la ausencia momentánea de su Espíritu, y que nunca es posible que este último, al retomar a aquél, «encuentre la puerta cerrada», como dicen algunos novelistas en las historias fantásticas que han creado. (*El Libro de los Espíritus*, nos. 400 y ss.)

119. Volvamos a nuestro tema. El Espíritu de una persona viviente, aislado del cuerpo físico, puede aparecerse tanto como el de una persona muerta, y presentar todas las apariencias de la realidad. Además de esto, y por las mismas causas que ya hemos explicado, podrá adquirir una tangibilidad momentánea. Justamente este fenómeno, al que se ha dado en llamar de *bicorporeidad* es el que ha dado pábulo a esas historias de hombres dobles, o sea, individuos cuya presencia simultánea ha sido verificada en dos lugares diferentes. Ved aquí dos ejemplos, extraídos no de las leyendas populares, sino de la historia eclesiástica.

San Alfonso de Ligorio fue canonizado antes del tiempo requerido porque se mostró al mismo tiempo en dos sitios distintos, hecho este que fue considerado un milagro.

San Antonio de Padua se encontraba en España, y en la época en que él predicaba el Evangelio, su padre, residente en Padua, marchaba al cadalso, acusado de homicidio. En ese mismo momento, san Antonio se aparece, demuestra la inocencia de su progenitor y da a conocer la identidad del verdadero culpable, el que más tarde sufrirá el castigo que merece. Ahora bien, se ha comprobado que por entonces san Antonio seguía estando en España.

Habiendo nosotros evocado e interrogado a san Alfonso acerca de esto, nos ofreció las respuestas que siguen.

1) ¿Podríais darnos la explicación de ese fenómeno?

«Sí. El hombre, cuando se ha desmaterializado por completo a causa de su virtud, y ha elevado su alma hacia Dios, puede aparecer en dos lugares al mismo tiempo, de la siguiente manera: el Espíritu encarnado, al sentir que le invade el sueño, podrá pedir a Dios le permita trasladarse al sitio que fuere. Su Espíritu —o alma, si así preferís llamarla— abandona entonces su cuerpo físico, seguida de una parte de su periespíritu, y deja la materia grosera en un estado cercano a la muerte. Digo cercano a la muerte, pues ha quedado en el cuerpo un lazo que une el periespíritu y el alma a la materia, y ese lazo no puede ser definido. El cuerpo aparece, pues, en el lugar deseado. Creo es todo lo que queréis saber al respecto.»

2) Esto no nos proporciona la explicación de la visibilidad y tangibilidad del periespíritu...

«Hallándose el Espíritu desprendido de la materia, conforme a su grado de elevación podrá hacerse tangible para la materia.»

3) Para que el Espíritu se aparezca en otros sitios, ¿es indispensable el sueño del cuerpo?

«El alma puede dividirse cuando se siente trasladada a un lugar distinto de aquel en que el cuerpo se encuentra. Podrá suceder que el cuerpo no esté dormido, aunque esto es muy raro, pero en tales casos nunca se halla el cuerpo en un estado del todo normal, sino siempre en un estado de éxtasis, en mayor o menor medida.»

Observación. El alma no se divide, en el sentido literal del término:

irradia en diferentes direcciones, y puede así manifestarse en diversos puntos a la vez sin fragmentarse para ello. Es el mismo caso de una luz que en forma simultánea podrá reflejarse en varios espejos.

4) Cuando el cuerpo humano se encuentra sumido en el sueño y su Espíritu está en otra parte, ¿qué pasaría si aquél despertara de súbito?

«Esto no puede ser, porque si alguien abrigara la intención de despertar a la persona dormida, el Espíritu volvería a entrar en su cuerpo, adelantándose a dicha intención, visto que el Espíritu tiene capacidad para leer el pensamiento.»

Una explicación totalmente idéntica nos han proporcionado muchas veces los Espíritus, tanto de personas vivas como muertas. San Alfonso explica en sus respuestas el hecho de la doble presencia, pero no ofrece la teoría de la visibilidad y tangibilidad.

120. Tácito narra un episodio análogo:

«Durante los meses que Vespasiano pasó en Alejandría, aguardando el retorno periódico de los vientos estivales y la estación en que la mar ofrece seguridad, varios prodigios acontecieron con los que se manifestó el favor del cielo y el interés que los dioses parecían tomarse por este príncipe...

Tales prodigios aguijonearon el deseo de Vespasiano de visitar la sagrada morada del dios a fin de consultarlo sobre cuestiones del imperio. Ordenó que el templo fuese cerrado para todos, entró él y se dispuso a escuchar que diría el oráculo, cuando advirtió que a sus espaldas estaba uno de los principales egipcios, de nombre Basílides, a quien sabía enfermo en un lugar distante varias jornadas de Alejandría. Vespasiano preguntó después a los sacerdotes si Basílides había venido ese día al templo, e interrogó a los viandantes si habían visto a Basílides en la ciudad. Las respuestas fueron negativas. Por último, envió a varios hombres de a caballo y se aseguró de que, en aquel mismo momento en que lo viera en el templo, Basílides estaba a ochenta millas de distancia. Entonces, ya no dudó de que la visión había sido sobrenatural, y en adelante el nombre de Basílides tomó para Vespasiano el lugar del oráculo» (Tácito,

Historias, Libro IV, capítulos LXXXI y LXXXII. *Traducción francesa de Burnouf*).

121. La persona que se muestra a un mismo tiempo en dos lugares diferentes posee, por tanto, dos cuerpos: pero de esos cuerpos sólo uno es real, y el otro no constituye sino una apariencia. Podemos decir que el primero tiene vida orgánica, y el segundo, vida anímica. Cuando la persona despierta, ambos cuerpos vuelven a unirse y la vida anímica reingresa en el cuerpo físico. No parecería posible —o al menos no tenemos ejemplo de ello, y la razón parece demostrarlo— que cuando se encuentran separados los dos cuerpos puedan gozar, en forma simultánea y en igual medida, de la vida activa e inteligente. Además, de lo que acabamos de decir resalta que el cuerpo real no podría morir en tanto el cuerpo aparente permanezca visible. La proximidad de la muerte llama siempre al Espíritu hacia su cuerpo, aunque no sea más que por un instante. También resulta de esto que el cuerpo aparente no podría morir, visto que no es orgánico y no está hecho de carne y hueso. Desaparecería en el momento en que se intentara darle muerte.[1]

122. Pasaremos ahora al segundo fenómeno, el de la *transfiguración*. Consiste en el cambio de aspecto de un cuerpo viviente. Ved aquí, a este respecto, un hecho cuya plena autenticidad podemos garantizar, y que sucedió en los años de 1858 y 1859, en los aledaños de Saint-Étienne. Una joven de alrededor de quince años poseía la singular facultad de transfigurarse, esto es, de adoptar, en determinados momentos, todas las apariencias de algunas personas muertas. Tan completa era la ilusión, que los demás creían tener ante sí a la persona representada, vista la notable semejanza de los rasgos del semblante, la mirada, el tono de su voz y hasta la jerga que empleaba al hablar. Ese fenómeno se reiteró cientos de veces sin que la voluntad de la muchacha interviniera en ello en modo

1. Véase la *Revue spirite*, enero de 1859, «El duende de Bayona»; febrero de 1859, «Los no engendrados»; «Mi amigo Hermann»; mayo de 1859: «El lazo entre el Espíritu y el cuerpo»; noviembre de 1859, «El alma errante»; enero de 1860, «El lazo entre el Espíritu, por un lado, y el cuerpo, del otro»; marzo de 1860: «Estudio sobre el Espíritu de las personas vivas», «El doctor V. y mademoiselle I.»; abril de 1860, «El fabricante de San Petersburgo; apariciones tangibles»; noviembre de 1860, «Historia de María de Agreda»; julio de 1861, «Una aparición providencial».

alguno. En varias ocasiones tomó la apariencia de su hermano, fallecido unos años antes. Exhibía no sólo la fisonomía de éste, sino además su talla y corpulencia. Un médico local, que muchas veces había sido testigo de tan extraño fenómeno y quería asegurarse de que no era víctima de una ilusión, hizo la experiencia siguiente. (Sabemos los hechos por este mismo profesional, así como por el padre de la joven y otros varios testigos oculares, muy honorables todos ellos y completamente dignos de fe.) Tuvo la idea de pesar a la muchacha en su estado normal, y después hizo lo propio cuando se transfiguraba adoptando la apariencia de su hermano, difunto, que había muerto a los veintitantos años y que era mucho más alto y fuerte que ella. Pues bien, el médico verificó que en este último caso el peso de la joven casi se había duplicado. La experiencia resultó concluyente y fue imposible atribuir el fenómeno a una simple ilusión óptica. Tratemos de explicar el hecho, que en otros tiempos hubiera sido tenido por un milagro, pero que nosotros consideramos solamente un fenómeno.

123. En ciertos casos, la transfiguración puede tener por causa una simple contracción muscular, susceptible de dar a la fisonomía una expresión del todo diferente, hasta el punto de que la persona se haga casi irreconocible. Lo hemos observado con frecuencia en ciertos sonámbulos. Pero en éstos la transformación no es radical. Una mujer podrá parecer joven o vieja, bella o fea, mas seguirá siendo mujer, y su peso, sobre todo, no aumentará ni disminuirá. En el episodio que hemos narrado salta a la vista que había algo más. La teoría del periespíritu va a orientarnos al respecto.

En principio se admite que el Espíritu puede hacer que su periespíritu adopte cualquier apariencia. Que por una modificación en el ordenamiento molecular podrá darle visibilidad, tangibilidad y, en consecuencia, también *opacidad*. Que el periespíritu de una persona viviente, separado del cuerpo, es susceptible de experimentar las mismas mudanzas. Y que ese cambio de estado se opera mediante la combinación de los fluidos. Imaginémonos ahora al periespíritu de una persona viva, no separado del cuerpo, sino irradiando en torno a éste, de manera de envolverlo como en una especie de vapor. En ese estado, podrá sufrir iguales modificaciones que si se hubiera separado del cuerpo. Si pierde su transparencia, éste puede desaparecer, tornarse invisible, velándose su imagen, como si se hallara sumido en la bruma. Hasta podría cambiar de aspecto y volverse brillante, si tal fuera la voluntad o el poder del Espíritu. Y otro Espíritu, combinando su fluido con el del primero, puede sustituirlo por su propia apariencia, de suerte que el cuerpo real desaparezca bajo una envoltura fluídica exterior, cuyo aspecto podrá variar, conforme a la voluntad del Espíritu. Tal parecería ser la verdadera causa de tan extraño fenómeno (muy poco frecuente, en verdad) conocido con el nombre de «transfiguración». En cuanto a la diferencia de peso que se verifica entre el estado normal y el de transfiguración de una persona, se explica de igual modo que con respecto a los cuerpos inertes. El peso intrínseco del cuerpo no ha variado, puesto que la cantidad de materia no aumentó, pero está bajo la influencia de un agente exterior capaz de hacer que se incremente o disminuya su peso relativo, conforme quedó dicho en los nos. 78 y ss de este libro. Así pues, es probable que si la transfiguración tomara el aspecto de un niño pequeño, el peso del cuerpo disminuiría en forma proporcional.

124. Se concibe que el cuerpo pueda aparentar la misma o mayor talla, pero ¿cómo es posible que aparezca de menor estatura: con la de un niño pequeño, según acabamos de decir? En este último caso, el cuerpo real ¿no debería exceder los contornos del cuerpo aparente? Por eso no afirmamos que el hecho se haya producido. Sólo quisimos demostrar, remitiéndonos a la teoría del peso específico, que el peso aparente podría disminuir. En lo que toca al fenómeno en sí, no aseveraremos ni su posibilidad ni su imposibilidad. Mas en caso de haber sucedido, el hecho de que no podamos explicarlo en forma satisfactoria no lo invalida. No hay que olvidar que nos hallamos aún en los comienzos de esta ciencia, la cual está lejos de haber pronunciado su última palabra acerca de este punto como sobre otros muchos. Por lo demás, las partes del cuerpo real que excedieran los contornos del cuerpo aparente podrían ser hechas invisibles.

La teoría del fenómeno de invisibilidad surge naturalmente de las explicaciones anteriores y de las que ofrecimos con relación al fenómeno de los aportes, en los nos. 96 y ss.

125. Nos restaría hablar del singular fenómeno de los *agéneres* que, por extraordinario que pueda parecer a primera vista, no es más sobrenatural que los otros de que nos ocupamos. Pero, como ya lo hemos explicado en la *Revue spirite*, en febrero de 1859, conceptuamos inútil repetir aquí sus pormenores. Diremos tan sólo que es esta una variedad de las apariciones tangibles. Se trata del estado de ciertos Espíritus que pueden tomar momentáneamente la forma de una persona viva, hasta el punto de crear en los testigos del fenómeno una ilusión completa. (El vocablo *agénere* deriva del griego: *a*, privativo, y *géine*, *géinomaï*, engendrar, o sea: que no ha sido engendrado.)

CAPÍTULO VIII

LABORATORIO DEL MUNDO INVISIBLE

Indumentaria de los Espíritus.– Formación espontánea de objetos tangibles. – Modificación de las propiedades de la materia. – Acción magnética curativa.

126. Ya hemos dicho que los Espíritus se presentan con túnicas, amplias vestiduras o ropa común. Las vestiduras amplias y flotantes parecieran ser la indumentaria generalizada en el mundo de los Espíritus. Pero nos preguntamos de dónde sacan esos trajes con que a veces se muestran, en un todo semejante a los que utilizaban en la vida material, y que incluyen la totalidad de sus accesorios. Por supuesto, no se han llevado consigo esos objetos al desencarnar, sino que tales piezas siguen en nuestro mundo ¿De dónde provienen, pues, las que visten en el otro? Esta incógnita siempre ha intrigado mucho. Mas para gran número de personas no pasaba de ser un motivo de mera curiosidad. Con todo, implicaba una cuestión básica de gran importancia, por cuanto su solución nos ha puesto en el camino de descubrir una ley general que es aplicable asimismo a nuestro mundo corpóreo. Numerosos hechos han venido a complicarla y a poner de relieve la insuficiencia de las teorías que se habían esbozado.

Hasta cierto punto se podía explicar la presencia del traje, puesto que es posible considerar a éste como formando, en cierto modo, parte del individuo. Mas no pasa lo mismo con los accesorios y objetos personales, como, por ejemplo, la tabaquera que llevaba consigo el visitante de una dama enferma a quien nos hemos referido en el nº 116. Subrayemos que en ese episodio no se trataba de la aparición de un muerto, sino de un encarnado, y que este caballero, cuando volvió en persona a la casa de la señora, tenía una tabaquera en un todo similar a la que había mostrado al aparecerse ante ella. Cabe preguntar, pues, dónde había encontrado el Espíritu una tabaquera igual. Podríamos mencionar gran cantidad de casos en que los Espíritus de muertos o de vivientes se aparecen con objetos diversos, como bastones, armas, pipas, linternas, libros y demás.

Se nos ocurrió entonces la idea de que los cuerpos inertes podían tener sus dobles etéreos en el mundo invisible. Que la materia condensada que forma los objetos tal vez posea una parte quintaesenciada que escapa a nuestros sentidos. Esta teoría no se hallaba desprovista de verosimilitud, pero se hallaba impotente para explicar todos los hechos. Había uno, en especial, que parecía poder invalidar todas las hipótesis. Hasta entonces sólo se había tratado de imágenes o apariencias. Y ya hemos comprobado que el periespíritu es capaz de adquirir las propiedades de la materia y hacerse tangible, pero esa tangibilidad es sólo momentánea, y pasado un instante el cuerpo sólido se desvanece como una sombra. No cabe duda de que es este un fenómeno extraordinario, pero lo que acaso sea más extraordinario aún es ver cómo se crea materia sólida persistente, cosa probada por gran número de hechos auténticos, sobre todo el de la escritura directa, a la que nos referiremos en detalle en un capítulo destinado al tema. Sin embargo, puesto que este fenómeno se vincula íntimamente con la cuestión que ahora nos ocupa, y constituye una de sus explicaciones más positivas, saltearemos el orden en que debe ser expuesto.

127. La escritura directa, o *neumatografía,* es la que ocurre en forma espontánea, sin el concurso de la mano del médium ni del lápiz.

Basta tomar una hoja de papel en blanco, lo que se puede hacer adoptando todos los recaudos previos necesarios para asegurarse de que no se es víctima de una superchería, doblarla y colocarla en cualquier parte: en un cajón o simplemente sobre un mueble. Y si se dan las condiciones adecuadas, al cabo de un tiempo mayor o menor se encontrará en el papel caracteres, signos varios, palabras, frases y aun mensajes, casi siempre trazados con una sustancia grisácea análoga al grafito de la mina de lápiz. Otras veces aparece la escritura hecha con lápiz rojo, tinta común y también de imprimir. Tal el fenómeno, en toda su sencillez, y cuya reproducción, aunque poco usual, no es sin embargo muy rara, ya que existen personas que lo obtienen con bastante facilidad. Si se colocara un lápiz junto al papel se podría creer que el Espíritu se ha servido de él para escribir, pero, ya que el papel se halla enteramente solo, salta a la vista que la escritura ha sido hecha con una materia depositada. Ahora bien, ¿de dónde saca el Espíritu esa materia? He aquí el problema, a cuya solución hemos sido conducidos por la tabaquera de que hablábamos hace poco.

128. Tal solución nos la dio el Espíritu de san Luis en las respuestas siguientes:

1) Hemos mencionado un caso de aparición del Espíritu de una persona encarnada. Ese Espíritu poseía una tabaquera y aspiraba rapé. ¿Experimentaba entonces la misma sensación que cuando se hace esto en la realidad?

«No.»

2) Esa tabaquera tenía igual forma que la que usaba él habitualmente, y que estaba en su casa. ¿Qué era, entonces, tal objeto en manos del aparecido?

«Una apariencia. Su finalidad consistía en hacer reparar en él como efectivamente sucedió, de modo que la aparición no fuese tomada por una alucinación debida a la enfermedad de la vidente. El Espíritu quería que la dama creyese en la realidad de su presencia, de ahí que haya adoptado todas las apariencias de la realidad.»

3) Acabáis de decirnos que se trataba de una apariencia. Pero una apariencia no tiene realidad: es como una ilusión óptica. Querríamos

saber si aquella tabaquera era sólo una imagen irreal o si había algo de materia en ella...

«Por cierto que sí, precisamente, con ayuda de ese principio material el periespíritu adopta la apariencia de ropas semejantes a las que el Espíritu llevaba cuando estaba encamado.»

Observación. Es evidente que hay que entender aquí la palabra «apariencia» en el sentido de «aspecto, imitación». La tabaquera real no estaba ahí. La que tenía el Espíritu sólo era su representación. Se trataba, pues, de una apariencia, si la comparamos con la original, aunque estuviera formada por un principio material.

Nos enseña la experiencia que no se debe siempre tomar al pie de la letra ciertas expresiones que los Espíritus emplean. Si las examinamos con arreglo a nuestras ideas, nos exponemos a grandes equivocaciones. De ahí que sea necesario profundizar el significado de sus palabras cada vez que presenten éstas la menor ambigüedad. Es una recomendación que nos hacen constantemente los Espíritus mismos. A no ser por la explicación que en esta oportunidad suscitamos, el vocablo «apariencia», reiterado de continuo en episodios análogos, podía dar lugar a una falsa interpretación.

4) ¿Será, acaso, que la materia inerte se desdobla, que existe en el mundo invisible una materia esencial, que adopta la forma de los objetos que estamos viendo aquí? En síntesis, cada uno de esos objetos ¿tendrá su *doble etéreo* en el mundo invisible, de la misma manera que los seres humanos están representados en él por los Espíritus?

«No es eso lo que sucede. El Espíritu ejerce, sobre los elementos materiales que existen por doquiera (en el espacio, en vuestra atmósfera), un poder que estáis lejos de sospechar. Según su voluntad, es capaz de concentrar tales elementos y darles la forma y apariencia adecuadas a sus proyectos.»

Observación. Esta pregunta, conforme se habrá podido advertir, era la traducción de nuestro propio pensamiento, o sea, de la idea que nosotros nos habíamos formado acerca de la naturaleza de dichos objetos.

Si las respuestas de los Espíritus fueran como algunos creen, el reflejo del pensamiento de los asistentes a la sesión, entonces habríamos obtenido en este caso particular una confirmación de nuestra teoría, en vez de una teoría opuesta, como en efecto sucedió.

5) Plantearé de nuevo la pregunta en forma categórica, a fin de evitar todo equívoco: Las ropas con que se cubren los Espíritus ¿son algo?

«Pienso que mi respuesta anterior dejó resuelta la cuestión. ¿No sabéis, por ventura, que el periespíritu mismo es algo?»

6) De esa explicación resulta que los Espíritus someten a la materia etérea a las transformaciones que desean. Así por ejemplo, al referirnos a la tabaquera de que hablábamos, el Espíritu no la encontró hecha, sino la produjo él mismo mediante un acto de su voluntad, para utilizarla en el momento en que la necesitaba, y de igual modo ha podido después deshacerla. Lo propio debe de ocurrir con todos los demás objetos: ropas, alhajas, etcétera...

«Es evidente.»

7) La tabaquera fue visible para aquella señora, que la tomó por real. ¿Hubiera podido el Espíritu hacer que fuese tangible para ella?

«Sí, hubiera podido...»

8) Dado el caso, ¿podría la señora tomarla con su mano, creyendo tener una tabaquera real?

«Sí.»

9) Y si la hubiera abierto, probablemente hubiese hallado tabaco en polvo en su interior. Si aspirara ese rapé, ¿la habría hecho estornudar?

«Sí.»

10) Por lo tanto, el Espíritu puede dar a las cosas que hace, no sólo la forma correspondiente, sino propiedades especiales…

«Sí así lo desea, puede. Sólo sobre la base de ese principio he respondido de manera afirmativa a las preguntas anteriores. Tendréis pruebas de la poderosa acción que ejerce el Espíritu sobre la materia, y que estáis lejos de sospechar, según os lo dije ya.»

11) Supongamos, entonces, que un Espíritu haya querido hacer una sustancia ponzoñosa, y una persona la ingiera: ¿resultaría ésta envenenada?

«El Espíritu hubiera podido hacerla, pero no la habría hecho, porque no se le hubiese permitido.»

12) ¿Tiene el Espíritu, en cambio, poder para formar una sustancia salutífera, adecuada para curar una enfermedad? ¿Ha sucedido esto alguna vez?

«Ocurre con sobrada frecuencia.»

13) ¿Podrá entonces formar también una sustancia alimenticia? Supongamos que haga un fruto o un manjar, sea cual fuere. La persona que lo ingiera, ¿quedaría saciada?

«Sí, sí. Pero no os afanéis tanto por explicaros lo que es muy fácil de comprender. Basta un rayo de sol para tornar perceptibles a vuestros órganos groseros esas partículas materiales que llenan el espacio en medio del cual estáis viviendo. ¿No sabéis que el aire contiene vapor de agua? Condensadlo y lo volveréis a su estado normal. Privadlo de calor, y esas impalpables e invisibles moléculas se convertirán en un cuerpo sólido, sumamente sólido. Lo propio acontece con otras muchas sustancias, con las cuales los químicos obrarán maravillas más asombrosas todavía. Sólo el Espíritu posee instrumentos más perfectos que los vuestros: la voluntad y el permiso de Dios.»

Observación. La última parte de la pregunta, respecto a si la persona que ingiriera esa sustancia nutritiva quedaría saciada, es muy importante. En efecto, ¿cómo una sustancia cuya existencia y propiedades son transitorias y en cierto modo convencionales podría saciar? Esa sustancia, al entrar en contacto con el estómago, produciría una sensación de saciedad, pero no la saciedad verdadera que resulta de tener el estómago lleno. Si semejante sustancia es capaz de obrar sobre el organismo y corregir un estado mórbido, podrá también actuar sobre el estómago, produciendo en él una sensación de saciedad. Pero rogamos a los señores farmacéuticos y dueños de restaurantes que no se preocupen demasiado por esto ni crean que los Espíritus van avenir a hacerles competencia. Casos de este tipo son raros —excepcionales, diríamos mejor— y no dependen nunca de la voluntad. De lo contrario, nos alimentaríamos y curaríamos con muy poco gasto.

14) Los objetos que por voluntad de un Espíritu se han vuelto tangibles, ¿podrían permanecer así en forma estable y pasar a ser de uso común?

«Sería posible, *pero no se hace*, por ser contrario a las leyes.»

15) ¿Todos los Espíritus tienen en la misma medida el poder de formar objetos tangibles?

«Es un hecho cierto que cuanto más elevado sea el Espíritu con tanto mayor facilidad obtendrá ese fenómeno. Pero esto también depende de las circunstancias: en algunos casos, los Espíritus inferiores pueden tener ese poder.»

16) ¿Siempre se da cuenta el Espíritu del modo como produce las vestiduras u objetos cuya apariencia ofrece?

«No. Muchas veces coopera a su formación mediante un acto instintivo que no comprende, sino posee las suficientes luces para ello.»

17) Si el Espíritu puede extraer del elemento universal los materiales requeridos para hacer cualquier cosa, y dar a lo que haga una realidad temporaria, con sus propiedades, será capaz también de tomar de dicho elemento lo que se necesita para escribir. Así pues, nos parece que esto nos proporciona la clave de la escritura directa...

«¡Al fin habéis llegado a lo que queríais!»

Observación. En efecto era a eso a lo que queríamos llegar con todas nuestras preguntas anteriores. Su réplica demuestra que el Espíritu había leído nuestro pensamiento.

18) Si la materia de que se sirve el Espíritu no tiene persistencia, ¿cómo explicar el hecho de que los rasgos de la escritura directa no se borren?

«No saquéis conclusiones basándoos en palabras. Para comenzar, yo no lo dije nunca. En aquel ejemplo se trataba de un objeto material voluminoso. Aquí, en cambio, son signos escritos, que es útil conservar. En consecuencia, se les conserva. He querido significar que los objetos de esa manera construidos por el Espíritu no podían convertirse en cosas de uso común, porque en realidad no hay en ellos agregación de materia, como sucede en vuestros cuerpos sólidos.»

129. La teoría que se acaba de exponer podría compendiarse en estos términos: el Espíritu obra sobre la materia. Extrae de la materia cósmica universal los elementos precisos para formar a voluntad objetos que revisten la apariencia de los diversos cuerpos existentes en la tierra. El Espíritu puede asimismo —por su voluntad— operar en la materia elemental una transformación íntima que le confiera determinadas propiedades. Esta facultad es inherente a la naturaleza del Espíritu, el cual la ejerce a menudo como un acto instintivo, cuando es necesario, y sin caer en la cuenta de ello. Los objetos construidos por el Espíritu poseen una existencia precaria, subordinada a la voluntad de éste o a la necesidad. Podrá hacerlos y deshacerlos según le plazca. En ciertos casos, tales objetos exhiben, a los ojos de las personas vivientes, todas las apariencias de la realidad, esto es, pueden tomarse momentáneamente visibles y aun tangibles. Hay allí formación, pero no creación, visto que el Espíritu no puede extraer nada de la nada.

130. La existencia de una materia elemental única se acepta hoy de una manera más o menos general por la ciencia y es confirmada, como se ha visto, por los Espíritus. Dicha materia da origen a todos los cuerpos de la naturaleza. Mediante transformaciones que experimenta, obtiene también las diversas propiedades de esos cuerpos mismos. De tal modo, que una sustancia salutífera podrá volverse ponzoñosa por un simple cambio. La química nos ofrece muchos ejemplos de esto. Todos sabemos que dos sustancias inofensivas, combinadas en ciertas proporciones, podrán dar por resultado otra que sea deletérea. Una parte de oxígeno y dos de hidrógeno (ambos innocuos) forman agua. Agregadles un átomo de oxígeno y tendréis un líquido corrosivo. Incluso sin alterar las proporciones, basta muchas veces un simple cambio en el modo de agregación molecular para modificar las propiedades. Así, un cuerpo opaco podrá tomarse transparente, y viceversa. Puesto que, por su sola voluntad, el Espíritu ejerce una acción tan poderosa sobre la materia elemental, se entiende que sea capaz no solamente de formar sustancias, sino también de desnaturalizar las propiedades de éstas, utilizando su propia voluntad como reactivo.

131. Esta teoría nos ofrece la explicación de un hecho muy conocido en magnetismo, pero que hasta ahora no se había aclarado: el del cambio de las propiedades del agua por acción de la voluntad. El Espíritu actuante es el del magnetizador, casi siempre con ayuda de un Espíritu desencarnado. Opera una transmutación del agua sirviéndose del fluido magnético que, conforme se ha dicho, es la sustancia que más se acerca a la materia cósmica o elemento universal. Ahora bien, si puede ocasionar un cambio en las propiedades del agua, será también capaz de causar un fenómeno análogo en los fluidos del organismo humano, de ahí el efecto curativo de la acción magnética adecuadamente dirigida.

Es conocido el rol esencial que la voluntad desempeña en todos los fenómenos del magnetismo. Pero ¿cómo explicar la acción material de un agente tan sutil? La voluntad no es un ser ni sustancia alguna, ni siquiera una propiedad de la materia más eterizada. La voluntad constituye el atributo esencial del Espíritu, o sea, del ser pensante. Con ayuda de esa palanca actúa el Espíritu sobre la materia elemental, y por medio de una acción inmediata reacciona sobre sus componentes, cuyas propiedades íntimas pueden así ser transformadas.

La voluntad constituye el atributo del Espíritu encarnado, así como lo es también del Espíritu errante. De ahí el poder de los magnetizadores, mayor o menor, según sea la fuerza de voluntad que posean. Visto que el Espíritu encarnado tiene capacidad para obrar sobre la materia elemental, puede igualmente cambiar las propiedades de ésta, dentro de ciertos límites. Así se explica la facultad de curar por medio del contacto y la imposición de las manos, que algunas personas tienen, en grado variable. (Véase en el capítulo «De los médiums», el artículo relativo a los médiums curativos. Se puede consultar, además, la *Revue spirite,* julio de 1859, págs. 184 y 189: «El zuavo de Magenta» y «Oficial superior muerto en Magenta».)

CAPÍTULO IX

LUGARES FRECUENTADOS POR ESPÍRITUS

132. Las manifestaciones espontáneas que se han producido en todo tiempo y la obstinación que ponen de manifiesto algunos Espíritus en dar señales ostensibles de su presencia en determinados sitios han originado la creencia en los lugares encantados. Ante preguntas relativas al tema hemos obtenido las respuestas que siguen:

1) Los Espíritus ¿se apegan sólo a las personas, o también a las cosas?

«Depende de su grado de elevación. Algunos Espíritus pueden apegarse a objetos terrestres. Por ejemplo, avaros que ocultaron sus tesoros y que no se hallan lo bastante desmaterializados podrán seguir vigilándolos y custodiándolos.»

2) Los Espíritus que se encuentran en la erraticidad ¿tienen lugares que les sean predilectos?

«Se trata del mismo principio. Los Espíritus que no se interesan ya por las cosas del mundo van adonde encuentran simpatía. Son atraídos por las personas más que por los objetos materiales. No obstante, los hay que pueden tener momentáneamente una preferencia por ciertos lugares, pero son siempre Espíritus inferiores.»

3) Puesto que el apego de los Espíritus por un sitio constituye un signo de inferioridad, ¿es asimismo una prueba de que son Espíritus malos?

«Por cierto que no. Un Espíritu podrá hallarse poco adelantado sin por eso ser malo. ¿Acaso no sucede lo mismo entre los hombres?»

4) El creer que los Espíritus frecuentan de preferencia las ruinas, ¿tiene algún fundamento?

«No lo tiene. Los Espíritus acuden a esos lugares tanto como a cualesquiera otros. Pero la imaginación humana se impresiona ante el lúgubre aspecto que ostentan ciertos parajes y atribuye a la presencia de Espíritus lo que sólo es casi siempre un efecto completamente natural. ¿Cuántas veces el miedo no movió a confundir la sombra de un árbol con un fantasma, el grito de un animal o el silbido del viento con quejas de aparecidos? Los Espíritus gustan de la presencia de los seres humanos, de ahí que busquen más bien los lugares habitados que los deshabitados.»

—No obstante, y según lo que conocemos acerca de la diversidad de carácter de los Espíritus, debe haber entre ellos misántropos que se inclinen por la soledad...

«Por eso no respondí a la pregunta de una manera absoluta. He dicho que pueden acudir a los parajes desiertos tanto como a cualquier otra parte. Salta a la vista que aquellos que se mantienen alejados lo hacen por su gusto. Pero esta no es una razón para que las ruinas sean, necesariamente, sitios favoritos para ellos. En realidad, los hay en mucho mayor número en las ciudades y palacios que en el corazón de los bosques.»

5) Las creencias populares tienen, por lo general, un fondo de verdad. ¿Cuál es el origen de la creencia en los lugares encantados?

«En este caso, el "fondo de verdad" reside, en el hecho de que los Espíritus se manifiestan, en lo cual ha creído instintivamente el hombre, en toda época. Pero, según dije ya, el aspecto lúgubre de determinados sitios impresiona su imaginación, y espontáneamente los cree poblados por esos seres que tiene por sobrenaturales. Tal creencia supersticiosa es fomentada por los relatos de los poetas y por los cuentos fantásticos con que se acuna a los niños.»

6) Los Espíritus que se reúnen, ¿lo hacen en días y horas que les son predilectos?

«No. Días y horas son controles del tiempo para uso humano y para la vida corpórea, pero de los cuales los Espíritus no tienen necesidad y por los que no se inquietan.»

7) ¿A qué se debe la idea de que los Espíritus acuden, de preferencia, en horas nocturnas?

«El efecto que el silencio y la oscuridad hacen sobre la imaginación del hombre. Todas esas creencias son supersticiosas, que el conocimiento razonado del espiritismo debe eliminar. Igual cabe decir de los días y horas que creéis os son más propicios. Persuadíos de que la influencia de la medianoche jamás ha existido, fuera de los cuentos.»

—Si esto es así, ¿por qué entonces algunos Espíritus anuncian su llegada y sus manifestaciones para la medianoche, y en días determinados, como el viernes, por ejemplo?

«Son Espíritus que aprovechan la credulidad de algunas personas para divertirse, así como otros afirman ser el diablo o se atribuyen nombres demoníacos. Mostradles que no os dejáis engañar por ellos, y no volverán.»

8) Los Espíritus ¿regresan preferentemente a las tumbas donde yacen sus despojos mortales?

«El cuerpo físico no era para ellos más que una vestimenta. No se apegan a esa envoltura, que tantos sufrimientos les ha causado, como tampoco tiene afición el prisionero a las cadenas con que lo aherrojaron. El recuerdo de sus seres queridos es lo único valioso para los Espíritus.»

—Las oraciones que se rezan sobre sus sepulcros, ¿les son gratas? ¿Y les atraen a esas tumbas más que a otros lugares adonde podrían ir?

«Bien sabéis que la plegaria es una evocación y que atrae a los Espíritus. Tendrá tanto mayor eficacia cuanto más ferviente y sincera sea. Ahora bien, ante un sepulcro venerado la persona se sume en más profundo recogimiento, y la conservación de las reliquias piadosas constituye un testimonio de afecto que se brinda al Espíritu, el cual siempre es sensible a tal demostración. Porque lo que influye sobre el Espíritu es en todos los casos el pensamiento, no los objetos materiales. Estos últimos tienen más influencia sobre la persona que ora, fijando en ellos su atención, que sobre el Espíritu desencarnado.

9) En vista de eso, la creencia en los «lugares encantados» no parecería del todo falsa...

«Ya hemos dicho que algunos Espíritus pueden sentirse más atraídos por cosas materiales. En consecuencia, es posible que experimenten atracción por ciertos sitios, donde parecen establecer domicilio, hasta que cesan las circunstancias que les llevaban ahí.»

—¿Qué tipo de circunstancias les conducirían a esos lugares?

«La simpatía que sienten por algunas de las personas que los frecuentan, o el deseo de entrar en comunicación con ellas. Sin embargo, es preciso aclarar que no siempre sus intenciones son tan loables. Cuando se trata de malos Espíritus, acaso quieran ejercer venganza contra ciertas personas, de las que tienen motivos de queja. Su permanencia en determinados sitios podrá ser también, para algunos Espíritus, un castigo que se les inflige, en especial si cometieron allí un crimen, con el objeto de que tengan de continuo ante sus ojos la escena del mismo.»[2]

---

2. *Revue spirite*, febrero de 1860, «Historia de un condenado».

10) Los lugares visitados por Espíritus, ¿lo son siempre por aquellos que los habitaban cuando estaban encarnados?

«Sólo a veces, no en todos los casos, porque si el antiguo morador es un Espíritu elevado no tendrá más apego a su vivienda terrestre de antes que al cuerpo físico que abandonó. A menudo, a los Espíritus que por ciertos parajes rondan no les mueve otra cosa que su capricho, salvo que sean atraídos hasta ahí por su simpatía hacia determinadas personas.»

—¿Es posible que se establezcan en una casa con miras a proteger a una persona o a su familia?

«Por supuesto que sí, tratándose de buenos Espíritus. Pero en tal coyuntura nunca manifiestan su presencia por medio de fenómenos desagradables.»

11) ¿Existe algo de verdad en la historia de la Dama Blanca?

«Es un relato que se basa en millares de hechos ciertos.»

12) ¿Es racional temer los lugares frecuentados por los Espíritus?

«No. Los Espíritus que rondan por algunos sitios y producen ruidos estruendosos, antes de proponerse hacer daño, son movidos a ello por su deseo de divertirse a expensas de la credulidad y cobardía de las gentes. Por lo demás, recordad que en todas partes existen Espíritus, y que, sea cual fuere el sitio en que estéis, los habrá siempre al lado de vosotros, aun en las casas más tranquilas. Muchas veces frecuentan determinadas viviendas sólo porque hallan ahí una oportunidad para manifestar su presencia.»

13) ¿Hay un modo de expulsarlos?

«Sí, pero casi siempre lo que se hace con este propósito los atrae al lugar antes que ahuyentarlos. La mejor manera de alejar a los malos Espíritus es atrayendo a los buenos. Así pues, atraed a estos últimos obrando el mayor bien posible, y los malos se marcharán, porque el bien y el mal son incompatibles. Sed buenos siempre y no tendréis sino buenos Espíritus al lado de vosotros.»

—Hay, sin embargo, personas muy buenas que son blanco de las molestias ocasionadas por los malos Espíritus...

«Si esas personas son en verdad tan buenas, puede ser una prueba para que ejerciten su paciencia e incitarlas a ser mejores todavía. Pero convenceos de que no son precisamente los que hablan sin cesar de la virtud los la que la poseen más. A menudo, el que tiene cualidades reales suele ignorarlas él mismo o no habla de ellas.»

14) ¿Qué debemos creer respecto a la eficacia del exorcismo para expulsar a los malos Espíritus de los lugares encantados?

«¿Habéis visto muchas veces que ese procedimiento obtenga buen resultado? Por el contrario, ¿no se comprueba que el estrépito causado por esos malos Espíritus se hace más intenso después de las ceremonias del exorcismo? Es porque los divierte el ser tomados por el diablo... Los Espíritus que no vienen con mala intención pueden asimismo mostrar su presencia mediante ruidos, y aun tomarse visibles, pero jamás producen un estruendo molesto. Con frecuencia se trata de Espíritus sufrientes a los que podéis llevar alivio orando por ellos. En otras ocasiones son Espíritus benévolos que desean probaros que están junto a vosotros, o si no Espíritus frívolos que retozan. Como los que turban el descanso en forma ruidosa son casi siempre Espíritus que están divirtiéndose, lo mejor es reírse de ellos. Se cansarán si ven que no logran ni atemorizar, ni siquiera impacientar. (Consúltese el Capítulo V: «Manifestaciones físicas espontáneas».)

De las explicaciones que acabamos de leer, resulta que existen Espíritus que se apegan a determinados lugares, mostrando preferencia por ellos, pero no tienen por esto necesidad de dar testimonio de su presencia mediante fenómenos perceptibles. Cualquier sitio podrá ser morada de un Espíritu (incluso malo), o porque lo haya elegido o porque esté forzado a permanecer allí, sin que se produzca nunca en el lugar ninguna manifestación.

Los Espíritus que se aficionan a los sitios o cosas materiales no son en ningún caso Espíritus superiores, pero esto no significa que deban ser ruines o los mueva alguna mala intención. A veces, inclusive, son más útiles que perjudiciales, por cuanto si se interesan en las personas pueden protegerlas.

CAPÍTULO X

NATURALEZA DE LAS COMUNICACIONES

Comunicaciones groseras, frívolas, serias e instructivas.

133. Hemos dicho que todo efecto que revela en su causa un acto de libre voluntad, por insignificante que este acto sea, denota por lo mismo una causa inteligente. Así, el simple movimiento de una mesa que responde a nuestro pensamiento, o exhibe un carácter intencional, puede ser conceptuado como una manifestación inteligente. Ahora bien, si a esto nada más se limitara el resultado tendría para nosotros un interés muy secundario. Con todo, nos daría prueba de que hay en esos fenómenos algo más que una acción apenas material. Pero la utilidad práctica de este hecho sería nula o al menos harto restringida. Todo lo contrario sucede cuando esa inteligencia adquiere un desarrollo que posibilitan un intercambio regular y continuado de ideas. No se trata ya de simples manifestaciones inteligentes, sino de auténticas *comunicaciones*. Los medios de que disponemos hoy en día permiten obtenerlas tan extensas, explícitas y rápidas como las que mantenemos con los hombres.

Si estamos bien familiarizados (de acuerdo con la *escala espírita* (*El Libro de los Espíritus*, nº 100) con la infinita diversidad que entre los Espíritus existe, en todo lo que se refiere a inteligencia y moralidad, comprenderemos al punto que entre sus comunicaciones tiene que haber diferencias. Tales comunicaciones deben reflejar la elevación o la mezquindad de sus ideas, su saber o ignorancia, sus virtudes o vicios. En resumen, no han de asemejarse más que las de los seres humanos, desde el salvaje hasta el más ilustrado de los europeos. Ahora bien, todos los matices que las comunicaciones presentan hacen posible clasificarlas en cuatro principales categorías, con arreglo a sus características más acentuadas. Ellas son: *groseras, frívolas, serias* e *instructivas*.

134. *Comunicaciones groseras*. Son aquellas que se traducen en expresiones que ofenden a la decencia. No pueden emanar sino de Espíritus de baja estofa, todavía mancillados por todas las impurezas de la materia, y no difieren en nada de las que podrían provenir de hombres viciosos y burdos. Provocan la repulsión de toda persona que posea un mínimo de delicadeza de sentimientos. Porque son, conforme al carácter de cada Espíritu, triviales, licenciosas, obscenas, insolentes, arrogantes, malévolas y hasta impías.

135. *Comunicaciones frívolas*. Proceden de Espíritus ligeros, burlones y traviesos, más maliciosos que perversos, y que no dan mayor importancia a lo que dicen. Como quiera que sus comunicaciones no tienen nada ofensivo, gustan a ciertas personas, que con ellas se divierten, hallando placer en esas charlas intrascendentes en que se habla mucho y no se dice nada. Esos Espíritus tienen a veces salidas ingeniosas y satíricas, y en medio de chanzas vulgares suelen expresar a menudo verdades de a puño, que casi siempre van a dar en el blanco. Los Espíritus ligeros pululan en nuestro entorno y aprovechan toda ocasión que se les presente para inmiscuirse en las comunicaciones. De lo que menos se preocupan es de la verdad, de ahí que sientan un placer malicioso en embaucar a las personas que tienen la flaqueza (y a veces la presunción) de creer en su palabra. Los individuos que se complacen en este tipo de comunicaciones brindan naturalmente acceso a los Espíritus frívolos y embusteros. Los Espíritus serios se alejan de esa clase de personas, como en nuestro mundo los hombres graves se apartan de la compañía de los atolondrados.

136. *Comunicaciones serias*. Son formales en cuanto a los temas elegidos y al modo de exponerlos. Toda comunicación que excluye la frivolidad y grosería, y se propone un objetivo útil, aun cuando sea de interés privado, es naturalmente seria, pero no por esto se hallará siempre exenta de errores. Los Espíritus serios no son todos esclarecidos en igual medida. Hay muchas cosas que ignoran y acerca de las cuales podrán engañarse de buena fe. Por eso los Espíritus realmente superiores nos recomiendan sin cesar que sometamos todas las comunicaciones al contralor de la razón y de la más rigurosa lógica.

Así pues, se debe distinguir entre las comunicaciones *serias en verdad* y las *falsamente serias*, lo que no siempre resulta fácil, porque incluso amparándose en un lenguaje grave, ciertos Espíritus presuntuosos o pedantes tratan de imponer las ideas más falsas y las teorías o hipótesis más absurdas. Y para atribuirse mayor autoridad e importancia no tienen escrúpulos en adornarse con los nombres más respetables y aun más venerados. Precisamente aquí radica uno de los mayores escollos con que tropieza la práctica científica del espiritismo. Volveremos a la cuestión más adelante, con todos los desarrollos que requiere un tema de tamaña importancia, y daremos a conocer los medios de cuidarse del peligro que las comunicaciones falsamente serias encierran.

137. *Comunicaciones instructivas*. Son aquellas comunicaciones en verdad serias que tienen por objeto principal impartir cualquier enseñanza, ofrecida por los Espíritus, acerca de las ciencias, la moral, la filosofía y demás. Son más profundas o menos profundas, conforme al grado de elevación y de *desmaterialización de cada Espíritu*. Para extraer de tales comunicaciones un beneficio real es menester que sean regulares y se las siga con perseverancia. Los Espíritus serios se apegan a aquellas personas que desean instruirse y las ayudan, al paso que delegan en los Espíritus ligeros la tarea de entretener a los individuos que nada más ven en las manifestaciones mediúnmicas una distracción transitoria. Sólo mediante la regularidad y frecuencia de las comunicaciones es posible evaluar los méritos morales e intelectuales de los Espíritus con quienes dialogamos, así como el grado de credibilidad a que son acreedores. Si es preciso tener experiencia para juzgar cabalmente a los hombres, acaso se necesite más todavía cuando se trata de formar juicio acerca de los Espíritus.

Al dar a esas comunicaciones la calificación de *instructivas* estamos suponiéndolas *verdaderas*, puesto que una cosa que no fuera *verdadera* no podría ser *instructiva*, aunque se expresara en el más admirable de los lenguajes. De ahí que no podamos incluir en esta categoría a cierta clase de enseñanzas que no tienen de serio más que la forma, muchas veces ampulosa y enfática, con ayuda de la cual tratan de engañarnos los Espíritus que las dictan, más presuntuosos que sabios. Ahora bien, como tales Espíritus no pueden llenar ese vacío de contenido de que adolecen, no les es posible seguir representando mucho tiempo el rol que fingen. Pronto dejan traslucir su lado débil, por poco que sus mensajes continúen, o que sepamos —con nuestras preguntas— ir acorralándolos hasta sus últimos reductos.

138. Muy variados son los medios de comunicación. Al obrar los Espíritus sobre nuestros órganos y sobre todos nuestros sentidos, son capaces de manifestarse al de la vista en las apariciones; al del tacto mediante impresiones tangibles, ocultas o visibles; al del oído, por medio de ruidos, y también al sentido del olfato, con olores cuyo origen se desconoce. Esta última forma de manifestación, aunque muy real, es sin duda la más incierta, debido a que son muchas las causas que pueden inducirnos a error. Por eso no nos demoraremos en ella. Lo que sí debemos examinar con detenimiento son los diferentes medios de obtener comunicaciones, es decir, de lograr un intercambio regular y continuado de ideas. Tales medios son *los golpes, la palabra y la escritura*. Dedicaremos a su estudio capítulos especiales.

CAPÍTULO XI

SEMATOLOGÍA Y TIPTOLOGÍA

Lenguaje de los signos y de los golpes.— Tiptología alfabética.

139. Las primeras manifestaciones inteligentes fueron obtenidas por medio de golpes, o tiptología. Un procedimiento tan primitivo, que experimentaba las consecuencias de que este arte se hallara aún en sus comienzos, sólo era capaz de ofrecer recursos muy limitados, y con él se estaba reducido —en las manifestaciones— a las respuestas monosilábicas «sí» o «no», con arreglo a un número convenido de golpes. Más tarde el sistema se perfeccionó, como dijimos en páginas anteriores.

Dichos golpes se consiguen de dos maneras diferentes, con el concurso de médiums especiales. Por lo general se requiere del médium, en esta forma de operar, cierta aptitud para las manifestaciones físicas. El primer procedimiento. que podríamos denominar *tiptología basculante*, consiste en el movimiento de la mesa, que se eleva por uno de sus lados y después vuelve a caer, golpeando el piso con la pata que se había levantado. Para esto es suficiente con que el médium apoye las manos sobre el borde de la mesa. Si desea dialogar con determinado Espíritu habrá de evocarlo especialmente. Caso contrario, el primero que llegue se comunicará, o aquel que tiene costumbre de venir. Conviniendo, por ejemplo, que un solo golpe significa «sí» y dos golpes tendrán el valor de «no» (esto es diferente), se formulan al Espíritu las preguntas deseadas. Ya veremos después qué tipo de preguntas será mejor evitar. El inconveniente de este sistema consiste en lo breve de las respuestas que es posible lograr y en lo difícil que resulta plantear la pregunta para que ésta pueda ser respondida por sí o por no. Supongamos que se diga al Espíritu: «¿Qué deseas?» No podrá contestar. Hay que preguntarle: «¿Deseas tal cosa?» «No.» «¿Tal otra, entonces?» «Sí». Y de esta manera se prosigue.

140. Es de notar que en el empleo de este procedimiento el Espíritu introduce a menudo una especie de *mímica,* esto es, subraya la energía de su respuesta afirmativa o negativa por medio de la fuerza de los golpes. También se transparenta la índole de los sentimientos que le animan: la violencia, por la brusquedad de movimientos; la cólera y la impaciencia, golpeando con énfasis y reiteración, como una persona que taconeara con ímpetu. Tanto es así, que en ocasiones el Espíritu derriba la mesa. Si se trata de un Espíritu benévolo y cortés, al comienzo y al final de la sesión inclinará la mesa a modo de saludo. Cuando desea dirigirse en forma directa a uno de los asistentes, encamina la mesa hacia él, con suavidad o violencia, según quiera testimoniarle su afecto o su antipatía. Esta es, hablando con propiedad, la *sematología* o lenguaje de los signos, así como la *tiptología* constituye el lenguaje de los golpes. Ved a continuación un notable ejemplo del uso espontáneo de la sematología.

Un señor conocido nuestro estaba cierto día en su salón, donde varias personas se ocupaban de las manifestaciones mediúnmicas. En esos momentos recibió una carta que le habíamos remitido. Mientras la leía, la mesita de velador que servía para las experiencias marchó de súbito hacia él. Cuando el caballero hubo concluido de leer la carta, cruzó el salón para ir a dejarla en otra mesa que se hallaba en el extremo opuesto. La mesa de noche lo siguió, dirigiéndose hacia la otra, donde ya se hallaba depositada la misiva. Sorprendido por la coincidencia de ambos hechos, pensó que podía existir alguna relación entre los movimientos de la mesa de noche y la carta recibida. Así pues, preguntó al Espíritu comunicante, quien respondió ser nuestro Espíritu familiar. Más tarde, el caballero nos narró el episodio, de modo que rogamos a dicho Espíritu nos declarase el motivo de la visita que había hecho a nuestro conocido. Contestó: «Es natural que vaya a ver a las personas con quienes estás en relación, a fin de poder darte en caso de necesidad, así como a ellas, las advertencias precisas».

Salta a la vista, pues, que el Espíritu había querido llamar la atención de aquel señor y estaba buscando una oportunidad para hacerlo saber que él se encontraba ahí. Un mudo no se hubiera dado a entender mejor.

141. No tardó la tiptología en perfeccionarse y se enriqueció con un medio de comunicación más completo: el de la *tiptología alfabética*. Consiste ésta en hacer que se designe cada letra del alfabeto por un número determinado de golpes. Se puede entonces formar palabras, frases y aun mensajes enteros. De acuerdo con el código convenido, la mesa produce la cantidad de golpes necesaria para señalar cada letra, o sea, un golpe para la «a», dos para la «b», y así a este tenor. En el ínterin, una persona va escribiendo las letras conforme éstas surgen. Cuando el Espíritu da por finalizado su mensaje, lo hace saber mediante un signo también convenido de antemano.

Como podrá advertirse, este sistema es muy lento y demanda mucho tiempo cuando las comunicaciones son un tanto extensas. A despecho de ello, hay personas que han tenido la paciencia de utilizarlo para transcribir dictados de varias páginas. Pero la práctica condujo a la invención de métodos más simplificados, que facilitaron trabajar con mayor celeridad. El que más se emplea consiste en disponer ante sí todas las letras del alfabeto, además de los números del cero al nueve. Mientras el médium se halla ubicado frente a la mesa, otra persona recorre sucesivamente las letras, si se trata de una palabra, o los números, cuando es cuestión de una cantidad. Cada vez que se llega a la letra o número requerido, la mesa produce un golpe, y entonces se anota el carácter indicado. Acto seguido se recomienza de igual modo. Si se origina un error de interpretación, el Espíritu lo anuncia a los experimentadores con varios golpes o moviendo la mesa de una manera particular, y entonces se vuelve sobre lo andado. Adquiriendo práctica podrá alcanzarse bastante rapidez. Además, se gana mucho tiempo adivinando el final de una palabra que ha sido iniciada, y que la concordancia de la frase permite identificar. En caso de duda, se pregunta al Espíritu si es ése el vocablo que quiere dictar, y éste responde sí o no.

142. Todos los efectos que acabamos de describir pueden conseguirse en forma todavía más sencilla por medio de golpes que se hacen escuchar en el interior de la madera misma de la mesa, sin ningún tipo de movimiento de esta última, y a los que nos hemos referido en el nº 64. Es esta la *tiptología interna*. Todos los médiums no se hallan igualmente dotados para tal sistema de comunicación. Los hay sólo capaces de obtener los golpes producidos por la tiptología basculante. Con todo, si se ejercitan, muchos de ellos podrán lograrlo, y este procedimiento tiene la doble ventaja de ser más rápido y de prestarse menos a la sospecha de fraude que el de la mesa basculante, el cual se puede atribuir a presiones físicas voluntarias. Bien es verdad que los golpes internos también podrían ser imitados por médiums que obrasen con mala fe. Las mejores cosas son susceptibles de falsificaciones, lo que nada prueba contra ellas. (Consúltese el capítulo titulado «Contradicciones y supercherías.)

Sean cuales fueren los perfeccionamientos que se hayan podido introducir en este sistema, jamás alcanzará la velocidad y facilidad que presenta la escritura, por eso hoy en día se utiliza muy poco. Sin embargo, en ocasiones resulta interesante, desde el punto de vista de los fenómenos, en especial para los que recién se inician, y tiene, sobre todo, la ventaja de que prueba en forma perentoria la total independencia del pensamiento del médium. Muchas veces se obtienen respuestas tan imprevistas, tan admirablemente oportunas, que habría que tener un prejuicio muy endurecido para no rendirse a la evidencia. De ahí que para muchas personas sea este un poderoso motivo de convicción. Pero, ya con dicho sistema de comunicación o con cualquier otro, a los Espíritus no les agrada satisfacer los caprichos de los curiosos, que quieren ponerlos a prueba haciéndoles preguntas fuera de lugar.

143. Con el deseo de asegurar mejor la independencia del pensamiento del médium se idearon diversos dispositivos, que consisten en cuadrantes sobre los cuales se trazan las letras y números, a la manera de los que se usan en los telégrafos eléctricos. Una aguja móvil, puesta en movimiento por la influencia del médium, con ayuda de un hilo conductor y una polea, señala los caracteres. Sólo conocemos estos artefactos por los dibujos y descripciones de ellos que se han publicado en Norteamérica. Así pues, no podemos pronunciarnos acerca de su valor real, pero pensamos que su complicación misma constituye un inconveniente. Estamos persuadidos de que la independencia del médium la confirman perfectamente los golpes internos y, mucho más todavía que por cualquier medio material, está demostrada por lo imprevisto de las respuestas que se obtienen. Además, los incrédulos, que están siempre dispuestos a ver por doquiera cordeles y dispositivos, desconfiarán en mayor medida de mecanismos especiales que de una simple mesa, desnuda de todo accesorio.

144. Un aparato más sencillo, pero del cual la mala fe puede fácilmente aprovecharse —como lo veremos más adelante, cuando tratemos de los fraudes—, es el que vamos a designar con el nombre de *Mesa Girardin*, en recuerdo del empleo que de ella hacía la esposa de Émile de Girardin, en las numerosas comunicaciones que obtenía como médium; porque esta dama, por más que fuese una mujer de talento, tenía la «debilidad» de creer en los Espíritus y en sus manifestaciones. El artefacto consiste en la tabla redonda de una mesa de noche, de treinta a cuarenta centímetros de diámetro, montada de manera que gire libremente y con facilidad sobre un eje, al modo de la ruleta. Sobre su superficie, y en la circunferencia, se trazan como sobre un cuadrante, todas las letras del alfabeto, los números del cero al nueve y las palabras «sí» y «no». En el centro hay una aguja fija. Cuando el médium apoya sus dedos sobre el borde de la mesita, ésta va girando y se detiene cada vez que la letra o el número requerido coincide con la aguja. Se toma nota de los caracteres designados y se forman así con bastante rapidez palabras y frases.

Hay que hacer notar que la tablita no se desliza bajo los dedos del médium, sino que éstos permanecen aplicados a ella y la siguen en su desplazamiento. Quizás un médium poderoso lograra un movimiento independiente de sus dedos; es posible, pero jamas hemos sido testigos de ello. Si la experiencia pudiera llevarse a efecto de este modo, sería infinitamente más concluyente, pues permitiría descartar toda posibilidad de fraude.

145. Réstanos desmentir un error bastante extendido, y que consiste en confundir a todos los Espíritus que se comunican mediante golpes con los Espíritus golpeadores. La tiptología es un medio de comunicación como cualquier otro, no más indigno de los Espíritus superiores que la escritura o la palabra. De manera que todos los Espíritus, buenos o malos, pueden servirse de ella, así como de los restantes sistemas. Lo que caracteriza a los Espíritus superiores es la elevación de las ideas y no el instrumento que utilicen para transmitirlas. A no dudarlo, prefieren los métodos más cómodos y sobre todo, más veloces. Pero, a falta de lápiz y papel, usarán sin remilgos la vulgar mesa parlante. Prueba de ello es que se obtienen por este procedimiento los más sublimes mensajes. Si no la empleamos no es debido a que nos inspire desprecio, sino tan sólo porque, como fenómeno, ya nos ha enseñado cuanto podíamos aprender, además de que no puede agregar nada a nuestras convicciones. Por otra parte, la extensión de las comunicaciones que recibimos exige una velocidad imposible de lograr con la tiptología.

Todos los Espíritus que producen golpes no son, pues, Espíritus golpeadores. Este nombre debe reservarse a aquellos a quienes podemos llamar «golpeadores profesionales». y que valiéndose de tal recurso se complacen en lucir sus habilidades para divertir a los asistentes a una velada o molestarlos con sus intervenciones inoportunas. Podrán sorprendernos a veces con salidas ingeniosas, pero nunca expresarán conceptos profundos. Por eso, formularles preguntas de cierto contenido científico o filosófico será perder el tiempo. Su ignorancia e inferioridad han hecho que con justicia los otros Espíritus los califiquen de Espíritus payasos o saltimbanquis del mundo espiritual. A lo dicho agregamos que, si bien es cierto que obran a menudo por su propia iniciativa, también lo es que con frecuencia son los instrumentos de que se sirven los Espíritus superiores cuando desean producir efectos materiales.

CAPÍTULO XII

NEUMATOGRAFÍA O ESCRITURA DIRECTA NEUMATOFONÍA

Escritura directa

146. La *neumatografía* es la escritura producida directamente por el Espíritu, sin ningún intermediario. Difiere de la *psicografía* en que esta última constituye la transmisión del pensamiento del Espíritu mediante la escritura trazada por la mano de un médium.

El fenómeno de la escritura directa es, sin objeción posible, uno de los más extraordinarios que en el espiritismo ocurren. Pero, por muy extraño que a primera vista parezca, es hoy en día un hecho reconocido como auténtico e incontestable. Si la teoría es necesaria para comprender la posibilidad de los fenómenos espíritas en general, probablemente lo sea más todavía en este caso particular que, como dijimos, sin lugar a dudas es uno de los más raros que se hayan presentado hasta la fecha, pero que deja de parecer sobrenatural tan pronto como se comprende su principio.

Cuando este fenómeno surgió por primera vez, el sentimiento dominante que produjo fue el de la duda. Y al punto acudió a las mentes la idea de que se estaba frente a una superchería. En efecto, todo el mundo conocía la acción de las llamadas «tintas simpáticas», cuyos rasgos, del todo invisibles, en el primer momento, aparecen a la vista al cabo de algún tiempo. Era posible, pues, que algunos individuos se hubiesen aprovechado de la credulidad, y no afirmaríamos nosotros que jamás se haya hecho esto. Incluso estamos persuadidos de que ciertas personas, ya sea movidas por una finalidad mercenaria o sólo por amor propio y para lograr que los demás crean en su poder, han empleado ardides. (Véase el capítulo donde se trata de los fraudes en el espiritismo.)

Empero, del hecho de que una cosa sea imitable sería absurdo concluir que ella no existe. ¿Acaso en los últimos tiempos no se ha encontrado el arbitrio para imitar la lucidez sonambúlica, hasta el punto de engañar a cualquiera? Y porque este procedimiento de tramposos haya recorrido todas las ferias de diversiones, ¿debemos pensar que los verdaderos sonámbulos no existen? Porque ciertos comerciantes vendan vino adulterado, ¿es esta una razón para creer que no haya vino puro? Lo propio acontece con la escritura directa. Pero las precauciones que se debían adoptar para asegurarse de la realidad del hecho eran tan sencillas y fáciles, que merced a ellas no se puede hoy abrigar la menor duda respecto a su autenticidad.

147. Puesto que la posibilidad de escribir sin intermediario humano es uno de los atributos del Espíritu desencarnado, y visto también que los Espíritus han existido en la totalidad de los tiempos, originando asimismo en toda época los variados fenómenos que conocemos, igualmente deben de haber producido la escritura directa en la antigüedad tanto como en nuestros días lo hacen. De esta manera se explica que aparecieran las tres palabras en el salón donde se llevaba a efecto el festín de Baltasar. La Edad Media, tan fecunda en prodigios ocultos, pero que fueron sofocados por las hogueras, debe de haber conocido también la escritura directa, y tal vez haya encontrado en la teoría de las modificaciones que los Espíritus son capaces de operar sobre la materia (a las que nos hemos referido en el Capítulo VIII) el principio de su creencia en la transmutación de los metales.

Sean cuales fueren los resultados logrados en las diversas épocas, sólo después de la divulgación de las manifestaciones espiritistas se trató con seriedad el fenómeno de la escritura directa. El primero que parece haberlo dado a conocer en París, en estos últimos años, ha sido el barón de Guldenstubbe, quien publicó al respecto una interesantísima obra, que contiene gran número de facsímiles de las escrituras directas por él obtenidas.[1] Ahora bien, este fenómeno era ya conocido en Norteamérica desde hacía algún tiempo. La posición social del señor de Guldenstubbe, su independencia, la consideración de que goza en la más alta sociedad, permite descartar sin la menor sombra de duda cualquier sospecha de fraude voluntario de su parte, pues no puede haberlo guiado ningún motivo de interés personal. Cuando más se podría pensar que haya sido él mismo víctima de un engaño. Pero un hecho existe, que responde en forma categórica a este cargo, y es la obtención de idéntico fenómeno por otras personas, que adoptaron cuantas precauciones se necesitan para evitar cualquier eventual superchería y toda causa posible de error.

148. La escritura directa se logra (como sucede, en general, con la mayoría de las manifestaciones espíritas *no espontáneas*) por medio del recogimiento, la plegaria y la evocación. La han obtenido a menudo en las iglesias, sobre las tumbas, o al pie de las estatuas e imágenes de los personajes a quienes se evoca. Pero es evidente que el lugar no tiene otra influencia que la de suscitar un mayor recogimiento y una más intensa concentración mental, porque está probado que dicho fenómeno se consigue igualmente sin esos accesorios y en los sitios más comunes, hasta en una simple pieza del mobiliario doméstico, si las personas se hallan en las condiciones morales requeridas y poseen la necesaria facultad mediúnmica.

En los comienzos de este tipo de experiencias se aseguraba que había que poner en el lugar lápiz y papel. Así, el hecho podía explicarse, hasta cierto punto. Es sabido que los Espíritus producen movimientos y desplazamientos de objetos, tomándolos de un lugar y arrojándolos a veces por el aire. En consecuencia podían perfectamente asir el lápiz, y dibujar caracteres sobre el papel. Puesto que en otras ocasiones lo impulsan valiéndose de la mano del médium, de una tablita, etc. Podían asimismo hacerlo en forma directa, pero no se tardó en comprender que la presencia del lápiz no es necesaria, sino basta un simple trozo

1. *La realidad de los Espíritus y de sus manifestaciones, demostrada por los fenómenos de la escritura directa*, por el señor barón de Guldenstubbe, 1 vol. en 8°, con 15 planchas y 93 facsímiles. Precio, 8 frs. en casa Franch, calle de Richelieu. También en casa Ledoyen.

de papel —doblado o no—, en una de cuyas superficies se encontrarán, pasados algunos minutos, caracteres escritos. Con esto, el fenómeno cambia enteramente de aspecto y nos sitúa en un orden de cosas del todo nuevo. Tales caracteres han sido trazados con determinada sustancia. Visto que no hemos proporcionado al Espíritu esa sustancia, se ha de pensar que la ha hecho o formado por sí mismo. ¿De dónde sacó los elementos necesarios? He ahí el problema.

Si el lector se remite a las explicaciones ofrecidas en el Capítulo VIII, nos. 127 y 128, hallará la teoría completa del fenómeno. En la escritura directa el Espíritu no emplea ni las sustancias que conocemos, ni nuestros útiles de escribir. Elabora por sí mismo la materia y los instrumentos de que necesita, extrayendo para ello los materiales del elemento universal primitivo, al que imprime, por mandato de su voluntad, las modificaciones requeridas para el efecto que se propone lograr. De esta manera, puede construir un lápiz rojo o negro, tinta común o de imprimir, y hasta tipos de imprenta lo bastante sólidos para que la impresión resulte fuertemente fijada en el papel, según hemos tenido oportunidad de ver. La hija de un señor conocido nuestro, que era entonces una niña de doce a trece años de edad, consiguió páginas enteras escritas con una sustancia análoga al pastel.

149. Tal el resultado al que nos ha conducido el fenómeno de la tabaquera del capítulo VII, nº 116, y sobre el cual nos hemos extendido porque vimos en él la ocasión de sondear una de las leyes más importantes del espiritismo, cuyo conocimiento puede aclarar más de un misterio del mundo invisible y hasta del visible también. Así pues, de un hecho común en apariencia podrá brotar la luz. Todo consiste en observar con cuidado, y cualquiera está en condiciones de hacerlo, así como nosotros lo hemos hecho, si no se limita a ver los efectos sin indagar sus causas. Si nuestra fe se va afirmando día a día, ello se debe a que comprendemos. Por tanto, haced que los demás también comprendan, si vuestro propósito es ganar prosélitos serios para la doctrina. La comprensión de las causas tiene aún otro resultado, y es el de trazar una línea divisora entre la verdad y la superstición.

Si consideramos la escritura directa desde el punto de vista de las ventajas que puede ofrecer, diremos que hasta el presente su principal utilidad ha sido la verificación material de un hecho serio, a saber: la intervención de un poder oculto, que encuentra en ella un nuevo medio para manifestarse. Pero las comunicaciones de este tipo rara vez son de alguna extensión. Por lo general suelen ser espontáneas y se limitan palabras, sentencias, y a menudo signos ininteligibles. Las ha habido en todos los idiomas, entre ellos el griego, el latín y el sirio, e incluso en jeroglíficos, pero todavía no se prestaron a esos diálogos continuados y ágiles que permite la psicografía, o escritura obtenida con ayuda de la mano de un médium.

Neumatofonía

150. Los Espíritus pueden producir ruidos y golpes, e igualmente hacernos escuchar gritos de toda clase y sonidos vocales que imiten la voz humana, ya sea a nuestro lado o en la vaguedad del aire. Designamos a este fenómeno con el nombre de *neumatofonía*. De acuerdo con lo que sabemos acerca de la naturaleza de los Espíritus, es posible pensar que algunos de ellos, si pertenecen a un orden inferior, pueden tener la ilusión de estar hablando igual a como lo hacían cuando estaban encarnados. (Consúltese, en la *Revue spirite,* febrero de 1858: «Historia del espectro de la señorita Clairon».)

No obstante, hay que cuidarse de tomar por voces de lo invisible todos aquellos sonidos cuya causa se desconozca, o los simples sonidos internos del oído humano. Sobre todo no se debe pensar que exista el menor asomo de verdad en la creencia común de que cuando nos zumba el oído significa que en algún lugar están hablando de nosotros. Esos zumbidos internos, cuyo origen es puramente fisiológico, no tienen además ningún sentido, mientras que los sonidos neumatofónicos expresan ideas, y sólo por esto es posible reconocer que se deben a una causa inteligente y no accidental. Es lícito establecer como tesis que los efectos *notoriamente inteligentes* son los únicos capaces de atestiguar la intervención de los Espíritus en ellos. En cuanto a los otros, existen por lo menos cien posibilidades contra una de que se originen en causas fortuitas.

151. Bastante a menudo nos sucede que hallándonos en estado de somnolencia escuchemos con claridad palabras, nombres y a veces hasta frases enteras, con voz tan fuerte que despertamos sobresaltados. Aunque puede ocurrir que en ciertos casos se trate, en verdad, de una manifestación espírita, el fenómeno no es suficientemente demostrativo para que no se pueda atribuirlo a una causa similar a la que hemos desarrollado en la teoría de la alucinación (capítulo VI, nos. 111 y ss). Por otra parte, lo que escuchamos en tales circunstancias no ofrece ninguna continuidad, cosa que no acontece cuando se está del todo despierto, porque en este último caso, si es un Espíritu el que se hace oír, casi siempre podemos intercambiar ideas con él, entablando un diálogo regular.

Los sonidos espíritas o neumatofónicos tienen dos modos bien diferenciados de producirse:

1) se trata a veces de una voz intima, que en nuestro fuero interno resuena, y aunque las palabras que percibimos sean claras y nítidas, no poseen sin embargo nada de material;

2) en otras ocasiones las palabras escuchadas nos son exteriores y se articulan con tanta claridad como si provinieran de una persona que estuviese al lado de nosotros.

Sea cual fuere la forma de producción del fenómeno neumatofónico, casi siempre es espontáneo y sólo esporádicamente se puede provocarlo.

CAPÍTULO XIII

PSICOGRAFÍA

Psicografía indirecta: cestilla y tablitas.– Psicografía directa o manual.

152. La Ciencia Espírita ha progresado como todas las otras y más rápidamente que ellas. Porque algunos años apenas nos separan de aquellos medios primitivos e incompletos a los que se llamó trivialmente «mesas parlantes», y ya estamos en condiciones de comunicarnos con los Espíritus con tanta facilidad y rapidez como los hombres lo hacen entre sí, y esto, por los mismos medios: la escritura y la palabra. La escritura presenta, por encima de todo, la ventaja de mostrar más materialmente la intervención de un poder oculto en los fenómenos y dejar huellas que es factible conservar, como los seres humanos lo hacemos con nuestra correspondencia epistolar. El primer medio que se utilizó fue, como se sabe, el de las tablitas y cestillas provistas de un lápiz. Ved aquí en qué forma se hacían las cosas.

153. Ya hemos dicho que una persona dotada de una aptitud especial puede imprimir un movimiento de rotación a una mesa o a cualquier objeto. Tomemos ahora, en vez de una mesa, una cestilla de quince a veinte centímetros de diámetro (poco importa que sea ésta de madera o mimbre: el material con que esté hecha es indiferente). A través del fondo de la cestilla hacemos pasar un lápiz y lo sujetamos sólidamente, de modo que la punta quede hacia fuera y hacia abajo, y que el conjunto se mantenga en equilibrio sobre la punta del lápiz. Luego, colocada ésta encima de una hoja de papel, si se apoyan los dedos en el borde de la cestilla, comenzará a moverse. Pero en lugar de girar, paseará el lápiz en diversos sentidos sobre el papel, formando rasgos desprovistos de significado, o también caracteres escritos. Ahora bien, si se evoca a un Espíritu y desea comunicarse, responderá éste no mediante golpes, como en la tiptología sucede, sino por medio de palabras escritas. Los movimientos de la cestilla no son automáticos, como los de las mesas giratorias, sino se toman inteligentes. En esta disposición el lápiz, una vez llegado al margen derecho de la hoja, no vuelve sobre sus pasos para reiniciar la escritura en la línea inmediatamente inferior: sigue desplazándose en forma circular, de suerte que la escritura va formando una espiral. Así, cuando se desea leer lo escrito hay que hacer girar varias veces el papel. El texto que con este procedimiento se logra no resulta siempre muy legible, pues las palabras no se encuentran separadas unas de otras, como es lo normal. Pero el médium, por una especie de intuición lo descifra con facilidad. Por razones de economía es posible reemplazar el papel y lápiz comunes por una pizarra y un pizarrín. Llamaremos este tipo de cestilla con el nombre de *cestilla trompo*. A veces se la sustituye por una caja de cartón bastante similar a los envases de golosinas. El lápiz constituye su eje, como en la perinola.

154. Otros muchos dispositivos han sido ideados con igual propósito. El más cómodo es el que denominaremos *cestilla de pico*. Consiste en adaptar, sobre la cestilla, una varita de madera que destaque oblicuamente del borde unos diez o quince centímetros, en la posición del mástil de bauprés de un velero. En el extremo exterior de la varita (o pico) se hace un orificio de diámetro adecuado para introducir en él un lápiz lo bastante largo, de forma que la punta pueda tocar el papel. Cuando el médium apoya sus dedos en el borde de la cestilla todo el dispositivo vibra y el lápiz escribe como en el ejemplo anterior, con la diferencia de que la escritura resulta, en general, más legible, las palabras son separadas unas de otras y las líneas, en lugar de desarrollarse en espiral, se trazan una debajo de otra, igual que en la escritura común, ya que el médium puede fácilmente guiar el lápiz desde un final de línea hasta el comienzo de la siguiente. Se obtienen en esta forma mensajes de varias páginas de extensión, con tanta rapidez como si se escribiera a mano.

155. La inteligencia que está interviniendo se manifiesta a menudo mediante otros signos inequívocos. Por ejemplo, al llegar al final de una página, el lápiz hace espontáneamente un movimiento como para dar la vuelta y pasar a la otra. Si desea remitirse a un fragmento precedente del mensaje, ya ubicado en la misma página o en una anterior, lo busca con la punta del lápiz (como lo haríamos nosotros con el índice) y, una vez localizado, lo subraya. Si es intención del Espíritu dirigirse en especial a uno de los asistentes, lo señala con el extremo de la varita. Cuando quiere abreviar, expresa muchas veces los monosílabos «sí» y «no» con movimientos similares a los que realizamos nosotros al asentir o negar con la cabeza. Y si se propone exteriorizar cólera o impaciencia, golpea reiteradamente el papel con la punta del lápiz, a menudo quebrándola.

156. En lugar de la cestilla, algunas personas se valen de una especie de mesita de tres patas construida exprofeso, de doce a quince centímetros de longitud por cinco o seis de ancho. En una de las patas se monta el lápiz, y las dos restantes poseen puntas redondeadas, o guarnecidas de una bolita de marfil, a fin de que la mesita se deslice con facilidad sobre el papel. Otros se sirven de una *tablita*, de quince a veinte centímetros cuadrados y de forma triangular, rectangular u oval. En uno de los bordes existe un orificio circular *oblicuo* en el que se introduce el lápiz. En posición de escribir la tablita se halla inclinada, con un lado apoyando sobre el papel. Este borde trae a veces dos rueditas para facilitar los desplazamientos. Naturalmente, todos estos dispositivos no tienen nada de absoluto: el más cómodo será el mejor.

Cuando se emplea cualquiera de los artefactos descritos es menester, casi siempre, que los experimentadores sean dos, pero no se necesita que el segundo de ellos esté dotado de facultades mediúnmicas, ya que su tarea se limitará sólo a mantener el dispositivo en equilibrio, aliviando así la fatiga del médium.

157. Llamamos *psicografía indirecta* a la escritura que se obtiene por estos procedimientos, a diferencia de la *psicografía directa* o *manual*, realizada por el médium. Para comprender este último sistema hay que darse cuenta de lo que sucede cuando se lo utiliza. El Espíritu desencarnado que se comunica actúa sobre el médium, y éste, bajo la influencia de aquél, dirige *maquinalmente* su brazo y mano para escribir, sin tener la menor conciencia de lo que está escribiendo (al menos, es este el caso más común). En la psicografía indirecta, la mano del médium obra sobre la cestilla, y la cestilla sobre el lápiz. Así pues, *no es que la cestilla se torne inteligente*, ya que sólo constituye un instrumento dirigido por una inteligencia, y sólo viene a ser en realidad un portalápiz, un apéndice de la mano, un intermediario entre esta última y el lápiz. Suprimid tal intermediario, colocad el lápiz entre los dedos del médium y conseguiréis idéntico resultado, con un modo de operación mucho más sencillo, puesto que entonces el médium escribirá como lo hace en condiciones normales. En consecuencia, toda persona que escribe sirviéndose de una cestilla, tablita o cualquier otro artefacto, puede asimismo hacerlo directamente. De todos los medios de comunicación espírita la *escritura a mano* (que algunos llaman *escritura involuntaria*) es, sin dudas el más simple, fácil y cómodo, porque no exige preparación alguna y se presta, como la escritura corriente, a los más extensos desarrollos. Volveremos a ella al hablar de los médiums.

158. Al inicio de las manifestaciones mediúmnicas, cuando las ideas que se tenían sobre ellas no eran tan precisas como ahora, muchos dictados se publicaron con títulos como éstos: «Comunicación de una cestilla», o «de una tablita», o «de una mesa», etc. Hoy se comprende cuán inadecuadas y erróneas eran todas esas expresiones, aun prescindiendo de su carácter poco serio. En efecto, según acabamos de comprobar, las mesas, tablitas y cestillas no son otra cosa que instrumentos *sin inteligencia*, aunque momentáneamente se hallen animados de una vida artificial, y no poseen capacidad para comunicar cosa alguna por sí mismos. Pensar así es confundir el efecto con su causa, la herramienta con el principio: equivaldría a que un autor expresara, en el título de su obra, que había escrito ésta con una pluma metálica o una pluma de ganso. Como dijimos antes, aquellos instrumentos no tienen nada de absoluto. Conocemos a alguien que en vez de la *cestilla-trompo*, descrita párrafos atrás, se valía de un embudo, a través de cuyo pico pasaba el lápiz. De este modo, hubieran podido existir mensajes «de un embudo», y también «de una cacerola» o «una ensaladera». Y si los mensajes se produjeron mediante golpes en una silla o un bastón, no se trataría entonces de una «mesa parlante», sino de una «silla» o un «bastón parlante». Como vemos, lo que importa conocer no es la índole del instrumento utilizado sino la forma de obtención del fenómeno. Si el mensaje se recibe por medio de la escritura, sea cual fuere el portalápiz o intermediario empleado, para nosotros se trata de *psicografía*. Si es mediante golpes, será *tiptología*. Al adquirir el espiritismo las dimensiones de una ciencia, le es preciso un leguaje científico.

CAPÍTULO XIV

DE LOS MÉDIUMS

Médiums de efectos físicos. — Personas «eléctricas». — Médiums sensitivos o impresionables.— Médiums auditivos.— Médiums parlantes. — Médiums videntes. — Médiums sonámbulos. — Médiums curativos. — Médiums neumatógrafos.

159. Toda persona que siente en mayor o menor grado la influencia de los Espíritus, es un médium. Siendo esta facultad inherente al hombre no constituye, por tanto, un privilegio exclusivo de determinados individuos. De ahí que haya pocos que no posean algunos rudimentos de ella. Es posible afirmar, entonces, que todos los seres humanos, en mayor o menor medida, son médiums. Sin embargo, en la práctica, tal calificación se aplica sólo a aquellos en quienes la facultad mediúnmica está netamente caracterizada y se traduce en efectos notorios de cierta intensidad, lo que depende de una constitución orgánica más o menos sensitiva. Por otra parte, hay que hacer notar que dicha facultad no se revela en todos de la misma manera: los médiums poseen, generalmente, una aptitud especial para tal o cual género de fenómenos, lo que hace que existan tanta variedad de médiums como de manifestaciones. Los principales son: *médiums de efectos físicos; médiums sensitivos o impresionables; auditivos; parlantes; videntes; sonámbulos; curativos; neumatógrafos; escribientes* o *psicógrafos*.

1. Médiums de efectos físicos

160. *Los médiums de efectos físicos* son más especialmente aptos para producir fenómenos materiales, como los movimientos de cuerpos inertes, los ruidos, etc. Se puede clasificarlos en médiums facultativos y médiums involuntarios. (Véase Segunda Parte, capítulos II y IV.)

Los *médiums facultativos* son aquellos que tienen conciencia de su poder y producen fenómenos espíritas por un acto de su voluntad. Esta facultad, aunque inherente al género humano, según quedó dicho en un párrafo anterior, está lejos de existir en todas las personas en un grado igual. Pero si hay pocas que carecen por completo de ella, en cambio, las que son aptas para producir efectos considerables, como la suspensión de cuerpos pesados en el espacio, el traslado aéreo de esos cuerpos y, sobre todo, las apariciones, abundan menos todavía. Los fenómenos más simples consisten en la rotación de un objeto, en los golpes ocasionados por el hecho de levantarse y volver a caer ese objeto, y los golpes que resuenan en el interior del mismo. Sin conceder una importancia decisiva a tales fenómenos, recomendamos no descuidarlos, porque pueden dar lugar a observaciones interesantes y ayudar a convencerse. Pero es de notar que la facultad de producir efectos físicos existe rara vez en aquellos médiums que poseen más perfectos medios de comunicación, como la escritura o la palabra. Por regla general, la facultad disminuye en un sentido conforme se va desarrollando en otro.

161. *Los médiums involuntarios* o *naturales* son aquellos cuya influencia se ejerce sin que lo sepan. No tienen conciencia alguna de su poder y, muchas veces, lo que ocurre de anormal en su entorno no les parece de ningún modo extraordinario, ya que forma parte de ellos mismos, como sucede a las personas dotadas de doble vista, que no creen poseer tal facultad. Estos individuos son muy dignos de observación, y no debemos dejar de registrar y estudiar los hechos de ese tipo que llegaren a nuestro conocimiento. A cualquier edad manifiestan ese don mediúmnico y a menudo se le encuentra en niños muy pequeños. (Consúltese el Capítulo V: «Manifestaciones físicas espontáneas».)

Esa facultad no es, en sí, señal de un estado patológico, ya que no se muestra incompatible con una salud perfecta. Si el que la posee padece algún mal, la causa de éste será ajena a su don mediúmnico. De ahí que los procedimientos terapéuticos son impotentes para anularlo. En ciertos casos es posible que la facultad surja luego de haberse producido cierta debilidad orgánica, pero nunca esta última es causa eficiente de aquélla. Así pues, razonablemente no cabe ninguna inquietud desde el punto de vista de la salud humana. Sólo podría acarrear inconvenientes si el sujeto, convertido en médium facultativo, hiciera un uso abusivo de su mediumnidad, porque entonces habría en el una emisión demasiado abundante de fluido vital y, en consecuencia, un debilitamiento de su organismo.

162. La razón se subleva ante el recuerdo de las torturas morales y físicas a que la ciencia ha sometido en ocasiones a seres débiles y delicados, con el propósito de asegurar que no cometían fraude en los fenómenos que producían. Estas *experimentaciones*, hechas casi siempre con malevolencia, son en todos los casos dañosas para una constitución orgánica sensitiva. Podrían acarrear graves desarreglos orgánicos. Llevar a cabo tales pruebas equivale a jugar con la vida ajena. El observador que esté animado de buena fe no tiene necesidad de utilizar tales métodos. Quien se halla familiarizado con ese género de fenómenos sabe, por lo demás, que corresponden en mayor medida al orden moral que al físico, y que en balde se buscaría la explicación de los mismos en nuestras ciencias exactas.

Y por lo mismo que dichos fenómenos pertenecen al orden moral hay que evitar, con un cuidado no menos escrupuloso, cuanto pueda sobreexcitar la imaginación. Son sabidos los accidentes que puede causar el miedo y se cometerían menos imprudencias si se conocieran todos los casos de locura y neurosis que tienen su origen en los relatos de hechiceros y de brujerías. ¿Qué podría pasar, entonces, si se persuadiera a las gentes de que se trata del *diablo*? Los que difunden semejantes ideas ignoran la responsabilidad que están asumiendo: *hasta pueden matar*. Ahora bien, el peligro no amenaza tan sólo al paciente, sino también a quienes le rodean y que pueden aterrorizarse ante el pensamiento de que su casa es un refugio de demonios. Esa ciencia funesta ha sido, precisamente, la que engendró tantas atrocidades en tiempos en que reinaba la ignorancia. No obstante, con un poco más de discernimiento hubieran debido pensar en aquel entonces que al quemar los cuerpos supuestamente poseídos por el diablo no destruían al diablo mismo. Puesto que, lo que querían era deshacerse de este último, a él tenían que dar muerte; la doctrina espírita, al ilustrarnos acerca de la verdadera causa de todos esos fenómenos, aplica a aquella creencia el golpe de gracia. *Muy al contrario, pues, de inculcar la idea del diablo, se debe (y es un deber de moralidad y humanidad) combatirla allí donde exista.*

Lo que se ha de hacer, cuando una facultad de este tipo surge de manera espontánea en un individuo, es dejar que el fenómeno prosiga su curso normal. La naturaleza es más sabia que los hombres. Además, la Providencia tiene sus planes, y el más insignificante de los seres podrá ser instrumento de los mayores designios. Empero, hay que convenir en que esos fenómenos adquieren a veces dimensiones tales que cansan e importunan a todos; [1] ved aquí cómo hay que proceder en todos estos casos. En el capítulo V, «Manifestaciones físicas espontáneas», hemos ofrecido ya algunos consejos al respecto, diciendo que es preciso tratar de entablar relaciones con el Espíritu para preguntarle qué desea. La conducta que acto seguido expondremos se funda asimismo en la observación.

Los Seres invisibles que revelan su presencia mediante efectos sensibles suelen ser, por regla general, Espíritus que pertenecen a un orden inferior, y a los que es posible dominar por medio del ascendiente moral. Así pues, debemos tratar de adquirir sobre ellos ese ascendiente. (Véase nos. 251, 254, 279.)

---

1. Uno de los hechos más extraordinarios de esta naturaleza, por la variedad y rareza de los fenómenos, es sin contradicción el que tuvo lugar en 1852, en el Palatinado (Baviera renana), en Bergzabern, cerca de Wissemburg. Es tanto más notable cuando que casi reunía, en el mismo sujeto, todos los géneros de manifestaciones espontáneas: baraúnda hasta quebrantar la casa, trastorno de los muebles, objetos lanzados lejos por una mano invisible, visiones y apariciones, sonambulismo, éxtasis, catalepsia, atracción eléctrica, gritos y sonidos aéreos, instrumentos tocando sin contacto, comunicaciones inteligentes, etc., y no es de menos importancia, la prueba de estos hechos, durante cerca de dos años, por innumerables testigos oculares dignos de fe por su saber y su posición social. La relación auténtica de eso se publicó, en aquella época, en muchos diarios alemanes y notablemente en una obrita hoy día agotada y muy rara. Se encontrará la traducción completa al francés de esta obrita en la *Revue spirite* de 1858, con los comentarios y explicaciones necesarias. Según nuestro conocimiento, es la única publicación francesa que se ha hecho de dicha obrita. Además del interés admirable que se desprende de estos fenómenos, son eminentemente ilustrativos desde el punto de vista del estudio práctico del espiritismo.

Con este propósito, es menester que convirtamos a la persona, de *médium natural* que era, en *médium facultativo*. Se opera entonces un efecto análogo a lo que sucede en el sonambulismo. Como sabemos, el sonambulismo natural cesa, generalmente, cuando es sustituido por el sonambulismo magnético. No estamos deteniendo en modo alguno la facultad de desprendimiento del alma, sino que le imprimimos un curso diferente. Y lo propio acontece con el don mediúmnico. Con tal objeto, en vez de poner trabas a los fenómenos (lo cual rara vez se logra, y no siempre está exento de peligro), hay que inducir al médium a que los produzca por su propia voluntad, imponiéndose al Espíritu desencarnado. Así consigue el médium controlarlo, tornándolo, de dominador a veces tiránico, en un ser subordinado y con frecuencia muy dócil. Un hecho digno de notar, y que la experiencia corrobora, es que en tales casos un niño tiene tanta autoridad como un adulto, y muchas veces más que él, lo que aporta una nueva prueba en apoyo de un punto esencial de la doctrina, según el cual el Espíritu sólo es niño debido a la edad del cuerpo físico en que se encuentra encarnado, y posee en sí un desarrollo que por fuerza es anterior a su actual encarnación, desarrollo que podrá conferirle un ascendiente moral sobre Espíritus desencarnados que le sean inferiores.

Ahora bien, la moralización del Espíritu por medio de los consejos de una tercera persona, influyente y experimentada, si el médium no se halla en condiciones de realizar esa tarea, suele ser muchas veces un recurso muy eficaz. Más adelante volveremos al tema.

163. A esta categoría de médiums parecerían pertenecer las personas dotadas de un potencial eléctrico natural, verdaderos *torpedos humanos* que producen, por el simple contacto físico, todos los efectos de la atracción y repulsión. Sin embargo, sería un error considerarlas *médiums*, por cuanto la verdadera mediumnidad supone la intervención directa de un Espíritu desencarnado, y en el caso a que estamos refiriéndonos, experiencias concluyentes que se llevaron a cabo han probado que la electricidad es la única causa de esos fenómenos. Tan extraño don, que casi podríamos denominar enfermedad, en ocasiones se agrega a la facultad mediúnmica, como es posible comprobarlo en la historia de «El Espíritu golpeador de Bergzabem», pero muchas veces es del todo independiente de esta última. Como dijimos ya, la única prueba valedera de la intervención de Espíritus en los fenómenos es el carácter inteligente de las manifestaciones. Cada vez que dicho carácter falte, habrá razones para atribuirlas a una causa puramente física. La cuestión es saber si las *personas eléctricas* poseerían una aptitud mayor para convertirse en *médiums de efectos físicos*. Creemos que sí, pero toca a la experiencia decidirlo.

2. *Médiums sensitivos o impresionables*

164. Designamos así a las personas susceptibles de sentir la presencia de los Espíritus por una vaga impresión, una especie de estremecimiento de todos sus miembros, que ellas mismas no pueden explicarse. Esta variedad de médiums no presentan características netamente definidas. Ahora bien, todos los médiums son, necesariamente, impresionables, de manera que la impresionabilidad es en ellos más bien una cualidad general que especial. Se trata de un don rudimentario, indispensable al desarrollo de todos los otros. Difiere de la impresionabilidad puramente física y nerviosa, con la cual no ha de confundirse. Porque hay personas que no tienen los nervios demasiado sensibles pero sienten, con mayor o menor intensidad, el efecto de la presencia de los Espíritus, así como otras, muy irritables y nerviosas, no los sienten en modo alguno.

Esta facultad se desarrolla con el hábito y es capaz de adquirir tal sutileza que quien está dotado de ella reconoce, por la impresión que experimenta, no sólo la naturaleza buena o mala del Espíritu que tiene a su lado, sino aun su individualidad, no de otro modo que como el ciego identifica, por un cierto no sé qué, la proximidad de tal o cual persona. El que posee dicho don se convierte en un auténtico sensitivo en lo tocante a los Espíritus. Un Espíritu bueno produce siempre una impresión suave y grata. La de un Espíritu malo, por el contrario, es penosa y crea ansiedad y desagrado; hay en torno a él como un hálito de impureza.

3. Médiums auditivos

165. Éstos escuchan la voz de los Espíritus. Se trata a veces, como hemos dicho al hablar de la neumatofonía, de una voz interior que se percibe en el fuero íntimo. En otras ocasiones es una voz externa, clara y distinta, como la de una persona viviente. Los médiums auditivos pueden así entablar conversación con los Espíritus. Cuando tienen por costumbre comunicarse con determinados Espíritus, los reconocen de inmediato por su timbre de voz. La persona que no se halla dotada de esta facultad puede también comunicarse con un Espíritu sirviéndose de un médium auditivo, que desempeñará las funciones de intérprete.

Esta facultad brinda muchas satisfacciones cuando el médium escucha únicamente a los Espíritus buenos, o sólo a aquellos a quienes evoca. Pero no sucede lo mismo si un mal Espíritu se obstina en mantenerse al lado de él y le obliga a escuchar a cada momento las cosas más desagradables, y en ocasiones las más inconvenientes. Es menester entonces tratar de desembarazarse de ese Espíritu malo por los medios a que nos referiremos en el capítulo «De la obsesión».

4. Médiums parlantes

166. Los médiums auditivos que se limitan a transmitir lo que escuchan no son, propiamente hablando, *médiums parlantes*. Estos últimos las más de las veces nada escuchan: en ellos el Espíritu desencarnado actúa sobre los órganos de la voz, así como lo hace sobre la mano del médium escribiendo. El Espíritu que desea comunicarse se sirve de los órganos del médium que encuentra más predispuesto: en uno es la mano, en otro las cuerdas vocales, y en un tercero será el oído. El médium parlante se expresa, por lo general, sin tener conciencia de lo que está diciendo, y a menudo manifiesta cosas completamente ajenas a sus ideas habituales, que exceden sus conocimientos y aun su alcance intelectual. Aunque esté perfectamente despierto y en estado normal, rara vez conserva el recuerdo de lo que ha dicho. En suma, la voz del médium es un instrumento del que se vale el Espíritu desencarnado para dialogar con otra persona, de igual modo que lo hace con ayuda de un médium auditivo.

Con todo, el rol del médium parlante no siempre es tan pasivo. Algunos hay que poseen la intuición de lo que dicen, en el instante mismo en que están pronunciando las palabras. Volveremos a tratar de esta variedad de médiums cuando nos refiramos a los médiums intuitivos.

5. Médiums videntes

167. Los médiums videntes se hallan dotados de la facultad de ver a los Espíritus. Los hay que gozan de ese don encontrándose en estado normal, cuando están bien despiertos, y conservan un recuerdo exacto de lo que han visto. Otros lo poseen tan sólo cuando se hallan en estado sonambúlico, o cercano al sonambulismo. Es raro que tal facultad sea permanente en un individuo. Es casi siempre efecto de una crisis momentánea y pasajera. Podemos incluir en la categoría de los médiums videntes a todas aquellas personas dotadas de segunda vista. La posibilidad de ver a los Espíritus durante el sueño natural resulta, sin duda alguna, de una especie de mediumnidad, pero en rigor quienes están en este caso no son médiums videntes. Hemos explicado este fenómeno en el Capítulo VI: «Manifestaciones visuales».

El médium vidente cree ver con los ojos como los que poseen doble vista, pero en realidad es su alma la que ve, de ahí que puedan hacerlo tanto con los ojos cerrados como abiertos. De donde se sigue que un ciego podrá ver a los Espíritus del mismo modo que las personas cuyo sentido de la vista se encuentra intacto. Sería interesante estudiar este último punto, para saber si esa facultad se da con mayor frecuencia en los ciegos. Algunos Espíritus que durante su encarnación habían sido ciegos nos expresaron que mientras vivían en la Tierra tenían la percepción anímica de determinados objetos, y no estaban sumergidos en la «negra oscuridad».

168. Hay que distinguir entre las apariciones accidentales y espontáneas y la facultad específica de ver a los Espíritus. Aquéllas son frecuentes, sobre todo en el momento de la muerte de personas a quienes se ha amado o conocido, y que vienen a anunciarnos que se han marchado ya de este mundo. Existen muchos ejemplos de episodios de este género, sin hablar de las visiones que se tienen durante el sueño normal. Otras veces se trata asimismo de parientes o amigos que, aunque fallecidos hace un tiempo, más o menos largo, se nos aparecen para advertirnos de un peligro, darnos un consejo o solicitarnos un favor. La ayuda que podrá pedir un Espíritu desencarnado consiste, por regla general, en que hagamos algo que no pudo él cumplir mientras vivía en el mundo, o en que oremos por él. Tales apariciones son hechos aislados, que tienen siempre un carácter individual y personal, sin constituir una facultad propiamente dicha. El don de videncia consiste en la posibilidad —si no permanente, al menos que suceda a menudo— de ver al primer Espíritu que llegue, aun cuando nos sea completamente desconocido. Esta es, en rigor, la facultad del médium vidente.

Entre los médiums videntes los hay que no ven sino a los Espíritus quienes se evoca, y cuya descripción son capaces de hacer con minuciosa exactitud. Estos médiums refieren en sus menores detalles los gestos, la expresión y rasgos del semblante, la indumentaria y hasta los sentimientos que parece abrigar el Espíritu. En cambio, en otros médiums la facultad es todavía más general, en el sentido de que ven a toda la multitud de Espíritus que pululan en el ambiente, con sus idas y venidas, ocupados en sus actividades, si así vale decirlo.

169. Una noche asistimos a la representación de la ópera *Oberón*, en compañía de un muy buen médium vidente. Había en la sala de conciertos un número considerable de butacas vacías, pero muchas de ellas eran ocupadas por Espíritus que tenían el aspecto de estar disfrutando del espectáculo. Algunos se acercaban a ciertos espectadores y parecían escuchar su conversación. En el escenario se desarrollaba otra escena. Detrás de los intérpretes, muchos Espíritus de humor jovial se divertían imitando grotescamente los ademanes que aquéllos hacían. Otros, más serios, parecían inspirar a los cantantes y esforzarse por insuflarles energía. Uno de los Espíritus permanecía de continuo junto a una de las principales divas. Pensamos que lo movían intenciones un tanto livianas, y cuando cayó el telón para un intervalo, lo evocamos. Se llegó hasta nosotros y nos enrostró, con severidad, lo aventurado de nuestro juicio: «No soy lo que creéis —dijo—, sino su guía y Espíritu protector. Tengo a mi cargo la tarea de dirigirla. —Se demoró unos minutos con nosotros, conversando con mucha seriedad, y luego se marchó, diciéndonos—: Adiós. Ahora está en su camarín. Debo ir allá, para velar por ella.» A continuación evocamos al Espíritu de Weber, autor de la ópera, y le preguntamos qué opinaba de la ejecución de su obra. «No está demasiado mal —respondió—, pero es floja. Todo lo que hacen los intérpretes es cantar. No tienen inspiración, aguardad un instante —agregó—. Voy a tratar de comunicarles un poco de fuego sagrado.» Entonces lo vimos en el escenario, cerniéndose por encima de los artistas, y un efluvio que parecía surgir de él se expandía sobre aquéllos. En esos momentos advertimos un visible aumento de energía en los cantantes.

170. He aquí otro hecho probatorio de la influencia que los Espíritus ejercen sobre los hombres sin que éstos caigan en la cuenta. Estábamos como aquella noche, en una representación teatral a la que habíamos concurrido con otro médium vidente. Entablamos entonces conversación con un *Espíritu espectador* y éste nos expresó: «¿Veis a aquellas dos señoras solas que están en ese palco? Pues bien, me propongo obligarlas a dejar el salón». Dicho esto le vimos ubicarse en el palco en cuestión y dirigir la palabra a las damas. De súbito éstas, que estaban muy atentas al desarrollo del espectáculo, se miraron, pareciendo consultarse, y al punto se levantaron, marchándose de allí para no reaparecer más. El Espíritu nos hizo entonces un gesto picaresco, como diciéndonos que había cumplido su palabra, pero no pudimos volver a verlo para pedirle mayores explicaciones. Muchas veces hemos tenido ocasión de ser testigos del rol que desempeñan los Espíritus desencarnados entre los seres humanos. Los hemos observado en diversos lugares de reunión, ya sea en bailes o conciertos, en los sermones, funerales o bodas, etc., y en todas partes los hemos visto atizando las malas pasiones, fomentando la discordia, incitando a las riñas y regocijándose con sus propias proezas. Otros Espíritus, en cambio, luchaban contra esas influencias perniciosas, pero casi no se les prestaba atención.

171. No cabe duda de que la facultad de ver a los Espíritus es susceptible de desarrollo, pero se encuentra entre aquéllas de las cuales conviene aguardar su evolución natural sin intentar acelerarla, si no queremos exponernos a ser víctimas de nuestra propia imaginación. Cuando existe el germen de una facultad, ésta se manifiesta por sí misma. En principio, debemos conformarnos con los dones que nos ha otorgado Dios, sin pretender lo imposible, porque en tal caso, queriendo poseer demasiado, corremos el riesgo de perder lo que ya tenemos.

Cuando afirmábamos que los hechos de apariciones espontáneas son frecuentes (nº 107) no queríamos significar que fueran muy comunes. En cuanto a los médiums videntes, propiamente dichos, son todavía más raros, y se debe desconfiar mucho de las personas que pretenden poseer esta facultad. Es sensato no darles crédito en tanto no haya pruebas positivas. Y no estamos hablando de quienes padecen el ridículo error de creer en los Espíritus-glóbulos, a que ya nos referimos en el nº 108, sino de aquellos que pretenden ver a los Espíritus de una manera racional. A no dudarlo, algunas personas podrán engañarse de buena fe, pero es posible también que otras simulen gozar de este don, ya sea por amor propio o por interés. En tal coyuntura es menester, sobre todo, tener en cuenta el carácter y la moralidad, así como la sinceridad que pongan de manifiesto habitualmente. Pero el control más eficaz consiste en analizar los detalles circunstanciales del caso, los que a veces no pueden dejar resquicio a dudas, como sucede, por ejemplo, cuando el médium describe con exactitud el retrato de Espíritus a quienes no conoció personalmente cuando estaban encarnados. El episodio que sigue pertenece a esta categoría.

Una señora viuda, cuyo marido difunto se comunicaba en forma asidua con ella, se encontraba cierto día con un médium vidente que no la conocía, como tampoco a su familia. En cierto momento el médium le dijo:

—Veo a un Espíritu cerca de usted.

—¡Ah, sí! —respondió la dama—, sin duda se trata de mi esposo, que casi nunca me deja.

—No —manifestó el médium—, es una mujer de cierta edad. Se halla peinada de una manera muy particular, y con una diadema blanca en la frente.

Por ese y otros detalles descriptivos la señora reconoció sin la menor sombra de duda a su extinta abuela, en la cual no pensaba de manera alguna en esos momentos. Ahora bien, si el médium hubiera sido un embustero que deseaba hacerse pasar por vidente le hubiese resultado fácil asegurar que, en efecto, estaba viendo al difunto marido de la dama, que a ésta preocupaba. En vez de eso, declaró que veía a una mujer con un detalle en el peinado que nadie podía haberle comunicado. Este caso prueba, además, que la visión del médium no podía ser reflejo del pensamiento de ninguna otra persona (véase nº 102).

6. Sonámbulos

172. El sonambulismo puede considerarse como una variedad del don mediúmnico o, para decirlo mejor, son dos órdenes de fenómenos que con sobrada frecuencia se encuentran reunidos. El sonámbulo obra bajo el influjo de su propio Espíritu: su alma es la que, en los períodos de desprendimiento, ve, oye y percibe más allá del límite de los sentidos físicos. Lo que el sonámbulo expresa proviene de él mismo. Sus ideas son, generalmente, más precisas que las que tiene durante su estado normal y más amplios sus conocimientos, pues su alma se halla en libertad. En resumen, el sonámbulo vive, por anticipado, la existencia de los Espíritus. El médium, en cambio, es instrumento de una inteligencia exterior. Es pasivo, y lo que dice no procede, en modo alguno, de él mismo. En resolución, el sonámbulo expresa su propio pensamiento. El médium exterioriza el pensamiento de otro ser. Pero el Espíritu que se comunica a través de un médium común podrá igualmente hacerlo valiéndose de un sonámbulo. Inclusive sucede muchas veces que el estado de desprendimiento en que se halla el alma durante el trance sonambúlico, toma más fácil aquella comunicación. Muchos sonámbulos ven perfectamente a los Espíritus y los describen con tanta precisión como los médiums videntes. Pueden conversar con ellos y transmitirles su pensamiento. De modo que lo que los sonámbulos dicen, cuando excede los límites de sus conocimientos personales, les es sugerido con frecuencia por otros

Espíritus. He aquí un ejemplo notable, en que la doble acción del Espíritu del sonámbulo y del Espíritu desencarnado se pone de relieve en forma concluyente.

173. Uno de nuestros amigos operaba con un sonámbulo que era un jovencito de catorce a quince años de edad, de muy poca inteligencia y de instrucción sobremanera limitada. No obstante cuando se hallaba en estado sonambúlico daba pruebas de una lucidez formidable y de gran perspicacia. Sobresalía, en modo especial, en el tratamiento de las enfermedades y había realizado gran número de curaciones tenidas por imposibles. Cierto día estaba atendiendo a un enfermo cuyo mal describía con perfecta exactitud, cuando le dijeron:

—Eso no es todo. Ahora hay que prescribirle el remedio...

—No puedo hacerlo —replicó el sonámbulo—, porque *mi ángel doctor no está aquí.*

—¿Qué entiendes tú por «tu ángel doctor»?

—Es el que me indica los remedios...

—¿De modo que no eres tú mismo quién ve cuales medicamentos se necesitan?

—Claro que no: os estoy diciendo que me los dicta mi ángel doctor.

Así pues, en este sonámbulo la acción de *ver* el mal correspondía a su propio Espíritu, quien no necesitaba para ello ninguna ayuda de fuera. Pero la indicación de los medicamentos necesarios en cada caso se la daba otro Espíritu. Y si este último no se encontraba ahí, aquél no podía decidir nada al respecto. Estando solo, no era sino un *sonámbulo*; mas cuando lo asistía aquel a quien llamaba él «su ángel doctor», era un *médium sonámbulo*.

174. La lucidez sonambúlica constituye una facultad que depende del organismo y es por completo independiente de la elevación, el perfeccionamiento e incluso el estado moral del individuo. De esta manera, un sonámbulo podrá ser muy lúcido y, al mismo tiempo, mostrarse incapaz de resolver ciertos problemas si su Espíritu está poco evolucionado. El sonámbulo que habla por sí mismo puede expresar cosas buenas o malas, verdaderas o falsas, tener un grado mayor o menor de delicadeza y escrúpulo en sus procedimientos, conforme al estado de adelanto o atraso de su propio Espíritu. Y en tal caso, el hecho de que un Espíritu desencarnado le asista viene a suplir sus propias deficiencias. Pero también podrá darse la circunstancia de que un sonámbulo sea secundado por un Espíritu embustero, frívolo y hasta malvado, tal cual sucede con los médiums. En esto, sobre todo, reside la importancia de las cualidades morales del sonámbulo, a fin de que éste pueda atraer hacia sí a los buenos Espíritus. (Véase *El Libro de los Espíritus*, «Sonambulismo», nº 425; y más adelante el capítulo sobre «La influencia moral del médium».)

7. *Médiums curadores*

175. Sólo para constancia nos referiremos aquí a esta variedad de médiums, por cuanto el tema exigiría desarrollos demasiado extensos, que rebasarían los límites del presente libro. Por otra parte, tenemos conocimiento de que un médico amigo nuestro se propone tratar el asunto en una obra especializada, que versará sobre la medicina intuitiva. Diremos sólo que este tipo de mediumnidad consiste, principalmente, en el don que algunas personas poseen de curar por simple contacto, o con la mirada, o con un gesto, sin acudir al consumo de ninguna medicación. Se alegará, sin duda, que esto no es otra cosa que magnetismo. Salta a la vista que el fluido magnético desempeña aquí un rol importante. Pero cuando examinamos el fenómeno con atención reconocemos sin esfuerzo que algo más hay en él. La magnetización común es un verdadero tratamiento continuado, regular y metódico. En la mediumnidad curativa, en cambio, las cosas pasan de una manera por completa diferente. Todos los magnetizadores son aptos para curar si conocen los procedimientos adecuados, al paso que en los médiums curativos la facultad es espontánea, y algunos incluso la poseen sin haber oído hablar jamás de magnetismo. La intervención de un poder oculto, que constituye la mediumnidad, se torna evidente en ciertas circunstancias, y lo es sobre todo cuando se considera que la mayoría de las personas que con razón pueden ser calificadas de médiums curativos recurren a la plegaria, que es una verdadera evocación (véase nº 131).

176. Transcribimos a continuación las respuestas que hemos recibido de los Espíritus a nuestras preguntas sobre el tema.

1) ¿Podemos pensar que las personas dotadas de poder magnético son una variedad de médiums?

«No cabe la menor duda.»

2) Sin embargo, el médium es un intermediario entre los Espíritus y los encarnados. El magnetizador, en cambio, puesto que extrae de sí mismo su fuerza, no parece ser intermediario de ningún poder externo a él...

«Es un error. El poder magnético reside, indudablemente, en el hombre, pero es aumentado por la acción de los Espíritus a quienes él llama en su ayuda. Si magnetizas con miras a curar, por ejemplo, e invocas a un Espíritu bueno que se interesa por ti y por tu paciente, el Espíritu incrementará tu fuerza y voluntad, dirigirá tu fluido y le dará las cualidades necesarias.»

3) No obstante, hay muchos buenos magnetizadores que no creen en los Espíritus...

«¿Piensas entonces que los Espíritus obran únicamente sobre quienes creen en ellos? Los que magnetizan con el propósito de hacer el bien son secundados por los buenos Espíritus. Todo hombre que tenga el deseo del bien los llamará a sí sin sospecharlo, no de otro modo que como, por medio del deseo del mal y las intenciones viles, llama hacia sí a los Espíritus malos.»

4) El que teniendo poder magnético creyese en la intervención de los Espíritus ¿obraría con mayor eficacia?

«Hará cosas que consideraréis milagros.»

5) Algunas personas ¿poseen en verdad el don de curar mediante el simple contacto físico, sin el empleo de pases magnéticos?

«Claro que sí. ¿No tenéis acaso tantos ejemplos de esto?»

6) En tales casos ¿hay una acción magnética, o tan sólo la influencia de los Espíritus?

«Una y otra cosa. Esas personas son auténticos médiums, puesto que están obrando bajo el influjo de los Espíritus. Lo que no significa que deban ser también médiums escribientes, como creéis.»

7) ¿Es transmisible ese poder?

«No el poder, pero sí el conocimiento de lo necesario para ejercerlo, si se posee. Personas hay que ni sospecharían tener ese poder, si no pensaran que les ha sido transmitido.»

8) ¿Es posible obtener curaciones por medio de la plegaria solamente?

«A veces sí, cuando lo permite Dios. En otras ocasiones, acaso el enfermo deba seguir sufriendo para su propio bien, y entonces creeréis erróneamente que vuestra oración por él no fue escuchada.»

9) ¿Hay para este propósito algunas fórmulas de oraciones que sean más eficaces que otras?

«Únicamente la superstición puede atribuir una virtud a determinadas palabras, y sólo los Espíritus ignorantes o embusteros podrán fomentar semejantes ocurrencias, prescribiendo fórmulas especiales. Sin embargo, podría suceder que, para personas poco esclarecidas e incapaces de comprender las cosas puramente espirituales, el uso de una fórmula específica contribuyera a inculcarles confianza. En tal caso, la eficacia no reside en la fórmula misma, sino en el hecho de que la fe aumenta debido a la creencia que se tiene en aquélla.»

8. *Médiums neumatógrafos*

177. Se da este nombre a los médiums aptos para obtener escritura directa, cosa que no pueden hacer todos los médiums escribientes. Esta facultad sigue siendo hasta hoy bastante rara. Probablemente se desarrolle con el ejercicio. Pero, como dijimos antes, su utilidad práctica se limita a una comprobación evidente de la intervención de un poder oculto en las manifestaciones. Sólo la experiencia puede hacer saber si se posee ese don. Es factible, pues, ensayarlo, y también interrogar al respecto a un Espíritu protector, por los otros medios de comunicación existentes. Según el menor o mayor poder del médium, se obtendrán simples rasgos, signos, letras, palabras, frases y aun páginas enteras. Por lo general, basta colocar una hoja doblada de papel en cualquier sitio, o en un lugar que el Espíritu haya designado, dejándola allí diez o quince minutos, o más. La oración y el recogimiento son condiciones esenciales. De ahí que se pueda considerar imposible obtener nada en una reunión de personas poco serias, o que no estén animadas de sentimientos de simpatía y bondad. (Consúltese la teoría de la escritura directa, en el capítulo VIII: «Laboratorio del mundo invisible», nº 126 y ss, y el capítulo XII: «Neumatografía».)

En el capítulo que sigue hablaremos específicamente acerca de los médiums escribientes.

CAPÍTULO XV

MÉDIUMS ESCRIBIENTES O PSICÓGRAFOS

Médiums mecánicos, intuitivos, semimecánicos, inspirados o involuntarios, y de presentimientos.

178. De cuantos medios de comunicación espírita existen, la escritura manual es el más sencillo, más cómodo y, sobre todo, más completo. Hacia ella debemos orientar todos nuestros esfuerzos, porque permite establecer con los Espíritus relaciones tan continuadas y regulares como las que mantenemos con las demás personas. Con tanto mayor razón debemos dedicarnos a la escritura manual, cuanto que por ella nos revelan mejor los Espíritus su naturaleza y el grado de su perfeccionamiento o de su inferioridad. Debido a la facilidad que tienen para expresarse por este medio, nos comunican sus pensamientos íntimos y nos ponen así en condiciones de juzgarlos y apreciar su valor. Por otra parte, para el médium, la facultad de escribir es la más susceptible de desarrollarse con el ejercicio.

Médiums mecánicos

179. Si examinamos ciertos efectos que se producen en los movimientos de la mesa, de la cestilla o de la tablita que escriben, no podemos poner en duda que el Espíritu ejerce una acción directa sobre tales objetos. La cestilla se agita a veces con tal violencia que escapa de las manos del médium. En otras ocasiones se dirige hacia determinadas personas del círculo para golpearlas. Y no falta oportunidad en que sus movimientos atestiguan un sentimiento afectuoso. Lo mismo acontece cuando se pone el lápiz en la mano del médium. A menudo es arrojado lejos con fuerza. O la mano del médium, como lo hacía la cestilla, se agita en forma convulsiva y golpea con ira la mesa, aun cuando el médium esté completamente tranquilo y se asombre de no poder controlarse. Digamos, de paso, que ese tipo de hechos denotan siempre la presencia de Espíritus imperfectos. Los Espíritus en verdad superiores están permanentemente en calma, mostrándose dignos y benévolos. Si no se les escucha como es debido, se limitan a retirarse, y entonces otros toman su lugar. De tal manera que el Espíritu puede expresar directamente su pensamiento, ya sea valiéndose de los movimientos de un objeto del cual la mano del médium es sólo su punto de apoyo, o mediante su acción sobre la mano misma.

Cuando el Espíritu desencarnado obra directamente sobre la mano, imprime a ésta un impulso del todo independiente de la voluntad del médium. La mano se moverá sin interrupción, y a despecho del médium mismo, en tanto el Espíritu tenga algo que decir, para detenerse cuando éste haya concluido su mensaje.

En esta circunstancia, lo que caracteriza al fenómeno es que el médium no tiene la menor conciencia de lo que está escribiendo. En tal caso, su absoluta inconsciencia hace que se le llame *médium pasivo* o *mecánico*. Es una facultad valiosa, por cuanto no puede dar margen a duda alguna sobre la independencia del pensamiento de quien en realidad escribe.

Médiums intuitivos

180. La transmisión del pensamiento se opera asimismo por intermedio del Espíritu del médium o, dicho mejor, su alma, puesto que designamos con este nombre al Espíritu encarnado. En esa circunstancia el Espíritu comunicante no actúa sobre la mano del médium para hacer que ésta escriba; no la sostiene ni la guía, sino obra sobre el alma, con la cual se identifica. Entonces es el alma del médium la que impulsa y dirige su mano, la cual a su vez maneja el lápiz. Notemos aquí un hecho importante, el Espíritu desencarnado no sustituye al alma del médium, visto que no podría desplazarla del cuerpo: la domina sin que ésta lo sepa, imprimiéndole su voluntad. De esta manera, el rol del alma no es del todo pasivo, ya que está recibiendo el pensamiento del Espíritu comunicante y lo transmite. En tal situación, el médium tiene conciencia de lo que escribe, aunque el que exprese no sea su propio pensamiento. Es lo que se denomina *médium intuitivo*.

Siendo así las cosas, se argumentará, nada prueba que quien escribe sea otro Espíritu y no el del médium. En efecto, veces hay en que la distinción entre ambos es bastante difícil, pero es probable que esto no tenga mayor importancia. Con todo, se puede reconocer el pensamiento que el Espíritu comunicante está enviando, por el hecho de que nunca es preconcebido, sino nace a medida que fluye la escritura, y muchas veces es contrario a la idea previa que el médium tenía sobre el asunto. Incluso lo que éste expresa podrá exceder el alcance de sus propios conocimientos y capacidades.

El rol del médium mecánico es el de una máquina. En cambio, el médium intuitivo actúa como lo haría un traductor o intérprete. En efecto, este último, a objeto de transmitir el pensamiento debe comprenderlo, apropiárselo en cierta manera, a fin de verterlo con fidelidad. Pero ese pensamiento no es el suyo propio, sólo atraviesa su cerebro. Tal es, exactamente, el papel que representa el médium intuitivo.

Médiums semimecánicos

181. En el médium puramente mecánico el movimiento de la mano es independiente de su voluntad. En el intuitivo, el movimiento es voluntario y facultativo. En cambio, el médium semimecánico participa de las características de los dos anteriores: siente un impulso que su mano recibe, y en el que no interviene su voluntad, pero al mismo tiempo tiene conciencia de lo que está escribiendo, a medida que se van formando las palabras. En el primero, el pensamiento es posterior al acto de escribir. En el segundo, lo precede. En el tercero, pensamiento y escritura son simultáneos. Los médiums de esta última clase son los que más abundan.

Médiums inspirados

182. Toda persona que en su estado normal o en el de éxtasis recibe mentalmente comunicaciones extrañas a sus ideas preconcebidas puede incluirse en la categoría de los médiums inspirados. Como podrá advertirse, es una variedad de la mediumnidad intuitiva, con la diferencia de que la intervención de un poder oculto resulta en ella mucho menos perceptible aún, por cuanto en el médium inspirado es todavía más difícil distinguir entre su propio pensamiento y el que el Espíritu comunicante le sugiere. Ahora bien, lo que caracteriza al de este último es, sobre todo, la espontaneidad. La inspiración nos viene de los Espíritus que influyen sobre nosotros, en bien o en mal, pero se debe principalmente a los que desean nuestro bien, y cuyos consejos con harta frecuencia cometemos el error de no seguir. La inspiración es aplicable a todas las circunstancias de la vida en las resoluciones que hemos de tomar. A este respecto puede afirmarse que todos los seres humanos son médiums, porque nadie deja de tener sus Espíritus protectores y familiares, que mucho se esfuerzan por sugerir, a sus protegidos, pensamientos saludables. Si el hombre estuviera bien compenetrado de esta verdad, recurriría más a menudo a la inspiración de su ángel de la guarda, en los momentos en que no sabe qué decir o qué hacer. Así pues, invocadlo con fervor y confianza, en caso necesario, y casi siempre os asombraréis de las ideas que surgirán en vosotros como por arte de encantamiento, ya cuando debáis adoptar una decisión, ya cuando se trate de realizar algo. Si ninguna idea acude a vuestra mente, es cuestión de esperar. La prueba de que la idea que entonces se nos ocurre procede de otra inteligencia consiste en que, si hubiese sido propia, siempre la habríamos tenido a mano y no existiría motivo para que no se manifestara antes a voluntad. El que no es ciego no necesita más que abrir los ojos para ver, cuando tal es su deseo. De igual modo, quien posee ideas propias las tiene siempre a su disposición.

Si no acuden a él cuando querría que lo hiciesen es porque está obligado a ir a buscarlas fuera de sí mismo.

Es posible incluir también dentro de esta categoría a las personas que. sin estar dotadas de una inteligencia de excepción, y sin dejar de permanecer en su estado normal, tienen relámpagos de una lucidez intelectual que les otorga, temporalmente, una facilidad desacostumbrada de concepción y elocución y, en ciertos casos, también el presentimiento de los hechos futuros. En esos instantes, que con propiedad se denominan «momentos de inspiración», las ideas abundan, brotan una detrás de otra y como por sí mismas se eslabonan —si así vale decirlo—, con un impulso involuntario y casi febril. Entonces nos parece que una inteligencia superior acude a ayudarnos y que nuestra alma se ha desembarazado de un fardo.

183. Los hombres geniales, ya sea en el arte, la ciencia o la literatura, son sin duda Espíritus adelantados, capaces por sí mismos de comprender y concebir grandes cosas. Y precisamente porque se les considera capacitados, cuando los Espíritus desean la realización de ciertas tareas les sugieren las ideas necesarias a ese propósito, y es así como esos hombres geniales suelen ser, con mucha frecuencia, *médiums sin saberlo*. No obstante, tienen una vaga intuición de que están siendo asistidos por una inteligencia exterior, pues el que pide inspiración no hace otra cosa que una invocación. Si no esperará ser escuchado, ¿por qué exclamaría tantas veces: «Mi buen genio, ven en mi ayuda»?

Las respuestas siguientes corroboran la verdad de este aserto.

1) ¿Cuál es la causa primera de la inspiración?

«El Espíritu que se comunica por el pensamiento.»

2) La inspiración, ¿sólo tiene por objeto revelar las cosas importantes?

«No. Se relaciona frecuentemente con las circunstancias más triviales de la vida. Por ejemplo: quieres ir a alguna parte. Una voz secreta te dice que no lo hagas porque habrá peligro si vas a ese lugar. O si no, esa voz secreta te insta a que realices algo que no pensabas hacer. He ahí la inspiración... Pocas personas hay que no hayan sido inspiradas en determinados momentos, en mayor o menor grado.»

3) Un escritor, pintor o músico, por ejemplo, en sus arrebatos de inspiración. ¿Puede ser conceptuado médium?

«Sí, porque en esos instantes su alma se encuentra más libre y como desprendida de la materia. Recobra una parte de sus facultades de Espíritu y recibe con más facilidad las comunicaciones de los otros Espíritus, que lo inspiran.»

Médiums de presentimientos

184. El presentimiento es una vaga intuición de los acontecimientos futuros. Algunas personas poseen desarrollada en mayor o menor grado esta facultad. Pueden deberla a una especie de doble vista, que les permite vislumbrar las consecuencias de los hechos del presente y el eslabonamiento de los sucesos. Pero a menudo también el presentimiento es el resultado de comunicaciones ocultas, y en este caso, sobre todo, cabe dar a los que están dotados de ese don el nombre de *médiums de presentimientos*, que constituyen una variedad de los *médiums inspirados*.

CAPÍTULO XVI

MÉDIUMS ESPECIALES

Aptitudes especiales de los médiums.—Cuadro sinóptico de las diversas variedades de médiums.

185. Además de las categorías de médiums que acabamos de enumerar posee la mediumnidad una variedad infinita de matices que constituyen lo que se llama «médiums especiales», y que dependen de aptitudes particulares no definidas todavía, prescindiendo de las cualidades y conocimiento del Espíritu que se manifiesta.

La índole de las comunicaciones está siempre relacionada con el progreso del Espíritu y tiene el sello de su elevación o su inferioridad, de su sabiduría o su ignorancia. Pero, aun cuando pertenezcan al mismo grado de la jerarquía espiritual, hay sin duda en los Espíritus una tendencia a ocuparse de determinada cosa más bien que de otra. Los Espíritus golpeadores, por ejemplo, no se alejan mucho del campo de las manifestaciones físicas. Y entre los que ofrecen manifestaciones inteligentes existen poetas, músicos, dibujantes, moralistas, científicos, médicos y demás. Estamos hablando de los Espíritus que pertenecen a un orden medio, porque cuando llegan a cierto grado de adelanto sus aptitudes se confunden en la unidad de la perfección. Pero al lado de la aptitud específica del Espíritu está asimismo la del médium, el cual es un instrumento que le ofrece mayor o menor comodidad y flexibilidad para comunicarse, y en quien descubre cualidades particulares que nosotros no somos capaces de evaluar.

Hagamos una comparación: un ejecutante muy virtuoso dispone de varios violines que, para el común de las gentes, son todos de buena calidad, pero entre los cuales el artista consumado halla gran diferencia, pues capta en ellos matices de extrema sutileza que le moverán a escoger unos y rechazar otros, y tales matices los aprehende por intuición, sin poder definirlos. Lo propio sucede respecto a los médiums. Pese a tener igual poder mediúmnico unos que otros, el Espíritu dará preferencia a éste o aquél, de acuerdo con el tipo de comunicación que desee realizar. Así por ejemplo, vemos a personas que en cuanto médiums escriben poesías admirables, aunque en su estado normal no hayan podido ni sabido jamás componer un par de versos. Otras hay, por el contrario, que siendo poetas en su estado normal, como médiums no pudieron escribir nunca más que prosa, a despecho de su deseo de hacer poesías. Lo propio ocurre con el dibujo, la música y demás. Algunos médiums, que no poseen conocimientos científicos propios, ponen de manifiesto una aptitud particular para recibir comunicaciones de este género. Otros son aptos para los estudios históricos. Y no faltan los que con mayor facilidad sirven de intérpretes para los Espíritus moralistas. En síntesis, sea cual fuere la flexibilidad del médium, las comunicaciones que más fácilmente recibe tienen, casi siempre, un sello especial. Los hay también que no se apartan de determinado círculo de ideas, y cuando salen de dicho círculo sólo obtienen mensajes incompletos, lacónicos y muchas veces falsos. Dejando a un lado la aptitud, los Espíritus dan preferencia a uno u otro intermediario para comunicarse, con arreglo a sus simpatías personales. Así, a igualdad de condiciones, un mismo Espíritu se mostrará mucho más explícito cuando se comunique a través de ciertos médiums, sólo porque éstos le resultan más adecuados.

186. Nos equivocaremos, pues, si pensamos que por el mero hecho de disponer de un buen médium, dotado de excelente escritura, obtendremos buenas comunicaciones de todos los géneros. Sin duda alguna, lo primero es asegurarse de qué fuente proceden los mensajes: o sea, cuáles son las cualidades del Espíritu que los transmite. Pero no menos necesario es analizar las cualidades del instrumento que estamos proporcionando al Espíritu. Hay que estudiar la índole del médium, no de otro modo que como se estudia la del Espíritu comunicante, porque son estos los dos elementos esenciales para lograr un resultado satisfactorio. Y hay aún un tercero, que desempeña un rol de pareja importancia, y es la intención, el pensamiento íntimo, el sentimiento más loable o menos loable de la persona que formula las preguntas. Y esto es comprensible. *Para que una comunicación sea buena, precisa que emane de un Espíritu asimismo bueno. Para que este buen Espíritu* PUEDA *transmitirla, necesita un buen instrumento idóneo. Y para que* QUIERA *transmitirla, es menester que el objetivo buscado le convenga*. El Espíritu que lee en el pensamiento, juzga si la pregunta que se le propone merece una respuesta formal, y si la persona que la dirige es digna de recibirla; en caso contrario, no pierde su tiempo en sembrar buenos granos en las piedras, y es cuando los Espíritus ligeros y burlones se dan prisa, porque se ocupan poco de la verdad, les tienen sin cuidado y generalmente son muy poco escrupulosos en cuanto al objeto y medios que emplean.

A continuación resumiremos las principales clases de mediumnidad que existen a fin de presentar, en cierta manera, un cuadro sinóptico que incluya las variedades que hemos ya descrito en los capítulos anteriores, indicando el número de parágrafo donde se trata cada una más pormenorizadamente.

Clasificamos las diferentes variedades de médiums con arreglo a la semejanza de causas y efectos, sin pretender que esta clasificación tenga nada de absoluto. Algunas se encuentran a menudo en la práctica; otras, en cambio, son raras y aun excepcionales, detalle que hemos cuidado mencionar. Todas estas últimas indicaciones han sido provistas por los Espíritus, quienes, por otra parte, revisaron el cuadro con particular esmero, agregándole muchas observaciones y categorías nuevas, de manera que es, si así podemos decirlo, una obra completamente suya. En cuanto a nosotros, pusimos entre comillas sus observaciones textuales cada vez que nos pareció necesario hacerlas resaltar. En su mayoría pertenecen a los Espíritus de *Erasto* y de *Sócrates*.

187. Es posible dividir a los médiums en dos categorías principales, a saber:

MÉDIUMS DE EFECTOS FÍSICOS; los que tienen el poder de producir fenómenos materiales o manifestaciones ostensibles (nº 160).

MÉDIUMS DE EFECTOS INTELECTUALES. Aquellos que están más especialmente dotados para recibir y transmitir comunicaciones inteligentes (nos. 65 y ss).

Todas las restantes variedades se relacionan en forma más o menos directa con una u otra de las dos categorías consignadas, y algunas participan de ambas. Si se analizan los diferentes fenómenos producidos bajo el influjo mediúmnico se comprobará que en todos ellos hay un efecto físico, y que a los efectos físicos se agrega casi siempre uno inteligente. A veces resulta difícil establecer el límite entre los efectos físicos y los inteligentes, pero esto no conduce a ninguna consecuencia. Ahora bien, catalogamos bajo la denominación de *médiums de efectos intelectuales* a aquellos que pueden más especialmente servir de intermediarios para comunicaciones regulares y continuadas (nº 133).

188. *Variedades comunes a todos los géneros de mediumnidad.*

Médiums sensitivos. Personas capaces de sentir la presencia de los Espíritus por una impresión general o local, vaga o material. Las más de ellas distinguen por el tipo de impresión recibida, cuándo un Espíritu es bueno y cuándo es malo (nº 164).

«Los médiums delicados y muy sensitivos deben abstenerse de comunicaciones con Espíritus violentos o cuya impresión les resulte penosa, a causa de la fatiga que les provoca.»

Médiums naturales o inconscientes, Los que provocan los fenómenos de manera espontánea, sin ninguna participación de su voluntad, y casi siempre sin saberlo (nº 161).

Médiums facultativos o voluntarios. Aquellos que tienen el poder de producir los fenómenos por un acto de su voluntad (nº 160).

«Por mucha que sea su voluntad, nada podrán hacer si los Espíritus se rehúsan a ello, lo que prueba la intervención de un poder exterior.»

189. *Variedades especiales para los efectos físicos*

Médiums tiptólogos. Aquellos por cuya influencia se originan ruidos y golpes, con o sin intervención de la voluntad del médium. Variedad muy común.

Médiums motores. Los que causan movimientos de los cuerpos inertes. Son también muy comunes (nº 6l).

Médiums de traslaciones y suspensiones. Los que ocasionan el traslado por aire, y la suspensión en la atmósfera, de cuerpos inertes sin ningún punto de apoyo. Los hay que pueden levitarse a sí mismos. Estos últimos son muy escasos, y aquéllos, más o menos raros, según sea la intensidad del fenómeno (nos. 75 y ss; nº 80).

Médiums de efectos musicales. Producen la activación de ciertos instrumentos musicales, de manera que éstos ejecutan música por sí solos, sin contacto físico. Muy escasos (nº 74, pregunta 24).

Médiums de apariciones. Causan el fenómeno de las apariciones fluídicas o tangibles, visibles para los asistentes a la sesión. Muy excepcionales (nº 100, pregunta 27; nº 104).

Médiums de aportes. Aquellos que pueden oficiar de auxiliares de los Espíritus para el aporte de objetos materiales. Constituyen una variedad de los médiums motores y de traslaciones, y son excepcionales (nº 96).

Médiums nocturnos. Los que logran ciertos efectos físicos sólo en la oscuridad. He aquí la respuesta proporcionada por un Espíritu a la pregunta que se le formuló, en el sentido de saber si se puede considerar que estos médiums forman una variedad:

«Ciertamente, se puede conceptuarlos una especialidad mediúnmica, pero el fenómeno depende más de las condiciones ambientes que de la naturaleza misma del médium o de los Espíritus. Debo agregar que algunos escapan a esta influencia del ambiente, y que la mayoría de los médiums nocturnos podrían llegar, por la ejercitación, a operar tanto en la luz como en la oscuridad. Esta variedad mediúnmica es poco numerosa, y (hay que decirlo), amparándose en tal circunstancia, que da plena libertad al uso de trucos, de la ventriloquia y de los tubos acústicos, los charlatanes han abusado con frecuencia de la credulidad de las gentes, fingiéndose médiums con el propósito de hacer su agosto. Pero ¿qué importa eso? Los truhanes de salón, como los de las ferias de diversiones, serán desenmascarados sin piedad, y los Espíritus les demostrarán que no es conveniente inmiscuirse en sus trabajos. Lo repito: a algunos charlatanes se les dará en los dedos con rudeza bastante para desalentarlos del oficio de falsos médiums a que se dedican. Por lo demás, esto durará poco.»

(ERASTO)

Médiums neumatógrafós. Son los que obtienen el fenómeno de la escritura directa, que es muy raro y sobre todo, harto fácil de imitar por los farsantes (nº 177).

Observación. Contra nuestra opinión, los Espíritus insistieron para que la escritura directa fuese incluida entre los fenómenos de carácter físico, porque decían que «los efectos inteligentes son aquellos para los cuales el Espíritu se sirve de los elementos del cerebro del médium, lo que no sucede en la escritura directa. La acción del médium es aquí completamente material, mientras que en los médiums escribientes —aun los que son del todo mecánicos— el cerebro representa siempre un rol activo».

Médiums curadores. Los que poseen el don de curar o aliviar, enfermedades mediante la imposición de manos o la plegaria.

«Esta facultad no es esencialmente mediúnmica: la tienen todos los verdaderos creyentes, sean médiums o no. Con frecuencia suele ser tan sólo una exaltación del poder magnético, vigorizado, en caso de necesidad, con la ayuda de los Espíritus buenos» (nº 175).

Médiums excitadores. Personas que tienen el poder de desarrollar en los demás, por su influencia, la facultad de la escritura automática.

«Este es más bien un efecto magnético que un fenómeno mediúmnico, propiamente dicho, porque nada prueba que intervenga en él un Espíritu. De todas maneras, pertenece al orden de los efectos físicos.» (Consúltese el capítulo «Formación de los médiums»).

190. *Médiums especiales para efectos intelectuales. Aptitudes diversas*

Médiums auditivos. Los que escuchan a los Espíritus. Son bastante comunes (nº 165).

«Hay muchos que se figuran escuchar lo que no está sino en su propia imaginación.»

Médiums parlantes. Los que hablan bajo el influjo de los Espíritus. Muy comunes (nº 166).

Médiums videntes. Aquellos que, encontrándose en estado de vigilia, ven a los Espíritus. La vista accidental y fortuita de un Espíritu, en una circunstancia particular, es bastante frecuente. Pero el hecho de ver habitual o facultativamente a los Espíritus, sin distinción, es excepcional (nº 167).

«Se trata de una aptitud a la que se opone el actual estado del organismo humano. De ahí que sea prudente no creer siempre en la palabra de los que aseguran ver a los Espíritus, cuando no aportan pruebas al respecto.»

Médiums inspirados. Los que reciben pensamientos sugeridos por los Espíritus, casi siempre sin saberlo el médium mismo, ya sea para las acciones comunes de la vida diaria, o bien para las tareas intelectuales importantes (nº 182).

Médiums de presentimientos. Personas que, en determinadas circunstancias, tienen una vaga intuición de los acontecimientos futuros comunes (nº 184).

Médiums proféticos. Variedad de los médiums inspirados o los de presentimientos. Con el permiso de Dios reciben, de manera más precisa que los médiums de presentimientos, la revelación de hechos venideros de interés general, que se les encomienda dar a conocer a los hombres, a fin de instruirlos.

«Si es cierto que hay auténticos profetas, no lo es menos que los falsos abundan más todavía, y estos últimos confunden las quimeras de su imaginación con las revelaciones, cuando no son bribones que se hacen pasar por profetas para satisfacer su ambición.» (Véase *El Libro de los Espíritus*, nº 624, acerca de las características del auténtico profeta.)

Médiums sonámbulos. Los que, hallándose en trance sonambúlico, son asistidos por Espíritus (nº 172).

Médiums extáticos. Aquellos que en estado de éxtasis reciben revelaciones de los Espíritus.

«Muchos extáticos son víctimas de su propia imaginación y de los Espíritus embusteros, que se aprovechan de su exaltación. En cambio, los que merezcan entera confianza suelen ser sobremanera raros.»

Médiums pintores y dibujantes. Los que pintan o dibujan bajo la influencia de los Espíritus. Hablamos de aquellos que logran resultados serios, ya que no se podría dar este nombre a ciertos médiums a quienes los Espíritus burlones hacen producir cosas grotescas que el más atrasado de los escolares desaprobaría.

Los Espíritus frívolos son imitadores. En la época en que aparecieron los notables diseños de Júpiter surgió un gran número de presuntos médiums dibujantes, y algunos Espíritus burlones se divertían haciéndoles ejecutarlas obras más ridículas. Uno de esos Espíritus, queriendo eclipsar los diseños de Júpiter, si no por su calidad, al menos por el tamaño, hizo que un médium dibujara un monumento que para alcanzar la altura de dos pisos ocupaba gran número de páginas. Otros muchos hicieron trazar supuestos retratos y, que no eran tales, sino verdaderas caricaturas. (Consúltese la *Revue spirite*, agosto de 1858).

Médiums músicos. Los que ejecutan, componen o escriben música bajo el influjo de los Espíritus. Hay médiums músicos mecánicos, semimecánicos, intuitivos e inspirados, como ocurre con las comunicaciones literarias. (Véase «Médiums de efectos musicales».)

VARIEDADES DE LOS MÉDIUMS ESCRIBIENTES

191. 1) *Según la forma de ejecución*

Médiums escribientes o psicógrafos. Poseen la facultad de escribir por sí mismos bajo la influencia de los Espíritus.

Médiums escribientes mecánicos. Aquellos cuya mano recibe un impulso involuntario y que no tienen ninguna conciencia de lo que escriben. Muy escasos (nº 179).

Médiums semimecánicos. En éstos la mano trabaja involuntaria, pero van teniendo conciencia instantánea de las palabras o frases a medida que escriben. Son los más comunes (nº 181).

Médiums intuitivos. Aquellos con quienes los Espíritus se comunican mediante el pensamiento, pero guían la mano por su propia voluntad. Difieren de los médiums inspirados en que estos últimos no tienen necesidad de escribir, en tanto el médium intuitivo escribe instantáneamente el pensamiento que le es sugerido acerca de un tema específico y provocado (nº 180).

«Son muy comunes, pero también están muy expuestos a incurrir en error, porque muchas veces no pueden distinguir entre lo que procede de los Espíritus y lo que es producto de su propia mente.»

Médiums polígrafos. Son los que, 1) cambian de tipo de escritura conforme al Espíritu que se comunica; o 2) son aptos para reproducir la letra que el Espíritu tenía como ser encarnado. El primer caso es muy común. El segundo, más raro (nº 219).

Médiums políglotas. Aquellos que poseen la facultad de hablar o escribir en idiomas que desconocen. Muy escasos.

Médiums analfabetos o iletrados. Los que en estado mediúmnico escriben, pese a que no sepan leer ni escribir en su estado normal.

«Más raros que los anteriores. Hay mayores dificultades materiales que vencer.»

192. 2) *Según el desarrollo de la facultad*

Médiums bisoños. Aquellos cuyas facultades no se han desarrollado todavía por completo y que carecen de la necesaria experiencia.

Médiums improductivos. Los que sólo consiguen obtener resultados insignificantes, como monosílabos, rasgos o letras sueltas. (Consúltese el capítulo «Formación de los médiums»).

Médiums desarrollados o formados. En éstos las facultades mediúmnicas están desarrolladas por entero: transmiten las comunicaciones recibidas con facilidad, con prontitud y sin vacilación. Se comprende que esto sólo pueda lograrse por medio del hábito, mientras que en los médiums bisoños las comunicaciones son lentas y dificultosas.

Médiums lacónicos. Aquellos cuyas comunicaciones, aunque fáciles, se caracterizan por su brevedad y falta de desarrollo.

Médiums explícitos. Las comunicaciones que obtienen poseen toda la amplitud y extensión que se espera de un escribiente consumado.

«Tal aptitud depende de la expansión y facilidad de combinación de los fluidos. Los Espíritus buscan a esta variedad de médiums para tratar temas que exigen grandes desarrollos.»

Médiums experimentados. La facilidad operativa es una cuestión de hábito, que muchas veces se adquiere en corto tiempo, al paso que la experiencia constituye el resultado de un estudio serio de todas las dificultades que en la práctica del espiritismo surgen. La experiencia otorga al médium el tacto necesario para apreciar la naturaleza de los Espíritus manifestantes, evaluar sus buenas o malas cualidades por los indicios más sutiles, descubrir las falsedades de los Espíritus embusteros que se ocultan tras las apariencias de la verdad. Se comprenderá fácilmente la importancia de esta cualidad, sin la cual todas las demás pierden su utilidad real. Lo malo es que muchos médiums confunden la experiencia —fruto del estudio— con la aptitud —producto del organismo—. Se consideran diplomados como médiums sólo porque escriben con fluidez. Repudian todos los consejos que se les ofrecen y se convierten en presa de Espíritus mentirosos e hipócritas, que conquistan su simpatía halagando su orgullo. (Consúltese el capítulo «De la obsesión»).

Médiums flexibles. Aquellos cuya facultad se presta más fácilmente a los diversos géneros de comunicaciones, y mediante los cuales todos o casi todos los Espíritus pueden manifestarse, espontáneamente o por evocación.

«Esta variedad de médiums se acerca mucho a la de los médiums sensitivos.»

Médiums exclusivos. Son aquellos que reciben con preferencia los mensajes de determinado Espíritu, excluyendo a los demás. Este Espíritu suele responder por los que son llamados a través de dicho médium.

«Esto proviene siempre de falta de flexibilidad. Cuando el Espíritu es bueno, podrá apegarse al médium por razones de simpatía y con un fin loable. Pero sí aquél es malo, procederá en todos los casos con miras a poner al médium bajo su dependencia. Se trata más bien de un defecto que de una cualidad, y muy cercano a la obsesión.» (Véase el capítulo «De la obsesión»).

Médiums de evocaciones. Los médiums flexibles son, por su naturaleza misma, los más adecuados para este tipo de comunicaciones, mostrándose más aptos para responder a preguntas específicas que se formulen a los Espíritus. Hay, para la evocación, médiums completamente especiales.

«Sus respuestas se mantienen casi siempre dentro de un marco restringido, incompatible con el desarrollo de temas generales.»

Médiums de dictados espontáneos. Tienen preferencia por recibir comunicaciones espontáneas de Espíritus que se presentan sin ser llamados. Cuando en un médium esta facultad es especial resulta difícil (imposible, a veces) hacer por su intermedio una evocación.

«Sin embargo, están mejor equipados que los de la variedad anterior. Comprended que el aludido equipamiento está referido a sus elementos cerebrales, porque es preciso poseer en muchas ocasiones (siempre, mejor dicho) una mayor suma de inteligencia para los dictados espontáneos que para las evocaciones. Y entended por dictados espontáneos los que merecen de veras este nombre, y no algunas frases incompletas o unos pocos pensamientos vulgares, que se encuentran en cualquier anaquel.»

193. 3) *Según el género y la especialidad de las comunicaciones*

Médiums versificadores. Obtienen con más facilidad que otros comunicaciones versificadas. Son bastante comunes para las malas poesías, pero muy raros para las buenas.

Médiums poéticos. Sin ser versos propiamente dichos, los mensajes que obtienen rezuman algo de vaporoso y sentimental. Nada en estos médiums es rudo. Son, en mayor medida que otros, apropiados para la expresión de los sentimientos tiernos y afectuosos. Todo en ellos es vago, y sería inútil pedirles alguna precisión. Muy comunes.

Médiums positivos. En general, sus comunicaciones suelen ostentar un carácter de nitidez y precisión que se presta de buen grado a la minuciosidad en los detalles, así como a las informaciones exactas. Bastante escasos.

Médiums literarios. No poseen ni la vaguedad de los médiums poéticos ni el vuelo corto, a ras de tierra, de los médiums positivos. Pero disertan con sagacidad. Su estilo es correcto, elegante, y muchas veces de una elocuencia notable.

Médiums incorrectos. Pueden obtener excelentes comunicaciones pensamientos de una moralidad irreprochable, pero su estilo es difuso, incorrecto, y está sobrecargado de repeticiones y de términos impropios.

«La incorrección formal del estilo se debe, generalmente, a la falta de cultura del médium, quien desde ese punto de vista no es un buen instrumento para el Espíritu. Mas éste concede poca importancia al estilo, ya que para él lo esencial es el pensamiento, de modo que os deja en libertad de darle la forma conveniente. En cambio, no sucede lo mismo con las ideas falsas e ilógicas que una comunicación pueda contener: estas últimas constituyen siempre un indicio de la inferioridad del Espíritu manifestante.»

Médiums historiadores. Poseen una aptitud especial para el desarrollo de temas históricos. Esta facultad, como todas las otras, es independiente de los conocimientos del médium, pues vemos gentes sin instrucción (y hasta niños) tratando tópicos que se hallan muy por encima de su alcance. Los médiums historiadores son una variedad de los médiums positivos, y no abundan.

Médiums científicos. Conste que no decimos médiums *sabios*, ya que pueden ser sobremanera ignorantes. Con todo, se muestran más especialmente dotados para las comunicaciones de carácter científico.

Médiums medicinales. Su especialidad consiste en servir más fácilmente de intérpretes a los Espíritus para las prescripciones médicas. No hay que confundirlos con los *médiums curativos,* pues sólo se limitan a transmitir el pensamiento del Espíritu, y por sí mismos no poseen ninguna influencia. Bastante comunes.

Médiums religiosos. Reciben sobre todo mensajes de índole religiosa, o que tratan cuestiones de religión, sin que en ello intervengan ni sus propias creencias ni sus hábitos.

Médiums filósofos y moralistas. Sus comunicaciones casi siempre tienen por objeto los temas de moral y alta filosofía. Muy comunes en lo que se refiere a la moral.

> «Todos estos matices de la mediumnidad son diferencias de aptitudes de los buenos médiums. En cuanto a los que muestran una aptitud particular para ciertas comunicaciones científicas, históricas, médicas u otras, por encima de su alcance actual, persuadíos de que han poseído tales conocimientos en una vida anterior, los que permanecieron en ellos en estado latente, formando parte de los elementos cerebrales necesarios al Espíritu que se manifiesta; elementos que facilitan a éste la vía para transmitir sus propias ideas, pues esos médiums son para él instrumentos más inteligentes y dúctiles que lo que podría ser un médium tosco, sin pulimento ni instrucción.»
>
> (ERASTO)

Médiums de comunicaciones vulgares y obscenas. Estas palabras definen el tipo de comunicaciones que ciertos médiums reciben habitualmente, y la naturaleza de los Espíritus que las transmiten. Quienquiera haya estudiado el mundo invisible en todos los grados de la escala espírita (véase *El Libro de los Espíritus*, nº 100) sabrá que existen Espíritus desencarnados cuya perversidad iguala a la de los hombres más depravados, y que se complacen en expresar sus ideas en los más groseros términos. Otros, menos abyectos, se conforman con expresiones vulgares. Se comprende que esta variedad de médiums deseen verse libres de la preferencia que les otorgan tales Espíritus, y sin duda envidian a aquellos que, en los mensajes que reciben, no han tenido jamás una palabra indecorosa. Haría falta una extraña aberración mental, y renunciar por completo al buen sentido, para creer que semejante lenguaje pueda pertenecer a los Espíritus buenos.

194. 4) *Según las cualidades físicas del médium*

Médiums serenos. Escriben siempre con cierta lentitud, sin experimentar la menor agitación.

Médiums veloces. Éstos, en cambio, escriben con una rapidez mayor que la que podrían alcanzar en su estado normal. Los Espíritus se comunican a través de ellos con la celeridad del relámpago. Se diría que hay en esos médiums una superabundancia de fluido que les posibilita identificarse de manera instantánea con el Espíritu manifestante. Cualidad que no deja de tener a veces su inconveniente, por cuanto la velocidad de la escritura hace a ésta muy difícil de leer por cualquier otra persona que no sea el médium mismo.

«Y es incluso una cualidad muy cansadora, pues dilapida, inútilmente demasiado fluido.»

Médiums convulsivos. Permanecen en un estado de sobreexcitación punto menos que febril. Su mano (y a veces su cuerpo todo) se agita con un temblor que no son capaces de controlar. La causa principal de esto reside, sin duda, en el organismo, pero también depende mucho de la condición de los Espíritus comunicantes. Los Espíritus buenos y benévolos producen siempre una impresión suave y grata. La impresión que hacen los malos resulta, por el contrario, penosa.

«Es preciso que estos médiums utilicen muy poco su facultad, ya que el uso demasiado frecuente de ella podría afectar el equilibrio de su sistema nervioso.» (Capítulo «Identidad de los Espíritus», el epígrafe «Distinción entre los buenos y malos Espíritus).

195. 5) *Según las cualidades morales del médium.*

Los mencionaremos aquí en forma sumaria, para constancia y con el fin de completar el cuadro sinóptico, visto que serán tratados más adelante, en capítulos especiales sobre la influencia moral de los médiums, la obsesión, la identidad de los Espíritus, etc. Recomendamos al lector dedique particular atención a dichos capítulos, en los cuales verá la influencia que las cualidades y los defectos de los médiums pueden ejercer sobre la seguridad de las comunicaciones, así como cuáles son los médiums que razonablemente podrán ser tenidos por buenos y cuáles otros por imperfectos.

196. Médiums *imperfectos.*

Médiums obsesos. Los que no pueden desembarazarse de Espíritus importunos y embaucadores, pero no se dejan engañar por ellos.

Médiums fascinados. Aquellos que son engañados por Espíritus impostores y se ilusionan con la índole de las comunicaciones que reciben.

Médiums subyugados. Los que sufren una dominación moral, y muchas veces también física, por parte de malos Espíritus.

Médiums frívolos. Éstos no toman en serio su facultad, y sólo se sirven de ella como diversión, o para cosas fútiles.

Médiums indiferentes. Son los que no extraen ningún beneficio moral de las instrucciones que reciben, y no modifican en nada su conducta ni sus hábitos.

Médiums presuntuosos. Tienen la pretensión de ser los únicos relacionados con Espíritus superiores. Están persuadidos de su infalibilidad y consideran inferior y erróneo todo lo que no provenga de ellos mismos.

Médiums orgullosos. Son aquellos que se envanecen de las comunicaciones que obtienen. Creen saberlo todo sobre espiritismo, y no piensan que estén destinadas a ellos las lecciones que a menudo les imparten los Espíritus. No se conforman con las facultades que tienen, pues querrían poseerlas todas.

Médiums susceptibles. Variedad de los médiums orgullosos. Los hieren las críticas de que pueden ser objeto sus comunicaciones. Se enfadan tan pronto como se les contradice, y si muestran lo que han obtenido, es para cosechar admiración hacia ello, no para pedir opiniones al respecto. Generalmente, toman aversión a las personas que no los aplauden sin reservas, y desertan de las reuniones donde no pueden imponerse y dominar a los demás.

«Dejadles que vayan a pavonearse en otros lugares y buscar oídos más complacientes que los vuestros, o se encierren en el aislamiento. Las reuniones a las que privan de su presencia no pierden gran cosa.»

(ERASTO)

Médiums mercenarios. Los que explotan su facultad.

Médiums ambiciosos. Aquellos que, sin poner precio al uso de su facultad, esperan extraer de ella cualquier tipo de ventaja.

Médiums de mala fe. Poseyendo facultades reales, éstos simulan las que no tienen, con el objeto de darse importancia. (No es posible conceder el título de médiums a los charlatanes que desprovistos de toda facultad mediúmnica, tan sólo producen falsos fenómenos con propósitos de exhibicionismo).

Médiums egoístas. Sólo se sirven de su facultad en su beneficio personal, y guardan para sí mismos las comunicaciones que reciben.

Médiums celosos. Miran con animadversión a otros médiums que gozan de mayor aprecio y son superiores a ellos.

Todas las cualidades negativas que acabamos de enumerar tienen necesariamente sus contrapartes positivas.

197. *Buenos médiums*

Médiums serios. Sólo utilizan su facultad para el bien y las cosas en verdad útiles. Creerían profanarla si la emplearan para satisfacer a los curiosos e indiferentes, o con fines triviales.

Médiums modestos. Aquellos que no se atribuyen ningún mérito por las comunicaciones que obtienen, por muy bellas que sean. Se consideran a sí mismos como ajenos a sus trabajos y no creen estar a cubierto de eventuales supercherías. Muy al contrario de desdeñar las opiniones desinteresadas, las piden.

Médiums consagrados. Los que han comprendido que el médium auténtico debe cumplir una misión y, en caso necesario, ha de sacrificar sus preferencias, hábitos, placeres, tiempo, y hasta sus intereses materiales, en bien del prójimo.

Médiums seguros. Además de su facilidad operativa, éstos merecen la mayor confianza, por su carácter mismo, por la naturaleza elevada de los Espíritus que los asisten, y también porque son los menos expuestos a ser víctimas de engaños. Más adelante veremos que tal seguridad no depende, en modo alguno, de los nombres más o menos respetables que puedan atribuirse los Espíritus comunicantes.

«Es incontestable (bien os dais cuenta de ello) que al exponer de esta manera las cualidades y defectos de los diversos médiums, esto suscitará contrariedades e incluso aversión en algunos. Pero ¿qué importa? La mediumnidad se difunde cada día más, y el médium al cual caigan mal estas reflexiones probará que no es buen médium, o sea, que lo asisten malos Espíritus. Por lo demás, como lo dije ya, todo esto durará sólo un tiempo, y los malos médiums, que abusan de sus facultades o las emplean mal, sufrirán deplorables consecuencias, conforme ha sucedido ya a algunos de ellos. A costa suya aprenderán lo caro que sale el haber puesto al servicio de sus pasiones terrestres a un don que Dios sólo les había concedido para su adelanto moral. Si no podéis volverlos al recto camino, lamentadlo, porque —puedo decíroslo— son réprobos de Dios.»

(ERASTO)

«Este cuadro es de suma importancia, no sólo para los médiums sinceros, que al leerlo tratarán, con buena fe, de preservarse de los escollos a que están expuestos, sino también para todos aquellos que se valen de médiums, por cuanto les dará la medida de lo que pueden racionalmente esperar. Deberían tenerlo siempre ante sus ojos quienesquiera se ocupen de manifestaciones mediúnmicas, así como también la escala espírita, de la cual es complemento; estos dos cuadros resumen todos los principios de la doctrina y contribuirán, más de lo que creéis, a reconducir al espiritismo a su verdadera senda.»

(SÓCRATES)

198. Todas estas variedades de médiums presentan un número incalculable de grados de intensidad. Hay muchos que no constituyen, propiamente hablando, sino matices, pero no por ello dejan de ser el resultado de aptitudes especiales. Como se comprenderá, sería bastante raro que la facultad de un médium se circunscribiera rigurosamente a un solo género. Sin duda, un mismo médium puede poseer varias aptitudes, pero entre ellas habrá siempre una que predomine, y es la que debe cultivar, si se trata de una aptitud útil. Grave error es querer desarrollar una facultad que no existe en uno. Hay que cultivar todas aquellas cuyo germen se reconoce tener en sí. Pero perseguir la adquisición de las otras es, en primer lugar, una pérdida de tiempo, y en segundo, malograr tal vez, debilitar seguramente, las que se poseen.

«Cuando hay el principio, el germen de una facultad, ésta se manifiesta siempre mediante signos inequívocos. Al limitarse a su especialidad, el médium puede descollar y obtener grandes y bellas producciones. En cambio, si se ocupa de todo, no logrará nada bueno. Notad de paso que el deseo de extender indefinidamente el ámbito de sus facultades es una pretensión orgullosa, que jamás dejan sin castigo los Espíritus: los buenos abandonan en todos los casos al presuntuoso médium, el cual entonces se convierte en víctima de los Espíritus embusteros. Por desdicha, no, raro ver médiums que no se contentan con los dones que han recibido y, por amor propio o ambición, aspiran a poseer facultades excepcionales, que les permitan sobresalir. Ahora bien, esa pretensión les quita cualidad más valiosa: la del médium seguro.»

(SÓCRATES)

199. El estudio de la especialidad de los médiums es necesario no sólo para éstos, sino también para el evocador. Según sea la naturaleza del Espíritu a quien se desea llamar y las preguntas que se le formularán, conviene escoger el médium más apto para ello. Dirigirse al primero que llegue es exponerse a recibir respuestas incompletas o erróneas.

Hagamos una comparación con hechos comunes. No se confiará la redacción de un escrito, ni siquiera una simple copia, a cualquiera que se presente, por el simple motivo de que sepa escribir. O si no, supongamos que un músico quiere hacer ejecutar un fragmento cantable de su obra. Dispone de varios cantantes, todos ellos virtuosos. Sin embargo, no los tomará al azar: escogerá por intérprete a aquel cuya voz y expresión, todas sus cualidades, en suma, armonicen mejor con la índole de su composición. Pues bien, los Espíritus proceden igual con respecto a los médiums, y nosotros debemos hacer como los Espíritus.

Es de notar, asimismo, que los matices que la mediumnidad exhibe, y a los cuales podríamos aún agregar otros que no hemos mencionado, no siempre están en relación con el carácter del médium. Así por ejemplo, un médium que por naturaleza sea alegre y jovial podrá recibir, habitualmente, comunicaciones serias, severas. Y a la inversa. Es esta una prueba evidente más de que el médium opera bajo el impulso de una influencia exterior a él mismo. Volveremos sobre este tópico en el Capítulo XX: «Influencia moral del médium».

CAPÍTULO XVII

FORMACIÓN DE LOS MÉDIUMS

Desarrollo de la mediumnidad. — Cambio de escritura. — Pérdida y suspensión de la mediumnidad.

Desarrollo de la mediumnidad

200. Aquí nos ocuparemos, en especial, de los médiums escribientes, porque es el género de mediumnidad más difundido y, además, por ser a la vez el más sencillo, cómodo, y que da resultados más satisfactorios y completos. Por esto es el tipo de mediumnidad que todos ambicionan poseer; pero, por desgracia, hasta la fecha no se dispone de ningún indicio cierto capaz de señalar, aunque fuera aproximadamente, la presencia de esa facultad en una persona. Los signos físicos en que algunos han creído ver pruebas de ella no ofrecen nada positivo. La encontramos en niños y ancianos, en hombres y mujeres, sean cuales fueren su temperamento, estado de salud, grado de desarrollo intelectivo y moral. Sólo hay un medio para verificar la existencia de la facultad: experimentarla.

Es posible obtener escritura automática —según vimos ya— por medio de cestillas y tablitas, o directamente con la mano. Puesto que este último procedimiento resulta ser el más fácil, se puede afirmar que es el único empleado en la actualidad, y el que recomendamos se ensaye con preferencia. Ponerlo en práctica es muy simple: consiste apenas en proveerse de lápiz y papel y sentarse en la posición habitual de escribir, sin otro preparativo. Pero, para obtener buen éxito en la empresa, es indispensable tener en cuenta muchas recomendaciones.

201. En lo que se refiere a las disposiciones materiales, encarecemos se evite todo lo que pueda constituir una molestia para el libre movimiento de la mano. Incluso es preferible que ésta no apoye con firmeza sobre la hoja de papel. La punta del lápiz, en cambio, sí debe apoyar lo suficiente para que pueda trazar los caracteres, aunque no con tanta presión como para oponer resistencia al desplazamiento. Todas estas precauciones sólo tienen validez para el que se inicia, y se tornan superfluas cuando se ha llegado a escribir de corrido, porque entonces ningún obstáculo podría detener la operación.

202. Es indiferente utilizar pluma o lápiz. Algunos médiums prefieren la pluma, pero ésta sólo podrá ser adecuada para quienes se han formado ya en la escritura automática y escriben en forma pausada. Otros lo hacen con tal velocidad que el uso de la pluma resultaría casi imposible o, al menos, muy incómodo. Lo propio acontece cuando la escritura es brusca e irregular, o si se está tratando con Espíritus violentos, que golpean con la punta de la pluma, quebrándola y desgarrando el papel.

203. El deseo de todo aspirante a médium consiste, como es natural, en poder conversar con los Espíritus de las personas que le son queridas, pero debe moderar su impaciencia, pues la comunicación con un Espíritu determinado ofrece a menudo dificultades materiales que la tornan imposible para el principiante. Para que un Espíritu pueda comunicarse es preciso que entre él y el médium existan relaciones fluídicas que no siempre se establecen en forma instantánea. Por eso, sólo a medida que la facultad se va desarrollando adquiere poco a poco el médium la aptitud necesaria para entablar relaciones con el primer Espíritu que acuda. Además, es posible que aquel Espíritu con el cual se desea comunicarse no esté en condiciones propicias para hacerlo, a despecho de su presencia allí, como también puede ser que no tenga ni la posibilidad ni el permiso de acudir al llamado que se le hace. De ahí que convenga, al comienzo, no obstinarse en pedir la comunicación con un Espíritu determinado, excluyendo a los demás, porque muchas veces sucede que no es con ése con quien las relaciones fluídicas se establecen con mayor facilidad, por muy grande que sea la simpatía que se le tenga. Por tanto, antes de pensar en obtener comunicaciones con tal o cual Espíritu hay que activar el desarrollo de la facultad mediúnmica, y para esto es menester que hagamos un llamamiento general y nos dirijamos, sobre todo, a nuestro ángel de la guarda.

No existen aquí fórmulas sacramentales. Quienquiera pretenda dar una puede ser tildado de impostor sin vacilación, porque para los Espíritus la forma no significa nada. No obstante, la evocación debe hacerse siempre en nombre de Dios, y es posible emplear los términos siguientes u otros similares: *Ruego a Dios Todopoderoso permita a un Espíritu bueno comunicarse conmigo y hacerme escribir. Ruego también a mi ángel de la guarda tenga a bien asistirme y apartar de mí a los malos Espíritus*. Se espera entonces a que un Espíritu se manifieste haciendo escribir algo. Puede que sea el que deseamos, como también podrá ser un Espíritu desconocido o nuestro ángel de la guarda. Sea cual de ellos fuere, generalmente se da a conocer escribiendo su nombre. Mas entonces se plantea el problema de la identidad del uno de los que requieren mayor acopio de experiencias, pues hay pocos principiantes que no estén expuestos a ser engañados. Más adelante dedicaremos al tema un capítulo especial.

Cuando se desea llamar a determinados Espíritus es esencialísimo, al principio, dirigirse tan sólo a aquellos que se saben buenos y simpatizan con el médium, y que pueden tener un motivo para acudir, como los Espíritus de parientes o amigos desencarnados, por ejemplo. En este caso, la evocación podrá hacerse en la forma que sigue*: En nombre de Dios Todopoderoso ruego al Espíritu de tal que se comunique conmigo.* O si no: *Ruego a Dios Todopoderoso permita al Espíritu de tal que se comunique conmigo*; o cualquier otra fórmula que responda al mismo pensamiento. Y no es menos necesario que las primeras preguntas que se le hagan sean formuladas de tal modo que su respuesta pueda ser simplemente un «sí» o un «no», como, por ejemplo: *¿Estáis ahí? ¿Quieres responderme? Puedes hacerme escribir?*, etc. Más tarde, esta precaución será inútil, pero al comienzo sólo se trata de establecer la relación. Lo esencial es que la pregunta no sea fútil, que no se refiera a cosas de interés privado y, sobre todo, que constituya la expresión de un sentimiento bondadoso y simpático para el Espíritu a quien se dirige. (Véase más adelante el capítulo especial «De las evocaciones».

204. Algo que se ha de observar, y más importante que la forma de la evocación, es la calma y el recogimiento en que debemos hallarnos, unidos a un anhelo ardiente y firme voluntad de obtener buen éxito, Ahora bien, por voluntad no entendemos un deseo efímero, que obra por impulsos bruscos y a cada momento es interrumpido por otras preocupaciones. No, sino una voluntad seria, perseverante, sostenida, *sin impaciencia ni deseo febril*. El recogimiento es favorecido por la soledad, el silencio y el estar lejos de cuanto pueda causar distracciones. Entonces, sólo falta hacer una cosa: renovar todos los días las tentativas, durante diez minutos o un cuarto de hora como máximo cada vez, y esto a lo largo de quince días, un mes, dos y más, si es menester. Conocemos médiums que sólo se formaron después de seis meses de ejercitaciones, al paso que otros escriben fluidamente desde el primer intento.

205. Para evitar tentativas inútiles se puede interrogar, valiéndose de otro médium, a un Espíritu serio y elevado. Pero debemos hacer notar que cuando se plantea a los Espíritus la pregunta de si determinada persona es o no médium, casi siempre contestan de modo afirmativo, lo que no impide que los ensayos que se hagan a posterior sean infructuosos. Esto se explica con facilidad. Formulando al Espíritu una pregunta general, responderá también en forma general. Como sabemos, nada es más elástico que la facultad mediúnmica, ya que podrá presentarse con las más variadas formas y en grados muy diferentes. Así, puede que seamos médiums sin caer en la cuenta de ello, y en un sentido que no es el que pensamos. A la vaga pregunta de: «¿Soy médium?», el Espíritu podrá contestar que sí. En cambio, a otra más precisa: «¿Soy médium escribiente?», acaso diga que no. Igual, no hemos de olvidar la naturaleza del Espíritu interrogado. Los hay tan frívolos e ignorantes que responden a tontas y a locas, como verdaderos atolondrados. De ahí que hayamos recomendado dirigirse a Espíritus esclarecidos, quienes por lo general responden de buena gana a esta clase de preguntas e indican el mejor camino a seguir, si existen posibilidades de buen éxito.

206. Un procedimiento que con bastante frecuencia arroja buenos resultados, consiste en emplear como auxiliar momentáneo a un buen médium escribiente que sea dúctil y se halle del todo formado. Si apoya él su mano, o sus dedos, sobre nuestra mano que intenta obtener la escritura automática, será raro que esta última no lo haga de inmediato. Y es explicable lo que en esta circunstancia ocurre: nuestra mano, que sostiene el lápiz, se convierte en cierta forma en un apéndice de la mano del médium, como lo sería una cestilla o una tablita. Lo cual no impide que este ejercicio resulte muy útil cuando es posible hacerlo, pues si lo reiteramos con frecuencia y regularidad nos ayudará a superar el obstáculo material, provocando en nosotros el desarrollo de la facultad. A veces basta, inclusive, magnetizar fuertemente, con este propósito, el brazo y la mano del que quiere lograr la escritura automática. Y aun se da el caso frecuente de que el magnetizador se limite a apoyar su mano sobre el hombro de la persona que está ensayando, y hemos visto como esta última comienza a escribir al punto, al encontrarse bajo la influencia de aquél. Idéntico efecto se puede conseguir igualmente sin ningún contacto físico, sino por el solo medio de la voluntad. Es fácil comprender que la confianza que el magnetizador tiene en su propio poder para producir tal resultado debe de jugar aquí un papel importante, y que un magnetizador incrédulo, en cambio, poco o nada podría hacer.

En ocasiones, la ayuda de un guía experimentado suele ser utilísima, a fin de lograr que el principiante observe un gran número de pequeñas precauciones que muchas veces descuida, lo que va en detrimento de la rapidez de sus progresos. Tal ayuda es valiosa, sobre todo, para ilustrarlo acerca de la índole de las primeras preguntas que formulará al Espíritu Manifestante, y el modo de plantearlas. El rol del guía viene a ser como el de un profesor, del cual prescindimos cuando hemos adquirido suficiente habilidad.

207. Otro medio que también puede cooperar poderosamente al desarrollo de la facultad consiste en reunir a cierto número de personas, todas ellas animadas por el mismo deseo y unanimidad de intenciones. Acto seguido todas al mismo tiempo —en absoluto silencio y con un recogimiento religioso— ensayarán escribir, evocando cada una a su ángel de la guarda o a cualquier Espíritu simpático. Una de ellas puede asimismo hacer —sin designación especial y en nombre de todos los asistentes— un llamado general a los buenos Espíritus, diciendo, por ejemplo: *En nombre de Dios Todopoderoso rogamos a los Espíritus buenos tengan a bien comunicarse por intermedio de las personas aquí reunidas*. Raro será. que entre los presentes no haya uno o más que ofrezcan en seguida indicios de mediumnidad, o en poco tiempo comiencen a escribir, de corrido.

Lo que en tales circunstancias sucede es fácil de comprender. Esas personas, mancomunadas en sus intenciones, integran un todo colectivo cuyo poder y sensibilidad se hallan incrementados por una suerte de influencia magnética que coadyuva al desarrollo de la facultad. Entre los Espíritus atraídos por esta conjunción de voluntades los habrá que encuentren en alguno de los presentes el instrumento que conviene a sus fines. Si no es uno será otro el que utilicen.

Este sistema debe ponerse en práctica, sobre todo, en los grupos espíritas que carezcan de médiums o que no los tengan en numero suficiente.

208. Se han buscado procedimientos efectivos para formar médiums, como se buscaron también signos que permitieran diagnosticar la mediumnidad en una persona. Pero hasta la fecha no conocemos otros que sean más eficaces que los indicados en párrafos anteriores. Persuadidas de que el obstáculo para el desarrollo de la facultad es una resistencia completamente material, algunas personas pretenden vencerla por medio de una especie de gimnasia de brazos y cabeza que es dislocante. No describiremos este procedimiento que nos viene de allende el Atlántico, no sólo porque no tenemos ninguna prueba de su eficacia, sino por la convicción en que estamos de que puede ofrecer peligro para constituciones orgánicas delicadas, debido a la conmoción del sistema nervioso que provoca. Si en un individuo no existen los rudimentos de la facultad, nada podrá dárselos, ni siquiera la electrización, que con el mismo objeto se ha empleado sin ningún éxito.

209. En el aprendiz de médium no es la fe una condición *sine qua non*. No cabe duda de que secunda los esfuerzos realizados, pero no resulta indispensable. Basta con la pureza de intenciones, el deseo y la buena voluntad de lograrlo. Se ha visto a personas enteramente incrédulas asombrándose muchísimo al comprobar que escribían a pesar de sí mismas, al paso que creyentes sinceros no pueden conseguirlo. Lo cual prueba que esta facultad depende de una predisposición orgánica.

210. El primer signo de que se posee disposición para la escritura automática es una especie de estremecimiento del brazo y la mano. Poco a poco esta última va siendo arrastrada por un impulso que la voluntad no puede contrariar. A menudo sólo traza al principio rasgos desprovistos de significado, pero después los caracteres se van delineando cada vez con mayor claridad, y se adquiere por último la rapidez de la escritura corriente. En todos los casos se ha de abandonar la mano a su movimiento espontáneo, no oponiendo resistencia ni tampoco favoreciendo la propulsión.

Algunos médiums escriben, a partir de los primeros intentos, de corrido y con facilidad, cosa que a veces se da inclusive en la sesión inicial, aunque es bastante raro. Otros, durante mucho tiempo se limitan a trazar barras y realizar verdaderos ejercicios caligráficos. Dicen los

Espíritus que esto se hace para soltarles la mano. Si tales ejercicios se prolongan en exceso, o degeneran en signos ridículos, no cabrá duda de que se trata de un Espíritu que está divirtiéndose, por cuanto los Espíritus buenos nunca obligan al médium a hacer nada inútil. En este caso habrá que redoblar el fervor con que se evoca a los buenos Espíritus. Si a pesar de ello no hay un cambio favorable en la situación, es preciso suspender los intentos tan pronto como se compruebe que no se logra nada serio. Es posible reanudar los ejercicios cada día, pero conviene interrumpirlos a los primeros síntomas sospechosos, para no brindar satisfacción a los Espíritus burlones.

A estas observaciones agrega un Espíritu: «Hay médiums cuya facultad no es capaz de ir más allá del trazado de esos signos. Cuando, al cabo de varios meses, siguen obteniendo cosas insignificantes, como *sí* y *no*, es inútil persistir en el despilfarro de papel. Son médiums, pero *médiums improductivos*. Por otra parte, las primeras comunicaciones que se logren deben considerarse sólo ejercicios, que se confían a Espíritus secundarios. De ahí que no haya que darles mayor importancia, puesto que esos Espíritus son utilizados —si así vale decirlo— como maestros de escritura, para pulir o desbastar al médium novel. No creáis jamás que los que hacen ejecutar al médium tales ejercicios preparatorios sean Espíritus superiores. Ahora bien, sucede que, si el médium no se propone un objetivo serio, esos Espíritus secundarios permanecen a su lado, apegándose a él. Casi todos los médiums han pasado por este crisol antes de desarrollarse. A ellos toca hacer lo necesario para obtener la simpatía de los Espíritus en verdad superiores.»

211. El escollo con que chocan la mayoría de los médiums bisoños consiste en tener que vérselas con Espíritus inferiores, y deben considerarse dichosos cuando no son sino Espíritus frívolos. Toda su atención ha de tender a no permitirles tomar pie, porque una vez que se han afirmado no resulta siempre fácil desembarazarse de ellos. Es este un punto esencial (sobre todo al comienzo), que si no se adoptan la precauciones necesarias se puede perder el fruto de las más hermosas facultades.

Lo primero es que el médium, animado de fe sincera, se ponga bajo la protección de Dios, y pida la asistencia de su ángel de la guarda.

Éste siempre es bueno, en tanto que los Espíritus familiares, puesto que simpatizan con las buenas o malas cualidades del médium, podrán en ocasiones ser frívolos y hasta malvados.

Lo segundo es dedicarse con absoluto cuidado a reconocer, mediante todos los indicios que provee la experiencia, la naturaleza de los primeros Espíritus que se comuniquen, y de los cuales es siempre prudente desconfiar. Si se advierten signos sospechosos, es preciso que el médium haga un ferviente llamamiento a su ángel de la guarda y rechace con toda su energía al Espíritu malo, probándole que no le engaña, a fin de desalentarlo de su propósito. Por esta razón, es indispensable el estudio previo de la teoría, si se desea evitar los obstáculos que son inseparables de la inexperiencia. A este respecto se hallarán instrucciones muy pormenorizadas en los capítulos «De la obsesión» e «Identidad de los Espíritus». Aquí nos limitaremos a expresar que, además del lenguaje, es posible considerar como pruebas *infalibles* de la inferioridad de los Espíritus las siguientes: todo signo, figura o emblema inútil o pueril. Toda escritura extraña, irregular, intencionalmente deformada, de dimensiones exageradas o que adopte formas ridículas e inusuales. La escritura puede ser malísima, poco legible incluso, lo que depende más del médium que del Espíritu, sin tener por ello nada de insólito. Hemos visto a médiums tan equivocados que pretendían medir la superioridad de los Espíritus de acuerdo con el mayor o menor tamaño de los caracteres, y que achacaban gran importancia a las letras que imitan los tipos de imprenta, puerilidad que (salta a la vista) es incompatible con una auténtica superioridad.

212. Si es importante que el médium no caiga —sin quererlo— bajo la dependencia de los malos Espíritus, lo es más todavía que no se entregue a ellos voluntariamente. Y es necesario que un deseo excesivo de lograr la escritura automática no lo mueva a creer que da lo mismo dirigirse al primer Espíritu que llegue, contando con desembarazarse de él más tarde, si no le conviene, porque lo cierto es que no se pide impunemente asistencia, para lo que fuere, a un mal Espíritu, ya que éste podría hacer pagar caros sus servicios.

Algunas personas, impacientes por ver desarrollarse en ellas la facultad mediúnmica, que iba progresando más despacio de lo que querían, tuvieron la ocurrencia de llamar en su ayuda a cualquier Espíritu, *aunque fuera malo*, pensando que podrían despedirlo después. A varias les salió esto a pedir de boca, y escribieron de inmediato. Pero el Espíritu, sin preocuparse por el hecho de que habían acudido a él a falta de cosa mejor, se mostró menos dócil para irse que para venir. Así pues, conocemos algunas de esas personas que fueron castigadas por su presunción de creerse lo bastante fuertes para alejar a voluntad al mal Espíritu, y que durante años sufrieron obsesiones de todo género, así como las más ridículas supercherías, una fascinación obstinada, y hasta desgracias *materiales* y las más crueles desilusiones. El Espíritu se manifestaba al principio abiertamente ruin, pero después procedía en forma hipócrita, a fin de hacer creer, o en su conversión al bien, o en el presunto poder de su subyugado para expulsarlo cuando se le antojase.

213. La escritura automática es a veces muy legible, con sus letras y palabras perfectamente diseñadas. Pero la de ciertos médiums resulta difícil de descifrar por otras personas que no sean ellos mismos, de modo que es menester acostumbrarse. Con mucha frecuencia está formada por rasgos de gran tamaño. Los Espíritus no se preocupan por economizar papel en blanco. Ahora bien, cuando una palabra o frase resulta demasiado ilegible, se ruega al Espíritu tenga a bien repetirla, lo que generalmente hace de buen grado. Y si, la escritura es habitualmente indescifrable, aun para el médium mismo, casi siempre llegará éste a obtenerla más clara por medio de ejercicios frecuentes y continuados, poniendo en la empresa una gran voluntad y rogando con fervor al Espíritu que escriba con más corrección. Ciertos Espíritus adoptan a menudo signos convencionales, que utilizan en las reuniones habituales. Por ejemplo, para indicar que una pregunta les disgusta, y que no desean contestarla, trazan una barra larga, o algo similar.

Cuando el Espíritu ha concluido lo que tenía que decir, o no quiere seguir respondiendo preguntas, la mano del médium permanece inmóvil, y éste, sean cuales fueren su poder y voluntad, no podrá escribir una sola palabra más. En cambio, hasta que el Espíritu no ha terminado de expresarse, el lápiz sigue activo, sin que sea posible al médium detener la operación. Si el Espíritu desea manifestar algo espontáneamente, la mano del médium aferra de modo convulsivo el lápiz y éste comienza a escribir sin que haya forma de oponerse a ello. Por otra parte, el médium casi siempre experimenta algo en sí mismo, que le indica si se trata sólo de un paro temporario o del final de la comunicación. Es raro también que el médium no sienta algo cuando el Espíritu se retira.

Son estas las explicaciones esenciales que debíamos ofrecer en lo tocante al desarrollo de la psicografía. Al practicarla, la experiencia enseñará ciertos pormenores que sería inútil mencionar aquí, y con los cuales el experimentador deberá guiarse por los principios generales expuestos. Si muchos ensayan, se descubrirá que existen más médiums de los que creemos.

214. Cuanto acabamos de expresar se aplica a la escritura mecánica. Es la que, con razón, todos los médiums tratan de conseguir. Pero la función puramente mecánica es sobremanera rara, ya que a menudo se agrega a ella un grado mayor o menor de intuición. Cuando el médium tiene conciencia de lo que está escribiendo es natural que se vea inducido a poner en duda su facultad. No sabe si lo que escribe proviene de él mismo o de un Espíritu desencarnado. No obstante, no debe inquietarse en modo alguno por ello, y tiene que perseverar pese a sus dudas. Obsérvese a sí mismo con atención, y fácilmente reconocerá, en lo que ha escrito, una cantidad de cosas que no estaban en su pensamiento, y que hasta son contrarias a sus propias ideas, lo que constituye una prueba evidente de que no proceden de él mismo. Así pues, siga adelante, que la experiencia se encargará de disipar sus dudas.

215. Cuando no es dado al médium ser exclusivamente mecánico, todos los esfuerzos que se hagan para obtener este resultado serán infructuosos y, sin embargo, se equivoca creyéndose desheredado por ello. Porque si sólo se halla dotado de mediumnidad intuitiva, es menester que se conforme con ésta, que no dejará de prestarle grandes servicios si no la rechaza y sabe aprovecharla.

Si después de inútiles ensayos, reiterados durante algún tiempo, no se produce ningún indicio de movimiento involuntario de la mano, o si los movimientos son demasiado débiles para ser útiles, el aspirante a médium no debe vacilar en escribir la primera idea que se le sugiera, sin preocuparse de si procede de él mismo o de un Espíritu desencarnado. Ya le enseñará la experiencia a distinguir entre esto y aquello. Por lo demás, suele suceder a menudo que el movimiento mecánico se desarrolle a posterior.

Decíamos que hay casos en que es indiferente conocer si el pensamiento proviene del médium o de otro Espíritu. Esto ocurre, sobre todo, cuando un médium puramente intuitivo o inspirado realiza por sí mismo un trabajo de imaginación; en tal circunstancia, poco importa que se atribuya un pensamiento que en realidad le haya sido sugerido. Si se le ocurren buenas ideas, agradézcalas a su buen genio, el cual le sugerirá otras. Tal es la inspiración de los poetas, filósofos y hombres de ciencia.

216. Ahora supongamos la facultad mediúnmica desarrollada por completo, con el médium escribiendo fluidamente y siendo, en suma, lo que se llama un médium formado. En este caso, incurriría en grave error si se creyera exento de la necesidad de adquirir nuevas instrucciones. Porque hasta ahí no ha hecho sino vencer una resistencia material, pero sólo ahora empiezan para él las verdaderas dificultades y más que nunca le son necesarios los consejos de la prudencia y la experiencia, si no quiere verse aprisionado por cualquiera de las mil trampas que van a tenderle. Si se apresura demasiado a remontar vuelo no tardará en convertirse en víctima de los Espíritus embusteros, quienes tratarán de explotar su presunción.

217. Una vez que en el médium se ha desarrollado la facultad, es esencial que no abuse de ella. La satisfacción que brinda a algunos principiantes excita en ellos una euforia que importa mucho moderar. Deben pensar que dicha facultad les ha sido concedida para el bien y no con el objeto de satisfacer vanas curiosidades. De ahí que convenga que la emplee tan sólo en los momentos oportunos y no a cada instante. Visto que los Espíritus no se hallan de continuo a su disposición, estos médiums corren el riesgo de ser embaucados por impostores. Bueno es establecer para la práctica mediúnmica días y horas determinados, porque se prepara entonces el médium con mayor recogimiento y, además, los Espíritus que deseen acudir se hallarán prevenidos y dispuestos en consecuencia.

218. Si a pesar de cuantas tentativas se hagan la mediumnidad no se revela de ninguna manera, entonces habrá que renunciar a ella, así como desistimos de cantar cuando no tenemos aptitudes vocales. El que no sabe un idioma se vale de un intérprete o traductor. En el caso que nos ocupa se debe hacer lo mismo, o sea, recurrir a otro médium. Pero si no disponemos de un médium, no por ello hemos de creernos privados de la asistencia de los Espíritus. La mediumnidad es para estos un medio de expresión, mas no la única forma que exista para atraérnoslos. Los Espíritus que nos tienen afecto se encuentran junto a nosotros, seamos o no médiums. Un padre no abandonará a su hijo porque éste sea sordo y ciego y, por tanto, no puede escucharlo ni verlo; no, sino lo colma de atenciones, de la misma manera que los buenos Espíritus proceden con nosotros. Si no pueden transmitirnos materialmente su pensamiento, acuden a ayudarnos por medio de la inspiración.

Cambio de escritura

219. Un fenómeno muy común en los médiums escribientes es el cambio de su escritura, según sean los diversos Espíritus que por su intermedio se comunican. Y lo más notable de esto consiste en que una misma escritura se reproduce cada vez que se manifiesta determinado Espíritu, y en ocasiones es idéntica a la que éste tenía cuando se hallaba encarnado. Más adelante examinaremos las consecuencias que es posible extraer de este hecho cuando se trata de establecer la identidad de un Espíritu. El cambio de escritura sólo se opera en médiums mecánicos o semimecánicos porque en éstos el movimiento de la mano es involuntario y está dirigido por el Espíritu comunicante. No ocurre lo mismo con los médiums puramente intuitivos, puesto que en tal caso el Espíritu actúa únicamente sobre el pensamiento, y la mano, por su parte, es dirigida por la voluntad del médium, como cuando se halla éste en estado normal. Pero la uniformidad de escritura, sea cual fuere el Espíritu comunicante, aun en un médium mecánico, no prueba nada contra su facultad, ya que el cambio de escritura no constituye una condición absoluta en la manifestación de los Espíritus: se debe a una aptitud especial de que no siempre están dotados los médiums, incluso los más mecánicos. A los que poseen dicha aptitud damos el nombre de médiums polígrafos.

Pérdida y suspensión de la mediumnidad

220. La facultad mediúnmica se halla sujeta a intermitencias y suspensiones momentáneas, sea en lo que se refiere a las manifestaciones físicas, o bien a la escritura. He aquí las respuestas que dieron los Espíritus a algunas preguntas sobre este tema:

1) ¿Pueden los médiums perder su facultad?

«Con frecuencia sucede, sea cual fuere el género de esa facultad. Pero a menudo también se trata de una interrupción momentánea, que cesa con la causa que la ha producido.»

2) La causa de la pérdida de la mediumnidad, ¿reside en el agotamiento del fluido?

«Cualquiera sea la facultad de que esté dotado el médium, nada puede hacer sin el concurso de los Espíritus que simpatizan con él. Cuando deja de obtener resultados, no siempre es porque haya perdido la facultad, sino que muchas veces son los Espíritus mismos los que no quieren o no pueden servirse más de él.»

3) ¿Por qué motivo los Espíritus abandonan a un médium?

«El uso que haga de su facultad es lo que más influye sobre los Espíritus buenos. Pueden abandonarlo cuando se vale de ella para cosas frívolas, o lo mueven fines ambiciosos. O si se rehúsa a transmitir su palabra, o a cooperar en la producción de los fenómenos, cuando los hombres apelan a él o tienen necesidad de ver para convencerse. Porque ese don de Dios no ha sido otorgado al médium para su deleite personal, y menos todavía para que sirva a su ambición, sino con el objeto de ayudar a su propio mejoramiento y dar a conocer la verdad a los humanos. Si el Espíritu comprueba que el médium no responde ya a sus propósitos y no aprovecha las instrucciones que le imparte y las advertencias que le hace, se retira de él para buscar a alguien que sea más digno de su protección.»

4) El Espíritu que se marcha ¿podría ser sustituido por otro? En caso afirmativo, no se explicaría la suspensión de la facultad...

«No faltan Espíritus que sólo están pidiendo poder comunicarse y se hallan completamente dispuestos a reemplazar al que se aparta de un médium. Pero cuando el que ha dejado a éste es un Espíritu bueno, es muy posible que lo abandone sólo en forma momentánea, privándolo por cierto tiempo de toda comunicación, a fin de que ello le sirva de lección y le pruebe que su facultad *no depende de él mismo*, de suerte que no debe envanecerse de ella. Esa impotencia temporaria en que el médium queda, se propone asimismo, darle la prueba de que cuando él escribe lo hace por una influencia exterior, de lo contrario no habría intermitencias.

»Además, la interrupción de la facultad no constituye siempre un castigo: a veces demuestra la solicitud del Espíritu hacia el médium, a quien aprecia, por lo que desea procurarle un descanso material que él juzga necesario, y en este último caso no permitirá que otros Espíritus lo sustituyan.»

5) Sin embargo, conocemos médiums muy meritorios, desde el punto de vista moral, que no sienten la menor necesidad de reposo y están contrariadísimos por las interrupciones que sufren en su facultad, y cuyo propósito no comprenden...

«Se hace para poner a prueba su paciencia y medir su grado de perseverancia. De ahí que, por regla general, los Espíritus no asignemos plazo fijo a dicha suspensión, queremos ver si el médium se disgusta. Muchas veces es también para darle tiempo a que medite acerca de las instrucciones que se le han impartido. Por esa meditación de nuestras enseñanzas conocemos a los espiritistas en verdad serios, ya que no podemos dar ese nombre a quienes en realidad sólo son aficionados a las comunicaciones.»

6) En tal caso, ¿es necesario que el médium siga intentando escribir?

«Si el Espíritu lo aconseja, sí. En cambio, si le indica que se abstenga de hacerlo, debe obedecer.»

7) ¿Existe un medio para abreviar esa prueba?

«La resignación y la plegaria. Por otra parte, bastará con que haga cada día una tentativa de algunos minutos, y no más, pues perdería inútilmente su tiempo en ensayos infructuosos. El intento no tendrá otro objeto que asegurarse de si ha recobrado la facultad.»

8) La suspensión ¿implica el alejamiento de los Espíritus que se comunican con él en forma habitual?

«De ninguna manera. El médium se encuentra, en ese caso en la situación de una persona que hubiera perdido temporariamente la vista, lo cual no le impediría seguir estando rodeada de sus amigos, aun cuando no pudiera verlos. Así pues, el médium podrá (e incluso debe hacerlo) seguir comunicándose mediante el pensamiento con sus Espíritus familiares, y estar persuadido de que éstos le escuchan. Si la ausencia de la mediumnidad puede privarlo de comunicaciones materiales con ciertos Espíritus, no lo privará, en cambio, de las comunicaciones mentales.»

9) ¿De modo que la interrupción de la facultad mediúnmica no implica siempre una censura al médium por parte de los Espíritus?

«Claro que no, puesto que puede ser una prueba de la benevolencia de éstos hacia aquél.»

10) ¿Por qué medio se podría reconocer una censura en dicha interrupción?

«Interrogue el médium a su propia conciencia y pregúntese qué uso ha hecho de su facultad, el bien que ha resultado de ella para los demás, *el provecho que ha extraído de los consejos que se le dieron*, y entonces tendrá la respuesta.»

11) El médium impedido de escribir ¿podrá recurrir a otro médium?

«Depende de la causa de la interrupción. Muchas veces ésta se propone dejaros por algún tiempo sin comunicaciones, tras haberos aconsejado para que no os habituarais a hacerlo todo por medio de nosotros, los Espíritus. En tal caso no se satisfará valiéndose de otro médium, y esto tiene además una finalidad: la de probaros que los Espíritus somos libres y que no podéis manejarnos a vuestro antojo. Por este motivo, también, los que no son médiums no logran siempre todas las comunicaciones que desean.»

Observación. Es de notar, en efecto, que quien acude a los servicios de otra persona para comunicarse con los Espíritus, a despecho de la calidad del médium escogido, no obtiene muchas veces nada satisfactorio, al paso que en otras oportunidades las respuestas recibidas son muy explícitas. En tan gran medida depende esto de la voluntad del Espíritu, que nada se gana con el cambio de médium. A este respecto, los Espíritus mismos parecen pasarse la consigna, porque lo que no se consigue de uno de ellos tampoco se logra de ningún otro. Debemos cuidarnos, pues, de insistir y de impacientarnos, si no queremos ser víctimas de los Espíritus mentirosos, que nos responderán si estamos empeñados en obtener contestación, y los buenos les dejarán hacer, para castigarnos por nuestra insistencia.

12) ¿Con qué objeto ha dotado la Providencia a ciertos individuos de mediumnidad, de una manera especial?

«Se trata de una misión que se les encomienda, y de la que se sienten dichosos. Esas personas son los intérpretes entre los Espíritus desencarnados y los hombres.»

13) Sin embargo, hay médiums que sólo emplean su facultad de mala gana...

«Son médiums imperfectos. No conocen el valor del don que se les ha otorgado.»

14) Si es una misión, ¿cómo se explica que no sea privilegio de las personas de bien, sino que esa facultad haya sido concedida a individuos que no merecen la menor estima y pueden abusar de ella?

«Precisamente, se les da porque la necesitan para su propio mejoramiento, a fin de que se coloquen en situación de recibir buenas enseñanzas. Si no la aprovechan, sufrirán la consecuencias. ¿Acaso no ofrecía Jesús, de preferencia, su palabra a los pecadores, diciendo que hay que dar al que no tiene?»

15) Las personas que desean ardientemente escribir como médiums y no lo consiguen, ¿deberán pensar por esto que hay algo contra ellas mismas, que les impide obtener la benevolencia de los Espíritus?

«No, porque Dios puede haberles rehúsado esa facultad, como también podrá negarles el don de la poesía o de la música. Pero si no disfrutan de tal gracia, es posible que les haya otorgado otras...»

16) ¿Cómo, entonces, podrá un hombre perfeccionarse mediante las

instrucciones de los Espíritus cuando ni por sí mismo ni por otros médiums dispone de medios para recibir esa enseñanza en forma directa?

«¿No tiene acaso los libros, como el cristiano el Evangelio? Para poner en práctica la moral de Jesús no necesita el cristiano haber escuchado de los labios mismos de Cristo su palabra.»

CAPÍTULO XVIII

INCONVENIENTES Y PELIGROS DE LA MEDIUMNIDAD

Influencia del ejercicio de la mediumnidad sobre la salud. — Sobre el cerebro y sobre los niños.

221. 1) La facultad mediúnmica ¿es signo de un estado patológico, sea cual fuere, o simplemente anómalo?

«A veces anómalo, pero no patológico. Hay médiums que gozan de salud vigorosa. Los que se hallan enfermos lo están por otras causas.»

2) ¿Puede producir fatiga el ejercicio de la facultad mediúnmica?

«El ejercicio de cualquier facultad, si se prolonga en demasía, ocasiona cansancio. La mediumnidad se encuentra en el mismo caso, sobre todo la que se aplica a producir efectos físicos. Esta origina, por fuerza, un gasto de fluido que trae fatiga, y se remedia descansando.

3) El ejercicio de la mediumnidad ¿puede tener por sí mismo inconvenientes, desde el punto de vista de la salud, aun no habiendo abuso?

«Casos hay en que es prudente, y hasta necesario, abstenerse por completo de ella, o al menos moderar su empleo: depende del estado físico y moral del médium. Éste, además, por lo general suele sentirlo, y cuando se halla fatigado debe suspender el ejercicio de la facultad.»

4) ¿Existen personas a las cuales dicho ejercicio traiga más inconvenientes que los que causa a otras?

«Ya he dicho que depende del estado físico y moral del médium.

En algunas personas es preciso evitar todo motivo de sobreexcitación, y la mediumnidad es uno de esos motivos.» (Véase nos. 188 y 194.)

5) ¿Puede la mediumnidad originar la locura?

«No en mayor proporción que cualquier otra causa, cuando no existe predisposición en el individuo, debido a su debilidad cerebral. La mediumnidad no causará locura si no hay en la persona un germen de ella. Pero si el germen se halla presente, lo que es fácil de diagnosticar por el estado psíquico del individuo, el buen sentido dicta que es menester prodigarle toda clase de cuidados, ya que cualquier causa de conmoción interior podría serle dañosa.»

6) ¿Hay inconvenientes en desarrollar la mediumnidad en los niños?

«Por cierto que sí y afirmo que es peligrosísimo. Porque esos frágiles y delicados organismos experimentarían una excesiva conmoción, y su imaginación joven se sobreexcitaría demasiado. Por eso los padres prudentes los apartan de tales ideas, o al menos sólo les hablan de ellas aludiendo a sus consecuencias morales.»

7) Hay, sin embargo, niños que son médiums naturales, ya sea para la producción de efectos físicos, o bien para la escritura o las visiones. ¿Presenta esto igual inconveniente?

«No. Cuando la facultad se manifiesta espontáneamente en un niño es porque está en su naturaleza y su constitución orgánica se presta a ella. No acontece lo mismo cuando se la provoca y sobreexcita. Observad que el niño que tiene visiones, por regla general no se impresiona mucho con ellas: le parecen completamente naturales, concediéndoles poquísima atención y olvidándolas a menudo. Andando el tiempo, estos hechos vuelven a su memoria y entonces se los explica fácilmente, si ya conoce el espiritismo.»

8) ¿A qué edad es posible practicar la mediumnidad sin que esto acarree inconvenientes?

«No existe una edad precisa: depende por entero del desarrollo físico y todavía más del desarrollo psíquico. Hay niños de doce años a quienes la mediumnidad afectará menos que a ciertos adultos. Estoy hablando de la mediumnidad en general, pues la que se emplea para producir fenómenos físicos es más fatigosa desde el punto de vista corporal. La escritura presenta otro inconveniente debido a la inexperiencia del niño, cuando éste quiere ejercitarla solo y convertirla en un juego.»

222. Según veremos más adelante, la práctica del espiritismo exige mucho tacto para desbaratar las jugarretas de los Espíritus engañadores. Si hombres formados son víctimas de tales Espíritus, los niños y jóvenes estarán todavía más expuestos a ello por causa de su inexperiencia. Se sabe además, que el recogimiento es una condición sin la cual no se puede tener tratos con los Espíritus serios. Las evocaciones que se hagan en forma atolondrada y bromeando constituyen una verdadera profanación, que brinda fácil acceso a los Espíritus burlones o dañinos. Como quiera que no se puede esperar de un niño la seriedad necesaria para semejante acto, es de temer que lo convierta en un juego si se le deja librado a sí mismo. Aun en las condiciones más propicias, será preferible que un niño dotado de la facultad mediúmnica no la ejerza sino bajo la mirada de personas con experiencia que le enseñen, con su ejemplo, el respeto debido a las almas de los que vivieron en el mundo. Según esto, se ve que la cuestión de la edad está subordinada tanto a las condiciones del desarrollo físico como a las del carácter o madurez moral. Lo que resalta claramente de las respuestas que acabamos de leer, es que no se debe forzar el desarrollo de esta facultad en los niños cuando no es espontánea, y que en todos los casos se ha de emplearla con gran moderación. Tampoco hay que excitarla ni fomentarla en las personas de complexión débil. Es preciso asimismo apartar del ejercicio de la mediumnidad, por todos los medios posibles, a quienes exhiban los menores síntomas de excentricidad en las ideas o debilitamiento de las facultades mentales, porque hay en ellos una predisposición evidente a la locura, susceptible de ser desencadenada por cualquier motivo de sobreexcitación. A este respecto, las ideas espíritas no tienen mayor influencia, pero si la locura se declara en una de estas personas, adoptará el cariz de su preocupación dominante, así como tomarla características religiosas si el individuo se consagrara en exceso a las prácticas devotas, y en tal caso se culparía al espiritismo como causante de la demencia. Lo mejor que puede hacerse, con cualquier persona que ponga de manifiesto una tendencia a la idea fija, es canalizar sus preocupaciones en otra dirección, a fin de procurar reposo a sus órganos debilitados.

CAPÍTULO XIX

ROL DEL MÉDIUM EN LAS COMUNICACIONES ESPÍRITAS

Influencia del Espíritu del médium.– Sistema interpretativo de los médiums inertes.– Aptitud de ciertos médiums para cosas que no conocen: idiomas, música, dibujo.– Disertación de dos Espíritus acerca del papel de los médiums.

223. 1) En el momento en que está ejerciendo su facultad, ¿se halla el médium en estado completamente normal?

«Se encuentra a veces en un estado de crisis más o menos acentuado. Esto lo fatiga, de ahí que tenga necesidad de descanso. Pero casi siempre su estado no difiere mucho del normal, sobre todo en los médiums escribientes.»

2) Las comunicaciones escritas o verbales ¿pueden proceder también del Espíritu mismo del médium?

«El alma del médium podrá comunicarse, como cualquier otro Espíritu lo hace. Si disfruta de cierto grado de libertad, recobra sus cualidades de Espíritu. Tenéis la prueba de ello en el alma de los encarnados, que vienen a visitaros y se comunican con vosotros por la escritura, muchas veces sin un llamado de vuestra parte. Porque —sabedlo bien— entre los Espíritus a quienes evocáis los hay que están encarnados en la Tierra. *En tales circunstancias hablan en su condición de Espíritus, no de seres humanos*. ¿Qué impedimento podría hallar el médium para no proceder de igual manera?»

—Esta explicación ¿no parecería confirmar la opinión de los que creen que todas las comunicaciones provienen del Espíritu mismo del médium, y no de otros Espíritus?

«Sólo se equivocan porque creen que siempre es así. Claro está que el Espíritu del médium podrá obrar por su propia cuenta pero esto no significa que otros Espíritus no actúen igualmente por su intermedio.»

3) ¿Cómo distinguiremos si el Espíritu que nos responde es el del médium, u otro?

«Por la índole de las comunicaciones. Estudiad las circunstancias y el lenguaje, y entonces distinguiréis. El Espíritu del médium se manifiesta, sobre todo, en el estado de sonambulismo o de éxtasis, porque en tal caso tiene más libertad. En cambio, en su estado normal le resulta más difícil. Por otra parte, sería imposible atribuir al médium ciertas respuestas. Por eso os recomiendo observar y estudiar.»

Observación. Cuando una persona nos habla distinguimos con facilidad lo que corresponde a su propio pensamiento, de lo que pertenece al pensamiento ajeno. Lo propio acontece con los médiums.

4) Puesto que el Espíritu del médium ha podido adquirir, en anteriores existencias, conocimientos que quedaron olvidados bajo su envoltura corporal, pero de los cuales se acuerda en su condición de Espíritu, ¿no será que extrae de su propio acervo esas ideas que parecen exceder los alcances de su actual instrucción?

«Esto ocurre a menudo en estado de crisis sonambúlica o de éxtasis. Pero aquí también existen circunstancias que no dan margen a la duda. Estudiad *largo tiempo* y meditad.»

5) Las comunicaciones que proceden del Espíritu del médium ¿son siempre inferiores a las de los otros Espíritus que se manifiestan por su intermedio?

«No siempre, porque el Espíritu comunicante podrá pertenecer a un orden inferior al del Espíritu del médium, y en tal caso hablará con menos sensatez que este último. Lo vemos en el sonambulismo, donde casi siempre el que se manifiesta es el Espíritu del sonámbulo, el cual, sin embargo, expresa a veces conceptos muy buenos.»

6) El Espíritu que se comunica a través de un médium, ¿transmite

en forma directa su pensamiento, o éste a su vez tiene por intermediario al Espíritu del médium?

«El Espíritu del médium es el intérprete, porque está unido al cuerpo que sirve para establecer la comunicación, y es necesario un lazo entre vosotros y los Espíritus desencarnados que se comunican, así como se requieren, para transmitir una noticia a distancia, un conductor eléctrico que la transporte hasta su destino, y en el extremo terminal de dicho conductor un ser inteligente que la reciba y comunique.»

7) ¿Influye el Espíritu del médium sobre las comunicaciones que debe transmitir, procedentes de otros Espíritus?

«Sí, porque si no existe afinidad entre él y el Espíritu comunicante, podrá tergiversar las respuestas de este último, adaptándolas a sus propias ideas e inclinaciones, *pero el Espíritu del médium no influye sobre los Espíritus comunicantes mismos*. En tal caso, sólo será un mal intérprete.»

8) ¿Se debe a esto la preferencia de los Espíritus por determinados médiums?

«No existe otra causa. Los Espíritus buscan al intérprete que más simpatice con ellos y que transmita con mayor exactitud su pensamiento. Si no hay afinidad entre el Espíritu del médium y el que se comunica, aquél es un antagonista que opone a éste cierta resistencia, convirtiéndose en un intérprete mal dispuesto y a menudo infiel. Lo mismo sucede entre vosotros los humanos, cuando la opinión de un sabio es transmitida por boca de un atolondrado o de un individuo de mala fe.»

9) Se concibe que suceda esto con los médiums intuitivos, pero no con los médiums mecánicos...

«No os dais perfecta cuenta del rol que el médium desempeña. Existe una ley que todavía no habéis comprendido. Recordad que para obtener el movimiento de un cuerpo inerte el Espíritu necesita una porción de fluido animalizado, que toma del médium, a fin de animar momentáneamente la mesa —por ejemplo— y lograr que esta obedezca a su voluntad. Bien, cuando el Espíritu desea establecer una comunicación inteligente tiene necesidad de un intermediario que sea inteligente también y dicho intermediario es el Espíritu del médium.»

—Esto no parece aplicable a lo que se conoce con el nombre de «mesas parlantes». Porque cuando objetos inertes, como lo son las mesas, tablitas y cestillas, dan respuestas inteligentes, se diría que el Espíritu del médium no tuviera ninguna participación en el fenómeno...

«Es un error. El Espíritu desencarnado puede dar a un cuerpo inerte una vida artificial momentánea, pero no dotarlo de inteligencia. Jamás un cuerpo inerte ha sido inteligente. Por tanto, el Espíritu del médium es el que recibe el pensamiento —sin saberlo— y va transmitiéndolo poco a poco, con la ayuda de diversos intermediarios.»

10) De estas explicaciones parece resultar que el Espíritu del médium nunca es del todo pasivo...

«Es pasivo cuando no mezcla sus propias ideas con las del Espíritu comunicante, pero jamás se anula por completo. Su concurso resulta siempre necesario, en su carácter de intermediario aun en el caso de los que denomináis «médiums mecánicos.»

11) ¿Hay, entonces, mayor garantía de independencia en el médium mecánico que en el médium intuitivo?

«Sin ninguna duda, y para ciertas comunicaciones es preferible un médium mecánico. Pero cuando se conocen las facultades de un médium intuitivo, esto se torna indiferente, según sean las circunstancias. Quiero significar que hay ciertas comunicaciones que no exigen tanta precisión.»

12) Entre los diversos sistemas interpretativos que se han propuesto para explicar los fenómenos espíritas hay uno que consiste en creer que la verdadera mediumnidad reside en cuerpos completamente inertes, como, por ejemplo, la cestilla o el envase de golosinas que sirve de instrumento. Afirman que el Espíritu comunicante se identifica con dicho objeto y no sólo le confiere vida, sino también inteligencia. De ahí el nombre de *médiums inertes* que a tales objetos se da. ¿Qué pensáis de eso?

«Sólo os diré lo siguiente: si el Espíritu transmitiera vida e inteligencia al envase de golosinas, éste poseería capacidad para escribir enteramente sólo, sin el concurso del médium. Muy curioso sería que el hombre dotado de inteligencia se convirtiera en máquina y que un objeto inerte se tornase inteligente... Es ese uno de los numerosos sistemas nacidos de una idea preconcebida y que, como tantos otros, terminan desmoronándose frente a la experiencia y la observación.»

13) Existe un fenómeno bien conocido que parecería corroborar la opinión de que en los cuerpos inertes animados por los Espíritus hay inteligencia, además de una momentánea vida artificial. Es el de las mesas, cestillas y demás, que por medio de sus movimientos exteriorizan cólera o afecto...

«Cuando un individuo iracundo agita un bastón, no es este último el que haya montado en cólera, como tampoco lo es la mano que está empuñándolo, sino el pensamiento que dirige a esa mano. Las mesas y cestillas no son más inteligentes que el bastón del ejemplo. No poseen la menor inteligencia, sino obedecen a una inteligencia exterior a ellas. En suma, no es cierto que el Espíritu se transforme en cestilla, ni incluso que establezca en ésta su domicilio.»

14) Si no es racional atribuir inteligencia a esos objetos, ¿se puede considerarlos una variedad de médiums, designándolos con el nombre de *médiums inertes*?

«Cuestión de palabras, que nos importa poco, con tal que os entendáis. Sois libres, si os place, de llamar "hombre" a un títere.»

15) Los Espíritus sólo poseen el lenguaje del pensamiento; no tienen lenguaje articulado. De ahí que para ellos exista un solo idioma. Según esto, un Espíritu podrá expresarse, por vía mediúnmica, en una lengua que no haya hablado jamás cuando se hallaba encarnado. En este caso, ¿de dónde toma las palabras que emplea?

«Acabáis de contestar a vuestra pregunta, al decir que los Espíritus poseen un único idioma, que es el del pensamiento. Esa lengua la entienden todos, tanto los encarnados como los desencarnados. El Espíritu en la erraticidad al dirigirse al Espíritu que está encarnado en el cuerpo del médium, no le habla ni en francés ni en inglés, sino en la lengua universal, la del pensamiento. Ahora bien, para traducir sus ideas a un lenguaje articulado, que sea transmisible, extrae las palabras necesarias del vocabulario del médium.»

16) Si esto fuera así, el Espíritu sólo podría expresarse en el idioma del médium, mientras que, por el contrario, se le ve haciendo escribir a este último en lenguas que desconoce. ¿No hay aquí una contradicción?

«Observad, en primer término, que todos los médiums no son igualmente aptos para este tipo de ejercicio. Y en segundo lugar, que los Espíritus sólo accidentalmente se prestan a ello, cuando juzgan que puede ser de utilidad. Para las comunicaciones habituales y de cierta extensión prefieren valerse de una lengua con la que el médium esté familiarizado, porque les opone menos dificultades materiales.»

17) La aptitud de algunos médiums para escribir en un idioma que les es extraño, ¿no se deberá a que dicha lengua les era familiar en una existencia anterior, conservando entonces la intuición de ella?

«Por cierto que eso podría suceder, pero no se trata de una regla. El Espíritu puede, esforzándose, superar momentáneamente la resistencia material que encuentra: es lo que acontece cuando el médium escribe, en su propio idioma, palabras que le son desconocidas.»

18) Una persona que en su estado normal no sepa escribir, ¿podrá hacerlo como médium?

«Sí, pero entenderéis que hay allí una gran dificultad mecánica por superar, ya que la mano no se halla habituada a realizar los movimientos necesarios para formar las letras. Eso sucede con los médiums dibujantes que en su estado normal no saben dibujar.»

19) Un médium que tuviese poquísima inteligencia, ¿podría transmitir mensajes de un carácter elevado?

«Sí, por la misma razón de que un médium es capaz de escribir en un idioma que no conoce. La mediumnidad, propiamente dicha, es independiente de la inteligencia tanto como de las cualidades morales del individuo y a falta de mejor instrumento el Espíritu podrá valerse de aquel que tenga a su alcance. Pero es natural que para comunicaciones de cierto nivel prefiera al médium que le presenta menos obstáculos materiales. Además, hay otra consideración: a menudo el idiota sólo es tal por la imperfección de sus órganos, pero su Espíritu puede estar más adelantado de lo que creéis. Tenéis la prueba de ello en ciertas evocaciones de Espíritus de idiotas, desencarnados o encarnados.»

Observación. Este es un hecho confirmado por la experiencia. Muchas veces hemos evocado Espíritus de idiotas vivientes, que dieron pruebas notorias de su identidad y respondían con plena sensatez y aun de una manera elevada. Ese estado es un castigo para el Espíritu, el cual sufre por el constreñimiento en que se halla. Por tanto, un médium idiota podrá ofrecer en ocasiones, al Espíritu que quiere manifestarse, más recursos de lo que se cree. (Véase en la *Revue spirite* de julio de 1860, el artículo sobre «Frenología» y «Fisiognomía».)

20) ¿De dónde proviene la aptitud de ciertos médiums para escribir en verso, pese a su ignorancia en materia de poesía?

«La poesía es un lenguaje. Los médiums pueden escribir en verso, así como en otras ocasiones son capaces de escribir en un idioma que desconocen. Además, acaso hayan sido poetas en una vida anterior. Y, como se os ha dicho, los conocimientos adquiridos no los pierden jamás los Espíritus, que deben llegar a la perfección en todos los aspectos. Así, lo que aprendieron antes da a los médiums, sin que lo sospechen, una facilidad que no poseen en su estado normal.»

21) ¿Pasa lo mismo con aquellos otros que muestran especial aptitud para el dibujo o la música?

«En efecto, el dibujo y la música son también formas de expresión del pensamiento. Los Espíritus se sirven de los instrumentos que les ofrecen mayores facilidades.»

22) La expresión del pensamiento por medio de la poesía, el dibujo o la música, ¿depende sólo de la aptitud especial del médium, o también de la del Espíritu comunicante?

«Unas veces del médium, otras del Espíritu. Los Espíritus inferiores tienen conocimientos limitados.»

23) ¿Por qué un hombre que goza de gran talento en una existencia ya no lo posee en la siguiente?

«No siempre es así, pues muchas veces perfecciona en una reencarnación lo que había iniciado en su vida anterior. Pero podrá ocurrir que una facultad superior permanezca en letargo dentro de él, durante cierto lapso, para favorecer el desarrollo de otra. Es un germen latente que brotará después, y del cual quedan siempre algunos vestigios, o al menos una vaga intuición.»

224. Sin duda, el Espíritu desencarnado entiende todos los idiomas, puesto que ellos son expresión del pensamiento y el Espíritu comprende por medio de este último. Pero, para transmitir dicho pensamiento es menester un instrumento: el médium. El alma del médium, que recibe la comunicación de otro Espíritu, sólo podrá transmitirla valiéndose de sus órganos corporales. Ahora bien, tales órganos no pueden tener para una lengua que les sea desconocida, el grado de flexibilidad que poseen para aquella otra con la cual están familiarizados. Un médium que sólo sepa francés podrá accidentalmente dar una respuesta en inglés, por ejemplo, si place al Espíritu comunicante hacerlo así. Pero los Espíritus que ya encuentran demasiado lento el lenguaje humano con relación a la celeridad del pensamiento —puesto que lo abrevian todo lo posible—, se impacientan ante la resistencia mecánica que se les opone: por eso no hacen siempre aquello. De ahí también que un médium novel, que escriba trabajosamente y con lentitud, incluso en su propio idioma, sólo obtendrá en general respuestas breves, no desarrolladas. Es por esta razón que los Espíritus recomiendan formular por su intermedio sólo preguntas sencillas. Para las de mayor alcance se requiere un médium formado, que no ofrezca al Espíritu comunicante ninguna dificultad mecánica. No haríamos leer un dictado a un alumno que apenas deletreara. Y un buen artesano no se conformaría con herramientas de baja calidad. Añadamos a esto otra consideración, muy importante en lo que toca a las lenguas extranjeras. Los ensayos mediúmnicos de este tipo se hacen siempre por un motivo de curiosidad y experimentación, pero nada es más antipático para los Espíritus que las pruebas a que se intenta someterlos. Los Espíritus superiores no se prestan nunca a ello, alejándose tan pronto como se quiere entrar en ese terreno. Así como se complacen en lo útil y serio, de igual modo rehúsan ocuparse en cosas fútiles y sin un objetivo. Los incrédulos alegarán que tales cosas son para convencer, y es este un objetivo útil, ya que podrá ganar adeptos para la causa de los Espíritus. A ese argumento éstos responden así: «Nuestra causa no necesita de aquellos que poseen bastante orgullo para creerse indispensables. Llamamos a nosotros *a los que queremos*, y suelen ser, a menudo, los más pequeños y humildes. ¿Acaso obró Jesús los milagros que los escribas le pedían? Y ¿de qué clase de hombres se sirvió para revolucionar el mundo? Si deseáis convenceros, tenéis otros medios de conseguirlo sin recurrir a exigencias.

Empezad por someteros: no es normal que el escolar pretenda imponer su voluntad al maestro.»

De ello resulta que, con muy pocas excepciones, el médium traduce el pensamiento de los Espíritus por los medios mecánicos que tiene a su disposición, y la expresión de dicho pensamiento puede (y aun debe, las más veces) resentirse a causa de la imperfección de tales medios. Así, un hombre inculto, un campesino por ejemplo, será capaz de expresar los más bellos conceptos, las ideas más elevadas y filosóficas, no obstante estar hablando en el lenguaje del campo. Porque, como ya lo sabemos, para los Espíritus el pensamiento lo es todo. Esto responde a la objeción de ciertos críticos respecto a las incorrecciones de estilo y de ortografía que se pueden reprochar a los Espíritus, y que tanto podrán provenir de éstos como de los médiums. Es fútil reparar en semejantes cosas. Pero no menos pueril es dedicarse a reproducir tales incorrecciones con minuciosa exactitud, como a veces lo hemos visto hacer. Se puede, por tanto, corregirlas sin ningún escrúpulo, salvo cuando constituyan características específicas del Espíritu que está comunicándose, en cuyo caso será útil conservarlas como prueba de identidad. Así por ejemplo, hemos visto a un Espíritu escribir continuamente *Jule* (en lugar de *Jules*) al hablar a su nieto, porque cuando estaba encarnado lo hacía de esa manera, y aunque el nieto, que oficiaba de médium, supiera escribir correctamente el nombre de su abuelo.

225. La disertación que sigue, ofrecida en forma espontánea por dos Espíritus superiores que se revelaron mediante comunicaciones del más alto nivel, compendia, del modo más claro y exhaustivo la cuestión del rol de los médiums:

«Sea cual fuere la naturaleza de los médiums escribientes, ya se trate de médiums mecánicos, semimecánicos o simplemente intuitivos, nuestros procedimientos para comunicarnos por intermedio de ellos no varían en lo esencial. En efecto, nos comunicamos tanto con los Espíritus encarnados como con los Espíritus propiamente dichos, sólo mediante la irradiación de nuestro pensamiento.

»Nuestras ideas no requieren la vestidura de la palabra para que los Espíritus las entiendan, y todos reciben el pensamiento que deseamos transmitirles por el solo hecho de que lo dirijamos hacia ellos. Esto depende del grado de desarrollo de sus facultades intelectuales. Vale decir que determinada idea podrá ser comprendida por ciertos Espíritus, según sea su adelanto, mientras que otros no captarán esa idea porque no despierta ningún recuerdo ni conocimiento alguno en el fondo de su corazón o de su cerebro. En ese caso, un Espíritu encarnado que nos sirva de médium será más apto —para transmitir nuestro pensamiento a los otros encarnados, aunque no lo comprenda él mismo— que un Espíritu desencarnado que esté poco adelantado, si nos viéramos forzados a emplearlo como intermediario. Porque el ser terrestre pone a nuestra disposición su cuerpo como instrumento, cosa que el Espíritu desencarnado no puede hacer.

»De esta manera, cuando hallamos a un médium cuyo cerebro está poblado de conocimientos que adquirió en su vida actual, y su Espíritu es rico en conocimientos anteriores que permanecen en estado latente, adecuados para facilitar nuestras comunicaciones, preferimos servirnos de él, porque con su concurso el fenómeno de la comunicación nos resulta harto más fácil que si nos valiéramos de un médium de limitada inteligencia y cuyos conocimientos anteriores fueran insuficientes. Nos daremos a entender mediante algunas explicaciones claras y precisas.

»Con un médium cuya inteligencia actual o anterior esté desarrollada, nuestro pensamiento se transmite en forma instantánea, de Espíritu a Espíritu, merced a una facultad que es peculiar a la esencia del Espíritu mismo. En tal caso, hallamos en el cerebro del médium los elementos apropiados para dar a nuestro pensamiento el ropaje de las palabras que con exactitud le corresponden, ya se trate de un médium intuitivo, semimecánico o mecánico puro. De ahí que, sea cual fuere la diversidad de los Espíritus que se comunican a través de un médium, los dictados obtenidos por éste exhiben su sello personal, en cuanto a forma y colorido. Aun cuando el pensamiento le sea del todo extraño, o el tema exceda los límites dentro de los cuales se maneja habitualmente o lo que quería decir no proceda de él en manera alguna, no por eso el médium dejará de influir sobre la forma, confiriendo a ésta las cualidades o propiedades características de su individualidad. Es como cuando miráis diversos lugares a través de binóculos matizados, verdes, blancos o azules: aunque los sitios u objetos enfocados sean del todo opuestos e independientes los unos de los otros, no por ello dejarán de adoptar siempre un matiz que proviene del color de los lentes. Mejor aún, comparemos a los médiums con esos frascos llenos de líquidos coloreados y transparentes que se ven en los anaqueles de las farmacias. Pues bien, nosotros somos como focos de luz proyectados sobre ciertas perspectivas morales, filosóficas y psicológicas, iluminándolas a través de esos médiums azules, verdes o rojos, de tal manera que nuestros rayos luminosos, obligados a atravesar vidrios tallados con mayor o menor perfección y transparentes en grado variable —es decir, médiums cuya inteligencia difiere de uno a otro—, sólo llegan a los objetos que deseamos iluminar adoptando el matiz, o mejor dicho, la forma propia y particular de cada médium. En suma, para concluir con una última comparación, nosotros los Espíritus somos como compositores que hayamos creado o deseemos improvisar una melodía y sólo dispongamos de uno de los siguientes instrumentos: piano, violín, flauta, clarinete o silbato común. Es incontestable que con cualquiera de los cuatro primeros ejecutaremos nuestra música en una forma más o menos aceptable para los oyentes; aunque los sonidos que proceden del piano, violín, flauta o clarinete difieran esencialmente unos de otros, nuestra composición no dejará de ser la misma, salvo las tonalidades que le conferirá cada instrumento. Pero si sólo tenemos a mano un silbato común, o un cuerno de pastor, entonces sí nos veremos en aprietos.

»En efecto, cuando nos hallamos en la obligación de emplear médiums poco adelantados, nuestro trabajo se prolonga mucho más y se toma también más penoso, porque estamos forzados a recurrir a formas de expresión imperfectas, lo cual representa para nosotros una complicación. Pues entonces nos vemos precisados a descomponer nuestras ideas y a dictar letra por letra y palabra por palabra, lo que nos molesta y fatiga, y constituye un obstáculo real para la prontitud y el desarrollo de nuestras manifestaciones.

»De ahí que nos sintamos felices al encontrar médiums apropiados, bien equipados, provistos de elementos mentales que estén prontos para su uso inmediato: en suma, médiums que sean buenos instrumentos, porque en tal caso nuestro periespíritu, al obrar sobre el periespíritu de aquel a quien mediumnizamos, no tiene sino que imprimir impulso a la mano que está sirviéndonos de portapluma o portalápiz. En cambio, si los médiums se hallan insuficientemente dotados, nos vemos en la precisión de hacer un trabajo análogo al que se nos presenta cuando nos comunicamos mediante golpes, o sea, designar letra por letra y palabra por palabra, formando así cada una de las frases que integran la traducción de las ideas que deseamos transmitir.

»Por estas razones nos hemos dirigido de preferencia a las clases esclarecidas y formadas para la difusión del espiritismo y el desarrollo de las facultades mediúmnicas escriturales, aun cuando sea en esas clases donde se encuentren los individuos más descreídos, rebeldes e inmorales. De ahí también que dejemos en la actualidad a los Espíritus farsantes y poco adelantados el ejercicio de las manifestaciones tangibles que consisten en golpes y aportes, por cuanto entre vosotros, los hombres poco serios gustan más de presenciar esos fenómenos que impresionan sus ojos y oídos en vez de aquellos otros hechos que son puramente psicológicos y espirituales.

»Cuando queremos dictar mensajes espontáneos actuamos sobre el cerebro, sobre los archivos del médium, y reunimos nuestros materiales con los elementos que nos provee. Esto se hace sin que él lo sepa en modo alguno. Es como si sacáramos de su cartera el dinero que tuviese y ordenáramos las diferentes monedas conforme a la disposición que nos pareciera más útil.

»Pero cuando el médium quiere por su parte interrogarnos de tal o cual manera, sería bueno que primero reflexionase a fondo para sólo después formularnos las preguntas de un modo metódico, facilitándonos así nuestra tarea de responderle. Porque —como se os ha dicho en una instrucción anterior— vuestro cerebro se halla a menudo en un inextricable desorden, y nos es tan penoso como difícil desenvolvemos entre el laberinto de vuestros pensamientos. Cuando las preguntas deben ser planteadas por un tercero, conviene y es de utilidad que el cuestionario completo se comunique de antemano al médium, para que éste se identifique con el Espíritu del interrogador y se llene de él, si así puede decirse. Porque en tal caso nosotros mismos tenemos mucho mayor felicidad para contestar, debido a la afinidad que existe entre nuestro periespíritu y el del médium que nos sirve de intérprete.

»Ciertamente, podemos hablar de matemáticas por intermedio de un médium que en apariencia las desconoce por completo, pero a menudo el Espíritu de ese médium posee dichos conocimientos en estado latente, o sea que ellos pertenecen en forma personal al ser fluídico y no al ser encarnado, porque su cuerpo actual es un instrumento refractario u opuesto a las matemáticas. Lo propio acontece con la astronomía, poesía, medicina y los diversos idiomas, así como con todos los restantes conocimientos propios del género humano. Por último, nos queda todavía el penoso procedimiento de elaboración que usamos con los médiums enteramente ajenos al tema tratado, con los cuales debemos ir juntando las letras y palabras del modo que se hace en tipografía.

»Como antes señalamos, los Espíritus no tienen necesidad de vestir con palabras sus ideas. Perciben y comunican su pensamiento sólo por el hecho de que éste existe en ellos. Los seres encarnados, por el contrario, sólo pueden aprehender el pensamiento cuando está revestido con el ropaje de las palabras. En tanto necesitáis vosotros letras, vocablos, sustantivos, verbos —frases, en suma—, para percibir las ideas, aunque sea mentalmente, para nosotros los Espíritus ninguna forma visible o tangible es necesaria.»

ERASTO Y TIMOTEO

Observación. Este análisis del rol de los médiums y de los procedimientos con ayuda de los cuales los Espíritus se comunican es tan claro como lógico. De él se desprende el principio de que el Espíritu toma del cerebro del médium no las ideas de éste, sino los materiales necesarios para expresar sus propios pensamientos (los del Espíritu). Y que cuanto más rico en materiales es el cerebro del médium tanto más se facilita la comunicación. Cuando el Espíritu se expresa en la lengua familiar del médium, encuentra en él completamente formadas las palabras necesarias para revestir sus ideas. Si lo hace en un idioma que el médium desconoce, no halla en el cerebro de éste los vocablos, sino que debe dictar —por así decirlo— letra por letra, exactamente como si quisiéramos hacer escribir en alemán a una persona que no supiera una sola palabra de esa lengua. Si el médium no sabe leer ni escribir, no poseerá en su cerebro ni siquiera las letras. Es menester entonces guiar su mano, como la de un niño a quien se inicia en la escritura. Y aquí surge un obstáculo material todavía más grande. Estos fenómenos, en consecuencia, son posibles, y existen de ellos numerosos ejemplos. Pero se comprenderá que tal procedimiento no concuerda con la extensión y rapidez de las comunicaciones mediúnmicas, por eso los Espíritus prefieren servirse de instrumentos más idóneos —conforme dicen ellos mismos— de los médiums bien equipados, desde su punto de vista.

Si las personas que solicitan tales fenómenos para convencerse de su realidad hubieran estudiado previamente la teoría, sabrían en qué condiciones excepcionales aquéllos se producen.

CAPÍTULO XX

INFLUENCIA MORAL DEL MÉDIUM

Cuestiones diversas.— Disertación de un Espíritu acerca de la influencia moral.

226. 1) El desarrollo de la mediumnidad ¿se opera en razón del desenvolvimiento moral del médium?

«No. La facultad, propiamente dicha, depende del organismo. Es independiente de lo moral. No pasa lo mismo con el empleo de ella, que podrá ser mejor o peor, con arreglo a las cualidades del médium.»

2) Se ha dicho siempre que la mediumnidad es un don de Dios, una gracia o favor divino. ¿Por qué, entonces, no es privilegio de las personas de bien, y vemos a personas indignas que están dotadas de ella en el más alto grado, y la usan mal?

«Las facultades constituyen favores por los que se debe agradecer a Dios, puesto que hay hombres que están privados de ellas. Con ese criterio, podríais preguntar también por qué Dios concede buena vista a los delincuentes, manos diestras a los que hacen trampas en el juego y elocuencia a quienes se sirven de ella con fines impropios. Pues bien, lo mismo ocurre con la mediumnidad. Si seres indignos la poseen, es porque necesitan de ella más que otros, para mejorarse. ¿Acaso pensaríais que Dios rehúsa ofrecer medios de salvación a los culpables? Los multiplica en su camino, *se los pone en las mismas manos*. Toca a ellos saberlos aprovechar. El traidor Judas ¿no obró milagros y sanó enfermos en su carácter de apóstol? Dios permitió que tuviese ese don para hacer que su traición fuera más aborrecible.»

3) Los médiums que hacen mal uso de su facultad, no la aplican con miras al bien, o no la aprovechan para su propia instrucción, ¿sufrirán las consecuencias de esa conducta?

«Si la emplean mal serán doblemente castigados, por cuanto poseen un medio adicional para ilustrarse y no se benefician con él. El que tiene buena vista y tropieza es más censurable que el ciego que cae en un pozo.»

4) Hay médiums que reciben espontáneamente, y casi de continuo comunicaciones acerca de un mismo tema: sobre cuestiones morales, por ejemplo, o respecto a faltas determinadas. ¿Tiene eso una finalidad?

«Sí, y tal finalidad consiste en iluminarlos acerca del asunto que se reitera con frecuencia, o corregir ciertos defectos de que adolecen. De ahí que a algunos les hablen sin tregua sobre el orgullo, verbigracia, y a otros sobre la caridad. Sólo insistiéndoles en esta forma podrán por fin abrir los ojos. No existe médium que haga mal uso de su facultad —por ambición o interés—, o la comprometa por un defecto grave —orgullo, egoísmo, liviandad, etc.—, y que no reciba de tiempo en tiempo algunas advertencias de los Espíritus: lo malo es que esos médiums casi nunca creen que tales advertencias les estén destinadas.»

Observación. Los Espíritus ofrecen a menudo sus lecciones con delicadeza: lo hacen de manera indirecta, para dejar más mérito al que sabe aplicarlas a sí mismo y aprovecharlas. Pero la ceguera y el orgullo de algunas personas son tales que no se reconocen en el cuadro que se les pone ante los ojos. Y es peor cuando el Espíritu les da a entender que se trata de ellas mismas, porque entonces se enfadan y tildan a aquél de embustero o de bromista de mal gusto. Esto sólo prueba que el Espíritu tenía razón...

5) Al recibir lecciones de tipo general, que no se aplican a persona alguna, ¿no actúa el médium como un instrumento pasivo, para servir a la instrucción de los demás?

«Casi siempre esas advertencias y consejos no tienen al médium como destinatario, sino son para aquellas otras personas con las cuales sólo podemos los Espíritus comunicarnos a través de ese médium. Pero éste, si su amor propio no lo ciega, debe comprender también qué parte le toca.

»No creáis que el don mediúmnico haya sido concedido para corregir tan sólo a una o dos personas. No, su objetivo es más amplio... Se trata de la humanidad entera. Un médium, en cuanto individuo, es un instrumento muy poco importante. Por eso, cuando damos instrucciones que deben beneficiar a la generalidad de las personas, nos valemos de aquellas que poseen las facilidades requeridas. Pero tened por cierto que tiempo vendrá en que los buenos médiums abundarán tanto que entonces los Espíritus buenos no se verán precisados ya a servirse de malos instrumentos.»

6) Visto que las cualidades morales del médium alejan a los Espíritus imperfectos, ¿cómo se explica que un médium dotado de buenas cualidades transmita respuestas falsas o groseras?

«¿Conoces acaso todos los repliegues de su alma? Además sin ser vicioso, quizá sea liviano y frívolo. Y a veces también él necesitará una lección, a fin de que se mantenga en guardia.»

7) ¿Por qué los Espíritus superiores permiten que personas dotadas de gran poder como médiums, y que podrían hacer tanto bien, sean en lugar de ello, instrumentos del error?

«Los Espíritus tratan de influir sobre ellas, pero cuando esas personas se dejan arrastrar por un camino equivocado, aquéllos no las detienen. De ahí que se sirvan de ellas con repugnancia, pues la verdad no puede ser interpretada por la mentira.»

8) ¿Es de todo punto imposible recibir buenas comunicaciones con un médium imperfecto?

«Un médium imperfecto podrá, en ciertas oportunidades, obtenerlas buenas. Porque si posee alguna facultad positiva los buenos Espíritus pueden servirse de él a falta de otro, en una circunstancia particular. Pero esta elección sólo será momentánea, pues tan pronto como encuentren a otro médium que les convenga más, le concederán su preferencia.»

> *Observación*. Hay que hacer notar que cuando los buenos Espíritus juzgan que un médium deja de estar bien asistido, y a causa de sus imperfecciones se convierte en presa de Espíritus engañadores, provocan casi siempre circunstancias que ponen al descubierto sus defectos, y así lo apartan de las personas serias y bien intencionadas, de cuya buena fe se podría abusar. En este caso por excelentes que sean sus facultades, el hecho no es de lamentar.

9) ¿Cómo deberá ser el médium que podamos llamar perfecto?

«¿Perfecto? ¡Ah! Bien sabéis que en la Tierra no existe la perfección... A no ser por eso, no estaríais vosotros aquí. Decid mejor "un buen médium", que ya es mucho, porque los buenos médiums no abundan. El médium perfecto sería aquel con el cual los malos Espíritus no se hubieran atrevido jamás a hacer la tentativa de engañarlo. Y el mejor médium es el que, simpatizando sólo con los buenos Espíritus, ha sido engañado con menos frecuencia.»

10) Si sólo simpatiza con Espíritus buenos, ¿cómo pueden éstos permitir que se le engañe?

«Los buenos Espíritus permiten a veces que suceda esto con los mejores médiums a fin de que ejerciten su juicio y para enseñarles a discernir lo verdadero de lo falso. Además, por excelente que sea un médium, nunca será tan perfecto que no pueda ser vulnerado por su lado débil. Y eso ha de servirle de lección. Las comunicaciones falsas que de vez en cuando recibe son advertencias para que no se considere infalible y no se enorgullezca de su facultad. Porque el médium que obtiene los mensajes más notables no debe vanagloriarse más por esto que el organillero que produce hermosas melodías con sólo hacer girar la manivela de su aparato.»

11) ¿Cuáles son las condiciones precisas para que la palabra de los Espíritus superiores nos llegue inalterada y en toda su pureza?

«Querer el bien, y expulsar el *egoísmo* y el *orgullo*: las dos cosas son necesarias.

12) Entonces, si la palabra de los Espíritus superiores sólo podrá llegarnos pura en condiciones que son difíciles de satisfacer, ¿no es éste un obstáculo para la difusión de la verdad?

«No, pues la luz alcanza siempre al que anhela recibirla. Quienquiera desee iluminarse deberá huir de las tinieblas, y las tinieblas están en la impureza del corazón. Esos Espíritus a quienes consideráis como personificación del bien no acuden de buen grado al llamamiento de aquellos cuyo corazón se encuentra marcado por el orgullo, la codicia y la falta de caridad. Así pues, los que quieran iluminarse, despójense de toda humana vanidad y humillen su razón ante el poder infinito del Creador: será esta la mejor prueba de su sinceridad. Y todos pueden satisfacer esa condición.»

227. Si desde el punto de vista de la ejecución, el médium es solo un instrumento, en el aspecto moral, en cambio, ejerce altísima influencia; porque para comunicarse, el Espíritu desencarnado se identifica con el Espíritu del médium, y tal identificación no es posible si no existe entre ellos simpatía y, si puede decirse, afinidad. El alma ejerce sobre el Espíritu comunicante una especie de atracción o repulsión, según sea el grado de su similitud o su desemejanza. Ahora bien, los buenos sienten afinidad por sus iguales, y lo mismo sucede con los malos. De donde se sigue que las cualidades morales del médium influyen fundamentalmente sobre la naturaleza de los Espíritus que por su intermedio se comunican. Si el médium es vicioso, los Espíritus inferiores vendrán a agruparse en torno a él y estarán siempre prontos a tomar el lugar de los buenos Espíritus a quienes se evoca. Las cualidades que atraen con preferencia a los Espíritus buenos son, a saber: bondad, benevolencia, sencillez de corazón, amor al prójimo, desinterés por las cosas del mundo. Y los defectos que los alejan son: orgullo y egoísmo, celos y envidia, codicia, odio, sensualidad, y todas aquellas pasiones por las cuales el ser humano se apega a la materia.

228. Cada imperfección moral es una puerta abierta que brinda acceso a los malos Espíritus. Pero la que explotan ellos con mayor pericia es el orgullo, porque es éste el que menos nos confesamos a nosotros mismos. El orgullo ha perdido a muchos médiums que poseían las más bellas facultades y que, a no ser por él, hubieran podido convertirse en instrumentos notables y utilísimos. En cambio, al ser presas de los Espíritus embusteros, sus facultades se pervirtieron primeramente y luego fueron aniquiladas, y más de uno se vio humillado por las más amargas desilusiones.

El orgullo se traduce, en los médiums, en signos inequívocos sobre los cuales es tanto más perentorio llamar la atención cuanto que se trata de uno de los defectos que deben inspirar mayor desconfianza acerca de la veracidad de sus comunicaciones. Al principio, se manifiesta en él por una confianza ciega en la superioridad de tales comunicaciones y en la infalibilidad del Espíritu que se las transmite. De ahí cierto desdén hacia todo lo que no provenga de ellos mismos, porque creen gozar del privilegio exclusivo de la verdad. El prestigio de los nombres importantes con que se adornan los Espíritus que se piensa que protegen a estos médiums los deslumbra, y como su amor propio sufriría si confesaran haber sido engañados, rechazan toda suerte de consejos, y aun los evitan, apartándose de sus amigos, así como de quienquiera pudiese abrirles los ojos. Si se dignan escucharlos, no toman en cuenta para nada sus opiniones, puesto que para ellos dudar de la superioridad de su Espíritu constituye casi una profanación. Se ofuscan tan pronto como les oponen la menor contradicción, o les hacen un simple reparo, y a veces llegan hasta aborrecer a las personas mismas que los han beneficiado. Amparándose en tal aislamiento del médium que esos mismos Espíritus provocan, pues no desean vérselas con contradictores, tienen éstos camino libre para mantener a aquél en sus ilusiones, hasta el punto de hacerle creer sin dificultad que los más disparatados absurdos son sublimidades. Así pues, confianza total en la superioridad de las comunicaciones que reciben; menosprecio hacia aquellas que obtengan los demás médiums; grandeza irracional atribuida a los nombres venerables; rechazo de los consejos que se les den y repulsa a toda crítica que se les haga; distanciamiento, por su parte, de todos aquellos que pudieran ofrecerles opiniones desinteresadas; y creencia en su propia habilidad, a despecho de la falta de experiencia de que adolezcan, tales son las características de los médiums orgullosos.

Hay que convenir, también, en que muchas veces el orgullo es fomentado en el médium por las personas que le rodean. Si posee facultades un tanto fuera de lo común, se le busca y ensalza. Entonces empieza a creerse indispensable y en breve adopta actitudes de suficiencia y desdén cuando presta ayuda. Por nuestra parte más de una vez hemos debido deplorar los elogios que habíamos hecho a ciertos médiums con el propósito de alentarlos.

229. Al lado de esto, mostremos el cuadro del médium verdaderamente bueno, aquel en quien se puede tener confianza. Para comenzar, supongamos una facilidad de ejecución lo bastante grande para permitir a los Espíritus comunicarse libremente sin tropezar con ningún obstáculo material. Una vez sentado esto, lo que más interesa considerar es la índole de los Espíritus que habitualmente asisten a ese médium, y para ello no debemos fijarnos en cómo se llamen, sino en el lenguaje que usan. El médium no debe olvidar nunca que las simpatías que coseche entre los buenos Espíritus estarán en relación con lo que haga para alejar de sí a los malos. Persuadido de que su facultad es un don que se le ha otorgado para el bien, no intentará en modo alguno valerse de ella para propósitos personales ni la tendrá por un mérito suyo. El buen médium acepta las comunicaciones positivas que se le brindan como una gracia que lo obliga a esforzarse para hacerse digno de ellas mediante su bondad, benevolencia y modestia. El médium orgulloso se envanece por sus relaciones con los Espíritus superiores, en tanto este otro se humilla, por creer siempre que no merece ese favor.

230. La instrucción que sigue, sobre este tema, nos fue ofrecida por un Espíritu del cual hemos reproducido varias comunicaciones en el presente libro:

«Ya lo dijimos: los médiums, en cuanto tales, ejercen sólo una influencia secundaria en las comunicaciones de los Espíritus. Su función es como la de un manipulador, que transmite los despachos telegráficos desde un punto de la Tierra hasta otro punto alejado de aquél. De esta manera, cuando los Espíritus queremos dictar una comunicación, obramos sobre el médium como lo hace el telegrafista con el manipulador. Es decir que, así como las señales radiotelegráficas viajan millares de kilómetros hasta ser captadas por un receptor que descifra el mensaje e imprime su contenido en caracteres tipográficos sobre una cinta de papel, asimismo transmitimos nosotros, a través de las incalculables distancias que separan el mundo visible del mundo invisible, el mundo inmaterial del mundo encarnado, aquello que deseamos enseñaros por intermedio del dispositivo mediúmnico. Pero, del mismo modo que las influencias atmosféricas actúan sobre las emisiones radiotelegráficas y las perturban a menudo, la influencia moral del médium hace lo propio, a veces, con nuestros «despachos» de ultratumba, porque nos vemos obligados a hacerlos pasar por un medio que les es adverso. Con todo, casi siempre esa influencia es neutralizada por nuestra energía y voluntad, y ningún efecto perturbador se presenta. En efecto, dictados de alto vuelo filosófico, mensajes de una moralidad perfecta se transmiten a veces a través de médiums poco idóneos para captar esas enseñanzas superiores, mientras que, por otra parte, comunicaciones poco edificantes llegan asimismo, en ocasiones, por intermedio de médiums que se avergüenzan hondamente por haberles servido de vehículo.

»De una manera general es posible afirmar que los Espíritus similares atraen a sus pares, y que muy rara vez aquellos Espíritus que pertenecen a las pléyades elevadas se comunican mediante equipos que son malos conductores cuando tienen a mano dispositivos mediúmnicos aptos, vale decir, buenos médiums.

»Los médiums superficiales y poco serios atraen, pues, a Espíritus de su misma naturaleza. De ahí que sus comunicaciones se caractericen por sus vulgaridades, frivolidades, ideas truncas y con frecuencia harto heterodoxas, espíritamente hablando. Claro está que pueden decir (y dicen, en ocasiones) cosas buenas, pero en este caso, sobre todo, hay que hacer un examen severo y escrupuloso de lo que están expresando, pues en medio de esas cosas buenas algunos Espíritus hipócritas insinúan con habilidad y con calculada perfidia hechos que carecen de existencia real, afirmaciones falaces, a fin de sorprender la buena fe de sus oyentes. Entonces se debe tachar sin piedad toda palabra o frase equívoca, y no conservar de su dictado más que aquello que la lógica acepte, o lo que la doctrina haya enseñado ya. Las comunicaciones de este tipo sólo deben temerlas los espiritistas que operan en forma aislada, así como los grupos de reciente formación, o poco esclarecidos. Porque en las reuniones donde los adeptos se hallan más adelantados o han adquirido experiencia, en vano el grajo se adornará con plumas de pavo real, pues será siempre despedido en forma cortés pero categórica.

»No hablaré de esos médiums que se recrean en solicitar y escuchar comunicaciones obscenas. Dejémosles disfrutar de la sociedad de los Espíritus cínicos. Por lo demás, las comunicaciones de esta clase buscan, por sí mismas, la soledad y el aislamiento. En todo caso, no podrían suscitar más que desprecio y disgusto entre los miembros de los grupos de estudios filosóficos y serios. Pero donde la influencia moral del médium se hace realmente sentir, es cuando éste reemplaza con sus ideas personales las que los Espíritus se esfuerzan por sugerirle. Entonces precisamente extrae de su imaginación teorías fabulosas que cree, con buena fe, son el resultado de una comunicación intuitiva. En tales circunstancias, hay a menudo mil posibilidades contra una de que dichas teorías sólo sean el reflejo del Espíritu del médium. Hasta sucede un hecho curioso, y es que la mano de éste se mueve en ocasiones casi en forma mecánica, impulsada como está por un Espíritu secundario y burlón. Contra esta piedra de toque se estrellan las imaginaciones ardientes. Porque, arrastrados por el ímpetu de sus propias ideas, por los oropeles de sus conocimientos literarios, los médiums olvidan el modesto dictado de un Espíritu sensato y, dejando escapar la presa por perseguir su sombra, sustituyen aquél por una paráfrasis pomposa. Asimismo, chocan contra ese temible escollo las personalidades ambiciosas que, careciendo de comunicaciones, que los buenos Espíritus les rehúsan, presentan sus propias obras atribuyéndolas a esos Espíritus mismos... He aquí por que es menester que los directores de grupos espíritas estén dotados de fino tacto y rara sagacidad para discernir entre las comunicaciones auténticas y aquellas otras que no son tales, y para no herir a quienes están engañándose a sí mismos.

»Uno de vuestros antiguos proverbios dice: "En la duda, abstente". Así pues aceptad tan sólo aquello que os parezca ser de una evidencia incuestionable. Tan pronto como una nueva opinión surja, por poco que la consideréis dudosa, sometedla a las más duras pruebas de la razón y de la lógica. Y aquello que la razón y el buen sentido reprueben, desechadlo sin vacilar. Más vale rechazar diez verdades que admitir una sola mentira, una sola falsa teoría. Porque sobre esa teoría errónea podríais edificar todo un sistema que terminarla por desmoronarse al primer embate de la verdad, cual un monumento erigido sobre arenas movedizas; mientras que, si rechazáis hoy ciertas verdades porque no os son probadas lógica y claramente, mañana un hecho decisivo o una demostración irrefutable vendrá a confirmaros su autenticidad.

»Recordad, sin embargo, ¡oh, espiritistas!, que nada es imposible para Dios y para los buenos Espíritus, sino la injusticia y la iniquidad.

»El espiritismo se halla ahora bastante extendido entre los hombres y ha moralizado suficientemente a los adeptos sinceros de su santa doctrina, para que los Espíritus no se vean ya obligados a seguir utilizando malas herramientas, esto es, médiums imperfectos. De tal manera, si en la actualidad un médium (sea cual sea), por su conducta o costumbres, por su orgullo o falta de amor y caridad, da un motivo legítimo de sospecha, rechazad, rechazad sus comunicaciones, porque junto a vosotros hay una serpiente oculta entre la hierba. Esta es mi conclusión acerca de la influencia moral de los médiums.»

ERASTO

CAPÍTULO XXI

INFLUENCIA DEL AMBIENTE

231. 1) El ambiente en que el médium se encuentra, ¿ejerce influencia sobre las manifestaciones?

«Todos los Espíritus que rodean al médium le ayudan en el bien tanto como le influyen en el mal.»

2) Los Espíritus superiores ¿son capaces de vencer la mala voluntad del Espíritu encarnado que les sirve de intérprete, así como la de aquellos que lo circundan?

«Sí, cuando lo consideran útil, y según sea la intención de la persona que a ellos se da. Ya lo hemos dicho: los Espíritus más elevados podrán a veces comunicarse, para una ayuda especial, a pesar de la imperfección del médium y del ambiente, pero en tal caso estos últimos les son completamente ajenos.»

3) Los Espíritus superiores ¿tratan de que las reuniones superficiales se vuelquen a ideas más serias?

«Los Espíritus superiores no asisten a reuniones donde conocen que su presencia sería inútil. A los ambientes donde el nivel de la instrucción es bajo pero hay sinceridad, nosotros vamos de buen grado, aunque sólo hallemos instrumentos deficientes. Pero en los medios instruidos en que prevalece la ironía no nos hacemos presentes. Hay que hablar a los ojos y oídos de los que allí se reúnen, y esa tarea compete a los Espíritus golpeadores y a los burlones. Es conveniente que las personas que se jacten de su saber sean humilladas por los Espíritus menos sabios y menos adelantados.»

4) ¿Se prohíbe a los Espíritus inferiores el acceso a las reuniones serias?

«No, a veces se quedan en ellas para aprovechar las enseñanzas que se os imparten. Pero guardan silencio, *como atolondrados en una reunión de sabios*.»

232. Sería un error creer que es preciso ser médium para atraer hacia sí a los seres del mundo invisible. Poblado de ellos está el espacio. Los tenemos sin cesar en torno de nosotros, muy cerca, viéndonos, observándonos, mezclándose en nuestras reuniones, siguiéndonos o huyendo de nosotros, según inspiremos atracción o repulsa. Nada tiene que ver con esto la facultad mediúnmica: tan sólo es un medio de comunicación. A estar a lo que hemos visto respecto a las causas de la simpatía o antipatía entre los Espíritus, fácilmente se comprenderá que nos hallamos rodeados de aquellos que poseen afinidad con nuestra alma, de acuerdo con el grado de elevación o bajeza en que ésta se encuentre. Pensemos ahora en el estado moral de la Tierra y comprenderemos cuál es el género de Espíritus que ha de prevalecer entre los que se hallan aquí en la erraticidad. Si examinamos cada pueblo en particular, podremos juzgar por la característica dominante de sus moradores, así como por sus preocupaciones y sentimientos más o menos morales y *humanitarios*, qué clases de Espíritus se dan preferentemente cita en cada uno de ellos.

Partiendo de este principio, supongamos una reunión de individuos frívolos e inconsecuentes, entregados a sus placeres. ¿Cuáles Espíritus habrán de encontrarse también allí, de preferencia? De seguro que no serán Espíritus superiores, al igual que nuestros sabios y filósofos no irían a gastar su tiempo en ese sitio. Así, cada vez que se produce una reunión de personas, hay junto a ellas una asamblea oculta que simpatiza con sus cualidades o defectos, y esto, *dejando a un lado toda idea de evocación*. Imaginemos ahora que tales personas tuvieran la posibilidad de conversar con los seres del mundo invisible mediante un intérprete, vale decir, un médium. ¿Qué Espíritus responderían a su llamamiento? Salta a la vista que lo harían los que estuviesen ahí, completamente dispuestos, y sólo aguardando una ocasión para comunicarse. Si en una reunión superficial se evoca a un Espíritu superior, podrá acudir y aun expresar algunos conceptos razonables, no de otro modo que como un buen pastor va en auxilio de sus ovejas descarriadas. Pero tan pronto advierta que ni lo comprenden ni lo escuchan se marchará, como también lo haríais vosotros si estuvieseis en su lugar, y entonces los otros Espíritus estarán allí a sus anchas.

233. No en todos los casos es suficiente que una reunión sea formal para obtener comunicaciones de un nivel elevado. Hay gente que no ríe jamás, pero no por eso es más puro su corazón. Y es el corazón, sobre todo, lo que atrae a los buenos Espíritus. Ninguna condición moral impide las comunicaciones espíritas, pero si el estado moral de las personas es malo, entonces se comunicarán con sus pares del mundo invisible, quienes no dejarán de engañarlas, y con frecuencia ensalzarán sus prejuicios.

Por lo dicho se comprenderá la grandísima influencia que ejerce el medio sobre la naturaleza de las manifestaciones inteligentes. Pero ese influjo no obra del modo que pensaban algunos, cuando no se conocía aún el mundo de los Espíritus como hoy se le conoce, y antes que experiencias más concluyentes hubieran llegado para aclarar las dudas. Cuando el tenor de las comunicaciones concuerda con la opinión de los asistentes, esto no sucede porque dicha opinión se refleje en el Espíritu del médium, igual que una imagen en un espejo, sino a causa de que hay allí Espíritus que simpatizan con los presentes —en el bien o en el mal— y comparten sus ideas. Prueba de ello es que si los allí reunidos pueden atraer hacia sí a otros Espíritus que no son los que habitualmente les rodean, el mismo médium hablará un lenguaje completamente distinto, expresando puntos de vista muy diferentes de los que en esa reunión imperan. En resumen, las condiciones del medio serán tanto mejores cuanto más homogeneidad haya en los asistentes a la sesión en el sentido del bien, mayor suma de sentimientos puros y elevados y más deseos sinceros de aprender, sin segundas intenciones.

CAPÍTULO XXII

MEDIUMNIDAD EN LOS ANIMALES

234. ¿Pueden ser médiums los animales? Con frecuencia nos hemos formulado esta pregunta, y algunos hechos observados parecerían responder a ella en forma afirmativa. Lo que en sentido especial ha podido acreditar esta opinión son los signos notables de inteligencia que ponen de relieve algunos pájaros adiestrados, que parecen adivinar el pensamiento y extraen de un paquete de cartas el que contiene la respuesta exacta a una pregunta planteada. Hemos observado tales experiencias con un cuidado muy especial; y lo que más admiración nos causó era el arte que se requería para ejercitar a dichas aves. A no dudarlo, es imposible negarles cierta dosis de inteligencia, pero habrá que convenir en que, en este caso, la perspicacia de esos pájaros superaría en mucho a la del hombre, porque no hay nadie que pueda jactarse de realizar lo que ellos hacen. Sería necesario, incluso, en lo que respecta a ciertas experiencias, suponerlos poseedores de un don de doble vista superior al de los sonámbulos más clarividentes. En efecto, se sabe que la lucidez sonambúlica es esencialmente variable y está sujeta a frecuentes intermitencias, en tanto que en esas aves dicha lucidez sería estable y funcionaría en el momento establecido, con una regularidad y precisión que no se echan de ver en ningún sonámbulo. En suma, jamás les fallaría. Las más de las experiencias de este género que hemos conocido eran del tipo de las que llevan a cabo los prestidigitadores y no podían dejarnos ninguna duda sobre el empleo de algunos de sus procedimientos, en especial el de las cartas preparadas. El arte de la prestidigitación consiste en disimular tales trucos, a no ser por lo cual el efecto perdería su hechizo. Pero, aun reducido a estas dimensiones, el fenómeno no deja de resultar interesantísimo, y siempre sigue siendo motivo de admiración el talento del adiestrador tanto como la inteligencia del discípulo alado, porque la dificultad que se ha de superar es mucho mayor que si el pájaro sólo obrara en virtud de sus propias facultades. Hacer que éste realice cosas que exceden el límite de lo posible para la inteligencia humana es probar, por ese solo hecho, el uso de un recurso secreto. Además, es notorio que esas aves sólo alcanzan semejante grado de habilidad al cabo de cierto tiempo, y con ayuda de cuidados particulares y perseverantes por parte de su adiestrador, lo cual no sería preciso si su inteligencia bastara para lograr esos resultados. No es más extraordinario enseñarles a extraer cartas que ejercitarlos para que entonen melodías o pronuncien ciertas frases.

Lo mismo ocurría cuando los prestidigitadores querían imitar la doble vista. Se llevaban las cosas al extremo, con el objeto de que la ilusión de los asistentes perdurara mucho. Ya la primera vez que presenciamos uno de estos espectáculos sólo vimos en él una imitación harto imperfecta del sonambulismo, que revelaba la ignorancia del operador en lo que toca a las condiciones esenciales de dicha facultad.

235. Sean lo que fueren las experiencias descritas, desde otro punto de vista sigue en pie la cuestión principal. Porque así como la imitación del sonambulismo no impide que la facultad real exista, así también la imitación de la mediumnidad por medio de pájaros adiestrados no probaría nada contra la posibilidad de que posean las aves, u otros animales, una facultad similar. Se trata, pues, de saber si los irracionales son aptos —como el hombre ha demostrado serlo— para oficiar de intermediarios de los Espíritus desencarnados en sus comunicaciones inteligentes con nosotros. Incluso parece bastante lógico suponer que un ser vivo, dotado de cierta dosis de inteligencia, sea más apropiado para producir ese efecto que lo que puede serlo un cuerpo inerte carente de vitalidad, como una mesa, por ejemplo. No obstante, esto no sucede.

236. La cuestión de la mediumnidad en los animales ha sido resuelta en forma categórica en la disertación que sigue, ofrecida por un Espíritu cuya profundidad y sagacidad hemos podido apreciar en capítulos anteriores, por las transcripciones de sus mensajes que tuvimos ocasión de hacer. Para captar acabadamente el valor de su demostración es esencial que el lector se remita a lo explicado antes, acerca del rol del médium en las comunicaciones, y que reproducimos en el nº 225.

Este mensaje se recibió tras un debate sobre el tema, realizado en la Sociedad Parisina de Estudios Espíritas:

«Abordaré hoy la cuestión de la mediumnidad en los animales suscitada y sostenida por uno de vuestros más fervientes adeptos. Pretende él, en virtud del axioma *quien puede lo más podrá también lo menos*, que podemos los Espíritus mediumnizar a los pájaros y otros animales y servirnos de ellos en nuestras comunicaciones con el género humano. Es esto lo que llamáis en filosofía —o, mejor dicho, en lógica— pura y simplemente un sofisma. Animáis vosotros —alega— la materia inerte. Esto es, una mesa, una silla o un piano. Con tanta más razón podréis animar la materia viviente, sobre todo los pájaros. Pues bien, dentro de las leyes normales del espiritismo esto no es así ni puede serlo.

»Para comenzar, pongámonos de acuerdo sobre los hechos. ¿Qué es un médium? Es el ser, el individuo que sirve de lazo de unión a los Espíritus, para que éstos puedan comunicarse fácilmente con los hombres, que son los Espíritus encarnados. En consecuencia, si no disponemos de un médium no habrá comunicaciones tangibles, mentales, escriturales, físicas ni de ningún otro tipo.

»Existe un principio que (estoy seguro de ello) es admitido por todos los espiritistas: «los semejantes obran por medio de sus semejantes y como sus semejantes». Ahora bien, ¿cuáles son los semejantes de los Espíritus, sino los Espíritus encarnados o no? ¿Hay que repetiros esto sin cesar? Entonces, os lo repetiré una vez más: vuestro periespíritu y el nuestro son extraídos del mismo medio, poseen una naturaleza idéntica, en una palabra, son semejantes. Los dos tienen una capacidad de asimilación más o menos desarrollada, de imantación más o menos intensa, que nos permite —a Espíritus y encarnados— establecer relaciones con mucha prontitud y facilidad. Por último, lo que pertenece específicamente a los médiums, y corresponde a la esencia misma de su individualidad, es una afinidad especial, y al propio tiempo una fuerza de expansión particular, que anulan en ellos toda posibilidad de rechazo y establecen entre ellos y nosotros una suerte de corriente, una especie de fusión que facilita nuestras comunicaciones. Por lo demás, esa posibilidad de rechazo, propia de la materia, es la que se opone al desarrollo de la mediumnidad en la mayoría de aquellos que no son médiums.

»Los hombres son siempre propensos a exagerarlo todo. Unos (y no hablo aquí de los materialistas) niegan que los animales tengan alma, y otros quieren atribuirles una, por así decirlo, semejante a la nuestra. ¿Por qué confundir de este modo lo perfectible con lo imperfectible? No, no, convenceos de que el fuego que anima a los irracionales, el hálito que los impulsa a obrar, a moverse y comunicarse entre ellos en su lenguaje, no posee a la hora presente ninguna aptitud para mezclarse, fusionarse con el soplo divino, el alma etérea, el Espíritu en suma, que anima al ser en esencia perfectible: el hombre, rey de la Creación. Ahora bien, esta condición esencial de la perfectibilidad ¿no es acaso la que hace la superioridad de la especie humana sobre las demás especies animales que existen en la Tierra? Reconoced, entonces, que no es posible identificar al hombre, el único que es perfectible en sí mismo y por sus obras, con ningún ejemplar de las otras especies que habitan este planeta.

»El perro, cuya inteligencia superior entre los animales lo ha convertido en el amigo y comensal del hombre, ¿es perfectible de por sí, merced a su iniciativa personal? Nadie se atrevería a sostenerlo. Porque el perro no hace progresar al perro. Y el espécimen canino mejor adiestrado lo ha sido siempre por obra de su dueño, el hombre. Desde que el mundo es mundo, la nutria cava siempre su madriguera en un lugar que esté sobre el nivel de las aguas, con las mismas proporciones y obedeciendo a una regla invariable. Los ruiseñores y las golondrinas no han construido jamás sus nidos de otro modo que como sus ascendientes lo hacían. Un nido de gorriones anterior al Diluvio, igual que uno de la era moderna, es siempre un nido de gorriones, construido en idénticas condiciones y con el mismo sistema de entretejer briznas de hierbas o plumillas, todo ello recogido durante la primavera, en la época de la reproducción. Las abejas y las hormigas, esas pequeñas repúblicas organizadas, no han variado nunca en sus hábitos de aprovisionamiento, en su conducta, costumbres y obras. Por último, cada especie de araña teje siempre su tela de la misma manera.

»Desde otro punto de vista, si buscáis las chozas de ramas de árboles y las viviendas de las primeras edades de la Tierra, encontrareis hoy en su lugar los palacios y castillos de la civilización moderna. A las vestimentas hechas con pieles sin curtir sucedieron los tejidos de seda recamados en oro. En fin, a cada paso hallaréis pruebas de esta incesante marcha de la humanidad hacia el progreso.

»Ahora bien, comparado ese adelanto continuo, invencible, irrecusable de la especie humana, con el estancamiento indefinido de las demás especies animales, convendréis conmigo en que, si es cierto que existen principios que son comunes a todos los seres que viven y se mueven en la Tierra —el hálito de vida y la materia—, no es menos verdad que sólo vosotros, Espíritus encarnados, os halláis sometidos a esa inevitable ley del progreso que os impulsa fatalmente adelante, siempre adelante. Puso Dios junto a vosotros a los animales como auxiliares, para nutriros, vestiros y ayudaros. Les otorgó cierta dosis de inteligencia porque, para secundaros, necesitaban comprender. Pero condicionó tal inteligencia a los servicios que están llamados a prestar. Mas, en su sabiduría no quiso Él que fuesen sometidos a la misma ley del progreso que el hombre. Tal como fueron creados, así han permanecido y seguirán permaneciendo hasta la extinción de sus especies...

»Se ha dicho: "los Espíritus mediumnizan y hacen mover la materia inerte: sillas, mesas, pianos..." Hacen mover, sí, pero mediumnizan, ¡no! Porque —una vez más lo reiteraremos— sin un médium ninguno de esos fenómenos se pueden producir. ¿Qué tiene de extraordinario que con ayuda de uno o varios médiums hagamos moverse la materia inerte, pasiva, que precisamente en virtud de su pasividad e inercia es apropiada para experimentar los movimientos e impulsos que deseamos imprimirle? Claro está que para ello necesitamos médiums, pero no es preciso que el médium esté presente o consciente, ya que podemos obrar con los elementos que él nos provee sin saberlo y fuera de su presencia física, sobre todo en lo que toca a los fenómenos de tangibilidad y aportes. Nuestra envoltura fluídica, más imponderable y sutil que el más sutil e imponderable de vuestros gases, uniéndose, casándose, combinándose con la envoltura fluídica, pero *animalizada*, del médium (cuya propiedad de expansión y penetrabilidad es inaprehensible para vuestros toscos sentidos, y punto menos que inexplicable para vosotros) nos permite mover muebles e incluso romperlos, en habitaciones donde no haya ninguna persona.

»Por cierto que los Espíritus pueden tomarse visibles y tangibles para los animales, y con frecuencia ese súbito terror que éstos manifiestan, y que se os ocurre inmotivado, tiene por causa la vista de uno o más de esos Espíritus, que son movidos por una mala intención hacia los individuos presentes o hacia los dueños de dichos animales. Muy a menudo veis caballos que se niegan a avanzar y a retroceder, encabritándose ante un obstáculo imaginario. Pues bien, tened por seguro que ese «obstáculo imaginario» es muchas veces un Espíritu, o un grupo de ellos, que se complacen en asustarlos. Recordad el asna de Balaam que, viendo ante ella a un ángel y temiendo su flamígera espada, se obstinaba en no moverse. Es que antes de mostrarse en forma visual a Balaam, el ángel había querido hacerse visible para el animal solamente. Pero, lo repito, no mediumnizamos directamente ni a los animales ni a la materia inerte. Necesitamos siempre el concurso —consciente o inconsciente— de un médium humano, porque precisamos la unión de fluidos similares, lo que no hallamos ni en los animales ni en la materia inerte.

»Afirma el señor T. que magnetizó a su perro. ¿Qué consiguió con esto? Matarlo... Porque el desventurado animal murió tras haber caído en una especie de atonía, de languidez, a consecuencia de la magnetización. En efecto, al impregnarlo de un fluido tomado de una esencia superior a la esencia específica de la naturaleza canina, lo aniquiló, actuando sobre él —aunque con más lentitud— a la manera del rayo. Por tanto, como quiera que no existe ninguna asimilación posible entre nuestro periespíritu y la envoltura fluídica de los animales, propiamente dichos, los acabaríamos en forma instantánea al mediumnizarlos.

»Esto sentado, reconozco perfectamente que en los animales existen aptitudes diversas. Que ciertos sentimientos y pasiones, idénticos a las pasiones y sentimientos humanos, se desarrollan en ellos. Que son sensibles y agradecidos, o que pueden odiar o vengarse, conforme se les trate bien o mal. Porque Dios, que nada hace incompleto, ha dado a aquellos animales que son compañeros o servidores del hombre cualidades de sociabilidad de que carecen por entero esos otros que en estado salvaje habitan regiones solitarias, no pobladas por el género humano. Pero de ahí a que puedan oficiar de intermediarios para transmitir el pensamiento de los Espíritus, hay un abismo: la diferencia de sus naturalezas.

»Ya sabéis que tomamos nosotros del cerebro del médium los elementos necesarios para dar a nuestro pensamiento una forma perceptible y aprehensible para vosotros. Con ayuda de los materiales que posee, el médium traduce nuestro pensamiento al lenguaje común. Ahora bien, ¿qué elementos hallamos en el cerebro de un animal? ¿Hay en él letras, palabras, números, signos —cualesquiera fueren— similares a los que existen en el hombre, aun el menos inteligente? "Sin embargo —argumentaréis— los animales comprenden el pensamiento humano, y aun lo adivinan." Concedido: los animales adiestrados comprenden ciertos pensamientos, pero ¿habéis visto jamás que los reprodujeran? No. Concluid de ello, pues, que los animales no pueden servirnos de intérpretes.

»Para resumir, los fenómenos mediúmnicos no pueden producirse sin el concurso consciente o inconsciente de los médiums, y sólo entre los encarnados —que son Espíritus como nosotros— nos es posible encontrar a quienes puedan servirnos de médiums. En cuanto a adiestrar perros, pájaros u otros animales, para que realicen tales o cuales ejercicios, es asunto vuestro, no de nosotros.»

(ERASTO)

Nota. En la *Revue spirite* de setiembre de 1861 se encontrarán los detalles de un proceder empleado por los adiestradores de pájaros sabios, para hacerles sacar de un paquete las cartas pedidas.

CAPÍTULO XXIII

DE LA OBSESIÓN

Obsesión simple.— Fascinación.— Subyugación.— Causas de la obsesión. — Medios de combatirla.

237. Entre los escollos con que tropieza la práctica del espiritismo hay que incluir, en primera línea, a la *obsesión*, vale decir, el dominio que algunos Espíritus suelen ejercer sobre ciertas personas. Se trata en todos los casos de Espíritus inferiores, que quieren dominar, porque los buenos Espíritus no imponen ninguna compulsión. Antes bien, éstos aconsejan y luchan contra la influencia de los malos, y cuando no se les escucha, se retiran. Los malos Espíritus, por el contrario, se apegan a los individuos a quienes pueden convertir en sus víctimas. Y si logran dominar a alguien, se identifican con el Espíritu de esa persona, conduciéndola como si se tratara realmente de un niño.

La obsesión presenta características diversas, que es muy necesario saber distinguir, y que resultan del grado de opresión y de la índole de los efectos que produce. La palabra *obsesión* es, en cierto modo, un término genérico mediante el cual designamos ese tipo de fenómenos cuyas principales variedades son las siguientes: *obsesión simple, fascinación* y *subyugación*.

238. La *obsesión simple* tiene lugar cuando un Espíritu dañino se impone a un médium, se inmiscuye a su pesar en las comunicaciones que recibe, le impide comunicarse con otros Espíritus y reemplaza a aquellos a quienes se evoca.

No se está obsesionado por el solo hecho de haber sido engañado por un Espíritu embustero: el mejor de los médiums se halla expuesto a eso, sobre todo en los comienzos, cuando aún carece de la necesaria experiencia, así como entre nosotros las personas más honradas pueden ser embaucadas por bribones. Así pues, se puede ser engañado sin estar obsesionado. La obsesión reside en la tenacidad del Espíritu del que es imposible desembarazarse.

En la obsesión simple el médium sabe perfectamente que tiene que vérselas con un Espíritu embaucador, y éste no se oculta, no disimula en modo alguno sus viles intenciones y su deseo de llevarle la contraria. El médium reconoce sin dificultad la artimaña, y como se mantiene en guardia, rara vez es engañado. Por tanto, este género de obsesión es sólo desagradable y no tiene otro inconveniente que poner un obstáculo a las comunicaciones que se quisiera establecer con Espíritus serios, o con aquellos a quienes se ama.

Podemos incluir dentro de esta categoría los casos de *obsesión física* o sea, aquella que consiste en manifestaciones ruidosas y obstinadas de ciertos Espíritus que en forma espontánea hacen escuchar golpes y otros ruidos. (Sobre este fenómeno, consúltese el capítulo «Manifestaciones físicas espontáneas», nº 82).

239. La *fascinación* acarrea consecuencias mucho más graves. Se trata de una ilusión creada por la acción directa del Espíritu en el pensamiento del médium, y que en cierta manera paraliza la capacidad de éste para juzgar las comunicaciones. El médium fascinado no cree que estén engañándole. El Espíritu se las ingenia para inspirarle una confianza ciega, que le impide conocer la superchería y comprender lo absurdo de lo que escribe, aunque salte a la vista de todos. La ilusión que padece podrá llegar hasta el punto de que considere sublimes las comunicaciones más ridículas. Sería erróneo creer que este género de obsesión no puede alcanzar sino a personas simples, ignorantes y faltas de juicio: los hombres más talentosos, cultos e inteligentes en otros sentidos no están exentos de ella, lo que prueba que tal aberración es el efecto de una causa exterior cuya influencia están sufriendo.

Acabamos de expresar que las consecuencias de la fascinación son mucho más graves, y esto es cierto, pues en virtud de la ilusión que de ella resulta, el Espíritu dirige a la persona a la cual ha logrado dominar cual si fuese un ciego, y puede hacer que acepte las doctrinas más extravagantes y las más falsas teorías como si constituyesen la única expresión de la verdad. Más aún, podrá inducirlo a adoptar comportamientos ridículos, comprometedores y hasta peligrosos.

Fácilmente se comprende la diferencia que existe entre obsesión simple y fascinación, comprendiéndose asimismo que los Espíritus que producen esos dos efectos tienen que diferir en su personalidad. En la obsesión simple, el Espíritu que se os apega es sólo un ser importuno por su tenacidad, y del cual estáis impacientes por desembarazaros. En cambio, en la fascinación se trata de algo muy distinto, ya que para llegar a tales fines es preciso que sea un Espíritu hábil, astuto y profundamente hipócrita, pues sólo podrá despistar a su víctima y lograr que ésta lo acepte revistiéndose de una máscara que sabe muy bien adoptar y fingiendo mentidas apariencias de virtud. Los elevados conceptos de calidad humildad y amor a Dios son para él como cartas de crédito. No obstante, a través de eso deja traslucir signos de inferioridad que hay que estar *fascinado* para no advertir. De ahí que esta clase de Espíritus teman, sobre todo, a las personas que ven demasiado claro, y por eso también su táctica consiste, casi siempre, en inspirar al médium su distanciamiento de quienquiera pudiese abrirle los ojos. Con este recurso evita el Espíritu que se le contradiga y está seguro de que se le dará siempre la razón.

240. La *subyugación* es una atadura u opresión que paraliza la voluntad del que la padece y le mueve a obrar de cierta manera, a su pesar. En resumen, la víctima se encuentra como uncida a un verdadero *yugo*.

La subyugación puede ser *moral* o *corporal*. En el primer caso, el médium es llevado a tomar decisiones muchas veces absurdas y comprometedoras que, por una especie de ilusión, cree sensatas: se trata de una suerte de fascinación. En el segundo, el Espíritu actúa sobre los órganos del cuerpo y provoca movimientos involuntarios. En el médium escribiente, por ejemplo, la subyugación corporal se traduce en una necesidad incesante de escribir, aun en los momentos más inoportunos. Hemos visto a subyugados corporales que, a falta de pluma o lápiz, simulaban escribir con el dedo, cualquiera fuese el lugar en que se encontraran, incluso andando por la calle, en cuyo caso lo hacían en las puertas y paredes.

La subyugación corporal va en ocasiones más lejos. Puede incitar a los actos más ridículos. Hemos conocido a un hombre que, no siendo joven ni bien parecido, bajo el imperio de una obsesión de este tipo se sentía compelido por una fuerza irresistible a ponerse de hinojos ante una joven que hasta entonces le había sido indiferente, y le pedía se casase con él. Otras veces experimentaba en la espalda y en las corvas una fuerte presión que le obligaba, pese a la oposición de su voluntad, a arrodillarse y besar el suelo, en lugares públicos donde había mucha gente. Este hombre pasaba por loco entre sus conocidos, pero nos hemos convencido de que no lo estaba en absoluto, pues tenía conciencia plena del ridículo en que caía al obrar así contra su voluntad y esto le causaba horribles padecimientos.

241. Antiguamente se daba el nombre de posesión al dominio ejercido por los malos Espíritus cuando su influjo llegaba hasta la situación de producir la aberración de las facultades humanas. Posesión sería, para nosotros, sinónimo de subyugación. Si no adoptamos ese término se debe a dos motivos: primero, porque implica la creencia de que existen seres creados para el mal y perpetuamente destinados al mal, cuando en rigor de verdad sólo hay seres imperfectos en mayor o menor grado, todos los cuales pueden perfeccionarse. Segundo, porque implica asimismo la idea de toma de posesión del cuerpo por parte de un Espíritu extraño, en una especie de cohabitación, mientras que en realidad sólo hay compulsión. La palabra *subyugación* traduce perfectamente la idea. Así pues, para nosotros no existen *poseídos* o *posesos*, en el sentido vulgar que se atribuye a estas palabras, sino hay tan sólo *obsecados* u obsesos, y además *subyugados* y *fascinados*.

242. Como antes hemos señalado, es la obsesión uno de los mayores escollos con que tropieza la mediumnidad. Y también uno de los más frecuentes. Por eso, nunca serán excesivas las medidas que se adopten para combatirla, pues, además de los inconvenientes personales que puede acarrear, representa un obstáculo absoluto para la pureza y veracidad de las comunicaciones. Puesto que la obsesión, sea cual fuere su grado, es siempre el efecto de un constreñimiento, y esta opresión jamás puede ser ejercida por un Espíritu bueno, de ello resulta que toda comunicación procedente de un médium obsesado es sospechosa por su origen y no merece la menor confianza. Si algunas veces se encuentra en ella algo bueno hay que aceptarlo, pero rechazar cuanto sea simplemente dudoso.

243. La obsesión es reconocible por las características siguientes:

1) Persistencia de un Espíritu en comunicarse, de grado o por fuerza. mediante la escritura automática, la mediumnidad auditiva, la tiptología, etc., oponiéndose a que otros Espíritus puedan hacer lo propio.

2) Ilusión que, a pesar de la inteligencia del médium, impide a éste reconocer la falsedad y ridiculez de los mensajes que recibe.

3) Creencia del médium en la infalibilidad y en la identidad fidedigna de los Espíritus que se comunican y que, bajo nombres respetables y venerados, expresan conceptos falsos o absurdos.

4) Aceptación, por parte del médium, de los elogios que le dispensan los Espíritus que por su intermedio se comunican.

5) Tendencia del médium a distanciarse de las personas que pudieran darle opiniones útiles.

6) Enojo del médium por las críticas que se hacen a sus comunicaciones.

7) Necesidad de escribir sin tregua y en forma inoportuna.

8) Todo constreñimiento físico que se enseñoree sobre la voluntad del médium y lo fuerce a obrar o hablar contra sus deseos.

9) Ruidos y trastornos insistentes, en torno al médium, y de los cuales es éste causa u objeto.

244. Visto el peligro de la obsesión, cabe preguntarse si ser médium no resulta molesto, y si la obsesión no es provocada por esta facultad. En suma, si no es esa una prueba de que las comunicaciones mediúnmicas son inconvenientes. Nuestra respuesta es fácil, y encarecemos al lector la medite con detenimiento.

No han sido los médiums ni los espiritistas los que crearon a los Espíritus, sino estos últimos los que han hecho que haya espiritistas y médiums. Ahora bien, visto que los Espíritus no son otros que las almas de los hombres, hay, pues, Espíritus, ya que existen hombres, y los Espíritus han ejercido en todos los tiempos una influencia saludable o perniciosa sobre la humanidad. El don mediúmnico es para ellos sólo un medio de manifestarse. A falta de dicha facultad en el hombre, los Espíritus lo hacen de otras mil maneras, más o menos ocultas. Por tanto, sería erróneo creer que no ejercen su influjo más que por medio de las comunicaciones escritas o verbales. Esa influencia es permanente, y las personas que no se ocupan de los Espíritus, e inclusive no creen en su existencia, están expuestas a ella tanto como los demás, y aun más que los otros, porque no disponen de recursos defensivos. La mediumnidad es para el Espíritu un medio de darse a conocer al ser humano. Si es un Espíritu malo, en todos los casos termina traicionándose, por muy hipócrita que sea. Así pues, es posible afirmar que la mediumnidad nos permite ver al enemigo cara a cara —si podemos expresarnos en estos términos— y combatirlo con sus propias armas. En cambio, si el hombre no dispone de la facultad mediúnmica, el Espíritu malo operará desde la sombra, y amparado en su invisibilidad podrá hacer, y hace en efecto, mucho daño. ¡A cuántos actos no es impelido el hombre para su desdicha, y que habría evitado si hubiese tenido un modo de ilustrarse!... Los incrédulos no sospechan la gran verdad que están expresando cuando dicen, de un individuo que se aparta con pertinacia del camino recto: «Es su mal genio el que lo empuja hacia su perdición». Por eso, el conocimiento del espiritismo, muy al contrario de facilitar el dominio de los malos Espíritus, debe dar por resultado —en un tiempo más o menos cercano, cuando se haya divulgado suficientemente— *la destrucción de ese dominio*, al proveer a cada cual de los medios necesarios para mantenerse en guardia contra las sugestiones de esa clase de Espíritus. Y así el que entonces sucumba, a nadie podrá echar la culpa, sino es a sí mismo.

Regla general: quienquiera esté recibiendo malas comunicaciones mediúnmicas, escritas o verbales, se halla bajo una influencia nociva. Dicha influencia es ejercida sobre él, escriba o no, esto es, sea o no médium, y crea o no crea. La escritura automática proporciona al individuo un medio para conocer con seguridad la naturaleza de los Espíritus que obran sobre él y combatirlos si son malos, lo cual se hace con un éxito mucho mayor cuando se logra averiguar el motivo que los mueve a obrar de esa manera. Ahora, si la persona es lo bastante ciega para no comprenderlo, otros podrán abrirle los ojos al respecto.

En resumen, el peligro no radica en el espiritismo en sí, puesto que, antes bien, puede él servir de contralor y preservarnos de los riesgos que estamos corriendo en todo instante sin saberlo; el peligro reside en la orgullosa tendencia de ciertos médiums a creer con sobrada facilidad que son instrumentos exclusivos de Espíritus superiores, y también en la especie de fascinación que padecen y que no les permite comprender las tonterías de que son intérpretes. Hasta aquellos que no son médiums pueden caer en este engaño. Hagamos una comparación: un hombre tiene un enemigo secreto a quien no conoce y que difunde contra él, ocultamente, la calumnia y todo cuanto la más negra ruindad pueda inventar. Este hombre ve cómo su fortuna va mermando, sus amigos se alejan de él y su paz interior se perturba. Incapaz de descubrir la mano que lo hiere, no puede defenderse y cae vencido. Pero cierto día su secreto enemigo le escribe, y a despecho de su astucia se traiciona en su carta. He aquí, pues, descubierto el adversario, al cual el hombre aquel puede entonces desenmascarar, rehabilitándose. Ese es el rol de los malos Espíritus, a quienes el espiritismo nos da la posibilidad de identificar a fin de deshacer sus designios.

245. Los motivos de la obsesión varían según sea la personalidad del Espíritu. Se trata a veces de una venganza que está ejerciendo contra un sujeto del cual ha tenido motivos de queja durante su última encarnación o en una existencia anterior. A menudo también no tiene otra razón que su deseo de hacer daño. Como está sufriendo, quiere que los demás padezcan también, y encuentra una especie de placer en atormentarlos y vejarlos. Asimismo la impaciencia que su víctima pone de manifiesto lo excita, porque tal es precisamente su objetivo, en tanto que si la persona lo toma con tranquilidad termina por cansarse. Irritándonos y mostrando enfado hacemos justamente lo que él quiere. Esos Espíritus obran, en ocasiones, por odio y por envidia, de ahí que pongan sus maléficas miras en las personas más honradas. Uno de ellos se había pegado como una verdadera tiña a una familia honorable, conocida nuestra, a cuyos miembros, por lo demás, no tuvo la satisfacción de convertir en sus víctimas. Cuando se le preguntó el motivo por el cual había provocado a tan buenas personas antes que a otros seres malvados como él, respondió: *A estos últimos no les tengo envidia*. Otros son guiados por simple cobardía, que les mueve a aprovecharse de la debilidad moral de ciertas personas a las que saben incapaces de resistírseles. Uno de estos seres, que subyugaba a un joven muy corto de entendederas, cuando se le preguntó por qué había escogido esa víctima, replicó: *Tengo grandísima necesidad de atormentar a alguien. Una persona razonable me rechazaría, me apego, pues, a un idiota, que no me opone ninguna resistencia*.

246. Hay Espíritus obsesores sin maldad, incluso con algo de bueno, pero que adolecen del orgullo de la pedantería. Tienen sus ideas, sus sistemas interpretativos acerca de las ciencias y la economía social, la moral, la religión y la filosofia. Quieren hacer prevalecer su opinión y con tal propósito buscan médiums lo bastante crédulos para aceptarlos a ojos cerrados, y a quienes fascinan, de manera que no puedan discernir lo verdadero de lo falso. Son los más peligrosos, pues los sofismas no les cuestan nada y pueden hacer creer las más ridículas utopías. Como quiera que conocen el prestigio de los nombres importantes, no tienen el menor escrúpulo en adornarse con aquellos que merecen nuestro respeto, y tampoco retroceden ante el sacrilegio de declarar que son Jesús, la Virgen María o un santo venerado. Estos Espíritus tratan de deslumbrar con la ampulosidad de su lenguaje, más presuntuoso que profundo, lleno de términos técnicos y engalanado con los altos conceptos de caridad y moral. Pero se cuidan de dar un mal consejo, porque saben muy bien que serían despedidos con cualquier excusa. Por eso, las personas a quienes engañan los defienden a ultranza, argumentando: «Ya veis que no dicen nada malo». Pero la moral es para ellos sólo un pasaporte, y lo que menos les preocupa. Lo que desean, ante todo, es dominar e imponer sus ideas, por irracionales que éstas sean.

247. Los Espíritus sistemáticos son casi siempre escritorzuelos, de esos que escriben mucho y mal. Por eso buscan médiums con facilidad de escritura, a los que, fascinándolos, tratan de convertir en instrumentos dóciles y, sobre todo, entusiastas. Son, en general, verborrágicos y muy minuciosos, ya que intentan suplir la falta de calidad con la cantidad. Se complacen en dictar a sus intérpretes obras voluminosas, indigestas y a menudo poco inteligibles, que felizmente tienen por antídoto la imposibilidad material de ser leídas por las masas. Los Espíritus en verdad superiores, por el contrario, son sobrios en sus expresiones, dicen mucho con pocas palabras. Por eso, la fecundidad excesiva de un Espíritu siempre debe ser considerada sospechosa.

Nunca será demasiada la prudencia cuando se trate de dar a publicidad semejantes escritos. Las utopías y excentricidades que con frecuencia abundan en ellos, y que chocan al buen sentido, producen malísima impresión a las personas que acaba de iniciarse en el espiritismo, al darles de éste una idea falsa, aparte de que son armas de que se valen sus enemigos para ridiculizarlo. En esas publicaciones hay algunas que, sin ser malas y sin provenir de una obsesión, podemos considerar imprudentes, *intempestivas* o torpes.

248. Ocurre con bastante frecuencia que un médium sólo pueda comunicarse con determinado Espíritu, que se apega a él y responde por aquellos a quienes se evoca por conducto de ese médium. No se trata siempre de una obsesión, porque si el médium carece de flexibilidad, esto puede deberse a una afinidad especial de su parte con tal o cual Espíritu. Hay obsesión, propiamente dicha, cuando el Espíritu se impone y aleja a los demás por su voluntad, cosa que nunca hará un buen Espíritu. Por lo general, el Espíritu que se apodera del médium con el propósito de dominarlo no tolera el examen crítico de sus comunicaciones. Cuando ve que en lugar de ser aceptadas se discuten, no se retira, pero inspirará al médium la idea de aislarse, y muchas veces, incluso, le ordena proceder de este modo. Todo médium que se ofenda por la crítica que se haga a las comunicaciones que recibe está siendo eco del Espíritu que lo domina, y este Espíritu no puede ser bueno, puesto que le infunde un pensamiento ilógico: el de rehúsarse al examen. El aislamiento del médium es, en todos los casos, una cosa perjudicial para él, porque entonces sus comunicaciones carecerán de contralor. No sólo debe ilustrarse acudiendo al dictamen de otras personas, sino además ha de estudiar todos los tipos de comunicaciones para compararlas. Si se limita a las que él mismo obtiene, por excelentes que le parezcan, se expone a engañarse respecto a su valor, aparte de que no puede saberlo todo y que tales comunicaciones giran, casi siempre, dentro de un mismo círculo de ideas. (Véase, en nº 192, la definición de los «médiums exclusivos».)

249. Los medios de combatir la obsesión varían, según sean las características que se adopten. En realidad, el médium no corre peligro cuando se halla persuadido de que está viéndoselas con un Espíritu embustero, como acontece en la obsesión simple, donde el hecho no pasa de ser una cosa desagradable. Pero, precisamente porque tal situación incomoda al médium, el mal Espíritu tiene otro motivo para insistir en molestarlo. En tal circunstancia debe hacer el médium dos cosas esenciales: primera, probar al Espíritu que no está engañándolo y que le sería *imposible* lograrlo; segunda, agotar su paciencia, mostrándose más paciente que él. Cuando se haya convencido por completo de que está perdiendo su tiempo, el Espíritu terminará por retirarse, así como lo hacen los importunos a quienes no escuchamos.

Pero esto no siempre basta, y puede ser un procedimiento largo, pues hay Espíritus que son tenaces y para ellos los meses y aun los años poco significan. Además, el médium debe apelar fervientemente a su ángel bueno, así como a los buenos Espíritus que le son simpáticos, y rogarles que lo asistan. En cuanto al Espíritu obsesor, por malo que sea, hay que tratarlo con severidad aunque al mismo tiempo en forma benévola, derrotándolo con buenos procedimientos al orar por él. Si de veras es perverso, al principio se burlará, pero moralizándolo con perseverancia concluirá por enmendarse. Se trata de emprender una conversión, tarea muchas veces penosa, ingrata y aun odiosa, pero cuyo mérito radica justamente en su dificultad misma, y que si se realiza de manera correcta brindará siempre la satisfacción de haber cumplido un deber de caridad y, con frecuencia, de haber reconducido al buen camino a un alma perdida.

Asimismo, conviene interrumpir toda comunicación escrita tan pronto como se compruebe que procede de un mal Espíritu que no quiere entrar en razón, y esto, con el objeto de no darle el gusto de saberse escuchado. Hasta en ciertos casos podrá ser útil que el médium deje de escribir durante un tiempo, lo que se regulará de acuerdo con las circunstancias. Pero si es cierto que el médium escribiente puede evitar tales contactos absteniéndose de escribir, no sucede lo mismo al médium auditivo, a quien el Espíritu obsesor persigue a veces en todo instante con sus expresiones groseras y obscenas, y al que no le queda ni siquiera el recurso de taparse los oídos. Por lo demás, es preciso reconocer que algunas personas se divierten con el lenguaje vulgar de ese tipo de Espíritus, que ellas mismas alientan y provocan al celebrar sus tonterías en vez de imponerles silencio y moralizarlos. Nuestros consejos no son aplicables a aquellos que prefieren ahogarse...

250. Así pues, sólo habrá fastidio, pero no peligro, para todo médium que no se deje seducir, porque no podrá ser engañado. Esto es todo lo contrario de la *fascinación,* ya que aquí el imperio que adquiere el Espíritu sobre aquel de quien se ha apoderado no conoce límites. Lo único que se ha de hacer con él es tratar de persuadirlo de que está siendo engañado y rebajar su actual obsesión severa al grado de obsesión simple. No siempre será fácil lograrlo, y a veces resulta imposible. El ascendiente del Espíritu sobre el médium fascinado puede ser tal que haga a este último sordo a todo tipo de razonamientos, y aun es posible que llegue al extremo de pensar que acaso la ciencia misma se equivoca, cuando el Espíritu le transmite alguna burda herejía científica. Según quedo dicho, por lo general el médium fascinado acoge con muy mal talante los consejos que se le brindan. La crítica lo hiere, le disgusta y le hace coger manía a quienes no comparten la admiración que siente por el Espíritu. Sospechar de su obsesor constituye, a sus ojos, punto menos que una profanación, y esto es todo lo que está pidiendo el Espíritu: que se prosternen ante él... Un Espíritu obsesor ejercía sobre un conocido nuestro una fascinación extraordinaria. Lo evocamos, y tras responder con algunas fanfarronadas, viendo que no podía inducirnos a engaño en lo tocante a su verdadera identidad, confesó que no era aquel cuyo nombre usurpaba. Entonces le preguntamos por qué abusaba de ese médium, y respondió en términos que pintan claramente la personalidad de este género de Espíritus: *Yo estaba buscando a un hombre al que pudiera manejar. Lo encontré al fin, y con él me quedo*. Pero —fue nuestra réplica—, si le hacemos ver claro, os expulsará. *Eso está por verse*, concluyó, puesto que no hay peor ciego que el que no quiere ver, cuando se compruebe que son inútiles todas las tentativas para abrir los ojos al fascinado, lo mejor será dejarlo con sus ilusiones. Resulta imposible curar a un enfermo que se obstina en su dolencia, complaciéndose en ella.

251. La subyugación corporal quita con frecuencia al obsecado la energía necesaria para resistir al mal Espíritu, de ahí que se requiera la intervención de una tercera persona, que actúa ya sea mediante el magnetismo, o bien por el imperio de su voluntad misma. Si el obseso no ayuda, la otra persona deberá adquirir ascendiente sobre el Espíritu obsesor. Pero, como tal ascendiente no puede ser sino moral, sólo es dado ejercerlo a un ser *moralmente superior* al Espíritu, y su poder será tanto mayor cuanto más grande sea su superioridad moral, pues en tal caso se impondrá al obsesor, quien se verá forzado a inclinarse ante él. De ahí que Jesús tuviera tan extraordinario poder para echar fuera a los que en aquella época se llamaban «demonios», o sea, malos Espíritus obsesores.

Únicamente nos es posible ofrecer aquí consejos de carácter general, ya que no existe ningún procedimiento material —ninguna fórmula, sobre todo— ni palabra sacramental alguna que tenga poder para expulsar a los Espíritus obsesores. Lo que falta a veces al obsecado es suficiente fuerza fluídica, en cuyo caso la acción magnética ejercida por un buen magnetizador podrá acudir eficazmente en su ayuda. A más de esto, siempre es bueno recurrir a los consejos de un Espíritu superior o de su ángel de la guarda, por intermedio de un médium que sea confiable.

252. Las imperfecciones morales del obsecado son, muchas veces, un impedimento para su liberación. He aquí un notable ejemplo, que podrá servir de instrucción para todos:

Varias hermanas venían siendo, desde hacía algunos años, víctimas de depredaciones muy enojosas. Sus vestidos eran dispersados sin cesar por todos los rincones de la casa, apareciendo inclusive sobre los techos, y cortados, desgarrados y acribillados de agujeros, por mucho que hubieran cuidado ellas guardarlos bajo llave. Estas damas, confinadas en una pequeña localidad provinciana, nunca habían oído hablar de espiritismo. Como es natural, lo primero que creyeron fue que estaban siendo víctimas de bromas de mal gusto. Pero la persistencia de los fenómenos y las precauciones que tomaban para evitarlos les hicieron desechar esa idea. Y sólo bastante tiempo después, por sugerencias de otras personas, acordaron que deben dirigirse a nosotros para averiguar la causa de esos estragos y los medios de remediarlos, si esto era posible. Ahora bien, la causa no admitía dudas, pero en cuanto al remedio, resultaba difícil de hallar. El Espíritu que por medio de semejantes actos se manifestaba tenía que ser, evidentemente, malo. Al evocarlo puso de relieve gran perversidad y se mostró inaccesible a los buenos sentimientos. Con todo, pareció que la oración ejercía sobre él un influjo bienhechor, pues cesaron los daños. Pero, transcurrido un lapso de tregua, las depredaciones se reanudaron. Y ved el consejo que nos dio entonces un Espíritu superior:

«Lo mejor que pueden hacer esas señoras es rogar a sus Espíritus protectores que no las abandonen. No tengo un consejo más apropiado para ellas: que se sumerjan en su propia conciencia para autoconfesarse y examinar si siempre han practicado el amor al prójimo y la caridad. No me refiero a esa clase de caridad que da y reparte, sino a la caridad de la lengua. Porque desdichadamente, no saben contener la suya, y con sus actos piadosos no justifican el deseo que tienen se les libre de aquel que las atormenta. Les gusta demasiado hablar mal de los demás, y el Espíritu que las obsede está tornándose su revancha, pues cuando se hallaba encarnado era el súfrelo todo de ellas. No tienen más que buscar en su memoria y pronto comprenderán de quién se trata.

»No obstante, si llegan a mejorarse, sus ángeles de la guarda se les acercarán, y su sola presencia bastará para alejar al Espíritu malvado, el cual se ha apegado sobre todo a una de ellas, a causa de que su ángel de la guarda debió retirarse de su lado ante los actos reprensibles que cometía o los malos pensamientos que albergaba. Lo que necesitan es elevar fervientes oraciones por los que sufren y, en especial, practicar las virtudes impuestas por Dios a cada cual, según su condición.»

Cuando le hicimos notar que esas palabras nos parecían un tanto severas, y que acaso conviniera suavizar los términos al transmitírselas, el Espíritu añadió:

«Tenía que expresar lo que dije y como lo he dicho, porque las personas en cuestión se hallan acostumbradas a creer que no hacen daño con la lengua, mientras que en realidad están haciéndolo, y mucho. He aquí por qué es menester impresionarlas de un modo tal que sea para ellas una sería advertencia.»

Resalta de esto una enseñanza de gran alcance, cual es que las imperfecciones morales ofrecen asidero a los Espíritus obsesores, y el medio más seguro de quitárselos de encima consiste en atraer hacia sí a los buenos, mediante el ejercicio del bien. A no dudarlo, los buenos Espíritus tienen más poder que los malos, y su voluntad basta para alejar a éstos. Pero ellos sólo asisten a quienes los secundan con los esfuerzos que realizan por mejorarse, de lo contrario se apartan de uno y dejan el campo libre a los malos Espíritus, los cuales se convierten así, en ciertos casos, en instrumentos de castigo, ya que los buenos les permiten obrar con ese propósito.

253. Por otra parte, es preciso cuidarse de achacar a la acción directa de los Espíritus todas las contrariedades que puedan sobrevenirnos y que a menudo suelen ser resultantes de nuestra dejadez o imprevisión. Cierto día un granjero nos escribió una carta en la que expresaba que desde hacía doce años venía sufriendo toda suerte de desgracias con sus animales: ya se le morían las vacas o dejaban de producir leche, ya se trataba de problemas con los caballos, carneros o cerdos. Había rezado muchas novenas que no aliviaron sus problemas, como tampoco tuvieron ningún éxito las misas que encargó y los exorcismos que había hecho practicar. Entonces, de acuerdo con las supersticiones que imperan en el campo, se persuadió de que alguien había echado un maleficio a su ganado. Creyéndonos, sin duda, dotados de un poder de conjuro mayor que el del cura de su aldea, nos envió esta carta donde pedía nuestro parecer. Cuando consultamos a los Espíritus acerca del asunto, obtuvimos la respuesta siguiente:

«La mortalidad o las enfermedades de los animales de ese hombre se deben a que sus caballerizas están infectadas y él no manda a limpiarlas porque eso *cuesta dinero*.»

254. Concluiremos este capítulo consignando las respuestas que dieron los Espíritus a nuestras preguntas, y que vienen en apoyo de lo que hemos expresado hasta aquí.

1) ¿Por qué algunos médiums no pueden desembarazarse de los Espíritus malos que se apegan a ellos, y cómo los buenos Espíritus a quienes llaman en su ayuda no son lo bastante fuertes para ahuyentar a los otros y comunicarse por su intermedio?

«No es que al Espíritu bueno le falte poder, sino que esto se debe muchas veces al médium mismo, el cual no posee fuerza suficiente para secundarlo. La naturaleza del médium se presta mejor a ciertas relaciones, su fluido se identifica más con un Espíritu que con otro. Y eso es, precisamente, lo que confiere tan gran dominio a los Espíritus malos que quieren engañarlo.»

2) Sin embargo, nos parece que hay personas muy meritorias de irreprochable moralidad, que pese a ello se ven impedidas de comunicarse con los buenos Espíritus...

«Esa es una prueba. Por otra parte, ¿quién podría aseguraros que su corazón no se halla contaminado con un poco de mal? ¿Y que su orgullo no se oculte tras esa apariencia de bondad? Tales pruebas, al mostrar al obseso que es un ser débil, tienen que hacer que se incline a la humildad. ¿Por ventura hay alguien, en la Tierra, que pueda considerarse perfecto? Aun aquel que presente todas las apariencias de la virtud podrá adolecer también de muchos ocultos defectos, de un antiguo fermento de imperfección. Así, por ejemplo, soléis decir que quien no hace daño y es leal en sus relaciones con los demás es un hombre bueno y digno. Pero ¿sabéis si sus cualidades positivas no están empañadas por el orgullo, si no hay en él un trasfondo de egoísmo; si no es avaro, celoso, rencoroso, malediciente y otras cien cosas que no echáis de ver, porque vuestras relaciones con él no os han puesto en situación de observarlas? El medio más efectivo para combatir el influjo de los malos Espíritus consiste en acercarse todo lo más a la naturaleza de los buenos.»

3) La obsesión que impide a un médium obtener las comunicaciones que desea ¿es siempre un signo de su indignidad?

«No he dicho que se tratara de un signo de su indignidad, sino que un impedimento podrá oponerse al logro de determinadas comunicaciones. Debe, pues, consagrarse a remover ese obstáculo que en él mismo reside. Si así no lo hace, sus oraciones y súplicas no le reportarán ningún provecho. No basta a un enfermo decir a su médico: "Devolvedme la salud, quiero estar sano". El doctor no conseguirá nada si el paciente no hace también su parte.»

4) La privación en que se está, de comunicarse con ciertos Espíritus, ¿constituiría entonces una especie de castigo?

«En ciertos casos podrá ser un verdadero castigo, no de otro modo que como la posibilidad de comunicarse con ellos es una recompensa que debéis esforzaros por merecer.» (Véase «Pérdida y suspensión de la mediumnidad», nº 220.)

5) ¿No es posible, asimismo, combatir la influencia de los malos Espíritus orientándolos moralmente?

«Sí, eso es precisamente lo que no se hace y lo que no se debe dejar de hacer. Porque a menudo se trata de una tarea que se os ha asignado y que habéis de cumplir de forma caritativa y religiosa. Por medio de consejos sensatos se puede moverlos al arrepentimiento y acelerar su progreso.»

—¿Cómo puede ser que un hombre tenga, en este sentido, mayor influencia que la que poseen los Espíritus mismos?

«Los Espíritus perversos se acercan más a los hombres, a quienes tratan de atormentar, que a los otros Espíritus, de los cuales se alejan todo lo posible. En esa aproximación a los humanos, cuando encuentran a alguien que los moraliza, al principio no lo escuchan y se ríen de él. Más tarde, si se sabe captarlos, terminan por dejarse conmover. Los Espíritus elevados, en cambio, sólo pueden hablarles en nombre de Dios, y esto los espanta. Claro está que el hombre tiene menos poder que los Espíritus superiores, pero su lenguaje se identifica más con la naturaleza de los inferiores, y al comprobar que puede ejercer un ascendiente sobre éstos comprende mejor la solidaridad que existe entre el cielo y la tierra.

»Además, el influjo que el hombre pueda tener sobre los Espíritus está en razón de su superioridad moral. No domina a los Espíritus superiores, ni aun a aquellos que, sin ser tales, son buenos y afables, pero podrá imponerse a los que le sean inferiores en moralidad.» (Véase nº 279.)

6) La subyugación corporal, si se agrava hasta cierto punto, ¿podría traer como resultado la locura del que la padece?

«Sí, una especie de demencia cuya causa es desconocida para el mundo, pero que no tiene relación con la locura común. Entre aquellos individuos a quienes se tiene por enajenados mentales hay muchos que son tan sólo subyugados. Necesitarían un tratamiento espiritual, mientras que los vuelven realmente locos con los tratamientos físicos que les aplican. Cuando los médicos conozcan bien el espiritismo, aprenderán a distinguir entre unos y otros, y curarán a más enfermos que con las duchas frías que ahora prescriben.» (Véase nº 221.)

7) ¿Qué debemos pensar de aquellos que, viendo algún peligro en el espiritismo, creen que el medio de evitarlo sería prohibir las comunicaciones espíritas?

«Si pueden prohibir a ciertas personas comunicarse con los Espíritus, no podrán impedir las manifestaciones espontáneas que produzcan los Espíritus a esas mismas personas, ya que no les es posible suprimir a los Espíritus ni vedar su oculta influencia. Esto se parece a esos niños que cierran los ojos y creen que los demás no los ven. Sería demencial querer suprimir algo que ofrece grandes ventajas, sólo porque algunos imprudentes puedan abusar de ello. El medio de prevenir los inconvenientes consiste, antes bien, en hacer que se conozca a fondo la cuestión.»

CAPÍTULO XXIV

IDENTIDAD DE LOS ESPÍRITUS

Posibles pruebas de identidad.— Distinción entre los buenos y malos Espíritus.— Preguntas sobre la naturaleza e identidad de los Espíritus.

Posibles pruebas de identidad

255. El problema de la identidad de los Espíritus es uno de los más controvertidos, aun entre los adeptos del espiritismo. Porque los Espíritus no nos exhiben ningún documento personal, y por otra parte es sabido con cuánta facilidad algunos de ellos toman prestados nombres que no les pertenecen. Por eso, después de la obsesión es esta una de las mayores dificultades con que la práctica espírita tropieza. Pero en muchos casos la identificación concluyente es una cuestión secundaria, que no tienc importancia real.

La más difícil de comprobar es la identidad de aquellos Espíritus que encarnaron en lo antiguo a personajes célebres. Muchas veces resulta imposible tal verificación, de modo que nos vemos reducidos a una apreciación puramente intelectual. Juzgamos entonces a los Espíritus —como a los hombres— por su lenguaje. Si un Espíritu se presenta con el nombre de Fénelon, por ejemplo, y expresa trivialidades o puerilidades, está bien claro que no podrá tratarse de él. Pero si sólo dice cosas dignas del carácter de Fénelon, y que éste no hubiera desaprobado, tenemos en tal caso, si no una prueba material, al menos una gran probabilidad lógica de que sea él, en efecto. En circunstancias como ésta es, sobre todo, cuando la identidad real se convierte en una cuestión secundaria; puesto que el Espíritu está expresando sólo conceptos elevados, poco importa el nombre que utilice.

Sin duda alguna se objetará que un Espíritu que adopte un nombre supuesto, aunque lo haga sólo para decir cosas buenas, no por ello dejará de cometer una usurpación, y en consecuencia no puede ser un Espíritu bueno. Aquí, precisamente, surgen cuestiones delicadas, con matices bastante difíciles de captar, y que trataremos de desentrañar.

256. A medida que los Espíritus se purifican y se elevan en la jerarquía espiritual, las características propias de la personalidad de cada uno van borrándose, en cierto modo, y desaparecen en la uniformidad de la perfección, pero no por ello dejan de conservar su individualidad. Esto sucede con los Espíritus superiores y los Espíritus puros. En tal situación, el nombre que llevaban en la Tierra, en una de las mil existencias corpóreas efímeras por las que pasaron, es un detalle de todo punto insignificante. Notemos, también, que los Espíritus son atraídos los unos hacia los otros por la similitud de sus cualidades, y que forman así familias o grupos simpáticos (o afines). Por otra parte, si consideramos el número inmenso de Espíritus que desde el origen de los tiempos deben de haber alcanzado los más elevados planos, y lo comparamos con la tan restringida cantidad de seres humanos que dejaron un nombre ilustre en la Tierra, se comprenderá que, entre los Espíritus superiores que pueden comunicarse con la humanidad, la mayoría no deben de tener nombre conocido para nosotros. Pero, como necesitamos nombres para fijar nuestras ideas, tales Espíritus podrán emplear el de un personaje que conozcamos y cuya naturaleza se identifique mejor con la suya propia. De esta manera, nuestros ángeles de la guarda se nos dan a conocer casi siempre con el nombre de uno de los santos a quienes veneramos, y por lo general escogen el nombre de aquel que es de nuestra devoción. De ello se sigue que si el ángel de la guarda de una persona se anuncia como san Pedro, por ejemplo, no existe ninguna prueba material de que sea precisamente el apóstol homónimo. Tanto podrá ser él como un Espíritu enteramente desconocido, que pertenezca a la familia de Espíritus de que también forma parte san Pedro. Por consiguiente, sea cual fuere el nombre con el cual invoquemos a nuestro ángel de la guarda, acudirá igualmente a nuestro llamamiento, porque es atraído por el pensamiento, y el nombre que le asignemos le será indiferente.

Ocurre lo mismo cada vez que un Espíritu superior se comunica en forma espontánea usando el nombre de un personaje conocido. Nada prueba que sea, precisamente, el Espíritu de dicho personaje. Pero si en lo que dice no hay cosa alguna que desmienta la elevación espiritual de este último, existirá la *presunción* de que sí es él, y en cualquier caso será posible afirmar que si no es él tiene que ser un Espíritu de su misma jerarquía, o acaso uno que él mismo haya enviado. En resumen, es secundaria la cuestión del nombre, y éste podrá considerarse como un simple indicio de la categoría que el Espíritu ocupa en la escala espírita.

En cambio, otra muy distinta es la situación cuando un Espíritu perteneciente a un orden inferior se adorna con un nombre respetable para que se conceda crédito a sus palabras, y es este un caso tan frecuente que nunca pecaremos por exceso al mantenernos en guardia contra ese tipo de usurpaciones. Justamente, escudándose en nombres ajenos y, sobre todo, con ayuda de la fascinación, ciertos Espíritus sistemáticos —más orgullosos que sabios— tratan de inculcar las ideas más ridículas.

Por tanto, el problema de la identidad de los Espíritus —según lo hemos dicho ya— es más o menos indiferente cuando los mensajes que transmiten son instrucciones generales, puesto que en tal caso los Espíritus más elevados pueden reemplazarse unos a otros sin que ello acarree ninguna consecuencia. Los Espíritus superiores integran —si así puede decirse— un todo colectivo cuyas individualidades son para nosotros (con muy pocas excepciones) enteramente desconocidas. Lo que nos interesa no es su persona, sino su enseñanza. Ahora bien, una vez comprobado que dicha enseñanza es buena, poco importa que el que está ofreciéndola diga llamarse Pedro o Pablo. Lo juzgamos por su condición moral, no por su nombre... Si un vino es malo, el rótulo no lo hará mejor. Es muy distinto en las comunicaciones íntimas, porque el individuo, su persona misma es la que aquí nos interesa, y en tal circunstancia nos empeñamos con sobrada razón en asegurarnos que el Espíritu que ha acudido a nuestro llamamiento es de veras aquel que deseamos que sea.

257. La identidad resulta mucho más fácil de comprobar tratándose de Espíritus de contemporáneos cuyo carácter y costumbres se conocen, porque son precisamente esas costumbres, de las que todavía no han tenido tiempo de despojarse, las que nos permiten identificarlos. Y nos apresuraremos a agregar que es ese uno de los signos más seguros de su identidad. No cabe duda de que el Espíritu puede ofrecer constancias de su identidad si así se le pide, pero sólo lo hace cuando le parece conveniente, y por lo general esta solicitación lo ofende y hay que evitarla. Al dejar su cuerpo, el Espíritu no se ha desembarazado de su susceptibilidad. Se siente herido por toda pregunta destinada a someterlo a prueba. *Hay preguntas que nadie se atrevería a formularle si estuviese aún encarnado*, por temor de faltar a las conveniencias. ¿Por qué, entonces, se ha de tener con él menos miramientos después de su muerte? Si un hombre se presenta en un salón y dice cómo se llama, ¿habrá quien lo interpele exigiéndole a quemarropa que se identifique exhibiendo sus documentos personales, so pretexto de que hay impostores? Es seguro que a ese hombre le asistiría el derecho de recordar, a quien así lo recibe, las reglas de la buena crianza. Es todo lo que hacen los Espíritus cuando guardan silencio ante semejante requerimiento, o se retiran... Hagamos una comparación, suponiendo que el astrónomo

Arago, cuando estaba encarnado, se presentara en una casa donde no le conocieran, y le recibiesen allí con términos como éstos: «Afirmáis que sois Arago, pero como no os conocemos personalmente, tened a bien probarlo respondiendo a nuestro interrogatorio. Para comenzar, resolved tal problema de astronomía. Después, decidnos vuestro nombre y apellido, así como los nombres de pila de vuestros hijos, y lo que hacíais tal día, a tal hora, etc., etc.». ¿Cómo hubiera reaccionado Arago? Pues bien, en su condición de Espíritu haría lo mismo que hubiese hecho cuando vivía en la Tierra. Y los otros Espíritus proceden de igual manera.

258. En tanto que los Espíritus se rehúsan a contestar preguntas pueriles y absurdas, que tendríamos escrúpulos en formularles si estuvieran encarnados, por otra parte suelen suministrar con frecuencia y en forma espontánea pruebas irrecusables de su identidad, ya sea por la revelación de su carácter, que se trasluce en su lenguaje, ya por el empleo de determinadas palabras, que utilizaban habitualmente cuando vivían en el mundo, o bien porque mencionan ciertos hechos relativos a particularidades de su última existencia física, que a veces son desconocidos para los asistentes a la sesión y cuya exactitud se ha podido verificar. Además las pruebas de su identidad resaltan de una multitud de circunstancias inesperadas, que no se presentan siempre en el primer momento, sino a lo largo de las conversaciones. Conviene, pues, aguardar a que se produzcan sin provocarlas, observando con atención todas aquellas que puedan derivar de la índole misma de las comunicaciones. (Consúltese el episodio narrado en el nº 70).

259. Un medio que en ocasiones se emplea con buen éxito para certificarse de la identidad, cuando el Espíritu comunicante suscita sospechas, consiste en pedirle que *confirme en el nombre de Dios Todopoderoso*, que es de veras aquel que dice ser. Porque ocurre a menudo que el Espíritu que ha usurpado un nombre retrocede antes de cometer sacrilegio, y tras haber comenzado a hacer escribir al médium: *Afirmo, en el nombre de...*, se detiene y traza, colérico, rasgos que carecen de sentido, o si no rompe la punta del lápiz. En otros casos es más hipócrita y elude el problema mediante un subterfugio, haciendo escribir, por ejemplo: *Os certifico que* *estoy diciendo la verdad*; o, también: *Atestiguo, en nombre de Dios, que soy Yo el que os habla*..., etc. Pero los hay que no son tan escrupulosos y juran cuanto se les pida. Uno de éstos se había comunicado a través de un médium asegurando ser Dios, y el médium. sumamente honrado con la alta distinción que se le hacía, no vaciló en creerle. En cambio, cuando nosotros lo evocamos, no osó insistir en tamaña impostura, y dijo:

«No soy Dios, pero sí su hijo.»

—¿De modo, entonces, que sois Jesús? No es probable, pues Cristo se halla demasiado alto para emplear ardides. ¿Os atrevéis a afirmar, en nombre de Dios, que sois Jesús?

«No he dicho ser Jesús. Digo que soy hijo de Dios, puesto que soy una de sus criaturas.»

De esto debemos concluir que la negativa, por parte de un Espíritu, a confirmar su identidad en nombre de Dios constituye siempre una prueba manifiesta de que el nombre que ha tomado no le pertenece, pero el hecho de que lo afirme en nombre de Dios es tan sólo una presunción y no una prueba concluyente.

260. Es lícito asimismo incluir, entre las pruebas de identidad, la semejanza de la escritura y de la firma, pero, aparte de que no es dado a todos los médiums obtener estos resultados, no siempre constituye una garantía suficiente. Porque hay también falsificadores en el mundo invisible, así como existen en el nuestro. Tales similitudes de escritura y firma no dejan de ser igualmente una mera presunción de identidad, y sólo adquieren valor por las circunstancias que las rodean. Lo propio acontece con todos los indicios materiales que algunos consideran talismanes imposibles de imitar por parte de los Espíritus embusteros. Para los que se atreven a perjurar en nombre de Dios o falsificar una firma, un signo material, sea cual fuere, no puede serles demasiado obstáculo. Las más confiables de todas las pruebas de identidad las representan el lenguaje y las circunstancias fortuitas que puedan surgir.

261. A no dudarlo, se alegará que si un Espíritu es capaz de imitar una firma, podrá asimismo remedar el lenguaje, y esto es cierto. Hemos visto casos de Espíritus que usurpaban con todo descaro el nombre de

Cristo y para engañar mejor simulaban el estilo evangélico, prodigando a tontas y a locas las tan conocidas palabras de: *En verdad, en verdad os digo*... Pero cuando se estudiaba *sin prevención* el conjunto de sus mensajes, escrutando el fondo de sus pensamientos y el alcance de las expresiones; cuando, al lado de bellas máximas relativas a la caridad se encontraban recomendaciones pueriles y ridículas, se hubiera debido estar *fascinado* para caer en la trampa. Sí, algunos detalles formales del lenguaje son posibles de imitación, pero no lo es, en cambio, el pensamiento. Jamás podrá la ignorancia remedar a la auténtica sabiduría, y nunca el vicio imitará con buen éxito a la verdadera virtud. Siempre en alguna parte asomará la punta de la oreja. En estos casos, el médium y el evocador necesitan de toda su perspicacia y discernimiento para separar la verdad de la mentira. Deben persuadirse de que los Espíritus perversos son capaces de todas las astucias, y que cuanto más elevado sea el nombre con el cual un Espíritu se anuncia, tanto mayor desconfianza debe inspirar. ¡Cuántos médiums han recibido comunicaciones apócrifas suscritas por Jesús, María o un santo venerado!

Distinción entre los buenos y malos Espíritus

262. Si la identificación categórica de los Espíritus es, en muchos casos, un hecho secundario y que carece de importancia, no sucede lo mismo con la distinción entre los buenos y malos Espíritus. Podrá sernos indiferente, pero su condición moral no lo es jamás. Ante todo mensaje de carácter instructivo debemos poner, pues, la mayor atención en ese punto, porque sólo él es capaz de darnos la medida de la confianza que podemos depositar en el Espíritu que está manifestándose, sea cual fuere el nombre con que lo haga. ¿Es bueno o es malo? ¿A qué grado de la escala espírita pertenece? He ahí el problema esencial (Véase «Esquela Espírita», *El Libro de los Espíritus*, nº 100).

263. Según quedó dicho, juzgamos a los Espíritus de la misma manera que a los hombres: por su lenguaje. Supongamos que una persona reciba veinte cartas de remitentes a quienes no conozca. Por el estilo y el pensamiento de cada uno, por una cantidad de indicios, en suma, descubrirá cuáles de ellos son instruidos o ignorantes, corteses o mal educados, superficiales o profundos, frívolos, orgullosos, serios, livianos, sentimentales, etc. Pues bien, lo propio acontece con los Espíritus, se ha de considerarles como corresponsales a quienes jamás se ha visto y debemos preguntarnos qué pensaríamos acerca de los conocimientos o la personalidad de un hombre que dijera o escribiese tales cosas. Es posible establecer, como regla invariable y sin excepciones, que *el lenguaje de los Espíritus está siempre de acuerdo con su grado de elevación*. No sólo los Espíritus de veras superiores dicen únicamente cosas buenas, sino que las expresan en términos que excluyen del modo más categórico toda trivialidad. Por muy buenos que fueren sus conceptos, si están deslucidos por una sola expresión que revele bajeza, será ese un signo indubitable de su inferioridad. Y con mayor razón todavía si el conjunto del mensaje lesiona las conveniencias por su índole grosera. El lenguaje denuncia siempre su origen, ya sea por el pensamiento que traduce o bien por su forma, y aun cuando un Espíritu quisiera inducirnos a engaño con su presunta superioridad, nos bastaría dialogar algún tiempo con él para formarnos un juicio a su respecto.

264. La bondad y la afabilidad constituyen, asimismo, atributos esenciales de los Espíritus depurados. Éstos no albergan odio a los hombres ni a los demás Espíritus. Deploran sus flaquezas y critican sus errores, pero siempre con moderación, sin hiel ni animosidad. Si se acepta que los realmente buenos sólo pueden querer el bien y no expresar sino conceptos elevados, de ello se concluirá que todo cuanto en el lenguaje de los Espíritus denote falta de bondad y afabilidad no puede provenir de un buen Espíritu.

265. La inteligencia dista mucho de constituir una prueba segura de superioridad, porque la moral y la inteligencia no corren siempre parejas. Un Espíritu podrá ser bueno y afable, y al mismo tiempo tener conocimientos limitados, al paso que otro, inteligente e instruido, acaso sea muy inferior en moralidad.

Con sobrada frecuencia se cree que al interrogar al Espíritu de un hombre que ha sido sabio en una especialidad cuando se hallaba encarnado, se obtendrá más seguramente la verdad. Esto es lógico y, sin embargo, no siempre resulta cierto. La experiencia ha demostrado que los sabios, igual que el resto de los mortales y, sobre todo, aquellos que han dejado la Tierra hace poco tiempo, se encuentran todavía bajo el imperio de los prejuicios de la vida corporal. No se despojan inmediatamente del «espíritu de sistema». Así pues, podrá ocurrir que bajo el influjo de las ideas que sustentaban cuando vivían en el mundo, y con las cuales conquistaron la gloria, vean las cosas con menos claridad de lo que suponemos. Pero no enunciamos este principio como si fuese una regla. Muy lejos de eso. Decimos sólo que este caso se da y que, por consiguiente, su sabiduría humana no es siempre una prueba de su infalibilidad como Espíritus.

266. Al someter toda comunicación a un examen escrupuloso, escrutando y analizando el pensamiento y las expresiones, como se hace cuando se trata de juzgar una obra literaria, y rechazando *sin vacilar* cuanto vaya contra la lógica y el buen sentido, todo lo que desmienta la personalidad del Espíritu que se piensa está manifestándose; al proceder así —repetimos—, se desanima a los Espíritus engañadores, que terminan marchándose, una vez que se han persuadido por completo de que no pueden mover a engaño. Insistimos en que es este el único procedimiento valedero, y resulta infalible, pues no existe ninguna mala comunicación que pueda resistir a una crítica rigurosa. Los Espíritus buenos no se ofenden jamás por esto, ya que ellos mismos aconsejan hacerlo y porque no tienen nada que temer del examen a que sean sometidos sus mensajes. Únicamente los malos se resienten y tratan de disuadirnos, de que obremos así, pues podrían perderlo todo. Y con esta conducta prueban lo que son.

He aquí el consejo que nos dio san Luis a este respecto:

«Por legítima que fuere la confianza que os merezcan los Espíritus que dirigen vuestros trabajos, hay una recomendación en la que nunca insistiremos demasiado y que debéis tener presente siempre cuando os entregáis a vuestros estudios: la de considerar, analizar y someter al contralor de la más severa razón todas las comunicaciones que recibáis. Y tan pronto como un punto parezca sospechoso, dudoso u oscuro, no dejéis de pedir las explicaciones pertinentes, para resolver sobre el caso.»

267. Podemos compendiar en los principios que siguen los medios de reconocer la condición moral de los Espíritus:

1) Para discernir el mérito de los Espíritus no hay otro criterio que el buen sentido. Toda fórmula que con este propósito dieren los Espíritus mismos será absurda y no puede emanar de Espíritus superiores.

2) Se juzga a los Espíritus así por su lenguaje como por sus acciones. Las acciones de los Espíritus consisten en los sentimientos que inspiran a los encarnados y en los consejos que les dan.

3) Una vez admitido que los buenos Espíritus sólo pueden decir y hacer cosas buenas, nada que sea malo podrá venir de un buen Espíritu.

4) Los Espíritus superiores emplean siempre un lenguaje digno, noble y elevado, sin ninguna mezcla de trivialidad. Todo lo dicen con sencillez y modestia, jamás se vanaglorian, no hacen nunca ostentación de su sabiduría ni de la posición que ocupan respecto de los demás Espíritus. En cambio, el lenguaje de los Espíritus inferiores o vulgares tiene siempre algún reflejo de las pasiones humanas. Toda expresión que deje traslucir bajeza o presunción, arrogancia, fanfarronería o acritud es un indicio característico de inferioridad; o de superchería, si el Espíritu se anuncia con un nombre respetable y venerado.

5) No hay que evaluar a los Espíritus por el aspecto formal y la corrección de su estilo, sino sondear el sentido íntimo de lo que expresan, escrutar sus palabras, pesarlas fríamente, con madurez y sin prevención. Toda desviación de la lógica, de la razón y de la prudencia en que incurra el Espíritu, nos confirmará sin lugar a dudas su índole, cualquiera fuere el nombre con que se encubra. (Véase nº 224.)

6) El lenguaje de los Espíritus elevados es siempre idéntico, si no en cuanto a la forma, al menos en lo que toca al fondo. Las ideas son las mismas, sean cuales fueren el tiempo y lugar en que se expresen pueden ser desarrolladas en mayor o menor grado, con arreglo a las circunstancias, las necesidades y las facilidades de comunicación existentes, pero no serán contradictorias. Si dos mensajes firmados con el mismo nombre se contradicen, salta a la vista que uno de ellos tiene que ser apócrifo, y el auténtico será aquel en el cual nada desmienta la personalidad conocida del personaje de que se trate. Entre dos comunicaciones suscritas, verbigracia, por san Vicente de Paúl,

una de las cuales predique la unión y la caridad y la otra tienda a sembrar la discordia, no hay persona sensata que pueda equivocarse.

7) Los Espíritus buenos sólo dicen lo que saben. Se callan, o confiesan su ignorancia, sobre lo que no conocen. En cambio, los malos hablan de todo con desenvoltura, sin preocuparse por la verdad, Cualquier herejía científica notoria, así como todo principio contrario al buen sentido, ponen de manifiesto el fraude si el Espíritu se está presentando como esclarecido.

8) Reconocemos también a los Espíritus frívolos por la facilidad con que predicen el porvenir y detallan hechos materiales que no nos es dado conocer. Los buenos Espíritus son capaces de hacernos presentir sucesos futuros, cuando dicho, conocimiento puede ser útil, pero no especifican nunca fechas precisas; todo anuncio de un acontecimiento que sobrevendrá en un día determinado es signo de superchería.

9) Los Espíritus superiores se expresan con sencillez, sin abundar en pormenores. Su conciso estilo no excluye la poesía de las expresiones y de las ideas; es claro, está al alcance de todos y no demanda esfuerzo para ser comprendido. Poseen el arte de decir mucho con pocas palabras, porque emplean con propiedad cada vocablo. Contrariamente, los Espíritus inferiores, o pedantes, ocultan bajo la pompa y el énfasis verbales el vacío de las ideas. Su lenguaje suele ser con frecuencia presuntuoso, ridículo u oscuro a fuerza de simular profundidad.

10) Los buenos Espíritus jamás imparten órdenes. No se imponen, sino aconsejan, y si no se les escucha, se retiran. Los malos son dominantes, dan órdenes, quieren ser obedecidos y se obstinan en quedarse, aunque no se les haga caso. Todo Espíritu que intenta imponerse deja transparentar su índole. Los malos Espíritus son exclusivistas y categóricos en sus opiniones, pretendiendo poseer sólo ellos el privilegio de la verdad. Exigen que se les crea ciegamente, y no apelan a la razón, porque saben que ésta los desenmascararía.

11) Los Espíritus buenos no adulan, aprueban lo que está bien hecho, pero siempre con discreción. Los malos, en cambio, prodigan elogios desmedidos, alientan el orgullo y la vanidad aunque estén predicando la humildad, y tratan de exaltar *la importancia de sí mismo* en aquellos a quienes desean conquistar.

12) Los Espíritus superiores están *en todas las cosas*, por encima de las puerilidades formales. Sólo los Espíritus vulgares pueden achacar importancia a detalles mezquinos, que son incompatibles con las ideas realmente elevadas. *Toda prescripción minuciosa* es indicio de inferioridad y es superchería por parte de un Espíritu que se haya anunciado con un nombre venerable.

13) Se ha de desconfiar de los nombres extravagantes y ridículos que adoptan ciertos Espíritus que quieren explotar la credulidad. Sería de todo punto absurdo tomar en serio tales nombres.

14) Igualmente hay que desconfiar de los Espíritus que se presentan con desparpajo, atribuyéndose un nombre muy venerado. Se debe acoger sus afirmaciones con la mayor reserva. En esto, sobre todo, es indispensable una severa comprobación, porque a menudo se trata de una máscara que han adoptado para hacer creer en su presunta intimidad con Espíritus que ocupan un lugar muy alto en la jerarquía espiritual. Con este procedimiento halagan la vanidad del médium y la aprovechan para inducirlo muchas veces a comportamientos deplorables o ridículos.

15) Los buenos Espíritus son sobremanera escrupulosos en lo que se refiere a la conducta que aconsejan seguir. Sólo se proponen siempre un objetivo *serio y eminentemente útil*. Por tanto, debemos tener por sospechoso todo comportamiento sugerido por los Espíritus que no exhiba esa característica o pueda ser condenado por la razón, y reflexionar con madurez antes de obedecerlo, porque de lo contrario nos expondremos a desagradables supercherías.

16) Se reconoce, asimismo, a los Espíritus buenos por su prudente discreción acerca de todo aquello que pudiera comprometer. Les desagrada revelar el mal. Contrariamente, los Espíritus frívolos o malévolos se complacen en hacerlo resaltar. Mientras los buenos tratan de minimizar los errores cometidos por las personas, predicando la indulgencia, los malos los exageran con sus pérfidas insinuaciones y siembran cizaña entre ellas.

17) Los buenos Espíritus sólo prescriben el bien. Toda máxima o consejo que no sea *estrictamente conforme a la pura caridad evangélica* no puede ser obra de Espíritus buenos.

18) Tampoco aconsejan nunca cosas que no sean completamente

racionales. Cualquier recomendación que se aparte de *la línea recta del buen sentido o de las leyes inmutables de la naturaleza* denuncia a un Espíritu limitado y, por consiguiente, poco digno de confianza.

19) Los Espíritus malos —o simplemente imperfectos— se traicionan también por indicios materiales que no podrían engañarnos. La acción que ejercen sobre el médium es en ocasiones violenta y provoca en éste movimientos bruscos y espasmódicos, una especie de agitación febril y convulsiva que contrasta con la calma y dulzura de los buenos Espíritus.

20) Los Espíritus imperfectos aprovechan, a menudo, los medios de comunicación de que disponen para dar consejos desleales. Fomentan la desconfianza y la animosidad de las personas contra aquellos que les son antipáticos. Los que pueden desenmascarar sus imposturas son, en especial, objeto de su animadversión.

Esta clase de Espíritus ponen sus miras en los individuos débiles, a fin de encaminarlos al mal. Utilizando para persuadirlos mejor, ora los sofismas, ora los sarcasmos y las injurias, y hasta las pruebas materiales de su poder oculto, tratan de desviarlos del sendero de la verdad.

21) Los Espíritus desencarnados de personas que cuando vivían en la Tierra tenían una preocupación dominante —material o moral—, si no se han desembarazado aún del influjo de la materia siguen todavía bajo el imperio de las ideas terrenales y conservan en sí mismos parte de los prejuicios, *predilecciones e inclusive manías* que los caracterizaban en el mundo. Esto se detecta fácilmente por su lenguaje.

22) Los conocimientos con que algunos Espíritus se engalanan, a menudo con una suerte de ostentación, no constituyen una prueba de su superioridad. A este respecto, la inalterable pureza de los sentimientos morales es la verdadera piedra de toque.

23) No basta interrogar a un Espíritu para conocer la verdad acerca de algo. Ante todo, hemos de saber a quién estamos dirigiéndonos. Porque los Espíritus inferiores —que de por sí son ignorantes— tratan con frivolidad las cuestiones más serias.

Tampoco es suficiente que un Espíritu haya sido en la Tierra un gran hombre para que en el mundo invisible posea toda la sabiduría. Sólo la virtud puede, purificándolo, aproximarlo a Dios y, ampliar sus conocimientos.

24) Las bromas de los Espíritus superiores suelen ser finas y graciosas, pero nunca vulgares. En los Espíritus festivos que no incurren en grosería, la sátira aguda está a menudo llena de aciertos.

25) Estudiando con cuidado la personalidad de los Espíritus que se presentan, sobre todo desde el punto de vista moral, reconoceremos su condición y el grado de confianza que es posible tenerles. Nuestro buen sentido no podría equivocarse.

26) Para juzgar a los Espíritus, así como a los hombres, es menester en primer término saber juzgarse a sí mismo. Por desgracia, hay muchas personas que emplean su opinión personal como medida exclusiva para evaluar lo bueno y lo malo, lo verdadero y lo falso. Cuanto contradiga su manera de ver, sus ideas, el sistema que han concebido o adoptado, es malo para ellas. Es evidente que estos individuos carecen de la cualidad primordial para una sana apreciación: la rectitud de juicio. Pero no lo sospechan. Y es este el defecto más engañoso.

Todas estas instrucciones emanan de la experiencia, así como de la enseñanza impartida por los Espíritus, Las completamos con las respuestas que dieron ellos mismos a, las preguntas formuladas sobre los puntos más importantes.

268. *Preguntas sobre la naturaleza e identidad de los Espíritus.*

1) ¿Por cuáles signos podemos reconocer la superioridad o inferioridad de los Espíritus?

«Por su lenguaje, así como distinguís a un atolondrado de un hombre sensato. Lo hemos dicho ya, los Espíritus superiores nunca se contradicen y sólo expresan conceptos elevados. No quieren otra cosa que el bien: es esa su preocupación.

»Los Espíritus inferiores se hallan todavía bajo el dominio de las ideas materiales. Sus mensajes se resienten de su ignorancia e imperfección. Sólo a los Espíritus superiores es dado conocer todas las cosas y juzgarlas sin apasionamiento.»

2) La ciencia, en un Espíritu, ¿es siempre un indicio cierto de su elevación?

«No, porque si se encuentra aún bajo el influjo de la materia podrá adolecer de vuestros vicios y preconceptos. Personas hay en el mundo que son en exceso celosas y orgullosas. ¿Creéis acaso que tan pronto como dejen la Tierra se librarán de esos defectos? Después que han partido de ella les queda (sobre todo, a las que han tenido pasiones muy vehementes) una especie de atmósfera que las circunda y les hace retener todas esas cosas malas.

»Y esos Espíritus imperfectos a medias son más de temer que los declaradamente malignos, porque los más de ellos agregan a la inteligencia el orgullo y la astucia. Con su presunta sabiduría se imponen a los individuos simples y a los ignorantes, que aceptan sin examen sus absurdas y falaces teorías. Ahora bien, aunque estas últimas no puedan prevalecer sobre la verdad, no por ello dejan de ocasionar un daño momentáneo, pues oponen obstáculos a la marcha del espiritismo, y los médiums cierran de buena gana los ojos en lo que concierne al mérito de esas comunicaciones. Es esto lo que exige un muy amplio estudio por parte de los espíritas esclarecidos y de los médiums. Deben concentrar toda su atención en distinguir lo verdadero de la falso.»

3) Muchos Espíritus protectores se anuncian con nombres de santos o de personajes conocidos. ¿Qué debemos pensar sobre esto?

«Todos los nombres de santos y de personajes conocidos que hay no alcanzarían para designar a la totalidad de los Espíritus protectores existentes. Pocos de entre los Espíritus poseen un nombre que se conozca en la Tierra. De ahí que muy a menudo no adopten ninguno. Pero vosotros, en cambio, casi siempre queréis que tengan nombre. Entonces, para satisfaceros, toman ellos el de alguien que os es conocido y a quien respetáis.»

4) Ese nombre prestado, ¿no puede considerarse un fraude?

«Sería un fraude si se tratara de un mal Espíritu, que quisiera engañaros. Pero cuando esto se hace con un motivo lícito, Dios permite que así sea entre Espíritus pertenecientes a un mismo orden, por cuanto existe entre ellos solidaridad y semejanza de ideas.»

5) Así pues, cuando un Espíritu protector afirma ser san Pablo, por ejemplo, ¿no es cierto, entonces, que sea el Espíritu mismo —o el alma— de ese apóstol?

«De ningún modo, pues hallaréis miles de personas a quienes se ha dicho que su ángel de la guarda es san Pablo, o cualquier otro. Pero ¿qué os importa, si el Espíritu que os protege es tan elevado como san Pablo?

Ya os lo dije: necesitáis aplicarle un nombre, de ahí que adopte uno por el que podáis llamarlo y reconocerlo, así como vosotros usáis nombres de pila para distinguiros de los demás miembros de vuestra familia. Por su parte, pueden también emplear nombres de arcángeles —Rafael, Miguel, etc. —, sin que ello acarree ninguna consecuencia.

»Por otro lado, cuanto mayor es la elevación de un Espíritu tanto más se multiplica su poder de irradiación. Sabed que un Espíritu protector de un orden superior podrá tener bajo su tutela a centenares de encarnados. Entre vosotros, en la Tierra, hay escribanos que toman a su cargo los negocios de cien o doscientas familias. ¿Por qué habríamos de ser nosotros —espiritualmente hablando— menos aptos para la conducción moral de los hombres, que lo que aquéllos, son para el cuidado material de sus intereses?»

6) ¿A qué se debe que los Espíritus comunicantes se anuncien a menudo con nombres de santos?

«Se identifican con los hábitos de aquellos a quienes hablan utilizando los nombres más adecuados para producir mayor impresión en los seres humanos, debido a las creencias que éstos profesan.»

7) Ciertos Espíritus superiores a quienes evocamos, ¿acuden siempre en persona o —como algunos creen— envían a otros Espíritus, con el encargo de transmitirnos sus pensamientos?

«No existe razón para que no vengan en persona, si pueden hacerlo. Pero si no les resulta posible, por fuerza deberán enviar a otro en su lugar.»

8) El enviado ¿es en todos los casos lo bastante esclarecido para respondernos de la misma manera que lo haría el Espíritu que lo manda?

«Los Espíritus superiores saben a quién están confiando la tarea de reemplazarlos. Por otra parte, cuanto más elevados son los Espíritus tanto más se confunden en un pensamiento común, de suerte que para ellos la personalidad es una cosa indiferente, y debe serlo también para vosotros. ¿Creéis, pues, que en el plano de los Espíritus superiores sólo existen aquellos a quienes habéis conocido en la Tierra como capacitados para instruiros? Tan propensos sois a consideraros arquetipos universales que pensáis siempre que fuera de vuestro mundo nada más existe. Realmente, os asemejáis a esos salvajes que, no habiendo salido nunca de su isla natal, están persuadidos de que el mundo no sigue más allá.»

9) Comprendemos que sea así cuando se trata de una enseñanza seria. Pero ¿cómo es posible que los Espíritus elevados permitan a otros que son muy inferiores valerse de nombres respetables para inducirnos a error mediante máximas muchas veces perversas?

«No lo hacen con su permiso. ¿Por ventura no sucede lo mismo entre vosotros? Los que en esa forma engañan sufrirán su castigo, creedlo, y éste será proporcional a la gravedad de la impostura. Además, si no fuese porque sois imperfectos, sólo tendríais en vuestro entorno a Espíritus buenos, y si se os engaña, únicamente a vosotros mismos debéis culpar. Dios permite que las cosas ocurran de esta manera para poner a prueba vuestra perseverancia y juicio, y enseñaros a distinguir la verdad del error. Si no lo hacéis, se debe a que no sois lo bastante elevados y tenéis aún necesidad de las lecciones de la experiencia.»

10) Los Espíritus poco adelantados, pero con buenas intenciones y deseos de progresar ¿no son a veces delegados para sustituir a. un Espíritu superior, a fin de ofrecerles por este medio la ocasión de ejercitarse en la enseñanza?

«Nunca sucede esto en los centros importantes. Quiero significar los centros serios, donde se imparte una enseñanza de carácter general. Los que allí se presentan lo hacen en todos los casos por propia determinación y —como acabáis de decir— con el objeto de ejercitarse. De ahí que sus comunicaciones, aunque buenas, exhiban siempre el sello de su inferioridad. Cuando de veras se les envía, no es más que para las comunicaciones de escasa importancia y aquellas otras que podemos denominar personales.»

11) Las comunicaciones espíritas ridículas se hallan en ocasiones entremezcladas con excelentes máximas. ¿Cómo conciliar esta anomalía, que pareciera denotar la presencia simultánea de Espíritus buenos y malos?

«Los Espíritus malos o los frívolos se entrometen asimismo para emitir sentencias sin preocuparse demasiado por su alcance o significación. ¿Acaso todos los hombres que entre vosotros proceden así son individuos superiores? No. Los Espíritus buenos y los malos no hacen buenas migas juntos. Por la uniformidad constante de las buenas comunicaciones reconoceréis la intervención de los Espíritus buenos.»

12) Los Espíritus que nos inducen a error, ¿siempre hacen esta maldad a sabiendas?

«No. Hay Espíritus que son buenos, pero ignorantes, y que podrán equivocarse de buena fe. Cuando tienen noción de su propia capacidad aceptan el hecho y sólo dicen lo que saben.»

13) Cada vez que un Espíritu transmite una comunicación falsa ¿está animado siempre de una intención malévola?

«No. Tratándose de un Espíritu frívolo, le divierte embaucar y se propone otro objetivo.»

14) Puesto que ciertos Espíritus son capaces de engañarnos por su lenguaje, ¿pueden también adoptar una falsa apariencia ante un médium vidente?

«Sucede, pero es más difícil. En todos los casos esto se hace únicamente con una finalidad que los malos Espíritus mismos no conocen, pues están sirviendo de instrumentos para impartir una lección. El médium vidente podrá ver a Espíritus frívolos y embusteros, de igual modo que otros médiums los escuchan o escriben bajo su influencia. Los Espíritus superficiales pueden aprovechar esta facultad del médium para engañarlo con apariencias falaces Depende de las cualidades del propio Espíritu del médium.»

15) Para no ser engañado ¿basta estar animado de buenas intenciones? Y los hombres completamente serios, que no mezclan con sus estudios ningún sentimiento de vana curiosidad, ¿se hallan también expuestos a que se les burle?

«Es evidente que lo están menos que los otros. Pero el ser humano tiene siempre alguna deficiencia de carácter que atrae hacia él a los Espíritus burlones. Se cree fuerte, y con frecuencia no lo es. Por tanto, debe desconfiar de la debilidad engendrada por el orgullo y los prejuicios. No se tienen suficientemente en cuenta esas dos causas que los Espíritus aprovechan: halagando las extravagancias o caprichos de los hombres, aquéllos están seguros de conseguir buenos resultados.»

16) ¿Por qué permite Dios que los malos Espíritus se comuniquen y digan cosas malas?

«En todo hay una enseñanza, incluso en lo peor. Cabe a vosotros la tarea de extraerla. Es preciso que haya comunicaciones de todo tipo para enseñaros a distinguir a los buenos Espíritus de los malos, y con el objeto de que os sirvan de espejo a vosotros mismos.»

17) ¿Pueden los Espíritus, por medio de mensajes escritos, inspirar injustas desconfianzas entre los hombres y hacer que se malquisten los amigos?

«Los Espíritus perversos y envidiosos están en capacidad de realizar todos los males que los seres humanos cometen. De ahí que sea necesario cuidarse de ellos. En cambio, los Espíritus superiores, cuando deben censurar, se muestran siempre prudentes y reservados. No lo hacen en términos duros, sino advierten con circunspección. Si quieren que, por su propio interés, dos personas dejen de tratarse, harán que entre ellas se susciten incidentes que las distancien en forma natural. Un lenguaje que siembre perturbaciones y desconfianzas es en todos los casos obra de un mal Espíritu, cualquiera fuere el nombre con que se adorne. Así pues, acoged siempre con reservas lo malo que un Espíritu pueda decir de uno de vosotros, sobre todo cuando un buen Espíritu os haya hablado bien de esa persona, y desconfiad igualmente de vosotros mismos y de vuestras propias prevenciones. De los mensajes de los Espíritus sólo debéis tomar lo que tengan de bello, grande y racional, así como lo que vuestra propia conciencia apruebe.»

18) Por la facilidad con que los malos Espíritus se entrometen en las comunicaciones, parecería que no estuviéramos nunca seguros de que se nos transmita la verdad...

«Sí, puesto que poseéis juicio para evaluar los mensajes. Cuando leéis una carta sabéis bien si el remitente es un mal educado o un hombre de buena crianza, un tonto o un sabio. ¿Qué os impide hacer lo mismo tratándose de los Espíritus que os escriben? Si recibís una misiva de un amigo distante, ¿qué prueba tenéis de que sea de él? «Su letra», contestaréis. Pero ¿acaso no hay falsificadores que imitan cualquier tipo de escritura? ¿Bribones que pueden conocer vuestros asuntos? Sin embargo, existen signos que os impiden equivocaros. Y lo propio acontece con los Espíritus. Al recibir un mensaje de ellos, imaginaos que es un amigo que os escribe, o que estáis leyendo la obra de un escritor, y juzgad del mismo modo.»

19) ¿Podrían los Espíritus superiores impedir que los malos adopten nombres falsos?

«Claro que pueden. Pero cuanto peores son los Espíritus tanto más obstinados se muestran, y a menudo se resisten a los mandatos que les imparten. También debéis saber que existen personas por las cuales los Espíritus superiores se interesan especialmente, y cuando lo consideran necesario las preservan de la mentira. Contra tales personas son impotentes los Espíritus embusteros.»

20) ¿A qué se debe esa preferencia de los Espíritus superiores por determinadas personas?

«No se trata de una preferencia, sino de justicia. Los buenos Espíritus se interesan por los seres humanos que extraen provecho de sus consejos y trabajan con seriedad en su automejoramiento. Éstos son sus preferidos, de ahí que los ayuden. En cambio, los Espíritus se preocupan menos por aquellos otros con quienes están perdiendo su tiempo en palabras que se lleva el viento.»

21) ¿Por qué permite Dios a ciertos Espíritus cometer el sacrilegio de utilizar indebidamente nombres venerados?

«Podríais preguntar también por qué Dios no se opone a que los hombres mientan y blasfemen. Los Espíritus, igual que los seres humanos, poseen su libre albedrío, tanto para el bien como para el mal. Pero ni a unos ni a otros dejará de alcanzar la justicia de Dios.»

22) ¿Hay fórmulas eficaces para echar fuera a los Espíritus engañadores?

«Las fórmulas son de índole material. Valen más los buenos pensamientos elevados hacia Dios.»

23) Algunos Espíritus han afirmado tener signos gráficos imposibles de imitar, especie de emblemas que los hacen reconocibles por nosotros, permitiéndonos certificarnos de su identidad. ¿Es cierto eso?

«Los Espíritus superiores no poseen otros signos de identificación que la superioridad de sus ideas y la elevación de su lenguaje. En cambio, un signo material podrá ser imitado por cualquier Espíritu. Ahora, los Espíritus inferiores, se traicionan a sí mismos de tantas maneras, que hay que ser ciego para dejarse embaucar.»

24) Los Espíritus farsantes ¿no son capaces asimismo de remedar el pensamiento?

«Imitan al pensamiento del mismo modo que los decorados teatrales imitan a la naturaleza.»

25) ¿Así pues, resulta fácil desenmascarar el fraude por medio de un estudio atento?

«Qué duda cabe. Los Espíritus sólo engañan a aquellos que se dejan engañar. Pero es preciso tener ojos de joyero para distinguir la piedra preciosa auténtica de la piedra falsa. Ahora bien, el que no posee capacidad para hacer esa distinción recurre al asesoramiento de un lapidario.»

26) Personas hay que se dejan seducir por un lenguaje enfático, que se contentan más con las palabras que con las ideas, e incluso toman por sublimes los pensamientos falsos y vulgares. ¿Cómo tales individuos, que ni siquiera son idóneos para evaluar las obras de los hombres, pueden juzgar las de los Espíritus?

«Cuando esas personas tienen modestia bastante para admitir su ineptitud no confían en su propio juicio. Pero si por orgullo se consideran más capacitadas de lo que en realidad son, entonces pagan el precio de su fatua vanidad. Los Espíritus farsantes saben bien a quién están dirigiéndose. Existen individuos simples y de escasa instrucción que, sin embargo, son más difíciles de engañar que otros que poseen ingenio y conocimientos. Esa clase de Espíritus halagan las pasiones del hombre, haciendo de él lo que quieren.»

27) Los malos Espíritus ¿se traicionan a veces en su escritura, por signos materiales involuntarios?

«Los hábiles no lo hacen, pero los torpes incurren en groseros errores. Todo signo gráfico innecesario y pueril es indicio cierto de inferioridad. Los Espíritus elevados no hacen nada que sea inútil.»

28) Muchos médiums diferencian a los buenos de los malos Espíritus por la impresión respectivamente grata o penosa que sienten cuando se les acercan. Preguntamos si la sensación desagradable, la agitación convulsiva, el malestar, en fin, que el médium experimenta, son pruebas de la índole maligna de los Espíritus que se manifiestan.

«El médium siente el estado en que se encuentra el Espíritu que se le aproxima. Cuando éste es dichoso, el médium permanece tranquilo, distendido, relajado. En cambio, si el Espíritu es infeliz, su desventura hace que esté agitado y febril, y tal agitación se transmite espontáneamente al sistema nervioso del médium. Por lo demás, esto mismo sucede al hombre en la Tierra: el que es bueno se halla calmo y sosegado, en tanto que el individuo ruin se encuentra siempre intranquilo.»

Observación. Existen médiums de mayor o menor impresionabilidad, por eso el estado de agitación no puede ser tenido por regla absoluta. En esto, como en todo, se han de tomar en cuenta las circunstancias. La índole penosa y desagradable de la impresión es resultado del contraste que hay muchas veces entre ambas naturalezas, porque si el propio Espíritu del médium simpatiza con el mal Espíritu que está manifestándose, entonces aquél será afectado poco o nada. Además, no se ha de confundir la celeridad de la escritura, que es debida a la extrema flexibilidad de algunos médiums, con la agitación convulsiva que los médiums más lentos pueden exhibir cuando entran en contacto con Espíritus imperfectos.

CAPÍTULO XXV

DE LAS EVOCACIONES

Consideraciones generales.— Espíritus que es posible evocar.— Cómo se habla con los Espíritus.— Utilidad de las evocaciones de Espíritus comunes.—Preguntas sobre las evocaciones.— Evocaciones de animales.— Evocaciones de personas vivientes.— Telegrafía humana.

Consideraciones generales

269. Los Espíritus pueden comunicarse en forma espontánea o acudir a nuestro llamamiento, esto es, venir cuando los evocamos. Algunas personas piensan que debemos abstenemos de evocar a tal o cual Espíritu en particular, porque es preferible aguardar la llegada de cualquiera que desee comunicarse con nosotros. Basan su opinión en el hecho de que, al llamar a un Espíritu determinado, no estamos seguros de que aquel que se presenta sea el que evocamos, mientras que el Espíritu que acude a nosotros en forma espontánea y por propia determinación prueba mejor su identidad real, puesto que anuncia de esa manera el deseo que tiene de conversar con nosotros. A nuestro entender, ese es un error. Primero, porque siempre hay Espíritus en torno a nosotros, las más de las veces inferiores, que no piden otra cosa que comunicarse. Segundo (y por esta misma razón), el hecho de que no llamemos a ninguno en particular equivale a abrir la puerta a todos aquellos que quieran entrar. Cuando en una reunión no se concede la palabra a nadie se está dando oportunidad de hablar a todo el mundo, y ya sabemos lo que de esto resulta. El llamamiento directo a determinado Espíritu establece un vínculo entre él y nosotros. Lo evocamos porque es nuestro deseo hacerlo, y oponemos así una especie de barrera a los intrusos. De no mediar un llamado directo por nuestra parte, a menudo un Espíritu no tendría motivo alguno para llegarse hasta nosotros, a no ser que se tratase de nuestro Espíritu familiar.

Esas dos maneras de obrar presentan cada una sus ventajas, y sólo habría inconveniente en la exclusión absoluta de cualquiera de ellas. Las comunicaciones espontáneas no acarrean ningún problema cuando controlamos a los Espíritus y tenemos la certeza de que los malos no adquirirán ningún dominio. Entonces sí suele ser útil esperar la buena voluntad de los que tengan a bien manifestarse, porque sus ideas no sufren en tal caso ninguna compulsión y podemos obtener por esa via mensajes admirables. En cambio, no sabemos si el Espíritu a quien evocamos está dispuesto a hablar, o es capaz de hacerlo en el sentido que deseamos lo haga. Por otra parte, el examen escrupuloso que hemos aconsejado en páginas anteriores constituye una garantía contra las malas comunicaciones. En las reuniones regulares, sobre todo en aquellas en que se realiza un trabajo continuado, siempre hay Espíritus que las frecuentan y que hacen acto de presencia sin que se les evoque, por la circunstancia misma de que, siendo las sesiones llevadas a cabo con regularidad, en días específicos, se encuentran ya prevenidos. A menudo estos Espíritus toman la palabra de manera espontánea para tratar cualquier tema, desarrollar una proposición o prescribir lo que se debe hacer, y entonces los reconocemos con facilidad ya sea por la forma de su lenguaje, que es siempre idéntico a sí mismo, ya por su escritura, o bien por ciertos hábitos que les son peculiares.

270. Cuando se desea comunicarse con un Espíritu *determinado* es de todo punto necesario evocarlo (véase nº 203). Si puede venir, por lo general responderá: *Sí*; o: *Aquí estoy*; o si no: *¿Para qué me queréis?* Otras veces entra directamente en materia, contestando de antemano a las preguntas que nos proponíamos formularle.

Al evocar a un Espíritu por primera vez es conveniente designarlo con cierta precisión. En las preguntas que se le dirijan se han de evitar las expresiones rudas e imperativas, que motivarían su alejamiento. Es preciso hablarle con afecto o respeto, según de qué Espíritu se trate, y en toda circunstancia el evocador debe mostrarse afable con él.

271. Muchas veces nos sorprendemos de la prontitud con que un Espíritu evocado hace acto de presencia, aun cuando sea la primera vez que se le llama. Se diría que estaba prevenido. Esto sucede, en efecto, cuando de antemano pensamos en llamarlo. La idea de hacerlo es una especie de evocación anticipada, y como tenemos siempre a nuestros Espíritus familiares, que se identifican con nuestro pensamiento, éstos preparan su venida, de suerte que si nada hay que se oponga a ella, el Espíritu al que deseamos evocar se encuentra ya presente. En caso contrario, el Espíritu familiar del médium, o el del interrogador, o uno de los que frecuentan habitualmente el lugar, va a buscarlo, y para esto no necesita mucho tiempo. Si el Espíritu evocado no puede acudir al punto, el mensajero (los paganos hubieran dicho Mercurio) señala un plazo variable, que tanto puede ser de cinco minutos, un cuarto de hora o una hora, como de varios días. Cuando ha llegado, dice: *Ya está aquí*. Entonces se puede comenzar a hacerle las preguntas que se deseen.

No siempre se requiere la intermediación de un mensajero, por cuanto el llamamiento del evocador podrá ser escuchado en forma directa por el Espíritu, conforme se explicará en el parágrafo 282, en la respuesta a la pregunta 5, que está referida a la forma de transmisión del pensamiento.

Cuando expresamos que se ha de hacer la evocación en nombre de

Dios, entendemos que esta recomendación debe ser tomada por lo serio y no a la ligera. Los que sólo vean en ella una fórmula sin consecuencia harán mejor en abstenerse de evocar a los Espíritus.

272. Las evocaciones suelen ofrecer a los médiums más dificultades que los dictados espontáneos, en particular cuando se trata de obtener respuestas precisas a preguntas pormenorizadas. Hacen falta para esto médiums especiales, a la vez *flexibles* y *positivos*, y ya hemos visto (nº 193) que estos últimos son bastante raros. Porque —según quedó dicho— las relaciones fluídicas no se establecen siempre de manera instantánea con el primer Espíritu que llegue. De ahí la conveniencia de que los médiums no se dediquen a evocaciones para preguntas detalladas sino después de haberse asegurado del desarrollo de su facultad, así como de la índole de los Espíritus que les asisten, pues con médiums rodeados de un ambiente espiritual malo las evocaciones no podrán tener ningún carácter de autenticidad.

273. Por lo general, a los médiums se les busca mucho más para evocaciones de interés privado que para las de interés general. Esto se explica, por el muy natural deseo que tenemos de poder conversar con los seres que nos son queridos. Creemos deber hacer, a este respecto, varias recomendaciones importantes dirigidas a los médiums. En primer lugar, no accedan a ese pedido sino con reserva cuando se trate de personas de cuya sinceridad no estén completamente seguros, y manténganse alerta contra las trampas que individuos malévolos pudieran tenderles. Segundo, no se presten a ello, bajo ningún pretexto, si advierten que el evocador se propone satisfacer su curiosidad o su interés y no le mueve una intención seria. Además, niéguense a toda pregunta ociosa o que salga del ámbito de las que racionalmente es posible dirigir a los Espíritus. Las preguntas deben ser planteadas con claridad y nitidez y sin segundas intenciones, si se desea obtener respuestas positivas. En consecuencia, hay que rechazar todas aquellas preguntas que tengan un carácter insidioso, porque es sabido que los Espíritus no gustan de las destinadas a someterlos a prueba. Insistir en preguntas de ese tipo equivale a buscar uno mismo ser engañado. El evocador debe dirigirse franca y abiertamente a su objetivo, sin subterfugios ni rodeos. Si teme no ser comprendido es mejor que renuncie a la empresa.

Conviene asimismo obrar con suma prudencia cuando se hacen evocaciones sin que se hallen presentes las personas que las han solicitado, y muchas veces incluso es preferible abstenerse por completo de hacerlas, ya que tales personas son las únicas que están en condiciones de controlar las respuestas, juzgar acerca de la identidad del Espíritu comunicante, pedir aclaraciones, si es preciso, y formular preguntas adicionales que las circunstancias aconsejaren. A más de esto, su presencia constituye un motivo de atracción para el Espíritu evocado, el cual frecuentemente se halla poco dispuesto a comunicarse con extraños por quienes no siente ninguna simpatía. Por último, el médium debe evitar todo aquello que pueda convertirlo en agente de consultas, lo que —en opinión de muchas personas— es sinónimo de «decidor de la buenaventura».

Espíritus que es posible evocar

274. Podemos evocar a todos los Espíritus, sea cual fuere el grado de la escala espírita a que pertenezcan: a los buenos tanto como a los malos, a aquellos que dejaron hace poco la vida física y también a los que han vivido en la Tierra en los tiempos más remotos; a los Espíritus de los hombres ilustres tanto como a los de los individuos más oscuros; a los de nuestros parientes y amigos, y a los de personas que nos eran indiferentes. Pero esto no significa que quieran o puedan, en todos los casos, acudir a nuestro llamamiento. Independientemente de su propia voluntad de hacerlo, o del permiso para ello, que podría serles denegado por un poder superior, acaso se vean impedidos de venir por motivos que no siempre nos es dado conocer. Queremos decir que no existe un obstáculo absoluto que se oponga a las comunicaciones, salvo aquéllos a los que en seguida nos referiremos. Los escollos con que pueda tropezar un Espíritu que desea manifestarse son casi siempre de orden individual y suelen ser producto de las circunstancias.

275. Entre las causas que podrían oponerse a la manifestación de un Espíritu, unas son personales y las otras ajenas a él. Hay que incluir entre las primeras sus ocupaciones, o las misiones que cumple. Y de las cuales no podrá distraerse para satisfacer nuestros deseos. En casos así, su visita sólo se pospone para mas adelante.

Pero está asimismo su propia situación. Aunque la encarnación no constituya un impedimento insuperable, en determinadas circunstancias puede convertirse en un obstáculo, sobre todo cuando tal encarnación tiene lugar en los mundos inferiores, y si el Espíritu mismo está poco desmaterializado. En los mundos superiores, aquellos en que los vínculos del Espíritu con la materia son muy frágiles, la manifestación es casi tan fácil como cuando el Espíritu se halla en estado de erraticidad y de cualquier manera resulta menos difícil que en los mundos donde la materia corporal es más densa.

En cuanto a las causas capaces de oponerse a la manifestación de un Espíritu y que le son ajenas, dependen principalmente de la naturaleza del médium, de la índole del evocador, del ambiente en que la evocación se realiza y, por último, de la finalidad con que ésta se haga. Ciertos médiums reciben más particularmente comunicaciones de sus Espíritus familiares, cuyo grado de elevación puede ser mayor o menor. Otros son aptos para servir de intermediarios a todos los Espíritus. Esto se debe a la simpatía o antipatía, a la atracción o repulsión que el propio Espíritu del médium ejerza sobre el Espíritu desencarnado, el cual puede tomarlo por intérprete con placer o con repugnancia. Depende también (y prescindiendo de las cualidades íntimas del médium) del desarrollo de la facultad mediúmnica. Los Espíritus acuden con mejor disposición —y, sobre todo, son más explícitos— cuando se trata de un médium que no les opone ningún obstáculo material. A igualdad de condiciones morales, cuanto más facilidad tenga un médium para escribir o expresarse tanto mayor amplitud adquirirán sus relaciones con el mundo espírita.

276. También hay que tener en cuenta la facilidad resultante del hábito de comunicarse con determinado Espíritu. Andando el tiempo, el Espíritu desencarnado se identifica con el del médium, e igualmente con el del evocador. Dejando a un lado el factor simpatía, se establecen entre ellos relaciones fluídicas que tornan más fáciles las comunicaciones. De ahí que la primera conversación mantenida con un Espíritu no sea en todos los casos tan satisfactoria como se hubiera deseado, y por eso también los Espíritus mismos suelen pedir que se vuelva a llamarlos. El Espíritu que se habitúa a hacerse presente acaba sintiéndose como en su casa. Está familiarizado con sus oyentes e intérpretes, y se expresa y obra con libertad.

277. En resumen, de lo que acabamos de expresar resulta: que la facultad de evocar a cualquier Espíritu no implica para éste la obligación de ponerse a nuestras órdenes. Que podrá venir en determinado momento pero en otra ocasión no, con tal médium y tal evocador que le agraden y no con otro evocador y médium. Que dirá lo que desee, sin que se pueda forzarlo a expresar lo que no quiere. Que se irá cuando le convenga hacerlo. Y, por último, que debido a causas que dependen o no de su propia voluntad, tras haber acudido asiduamente a las evocaciones durante algún tiempo, podrá de súbito dejar de venir.

Por todo lo expuesto, cuando se desee evocar por vez primera a un Espíritu, será preciso preguntar antes al guía protector de los trabajos si tal evocación es factible. Caso de no serlo, el guía explicará las más de las veces el motivo, y entonces toda insistencia resultaría inútil.

278. Aquí surge una cuestión importante: la de saber si hay o no inconvenientes en evocar a los malos Espíritus. Esto depende del objetivo que nos propongamos alcanzar y del ascendiente que sobre ellos se tenga. No existe obstáculo cuando se les llama con una finalidad seria, instructiva y con miras a nuestro mejoramiento. En cambio, el impedimento es muy grande si se lo hace por pura curiosidad, o en broma, o si quedamos bajo su dependencia al solicitarle cualquier servicio. En un caso así, los buenos Espíritus podrán muy bien dar, al Espíritu inferior que evocamos, el poder de hacer lo que le pedimos, reservándose el derecho de castigar con severidad, más adelante, al temerario que haya osado invocar su ayuda y creerlo más poderoso que Dios. En balde se prometerá hacer en lo sucesivo buen uso de las comunicaciones, y dejar de evocar al mal Espíritu una vez que haya prestado el servicio que se le requirió. Porque ese servicio mismo, por mínimo que fuere, constituye un verdadero pacto acordado con el Espíritu, y éste no suelta fácilmente su presa. (Véase nº 212).

279. El ascendiente sobre los Espíritus inferiores sólo se ejerce por medio de la *superioridad moral*. Los Espíritus perversos reconocen la autoridad de los hombres de bien. En cambio, frente a aquellas personas que no les oponen otra cosa que la energía de su voluntad —especie de fuerza bruta—, los Espíritus perversos luchan y suelen ser los más fuertes. A alguien que trataba de dominar así a un Espíritu rebelde, con su sola voluntad, éste le dijo: *Déjame en paz con tus aires de matamoros, pues no vales más que yo. ¿Qué decir de un ladrón que predicase moral a otro ladrón?*

Nos asombramos de que el nombre de Dios, que se invoca contra ellos, sea muchas veces impotente. San Luis ha explicado el porqué en la respuesta que sigue:

«El nombre de Dios sólo ejerce influencia sobre los Espíritus imperfectos en labios de aquel que pueda pronunciarlo con autoridad, debido a sus virtudes. En cambio, en boca de un hombre que no tenga ninguna superioridad moral con relación al Espíritu imperfecto, el nombre de Dios será como cualquier otra palabra. Lo mismo sucede con las cosas santas que se les oponen. La mas terrible de las armas es inofensiva en manos inexpertas para manejarla o incapaces de portarla.»

Cómo se habla con los Espíritus

280. El grado de superioridad o de inferioridad de los Espíritus nos señala naturalmente el tono que hemos de adoptar con ellos. Es evidente que cuanto más elevados son tanto mayor derecho les asiste a que los tratemos con respeto, así como con miramientos y sumisión. No debemos mostrarles menos deferencia que la que hubiéramos tenido con ellos cuando estaban encarnados, pero esto, por otros motivos: en la Tierra hubiésemos tomado en cuenta su categoría y su posición social; en el mundo de los Espíritus sólo tiene que inspirarnos respeto su superioridad moral. Su elevación misma los coloca por encima de las puerilidades de nuestras formas de adulación. No con palabras conquistaremos su benevolencia hacia nosotros, sino por medio de la sinceridad de los sentimientos. Así pues, sería ridículo darles los títulos que nuestros usos consagran para dividir a las personas en categorías, y que cuando vivían en el mundo hubiesen podido lisonjear su vanidad. Si son de veras superiores, no sólo no les importan tales títulos, sino les desagradan. Un buen pensamiento les es más grato que los epítetos más halagadores. De lo contrario, no estarían en un nivel superior al humano. A propósito de esto, el Espíritu de un venerable eclesiástico, que había sido en la Tierra un príncipe de la Iglesia, además de hombre de bien que ponía en práctica las enseñanzas de Jesús, respondió cierta vez, a alguien que lo evocaba dándole el título de Monseñor: «Deberías decir por lo menos ex Monseñor, porque aquí no hay otro Señor que Dios. Créeme que me encuentro ahora con algunos que en la Tierra se prosternaban ante mí, y frente a los cuales debo inclinarme...»

Entre los Espíritus inferiores existen algunos que son desventurados. Sean cuales fueren las culpas que estén expiando, sus padecimientos son títulos tanto mayores para nuestra conmiseración cuanto que nadie puede vanagloriarse de quedar excluido de aquella sentencia de Cristo: «El que de vosotros esté sin pecado sea el primero en arrojar la piedra...» La afabilidad con que los tratemos será para ellos un consuelo. A falta de nuestra simpatía, deben hallar en nosotros la indulgencia que querríamos se nos tuviese en circunstancias similares.

Aquellos Espíritus que ponen de relieve su inferioridad por el cinismo de su lenguaje, sus mentiras, la bajeza de sus sentimientos y la perfidia de sus consejos, a buen seguro son menos dignos de nuestro interés que esos otros cuyas palabras dan fe de su arrepentimiento. Pero les debemos, al menos, la misma piedad que nos inspiran los más grandes criminales, y el medio para hacerles callar consiste en mostrarse superiores a ellos, pues sólo se franquean con aquellas personas de las cuales creen que no tienen nada que temer. Porque los Espíritus perversos reconocen tanto la autoridad de los hombres de bien como la de los Espíritus superiores.

Resumiendo, así como sería una irreverencia de nuestra parte si tratáramos de igual a igual a los Espíritus superiores, así también resultaría ridículo que manifestásemos la misma deferencia a todos los Espíritus, sin excepción. Veneremos a quienes sean dignos de ello, agradezcamos a los que nos protegen y asisten, y tengamos para los restantes una benevolencia que acaso algún día nosotros mismos necesitaremos. Al iniciarnos en el mundo incorpóreo aprendemos a conocerlo, y ese conocimiento debe regular nuestras relaciones con quienes lo habitan. Los hombres de la Antigüedad, en su ignorancia, les erigían altares. Para nosotros no son sino seres con un grado de perfección mayor o menor, y sólo a Dios levantamos nuestros altares.

Utilidad de las evocaciones de Espíritus comunes

281. Las comunicaciones que obtenemos de los Espíritus muy superiores, o de aquellos que encarnaron y fueron personajes importantes de la antigüedad, son valiosas por las altas enseñanzas que contienen. Esos Espíritus han alcanzado un grado tal de perfección que les posibilita abarcar un círculo de ideas más amplio, así como revelar misterios que exceden el alcance común de la humanidad, y, en consecuencia, están en mejor situación que otros para iniciarnos en ciertas cuestiones. Pero esto no significa que los mensajes procedentes de Espíritus menos elevados no reporten ninguna utilidad, ya que el observador extrae de ellos más de una enseñanza. Para averiguar las costumbres de un pueblo hay que estudiar todos los grados de la escala social. Mal las conocerá quienquiera las haya visto sólo en una de sus facetas. La historia de cualquier pueblo no es la de sus reyes y la de sus personajes más eminentes. Para evaluarlo con justeza es preciso verlo en su vida privada, en sus hábitos íntimos. Ahora bien, los Espíritus superiores son las personalidades excelsas del mundo espírita. Su elevación misma los sitúa tan por encima de nosotros, que nos sentimos atemorizados por la distancia que de ellos nos separa. Los Espíritus más «burgueses» (si se nos permite la expresión) nos demuestran mejor las condiciones de su nueva existencia. En ellos, el vínculo entre la vida corpórea y la espírita es más estrecho y lo comprendemos con mayor facilidad, puesto que nos toca más de cerca. Al enterarnos, por sus comunicaciones, de lo que ha sido de ellos después de la muerte, qué piensan y sienten los individuos de toda condición y carácter, las personas de bien tanto como las viciosas, los grandes y los pequeños, los felices y los desventurados de nuestro propio siglo; en una palabra, los seres humanos que han vivido entre nosotros, a quienes hemos visto y tratado, y cuya vida real conocemos, así como sus virtudes y defectos; al enterarnos de todo eso —decíamos—, comprendemos mejor sus alegrías y sufrimientos, nos solidarizamos con ellos y obtenemos una enseñanza moral tanto más provechosa cuanto que las relaciones entre ellos y nosotros tienen un carácter de mayor intimidad. Nos cuesta menos ponernos en el lugar de aquel que ha sido nuestro igual, que en el de esos otros a quienes sólo vemos a través del espejismo de una gloria celestial. Los Espíritus comunes nos muestran la aplicación práctica de las sublimes y grandiosas verdades cuya teoría nos enseñan los Espíritus superiores. Por otra parte, en el estudio de una ciencia nada es inútil: Newton descubrió la ley de las fuerzas del universo en el fenómeno más simple.

Las evocaciones de Espíritus comunes presentan, además, la ventaja de ponernos en contacto con Espíritus sufrientes, a los que nos es posible consolar y cuyo adelanto podremos facilitar por medio de buenos consejos. De esta manera tenemos la ocasión de ser útiles a los demás al mismo tiempo que nos instruimos. Es egoísta buscar tan sólo la propia satisfacción en las conversaciones con los Espíritus, y el que desdeñe tender una mano caritativa a los que son desdichados está dando una prueba de orgullo. ¿De qué le sirven las bellas recomendaciones que le hacen los Espíritus selectos si no lo tornan mejor, más compasivo y benévolo para con sus hermanos de este mundo y del otro? ¿Qué sería de los pobres enfermos si los médicos se rehúsaran a tocar sus llagas?

282. *Preguntas sobre las evocaciones*

1) ¿Es posible evocar a los Espíritus sin ser médium?

«Todos pueden evocarlos, y si aquellos Espíritus a quienes llamáis no pueden manifestarse materialmente, no por ello dejan de estar junto a vosotros, escuchándoos.»

2) ¿Acude siempre, el Espíritu evocado, al llamamiento que se le hace?

«Depende de las condiciones en que se encuentre, pues hay circunstancias en que no le es posible hacerlo.»

3) ¿Cuales son las causas capaces de impedir que un Espíritu venga cuando lo evocamos?

«En primer término, su voluntad. Después, su estado corporal, si es un reencarnado. O las misiones que acaso se le hayan encomendado. Y también, que se le niegue el permiso para hacerlo.

»Espíritus hay que jamás pueden comunicarse con los hombres. Son los que, por su naturaleza, pertenecen aún a los mundos inferiores a la Tierra. Tampoco podrán hacerlo aquellos otros que se hallan en los globos de castigo, salvo que obtengan un permiso superior que sólo se concede cuando se trata de un objetivo de utilidad general. Para que un Espíritu pueda comunicarse es menester que haya alcanzado el grado de adelanto en que se encuentra el mundo desde el cual se le llama, pues de otro modo sería extraño al ámbito cultural de ese globo y no tendría puntos de comparación para expresarse. No sucede lo mismo con aquellos que son enviados —en misión o para expiación— a mundos inferiores: éstos poseen el acervo cultural necesario para responder a las preguntas que se les dirijan.»

4) ¿Por cuáles motivos se negaría a un Espíritu el permiso de comunicarse?

«Puede ser tanto una prueba como un castigo o para él, o para el que lo evoca.»

5) ¿Cómo los Espíritus dispersos en el espacio, o en los diferentes mundos, pueden percibir en cualquier punto del universo los llamamientos que se les hacen?

«A menudo son prevenidos de ello por los Espíritus familiares que os rodean, los cuales van a buscarlos. Pero ocurre aquí un fenómeno que es difícil de explicaros, porque todavía no podéis comprender la forma de transmisión del pensamiento entre los Espíritus. Lo que puedo deciros es que el Espíritu a quien evocáis, por muy distante que se halle, recibe —si así vale decirlo— el impacto del pensamiento, como una especie de choque eléctrico, que dirige su atención hacia el punto de donde procede el pensamiento dirigido a él. Es posible afirmar que escucha el pensamiento, así como en la Tierra escucháis vosotros la voz.»

—El fluido universal ¿es el vehículo del pensamiento, de igual modo que el aire lo es del sonido?

«Sí, pero con la diferencia de que el sonido sólo puede hacerse oír dentro de un radio limitadísimo, al paso que el pensamiento llega hasta lo infinito. El Espíritu en el espacio es como el viajero en medio de una vasta llanura, que al escuchar de súbito que gritan su nombre, se dirige hacia el lado desde donde se le llama.»

6) Sabemos que las distancias poco significan para los Espíritus y, sin embargo, nos asombramos a veces de verlos responder tan pronto a nuestro llamamiento, como si hubiesen estado preparados a ello.

«Es que, en efecto, en ocasiones sí lo están. Si la evocación es premeditada, el Espíritu se halla advertido de antemano, y suele encontrarse allí antes del momento mismo en que lo evocan.»

7) El pensamiento del evocador ¿es percibido con mayor o menor facilidad, según sean las circunstancias imperantes?

«A no dudarlo. El Espíritu que es llamado por un sentimiento simpático y benévolo se siente tocado más vivamente. Viene a ser como si escuchase una voz amiga, a la que reconoce. De no ser así, con frecuencia sucede que la evocación no avanza. El pensamiento que surge de la evocación hace impacto en el Espíritu, pero si ha sido mal dirigido caerá en el vacío. Ocurre con los Espíritus lo mismo que con los hombres: si el que está llamándolos les es indiferente o antipático, podrán oírlo, pero a menudo no le hacen caso.»

8) El Espíritu evocado ¿viene voluntariamente, o se le obliga a ello?

«Obedece a la voluntad de Dios, esto es, a la ley general que rige el universo; no obstante, «obligar» no es el término adecuado porque él juzga si es útil acudir, y resuelve conforme a su libre albedrío. Un Espíritu superior hará acto de presencia siempre que se le llame con un fin útil. Sólo se niega a responder en ambientes formados por personas poco serias, que toman a broma los fenómenos.

9) El Espíritu evocado ¿puede rehúsarse a acudir al llamamiento que se le formula?

«Claro que sí. En caso contrario, ¿dónde estaba su libre arbitrio? ¿Creéis, por ventura, que todos los seres del universo se encuentran sometidos a vuestras órdenes? Vosotros mismos, ¿os consideráis obligados a responder a cuantas personas os dirijan la palabra? Cuando afirmo que el Espíritu puede negarse, estoy refiriéndome al llamamiento del evocador, porque un Espíritu inferior podrá ser constreñido a manifestarse por un Espíritu superior.»

10) Existe algún medio para que el evocador pueda obligar a venir al Espíritu, a pesar suyo?

«Ninguno, si el Espíritu pertenece al mismo orden que el del evocador, o es superior a él en moralidad (nótese que digo moralidad, no en inteligencia), porque en tal caso no tiene sobre el Espíritu ninguna autoridad. Siendo inferior a quien lo evoca, este último podrá hacerlo acudir si es para bien del Espíritu, porque entonces otros Espíritus lo secundarán. (Véase nº 279.)

11) ¿Hay algún inconveniente en evocar a Espíritus inferiores, y podemos temer que al llamarlos quedemos sujetos a su dominio?

«Sólo dominan a los que se dejan dominar. El que esté asistido por Espíritus buenos no tendrá nada que temer, pues se impone a los Espíritus inferiores, en vez de que éstos se impongan a él; los médiums que operan solos, en especial, aquellos que acaban de iniciarse deben abstenerse de este tipo de evocaciones. (Véase nº 278.)

12) ¿Se requieren disposiciones especiales para proceder a la evocación?

«La esencial es el recogimiento, cuando se desea tratar con Espíritus serios. Teniendo fe y alimentando el deseo del bien poseemos más capacidad para evocar a los Espíritus superiores. Al elevar nuestra alma cuando hacemos la evocación, con algunos instantes de recogimiento, nos identificamos con los buenos Espíritus y los disponemos a manifestarse.»

13) ¿Así pues, la fe es necesaria para las evocaciones?

«La fe en Dios, sí. En cuanto a lo demás, la fe os vendrá si queréis el bien y si abrigáis el deseo de instruiros.»

14) Los hombres que se reúnen en comunión de pensamientos e intenciones ¿tienen más capacidad para evocar a los Espíritus?

«Cuando todos se han reunido por la caridad y para el bien obtienen muy buenos éxitos. Nada es más dañoso para el feliz resultado de las evocaciones que la divergencia de pensamientos entre los presentes a la sesión.»

15) La precaución de formar una «cadena» dándose las manos durante algunos minutos, al iniciarse la sesión, ¿es útil?

«La "cadena" constituye un recurso material que no trae la unión entre vosotros, si ésta no existe en el pensamiento de cada cual. Más eficaz que todo eso es unirse en un pensamiento común llamando cada uno por su parte a los buenos Espíritus. No os imagináis cuanto sería posible lograr en una reunión seria, de la que se hubiera desterrado todo sentimiento de orgullo y de personalismo y en la que reinara un perfecto sentimiento de cordialidad mutua.»

16) ¿Son preferibles las evocaciones que se hacen en días y horas prefijados?

«Sí, y si es posible, en el mismo lugar. Los Espíritus acuden a él más a gusto. El deseo renovado que tenéis vosotros es el que ayuda a los Espíritus a presentárseos para entablar comunicación. Tienen sus ocupaciones, que no pueden dejar de improviso para vuestra satisfacción personal. He dicho «en el mismo lugar», pero no creáis que sea esta una condición imprescindible, puesto que los Espíritus van a todas partes. Quiero decir que es preferible que se consagre un lugar a este propósito, pues de esa manera el recogimiento es más perfecto.»

17) Ciertos objetos, como medallas y talismanes, ¿poseen la propiedad de atraer o rechazar a los Espíritus, según creen algunas personas?

«Es esa una pregunta ociosa. Bien sabéis que la materia no ejerce ninguna acción sobre los Espíritus. Persuadíos de que nunca un buen Espíritu aconsejará semejantes absurdos. La virtud de los talismanes, de cualquier clase que sean, sólo existen en la imaginación de los individuos crédulos.»

18) ¿Qué hemos de pensar de los Espíritus que nos citan en lugares tétricos y a horas indebidas?

«Esos Espíritus están divirtiéndose a expensas de quienes les escuchan. Siempre es inútil, y a menudo peligroso, acceder a tales sugestiones. Inútil, porque lo único que se gana con ello es ser embaucado. Y peligroso, no por el daño que puedan inferir los Espíritus a las personas, sino por el influjo que esto podrá ejercer sobre cerebros débiles.»

19) ¿Hay días y horas más propicios para las evocaciones?

«Desde el punto de vista de los Espíritus es algo completamente indiferente, así como lo es todo lo material, y sería una superstición creer en la influencia de los días y las horas. Los momentos más favorables son aquellos en que el evocador está menos expuesto a distracciones debidas a sus tareas habituales, y en que su cuerpo y alma se hallan más tranquilos.»

20) Para los Espíritus ¿es agradable o penosa la evocación? ¿Vienen de buen grado cuando los llamamos?

«Depende del carácter de la evocación y del motivo que la origina. Cuando el fin es loable, y siéndoles simpático el ambiente, la evocación les resulta grata y aun atractiva. A los Espíritus los hace siempre felices el afecto que se les brinda. Entre ellos hay algunos para los cuales constituye una gran dicha poder comunicarse con los hombres, y que sufren por el olvido en que se les tiene. Pero esto depende asimismo de su carácter: porque también existen misántropos entre los Espíritus, que prefieren no ser molestados, y cuyas respuestas se resienten de su malhumor, sobre todo cuando quienes los llaman son personas que les resultan indiferentes, por las que no se interesan. En general, un Espíritu no tiene motivo alguno para acceder al llamamiento de un desconocido que le es indiferente y que casi siempre está movido por la curiosidad. Si se presenta, sólo suele hacer cortas apariciones, salvo que la evocación se proponga una finalidad sería e instructiva.»

Observación. Vemos a personas que sólo evocan a sus parientes difuntos para preguntarles las cosas más vulgares de la vida material. Por ejemplo, uno desea saber si ha de alquilar o vender su casa; otro, conocer las ganancias que le reportará su mercadería, o dónde hay un dinero oculto, o si le conviene cerrar determinado negocio. Nuestros parientes de ultratumba sólo se interesan por nosotros a causa del afecto que les profesamos. Si todas nuestras ideas se limitan a creerlos brujos, si no pensamos en ellos más que para pedirles informaciones, no podrán tenernos mucha simpatía, de suerte que no ha de asombrarnos la poca afabilidad que nos demuestren.

21) ¿Hay diferencia entre los buenos y malos Espíritus, desde el punto de vista de su prisa por acudir a nuestro llamamiento?

«Sí, y muy grande. Los malos Espíritus sólo vienen de buena gana cuando esperan dominar y embaucar. Pero su contrariedad es mucha si son forzados a presentarse para confesar sus culpas, en cuya circunstancia no piensan en otra cosa que en marcharse, como un escolar a quien se llama para reprenderlo. Pueden ser constreñidos a manifestarse por los Espíritus superiores, como castigo para ellos e instrucción para los encarnados. La evocación resulta penosa para los Espíritus buenos cuando se les llama inútilmente, por motivos insignificantes. En este caso no vienen, o se retiran de inmediato si han acudido.

»En principio, podéis afirmar que a los Espíritus, sean de la clase que fueren, no les agrada más que a vosotros, servir de distracción para los curiosos. Muchas veces, cuando evocáis a un Espíritu, no os proponéis otra finalidad que saber lo que os responderá, o interrogarlo sobre detalles de su vida que no le interesa mucho relataros, pues no tiene motivo alguno para haceros depositarios de sus confidencias. ¿Creéis que se sentará en el banquillo de los acusados sólo para daros el gusto? Desengañaos, porque lo que no hubiera hecho cuando estaba encarnado no lo hará tampoco ahora, en su condición de Espíritu.»

Observación. En efecto, la experiencia demuestra que la evocación es placentera para los Espíritus siempre que se haga con un fin serio y útil. Los buenos se llegan hasta nosotros con satisfacción cuando se trata de instruirnos. Los que sufren hallan alivio en la simpatía que les mostramos. Aquellos a quienes conocimos en la Tierra se sienten confortados al ver que no los echamos al olvido. Los Espíritus superficiales gustan ser evocados por los individuos frívolos, porque eso les da ocasión de regocijarse a costa suya. Esta clase de Espíritus no se sienten cómodos en presencia de personas formales.

22) Los Espíritus, para manifestarse, ¿necesitan siempre ser evocados?

«No, suelen presentarse sin que se les llame, y esto prueba que lo hacen de buen grado.»

23) Cuando un Espíritu se manifiesta en forma espontánea, ¿estamos más seguros de su identidad real?

«De ningún modo, pues los Espíritus farsantes emplean a menudo ese recurso para engañar mejor.»

24) Si invocamos con el pensamiento al Espíritu de una persona, ¿viene a nosotros, aunque no se produzca una manifestación escrita o de cualquier otro tipo?

«La escritura es, para el Espíritu, un medio material que le permite dar fe de su presencia en el lugar, pero el que lo atrae es el pensamiento, no la escritura en sí.»

25) Cuando el que se manifiesta es un Espíritu inferior, ¿podemos obligarlo a retirarse?

«Sí, no escuchando lo que diga. Pero ¿cómo pretendéis que se marche, si vosotros mismos estáis divirtiéndoos con sus torpezas? Los Espíritus inferiores se apegan a las personas que les prestan oídos complacientes, como en la Tierra sucede con los tontos.»

26) La evocación que se haga en nombre de Dios ¿es una garantía contra la intromisión de los malos Espíritus?

«El nombre de Dios no constituye un freno para todos los Espíritus perversos, pero sí resulta efectivo para muchos de ellos. Con ese medio alejáis siempre a algunos, ahuyentaréis a muchos más si tal evocación en nombre de Dios la hacéis desde lo hondo de vuestro corazón y no como una fórmula vulgar.»

27) ¿Se podría evocar, por sus respectivos nombres, a varios Espíritus al mismo tiempo?

«No existe dificultad alguna para ello. Si dispusierais de tres o cuatro manos para escribir, otros tantos Espíritus os responderían simultáneamente. Es lo que acontece cuando se tiene varios médiums.»

28) Si se evoca a diversos Espíritus a la vez, disponiendo de un solo médium, ¿cuál de aquéllos responderá?

«Uno de ellos lo hace en nombre de todos, y expresa el pensamiento del conjunto.»

29) ¿Un Espíritu podría comunicarse al mismo tiempo, en el transcurso de la sesión, a través de dos médiums?

«Con tanta facilidad como existen hombres que dictan varias cartas a la vez.»

Observación. Hemos visto a un Espíritu contestando en forma simultánea por conducto de dos médiums, a las preguntas que se le formulaban. A uno le hablaba en inglés; al otro, en francés. Y las respuestas eran idénticas en cuanto al contenido: inclusive algunas de ellas constituían una traducción literal de las otras.

Dos Espíritus evocados a la vez, cada uno por un médium, pueden entablar un diálogo entre ellos. Ahora bien, puesto que esa forma de comunicación no les es necesaria, porque leen recíprocamente sus pensamientos, en ocasiones se prestan a ella para instruirnos. Si son Espíritus inferiores, como quiera que se hallan todavía imbuidos de las pasiones terrenas y las ideas propias de la vida corporal, puede suceder que discutan y se injurien con palabrotas, enrostrándose mutuamente sus defectos, amén de arrojar el uno contra el otro los lápices, cestillas, tablitas y demás.

30) Un Espíritu que sea evocado al mismo tiempo en diferentes lugares ¿puede responder de manera simultánea a las preguntas que le dan en cada uno de ellos?

«Sí, tratándose de un Espíritu elevado.»

—En tal caso ¿se divide el Espíritu, o posee el don de ubicuidad?

«El Sol es uno solo, no obstante lo cual irradia hacia todos los puntos del espacio alrededor de él, proyectando hasta muy lejos sus rayos, sin dividirse. Esto mismo ocurre con los Espíritus. El pensamiento del Espíritu es como una chispa que lanza a la distancia su claridad y puede ser percibida desde todos los puntos del horizonte. Cuanto más puro es un Espíritu tanto más *irradia* y se esparce su pensamiento, a la manera de la luz. Los Espíritus inferiores son excesivamente materiales. No pueden contestar sino a una sola persona por vez y no podrán acudir a nosotros si se les llama de otras partes.

»En cambio, un Espíritu superior que sea solicitado al mismo tiempo en dos sitios diversos responderá a ambas evocaciones, si las dos son igualmente serias y fervientes. Caso contrario, dará preferencia a la más formal.»

Observación. De igual modo ocurre con un hombre que, sin cambiar de emplazamiento, puede transmitir sus ideas mediante señales que son vistas desde diferentes lugares.

En una sesión de la Sociedad Parisina de Estudios Espíritas, en que se había discutido la cuestión de la ubicuidad, un Espíritu dictó en forma espontánea la comunicación que sigue:

«Habéis preguntado esta noche cuál era la jerarquía de los Espíritus en cuanto a la ubicuidad. Imaginaos a un aerostato que va elevándose poco a poco en el aire. Mientras todavía vuela rasando la tierra, un reducidísimo número de personas puede verlo. Pero, conforme gana altura, son cada vez más los curiosos que lo contemplan. Hasta que, llegado ya a gran altitud, se muestra a una considerable cantidad de espectadores. Así sucede con nosotros: un Espíritu malo, que se halla aún ligado a la Tierra, permanece dentro de un círculo estrecho de individuos que lo ven. A medida que asciende en gracia, va mejorándose y puede conversar con muchas personas. Y cuando se haya convertido en un Espíritu superior podrá irradiar como la luz solar, mostrándose a numerosos individuos y en gran cantidad de lugares a la vez.»

(CHANNING)

31) ¿Es posible evocar a los Espíritus puros, aquellos que han concluido ya la serie de sus encarnaciones?

«Sí, pero muy raramente. No se comunican más que con los corazones puros y sinceros y no con *los orgullosos* y *los egoístas*. De ahí que haya que desconfiar de los Espíritus inferiores que fingen esa condición para atribuirse mayor importancia ante vosotros.»

32) ¿Cómo se explica que los Espíritus de los hombres más ilustres respondan con tanta facilidad y tan familiarmente al llamamiento de los individuos más oscuros?

«Los seres humanos juzgan a los Espíritus con arreglo a sus propios conceptos, y eso es un error. Tras la muerte del cuerpo, las categorías sociales pierden toda vigencia. No hay entre los desencarnados otra distinción que la bondad, y los buenos van a todas aquellas partes donde haya un bien por hacer.»

33) ¿Cuánto tiempo debemos dejar pasar, después de la muerte, para evocar al Espíritu de un difunto?

«Es factible en el instante mismo del deceso. Pero, como en esos momentos el Espíritu está todavía sumido en la turbación, sólo responderá de una manera imperfecta.»

Observación. Puesto que el tiempo que persiste la turbación es muy variable, no sería posible establecer un plazo fijo para la evocación. Sin embargo, es raro que al cabo de ocho días el Espíritu no se haya recobrado lo bastante para poder contestar. A veces puede hacerlo muy bien dos o tres días después del fallecimiento. En cualquier caso se podrá intentar la comunicación, adoptando las necesarias precauciones.

34) La evocación hecha en el instante mismo de la muerte ¿es más penosa para el Espíritu que si se hace cuando ha pasado algún tiempo?

«Sí, en ocasiones. Es como si se os arrancara del sueño antes de que estuvieseis completamente despiertos. No obstante, Hay espíritus que en manera alguna se ven contrariados por eso, y aun los ayuda a superar la turbación.»

35) ¿Cómo el Espíritu de un niño muerto a tierna edad puede responder con conocimiento de causa cuando, mientras vivía en la Tierra, no tenía aún conciencia de sí mismo?

«El alma del niño desencarnado es un Espíritu *todavía envuelto en los pañales de la materia*. Pero, una vez que se ha desprendido de esta última, goza de sus facultades de Espíritu, por cuanto los Espíritus no tienen edad. Y eso prueba que el Espíritu del niño ya había vivido antes. Sin embargo, hasta que su desprendimiento de la materia se haya completado, puede conservar en su lenguaje algunos vestigios del carácter infantil.»

Observación. La influencia corpórea, que se hace sentir durante un tiempo más o menos largo sobre el Espíritu del niño muerto a edad temprana, perdura también, a veces, en el Espíritu del hombre que ha fallecido en estado de demencia. No es que el Espíritu, en sí mismo, esté loco, pero ya se sabe que algunos Espíritus creen, por cierto tiempo, seguir viviendo todavía en la Tierra. No es extraño, pues, que en el Espíritu desencarnado del demente persistan las trabas que durante la vida física se oponían a su libre manifestación, hasta que se halle completamente desprendido. Ese efecto varía según hayan sido las causas desencadenantes de la locura, porque hay enfermos mentales que recuperan toda la lucidez de sus ideas en forma inmediata después de su muerte.

283. *Evocaciones de animales*

36) ¿Es factible evocar al Espíritu de un animal?

«Después de la muerte del animal, el principio inteligente que residía en él queda en estado latente. Ciertos Espíritus, encargados de la tarea, lo utilizan al punto para animar con él a nuevos seres, en los cuales continúa el proceso de su elaboración. De esta manera, en el mundo de los Espíritus no existen Espíritus errantes de animales, sino tan sólo Espíritus humanos. Esto responde a vuestra pregunta.»

—¿Cómo se explica, entonces, que ciertas personas, al evocar a Espíritus de animales, obtuvieran respuesta?

«Evocad a una roca y también os contestará: hay siempre una multitud de Espíritus dispuestos a hablar con cualquier motivo.»

Observación. Por la misma razón, si evocamos a un mito o a un personaje alegórico, responderá. Mejor dicho, alguien dará la respuesta por él, y el Espíritu que se presente como tal adoptará su personalidad y sus maneras. Hubo una vez quien tuvo la ocurrencia de evocar a *Tartufo*, y de inmediato éste se presentó. Más aún, habló de Orgón, de Elmira, de Damis y de Valerio, sobre los cuales dio noticias. En cuanto a él, imitó al hipócrita con tanto arte como si Tartufo hubiera sido un personaje real. Más tarde declaró ser el Espíritu de un actor que en vida había representado ese rol. Los Espíritus frívolos se aprovechan siempre de la inexperiencia de los interrogadores. Pero se cuidan bien de dirigirse a aquellos a quienes saben lo bastante esclarecidos para descubrir sus imposturas, y que no darían crédito a sus cuentos. Lo propio acontece entre los hombres.

Un señor tenía en su jardín un nido de pájaros cantores por los que se interesaba mucho. Cierto día el nido desapareció. Habiéndose asegurado de que ninguna persona de la casa era culpable del delito, y siendo médium él mismo, se le ocurrió evocar a la madre de los pichoncitos. Ella acudió al llamamiento y le dijo en correctísimo francés: «No acuses a nadie y tranquilízate sobre la suerte de mis pequeños. Ha sido el gato, que al saltar derribó el nido. Lo hallarás bajo la hierba, donde están también los pichones, que no han sido comidos». Una vez hecha la verificación, se comprobó la exactitud de lo afirmado. ¿Hay que concluir de esto que fue el ave la que respondió? A buen seguro que no. Simplemente, era un Espíritu que conocía el episodio. Esto demuestra lo mucho que debemos desconfiar de las apariencias y cuán justa es la respuesta que se acaba de leer: «Evocad a una roca y también os contestará». (Véase el capítulo «Mediumnidad en los animales», nº 234.)

284. *Evocaciones de personas vivientes*

37) La encarnación del Espíritu ¿es un obstáculo insuperable para la evocación?

No, pero es menester que el estado del cuerpo permita al Espíritu desprenderse en ese momento. El Espíritu encarnado atenderá el llamamiento con tanta mayor facilidad cuanto más elevado sea el mundo en que se encuentre, porque el cuerpo es en él menos material.

38) ¿Podemos evocar al Espíritu de una persona que esté viviendo en la Tierra?

«Desde luego, puesto que es posible evocar a los Espíritus encarnados, en general. Por lo demás, el Espíritu de un viviente podrá también presentarse sin ser evocado, en sus momentos de libertad. Esto depende de su simpatía hacia las personas con quienes se comunica.» (Véase, en nº 116, la «Historia del hombre de la tabaquera»).

39) ¿En qué estado se halla el cuerpo de la persona cuyo Espíritu evocamos?

«Durmiendo, o dormitando. Es cuando el Espíritu se encuentra libre.»

—¿Podría el cuerpo despertar mientras el Espíritu permanece fuera?

«No, porque el Espíritu se ve obligado a *volver a entrar en él*. Si en ese instante está conversando con vosotros, os deja y algunas veces os dice por qué debe retirarse.»

40) ¿Cómo el Espíritu ausente del cuerpo es advertido de la necesidad de retornar a él?

«El Espíritu de un viviente no se encuentra nunca desprendido por completo del cuerpo. Por mucha que sea la distancia a que se traslade, sigue ligado a él por un lazo fluídico que sirve para llamarlo cuando es preciso. Ese vínculo sólo se quiebra con la muerte del cuerpo.»

Observación. Ese lazo fluídico ha sido percibido muchas veces por los médiums videntes. Es una especie de estela fosforescente que se pierde en el espacio, en dirección al lugar donde se encuentra el cuerpo. Algunos Espíritus han afirmado que por medio de él reconocen a aquellos que permanecen aún en el mundo físico.

41) ¿Qué sucedería si, durante el sueño, y no estando el Espíritu, el cuerpo fuese herido de muerte?

«El Espíritu sería advertido de ello y regresaría al cuerpo antes que el fallecimiento de éste se consumara.»

—¿De modo que no puede ocurrir que el cuerpo muera en ausencia del Espíritu, y que éste, a su vez, se vea impedido de reingresar a él?

«No, puesto que eso se opondría a la ley que rige a la unión del alma con el cuerpo.»

—Pero ¿si el cuerpo sufriera un golpe mortal súbito e imprevisto?

«El Espíritu sería prevenido antes que ese golpe se aplicara.»

Observación. Habiendo sido interrogado el Espíritu de un viviente acerca de esta cuestión, respondió: «Si el cuerpo pudiese morir mientras el Espíritu está fuera, sería un medio demasiado cómodo para cometer suicidios hipócritas».

42) El Espíritu de una persona que sea evocado durante el sueño de ésta, ¿es tan libre de comunicarse como el de un individuo muerto?

«No. La materia ejerce siempre su influencia sobre él, en mayor o menor medida.»

Observación. Una persona que se hallaba durmiendo, y a cuyo Espíritu se dirigió esa pregunta, respondió: «Estoy siempre encadenado a la bola de hierro que arrastro en pos de mí».

—Encontrándose dormida la persona, ¿podría el Espíritu verse impedido de venir, porque está en otra parte?

«Sí, es posible que el Espíritu se halle en un lugar donde se complace en permanecer, y entonces no acude a la evocación, sobre todo cuando ésta ha sido hecha por alguien que no le interesa.»

43) ¿Es de todo punto imposible evocar al Espíritu de una persona despierta?

«Aunque sea difícil, no existe para ello una imposibilidad absoluta, por cuanto si la evocación avanza, tal vez la persona caiga en somnolencia. Pero el Espíritu no puede comunicarse —en cuanto tal— sino en aquellos instantes en que su presencia no es necesaria para la actividad inteligente del cuerpo.»

Observación. Demuestra la experiencia que la evocación he ha durante el estado de vigilia puede provocar sueño, O al menos un estado de abstracción vecino a éste, pero tal efecto sólo podrá producirse por medio de una voluntad muy enérgica, y siempre que existan lazos de simpatía entre el evocador y el evocado. De lo contrario, la evocación no avanzará. Inclusive en el caso en que la evocación pudiera causar sueño, si el momento es inoportuno, al no querer dormirse el individuo opondrá resistencia, y si pese a ello sucumbe al sueño, su Espíritu se hallará turbado por esta circunstancia y habrá de responder con dificultad. De ello resulta que el instante más propicio para la evocación de una persona viviente es el de su sueño natural, porque encontrándose libre el Espíritu puede llegarse hasta el que lo evoca, así como le es posible también ir a otra parte.

Cuando la evocación se lleva a efecto con la aquiescencia del evocado, y éste trata de dormirse con ese propósito, puede suceder que su preocupación misma retrase la llegada del sueño y turbe al Espíritu. De ahí, una vez más, que sea preferible el sueño no provocado.

44) Una persona viviente que haya sido evocada durante el sueño ¿tiene conciencia de esto al despertar?

«No. A vosotros mismos se os evoca con más frecuencia de lo que creéis. Sólo el Espíritu del evocado lo sabe, y podrá dejarle ello una vaga reminiscencia, como si se tratara de un sueño que haya tenido.»

—¿Quién podrá evocarnos, si somos seres oscuros?

«En anteriores existencias podéis haber sido personas conocidas, en este mundo o en otros. Además, puede que os evoquen vuestros parientes o amigos, tanto de éste como de otros globos. Supongamos que tu Espíritu haya animado el cuerpo del padre de otra persona. Pues bien, cuando esa persona evoque a su padre, será tu Espíritu el evocado, y el que responderá al llamamiento.»

45) Al evocar al Espíritu de una persona viviente ¿responde éste en cuanto tal, o con las ideas que posee en estado de vigilia?

«Depende de su grado de elevación, pero en tal caso juzga con mayor lucidez y tiene menos prejuicios, exactamente como sucede con los sonámbulos. Es el suyo un estado más o menos similar al de estos últimos.»

46) Si el Espíritu de un sonámbulo que se encontrase en estado de sueño magnético fuera evocado, ¿se mostraría más lúcido que el de cualquier otra persona?

«A no dudarlo, respondería más fácilmente, por cuanto se halla más desprendido. Todo depende del grado de emancipación que alcance el Espíritu respecto a su cuerpo.»

—¿Podría el Espíritu de un sonámbulo contestar a alguien que lo evocara desde lejos, al mismo tiempo que respondía verbalmente a otro interlocutor?

«La facultad de comunicarse en forma simultánea en dos puntos diversos sólo la poseen aquellos Espíritus que se han desprendido por entero de la materia.»

47) ¿Sería factible modificar las ideas que una persona tiene en estado de vigilia, obrando sobre su Espíritu durante el sueño?

«En ocasiones, sí. En el transcurso del sueño, el Espíritu no se encuentra atado tan estrechamente a la materia, de ahí que sea más accesible a las influencias morales que se ejerzan sobre él, y esas sugestiones podrán influir sobre su manera de ver las cosas cuando está despierto. Lamentablemente, suele acontecer que al salir del sueño su naturaleza corpórea predomina y le hace olvidar las buenas resoluciones que haya podido adoptar.»

48) El Espíritu de una persona viviente que sea evocado, ¿es libre de decir o de callar lo que desee?

«Está en posesión de sus facultades de Espíritu. Por tanto, dispone de su libre arbitrio. Y como tiene más agudeza, es incluso más circunspecto que hallándose despierto.»

49) ¿Es posible obligar a una persona —evocándola— a decir lo que quería silenciar?

«Ya he dicho que el Espíritu sigue siendo dueño de su libre albedrío. Pero acaso, en su condición de Espíritu, atribuya a ciertas cosas menos importancia que en estado de vigilia. Su conciencia puede expresarse con mayor libertad. Por otra parte, si no desea hablar, siempre podrá sustraerse a las importunidades marchándose, puesto que no se puede retener a su Espíritu como se retendría a su cuerpo.»

50) El Espíritu de una persona viviente ¿podría ser compelido, por otro Espíritu, a acudir a la evocación y responder a las preguntas, del mismo modo que sucede con los Espíritus errantes?

«Entre los Espíritus, ya se encuentren encarnados o desencarnados, no hay otra supremacía que la de la superioridad moral. Persuadíos de que un Espíritu superior jamás prestaría su apoyo a una cobarde indiscreción.»

Observación. En efecto, ese abuso de confianza constituiría una mala acción que, por otra parte, no lograría ningún resultado, puesto que no es posible arrancar al Espíritu un secreto que quiera callar, a menos que, impulsado por un sentimiento de justicia, confiese aquello mismo que en otras circunstancias ocultaría.

Una persona quiso averiguar por este medio si el testamento de un pariente suyo la nombraba su heredera. Evocado el Espíritu de dicho pariente, respondió: «Sí, querida sobrina, y pronto tendréis prueba de ello». Efectivamente, el hecho era real. Pero, pocos días después, su pariente destruyó el testamento y tuvo la malicia de comunicarlo a la legataria, sin que supiese, sin embargo, que había sido evocado en aquella oportunidad. No cabe duda de que un sentimiento instintivo lo indujo a poner en práctica la decisión que su Espíritu había tomado de resultas de aquella respuesta que había debido dar. Existe cobardía en averiguar del Espíritu —sea de un muerto o de un viviente— aquello que no osaríamos preguntar a su persona misma, y tal cobardía no tiene ni siquiera como compensación los resultados que esperábamos obtener de ella.

51) ¿Se puede evocar a un Espíritu cuyo cuerpo se encuentra todavía en el claustro materno?

«No. Sabéis bien que en esos momentos el Espíritu está en completa turbación.»

Observación. La encarnación sólo se opera en forma definitiva en el instante en que el recién nacido comienza a respirar. Pero antes, a partir de la concepción, el Espíritu designado para animar ese cuerpo entra en una turbación que va aumentando conforme se acerca la hora del nacimiento. Dicha turbación lo despoja de la conciencia de sí mismo y, por ende, de la facultad de responder a preguntas.

52) Un Espíritu mentiroso ¿podría tomar el lugar del Espíritu de una persona viviente que fuese evocado?

«Qué duda cabe. Y sucede con frecuencia, sobre todo cuando el evocador no es movido por una intención pura. Además, la evocación de Espíritus de personas vivientes sólo presenta interés como estudio psicológico. De modo que conviene abstenerse de ella todas las veces que no pueda traer un resultado instructivo.»

Observación. Si la evocación de Espíritus errantes no siempre adelanta —para utilizar el término que ellos emplean—, esto sucede mucho más a menudo cuando se trata de Espíritus encarnados. En este último caso, especialmente, los Espíritus mentirosos responden en lugar del que ha sido evocado.

53) ¿Acarrea inconvenientes la evocación del Espíritu de una persona viva?

«No en todos los casos está exenta de peligros. Depende de la situación de la persona, pues si se encuentra enferma es posible que se agraven sus padecimientos.»

54) ¿En qué circunstancia puede traer más inconvenientes la evocación de un Espíritu encarnado?

«Debemos renunciar a evocar a Espíritus de niños de muy tierna edad, así como a los de adultos gravemente enfermos, y de ancianos achacosos. En suma, podrá haber problemas para la evocación todas aquellas veces en que el organismo se halle muy debilitado.»

Observación. La brusca suspensión de las cualidades intelectuales durante el estado de vigilia podría asimismo ofrecer peligro si la persona en ese momento necesitara de toda su lucidez.

55) Durante la evocación del Espíritu de una persona viviente ¿su cuerpo siente fatiga, de resultas del trabajo a que está entregado el Espíritu, aun cuando este último se halle fuera de aquél?

(Una persona que se encontraba en ese estado, y que decía que su cuerpo experimentaba cansancio, contestó a esta pregunta como sigue):

«Mi Espíritu es como un globo cautivo amarrado a un poste. Mi cuerpo es el poste, que se estremece por las sacudidas del globo...»

56) Puesto que la evocación del Espíritu de una persona viva puede ocasionar inconvenientes si se hace sin adoptar precauciones, ¿no hay también peligro cuando evocamos a un Espíritu que no sabemos si está encarnado, y que acaso no se encuentre en condiciones favorables para ello?

«No, las circunstancias no son iguales. El Espíritu sólo vendrá si se halla en situación de hacerlo. Además, ¿no os he dicho ya que, antes de comenzar una evocación, preguntéis si es posible?»

57) Cuando, en los momentos más inoportunos, sentimos irresistibles ganas de dormir, ¿puede deberse a que en alguna parte estemos siendo evocados?

«No cabe duda de que es posible, pero casi siempre se trata de un efecto puramente físico, ya sea que al organismo le es preciso el descanso, o bien que el Espíritu necesite libertad.»

Observación. Una señora conocida nuestra, que es médium, tuvo cierto día la ocurrencia de evocar al Espíritu de su nieto, el cual dormía en la misma habitación que ella. Una vez que el Espíritu hubo acudido al llamamiento, se comprobó su identidad por el lenguaje que empleaba, las expresiones que eran familiares al niño y el muy exacto relato que hizo de varias cosas que le habían sucedido en el colegio. Pero una circunstancia adicional vino a confirmar dicha identidad. De súbito, la mano con que la médium escribía se detuvo en mitad de una frase, sin que fuera posible obtener más del Espíritu que se manifestaba. En ese instante el niño, a punto de despertar, se removió en su lecho, y unos segundos después, cuando se hubo dormido de nuevo, la mano de la médium reanudó la escritura, continuando el interrumpido diálogo. Así pues, la evocación de personas vivientes, si se lleva a cabo en condiciones adecuadas, prueba de la manera más categórica las actividades distintas del Espíritu y el cuerpo y, por tanto, la existencia de un principio inteligente que no depende de la materia.

285. *Telegrafía humana*

58) Dos personas que se evocaran mutuamente ¿podrían transmitirse sus pensamientos y dialogar en esa forma?

«Sí, y esta telegrafía humana será algún día un medio universal de comunicación.»

—¿Por qué no se la práctica desde ahora mismo?

«Ya lo hacen algunas personas, pero no todas. Es menester que los hombres se depuren para que su Espíritu vaya liberándose de la materia, y es esta una razón más para que la evocación sea hecha en nombre de Dios. Hasta entonces, tal facultad seguirá circunscrita a las almas selectas y desmaterializadas que muy raramente encontramos en el actual estado de los habitantes de la Tierra.»

CAPÍTULO XXVI

PREGUNTAS QUE ES CORRECTO FORMULAR A LOS ESPÍRITUS

Observaciones preliminares.– Preguntas agradables o desagradables.– Sobre el porvenir.– Acerca de las existencias pasadas y futuras.– Respecto a los intereses morales y materiales.– Relativas a la situación de los Espíritus.– Sobre la salud.– Acerca de invenciones y descubrimientos.– Respecto a tesoros ocultos.– Relativas a los otros mundos.

Observaciones preliminares

286. Nunca se atribuirá demasiada importancia al modo de plantear las preguntas que se hacen a los Espíritus, y más todavía a la índole de éstas. Dos cosas hay que tomar en cuenta: la forma y el fondo. En lo que se refiere a la forma, deben estar redactadas con claridad y precisión, evitándose toda complejidad. Pero hay otro detalle no menos importante, y es el orden en que han de ser dispuestas. Cuando un tema requiere todo un cuestionario, es esencial que las preguntas que lo integran se eslabonen con método, de suerte que vayan derivando en forma natural las unas de las otras. Así, los Espíritus las contestan mucho más fácilmente y con mayor claridad que cuando se plantean a azar, pasando sin transición de un asunto a otro. De ahí que en todos los casos sea muy conveniente preparar el cuestionario por anticipado sin perjuicio de intercalar, durante el transcurso de la sesión, aquellas preguntas adicionales que las circunstancias aconsejen. Aparte de que la redacción será más correcta si se hace con tranquilidad, la tarea preparatoria es —según quedó dicho en páginas anteriores— una especie de evocación previa, a la que el

Espíritu acaso haya asistido, disponiéndose para responder. Se observará que muchas veces el Espíritu contesta de antemano a ciertas preguntas, lo que demuestra que las conocía con antelación.

El fondo de la pregunta exige una atención todavía más seria, porque suele suceder que la índole de ella suscite una respuesta cierta o errónea. Preguntas Hay que los Espíritus no pueden o no deben contestar, por razones que desconocemos. En consecuencia, será inútil insistir. Pero lo que tenemos que evitar de una manera especialísima son las preguntas que se hacen con el objeto de someter a prueba la perspicacia de los Espíritus comunicantes. Se dice que cuando algo existe deben ellos saberlo. Ahora bien, precisamente porque esa cosa es conocida de vosotros —o tenéis los medios de comprobarla por vuestra propia cuenta—, no se toman los Espíritus el trabajo de responderos. Vuestra desconfianza los ofende, y nada satisfactorio obtendréis de ella. ¿Acaso no tenemos a diario, entre nosotros, ejemplos de esto? Los hombres superiores, y que poseen conciencia de sus méritos, ¿se entretendrían en contestar a todas aquellas tontas preguntas tendientes a someterlos a un examen de nivel escolar? El deseo de convertir a determinada persona en un adepto de la doctrina no es, en el concepto de los Espíritus, motivo bastante para satisfacer vanas curiosidades. Saben ellos que tarde o temprano esa persona se persuadirá, y los medios de que se valen para llevarla al convencimiento no son siempre aquellos que a nosotros se nos ocurren.

Imaginaos a un hombre formal, ocupado en cosas útiles y serias, y que se vea hostigado de continuo por las pueriles preguntas de un niño, y os formaréis una idea de lo que han de pensar los Espíritus superiores acerca de todas las necedades que les espetan en las sesiones. Naturalmente, no se sigue de ello que no podamos obtener de los Espíritus informaciones útiles y, sobre todo, muy buenos consejos, pero contestarán mejor o peor, con arreglo a los conocimientos que posean, el interés que merezcamos de su parte, el afecto que nos profesen y, en suma, según sea el objetivo que uno se proponga al interrogarlos sobre determinados temas, así como la utilidad que en éstos vean. Pero si nos limitamos a considerarlos sólo más capaces que otros para informarnos útilmente sobre las cosas del mundo, no podrán sentir por nosotros una simpatía muy profunda. De allí en adelante, responderán a las evocaciones haciendo visitas muy breves y muchas veces (según sea su mayor o menor imperfección) darán señales de malhumor por haber sido molestados sin provecho alguno.

287. Algunas personas opinan que es preferible abstenerse de formular preguntas a los Espíritus y que conviene aguardar la enseñanza que nos imparten sin provocarla. Es un error. No cabe la mínima duda de que los Espíritus ofrecen instrucciones espontáneas de muy alto vuelo, y que no estaría bien que las descuidásemos, pero hay explicaciones que con frecuencia habría que esperar muchísimo tiempo antes de obtenerlas, si no fuese porque las pedimos. A no ser por las preguntas que les hemos planteado, *El Libro de los Espíritus* y *El Libro de los Médiums* estarían aún por escribirse, o al menos serían mucho más incompletos de lo que son, y una cantidad de problemas de vital trascendencia se hallarían todavía a la espera de su solución. Muy al contrario de presentar inconveniente alguno, las preguntas que se formulan a los Espíritus son de grandísima utilidad, desde el punto de vista de nuestra instrucción, cuando sabemos encuadrarlas dentro de límites apropiados. Y tienen una ventaja adicional: la de ayudarnos a desenmascarar a los Espíritus farsantes que, siendo como son, más vanidosos que sabios, es muy raro que salgan bien librados de la prueba que representan para ellos las preguntas rigurosamente lógicas, mediante las cuales vamos acorralándolos hasta sus últimas trincheras. Puesto que los Espíritus en verdad superiores no tienen nada que temer de semejante contralor, son los primeros en suscitar explicaciones sobre los puntos oscuros. Los otros, en cambio, recelosos de vérselas con un adversario superior, se toman gran cuidado en evitarlas. Por eso recomiendan casi siempre, a los médiums a quienes desean dominar y hacerles aceptar sus utopías, que se abstengan de toda controversia respecto de sus enseñanzas.

Si se ha comprendido bien lo que hasta este momento quedó dicho en el presente libro, se podrá tener una idea del área a la cual conviene limitar las preguntas que es posible dirigir a los Espíritus. Con todo, y para mayor seguridad del lector, ofrecemos a continuación las respuestas que han dado acerca de los temas principales sobre los que las personas poco experimentadas están, por lo general, dispuestas a interrogarlos.

288. *Preguntas agradables o desagradables para los Espíritus*

1) ¿Contestan de buen grado, los Espíritus, a las preguntas?

«Depende de la índole de éstas. Los Espíritus serios responden siempre gustosos a las que tienen por finalidad el bien y los medios de haceros adelantar. Por el contrario, no hacen caso de las preguntas fútiles.»

2) ¿Así pues, basta que una pregunta sea seria para que obtenga una respuesta igualmente seria?

«No basta, ya que ello depende del Espíritu que la conteste.»

—Pero, una pregunta seria, ¿no aleja, acaso, a los Espíritus frívolos?

«No es la pregunta en sí la que aparta a los Espíritus superficiales, *sino la personalidad del que la formula*.»

3) ¿Qué preguntas disgustan, en modo especial, a los buenos Espíritus?

«Todas las que son inútiles o se hacen por mera curiosidad y para ponerlos a prueba. En tal caso no las contestan y se marchan.»

—¿Hay preguntas que disgustan a los Espíritus imperfectos?

«Sólo aquellas que pueden conduciros a descubrir su ignorancia o su superchería, cuando están tratando de embaucar. Caso contrario, responden a todo, sin preocuparse por la verdad de lo que digan.»

4) ¿Qué hemos de pensar de aquellas personas que no ven en las comunicaciones espíritas más que una distracción y pasatiempo, o un medio de obtener revelaciones personal?

«Tales personas complacen sobremanera a los Espíritus inferiores que, como ellas, buscan divertirse y están contentos si las engañan.»

5) Cuando los Espíritus no satisfacen ciertas preguntas que se les plantean, ¿proceden así por propia voluntad o porque un poder superior se opone a determinadas revelaciones?

«Lo uno y lo otro. Hay cosas que no pueden ser divulgadas, y otras que el Espíritu mismo ignora.»

—Si se le insiste mucho, ¿terminará él por responder?

«No. El Espíritu que no se halla dispuesto a contestar dispone siempre del recurso de marcharse. De ahí que sea preciso que aguardéis cuando se os indica hacerlo y, sobre todo, no obstinaros en querer que os respondamos. Insistir para obtener una respuesta que no se desea daros es una manera segura de que os engañen.»

6) ¿Todos los Espíritus están capacitados para comprender las preguntas que se les plantean?

«Muy al contrario: los Espíritus inferiores son incapaces de comprender ciertas preguntas, lo cual no les impide dar una respuesta. buena o mala, no de otro modo que como sucede entre vosotros.»

> *Observación.* En algunos casos, y cuando es útil hacerlo, suele acontecer que un Espíritu más esclarecido venga en ayuda del Espíritu ignorante a quien se interroga, y le indique lo que debe decir. Esto se reconoce con facilidad por el contraste que ofrecen ciertas respuestas y, además, porque muchas veces el Espíritu mismo lo confirma. Pero sólo sucede así con los Espíritus ignorantes que están animados de buena fe, y nunca con aquellos otros que hacen ostentación de falsos conocimientos.

289. *Preguntas sobre el porvenir*

7) ¿Pueden los Espíritus hacernos saber el porvenir?

«Si el hombre tuviera conocimiento del futuro, descuidaría el presente. Y es este un punto sobre el cual insistís de continuo, en busca de una respuesta concreta. Cometéis con ello un gran error, por cuanto las manifestaciones de los Espíritus no constituyen un medio de adivinación. Si os empeñáis en que se os conteste, lo hara un Espíritu travieso: sin cesar os lo repetimos.

8) ¿No hay en ocasiones, sin embargo, acontecimientos futuros que los Espíritus anuncian de manera espontánea y verídica?

«Puede ocurrir que el Espíritu prevea cosas que conceptúa útil dar a conocer, o que tiene la misión de revelaros. Pero en esos casos es necesario extremar la desconfianza que deben mereceros los Espíritus impostores que se divierten haciendo predicciones. El grado de credibilidad que se puede conceder a lo que un Espíritu afirme lo determina tan sólo el conjunto de las circunstancias.»

9) ¿Cuál es el tipo de vaticinios de que debemos sospechar más?

«De todos aquellos que no se propongan un objetivo de utilidad general. Las predicciones personales casi siempre podrán ser tenidas por apócrifas.»

10) ¿Qué fin persiguen los Espíritus que pronostican espontáneamente sucesos que luego no se producen?

«Las mayoría de las veces lo hacen para divertirse con la credulidad, el terror o la alegría que causan, y luego se ríen de la contrariedad de las personas defraudadas. Pero en otras oportunidades esas predicciones falsas tienen una finalidad más seria, cual es la de someter a prueba al que las recibe, para observar cómo toma las cosas, y la índole buena o mala de los sentimientos que en él engendra el falaz anuncio.»

Observación. Tal sería, por ejemplo, pronosticar aquello que es capaz de halagar la codicia o ambición de un individuo, como la muerte de una persona, la perspectiva de recibir una herencia, etcétera.

11) ¿Por qué los Espíritus serios, cuando hacen que presintamos un acontecimiento, por lo general no especifican la fecha en que éste se producirá? ¿Es porque no pueden o no quieren hacerlo?

«Por lo uno y lo otro. En ciertos casos pueden hacer *presentir* un hecho futuro. Se trata entonces de una advertencia que os hacen. En cuanto a señalar la fecha exacta en que ese suceso acontecerá a menudo no deben hacerlo, y con frecuencia también no pueden porque no lo saben ellos mismos. El Espíritu es capaz de prever que una cosa ocurrirá, pero el instante preciso acaso dependa de hechos que no están todavía consumados, y que sólo Dios conoce. En cambio, los Espíritus frívolos, que no tienen escrúpulo alguno en embaucaros, os indican el día y la hora, sin inquietarse por el resultado. De ahí que toda predicción *circunstancial* deba seros sospechosa.

»Una vez más os lo diré: nuestra misión consiste en haceros progresar, y os ayudamos todo lo posible. El que pida a los Espíritus superiores la sabiduría no será jamás engañado. Pero no creáis que perdemos nuestro tiempo en escuchar todas vuestras necedades y en deciros la buenaventura. Dejamos eso a los Espíritus superficiales, que con ello se divierten, como niños juguetones.

»La providencia ha puesto límites a las revelaciones que pueden ser hechas a los hombres. Los Espíritus serios guardan silencio acerca de todo aquello que tienen prohibido divulgar. Si se insiste en obtener una respuesta al respecto, se expone uno a las bribonadas de los Espíritus inferiores, los cuales están prestos siempre a aprovechar toda ocasión que les permita tender trampas a vuestra credulidad.»

Observación. Los Espíritus ven o presienten por inducción los hechos venideros; los ven realizarse en un tiempo que no miden ellos como nosotros. Para especificar su fecha, tendrían que identificarse con nuestra forma de computar el tiempo, lo que no siempre consideran necesario. Por lo general, es esta la causa de que se produzcan errores aparentes.

12) ¿Existen hombres dotados de una facultad especial, que les permita entrever el futuro?

«Sí, aquellos cuya alma se desprende de la materia. En ellos es el Espíritu el que ve. Y cuando es útil, Dios los autoriza a revelar ciertas cosas, para el bien. Pero es mayor todavía el número de impostores y charlatanes. Esa facultad se tornará más generalizada en lo porvenir.»

13) ¿Qué debemos pensar de los Espíritus que se complacen en vaticinar a alguien su muerte, en día y hora determinados?

«Son Espíritus que gastan bromas pesadas y de muy mal gusto, y que no se proponen sino gozar del pavor que infunden. Nunca hay que preocuparse por lo que digan.»

14) ¿Cómo se explica que algunas personas sean advertidas por un presentimiento, de la fecha de su muerte?

«Las mayoría de las veces su propio Espíritu lo sabe, en sus momentos de libertad, y la persona conserva de ello una intuición, al despertar. De ahí que tales individuos, hallándose preparados para el hecho, no se asusten ni se conmuevan. En esa separación del cuerpo y el alma sólo ven un cambio de estado o —si preferís una imagen más vulgar— el reemplazo de una tosca vestidura por otra confeccionada en seda, el temor a la muerte irá disminuyendo conforme se extiendan las convicciones espíritas.»

290. *Preguntas acerca de las existencias pasadas y futuras*

15) ¿Pueden los Espíritus revelarnos nuestras vidas anteriores?

«En ocasiones Dios permite que se den a conocer, según sea la finalidad con que esto se haga. Si es para vuestra edificación e instrucción, tal revelación será auténtica, y en ese caso es casi siempre espontánea y completamente imprevista. Pero Dios no la autoriza nunca cuando se trata de satisfacer una vana curiosidad.»

—¿Por qué algunos Espíritus no se rehúsan jamás a proporciona ese tipo de informaciones?

«Son Espíritus bromistas, que se divierten a expensas de vosotros. En general, debéis tener por falsas —o al menos sospechosas— todas las revelaciones de ese género que no se propongan un objetivo eminentemente serio y útil. Los Espíritus burlones se complacen en lisonjear el amor propio de las personas atribuyéndoles presuntos antecedentes honrosos. Hay médiums y creyentes que aceptan como si fuese dinero en efectivo lo que les digan sobre este particular, sin caer en la cuenta de que el actual estado de su Espíritu no justifica en manera alguna la alta categoría que pretenden haber tenido en anteriores existencias; pequeña vanidad esta, con la que se regocijan los Espíritus zumbones tanto como los hombres mismos... Más puesto en razón sería, y más acorde con la marcha evolutiva de los seres, que al reencarnar hubiesen ascendido y no descendido, lo cual los honraría más. Para que se pudiera conceder crédito a esta clase de revelaciones sería necesario que fuesen hechas espontáneamente por conducto de diversos médiums, desconocidos los uno de los otros e ignorando cada uno de ellos lo revelado antes a los demás. Entonces sí habría una razón de peso para creer.»

—Si no podemos conocer nuestra individualidad anterior, ¿sucede lo mismo con el género de vida que hemos tenido, la posición social que ocupábamos y las cualidades y defectos que predominaban en nosotros?

«No es igual: eso sí podrá seros comunicado, porque podréis extraer provecho de ello para vuestro mejoramiento. Pero, por otra parte, si estudiáis vuestro presente estaréis en condiciones de deducir vosotros mismos vuestro pasado.»

16) ¿Es factible que se nos haga saber algo acerca de nuestras vidas futuras?

«No. Cuanto os digan ciertos Espíritus a este respecto no será más que una broma. Y se comprende, ya que vuestra futura existencia no puede ser decidida con antelación, pues estará determinada por lo que hayáis hecho con vuestra conducta actual en la Tierra y por las resoluciones que adoptéis más tarde, al ser de nuevo Espíritus desencarnados. Cuanto menos debáis expiar tanto más dichosa será vuestra próxima existencia. Pero saber dónde y cómo se ha de desarrollar, una vez más os repito que es imposible, salvo el caso especial —y raro— de esos Espíritus que sólo se hallan en la Tierra para cumplir en ella una misión importante, porque entonces su camino está, en cierto modo, trazado de antemano.

291. *Preguntas respecto a los intereses morales y materiales*

17) ¿Podemos pedir consejos a los Espíritus?

«Claro que sí. Los buenos Espíritus no se rehúsan jamás a ayudar a quienes apelan a ellos con confianza, en especial en lo que se refiere cuestiones del alma. En cambio, rechazan a los hipócritas, *aquellos que fingen pedir la luz y se complacen en las tinieblas*.»

18) ¿Pueden los Espíritus dar consejos relacionados con asuntos de interés particular?

«A veces sí, según sea el motivo. Eso depende también de la clase de Espíritus a los que nos dirijamos. Los consejos concernientes a la vida privada son ofrecidos con mayor exactitud por los Espíritus familiares, porque éstos se apegan a una persona, interesándose en todo lo que le toca. Vuestro Espíritu familiar es el amigo, el confidente de vuestros más secretos pensamientos. Pero muchas veces lo cansáis con preguntas tan ridículas que os deja solos. Por lo demás, sería tan absurdo que preguntarais cosas íntimas a Espíritus que os son extraños como que hicierais lo propio con el primer individuo que os encontraseis en el camino. Jamás echéis al olvido que la puerilidad de las preguntas es incompatible con la superioridad de los Espíritus. Asimismo, habéis de tomar en cuenta las cualidades de vuestro Espíritu familiar, el cual podrá ser bueno o malo, de acuerdo con la índole de la persona con la que simpatiza y a la que se ha apegado. El Espíritu familiar de un hombre ruin será un Espíritu igualmente ruin, cuyos consejos podrían ser perniciosos, pero que se apartará, cediendo su puesto a un Espíritu mejor, si el individuo a su vez se perfecciona. Los semejantes atraen a sus semejantes.»

19) ¿Pueden los Espíritus familiares, mediante revelaciones, ayudarnos en nuestros intereses materiales?

«Pueden y en ocasiones lo hacen, conforme a las circunstancias, pero persuadíos de que los buenos Espíritus jamás se prestan a servir a la codicia. Los malos hacen relucir ante vuestros ojos mil seducciones, para espolearos primero y defraudaros después ante la desilusión. Sabed, también, que si la prueba que os toca consiste en sufrir tales o cuales vicisitudes, vuestros Espíritus protectores podrán ayudaros a sobrellevarla con mayor resignación, suavizándola a veces. Pero, en interés mismo de vuestro porvenir, no les es permitido eximiros de ella. De igual modo, un buen padre no concede a su hijo todo lo que éste desea.»

Observación. En muchas circunstancias, nuestros Espíritus protectores pueden indicarnos el mejor camino a seguir, pero no por eso nos llevarán de la mano, pues si procedieran así perderíamos toda iniciativa y no nos atraveríamos a dar un solo paso sin recurrir a ellos, lo cual redundaría en perjuicio de nuestro perfeccionamiento. Para progresar, el hombre suele tener necesidad de cosechar experiencia a costa suya. Por eso los Espíritus sabios, aun aconsejándonos, nos dejan a menudo librados a nuestras propias fuerzas, como lo hace un maestro hábil con sus alumnos. En las coyunturas ordinarias de la vida nos aconsejan mediante la inspiración, y de esta manera nos dejan todo el mérito del bien, así como toda la responsabilidad de las malas elecciones que podamos hacer.

Sería abusar de la condescendencia de los Espíritus familiares, y equivocarse sobre su misión, si los interrogáramos a cada instante acerca de las cosas más vulgares, como ciertos médiums lo hacen. Los hay que, por un sí o por un no, toman el lápiz y piden consejo al Espíritu antes de ejecutar la más simple acción. Semejante manía pone de manifiesto su pobreza de entendimiento. Al mismo tiempo existe presunción en creer que se tiene en todo instante a un Espíritu a la orden y que no deba éste hacer otra cosa que ocuparse de nosotros y de nuestros minúsculos intereses. Además, ello equivale a aniquilar el propio juicio, reduciéndose a un rol pasivo, sin beneficio alguno para la vida presente y, con toda seguridad, perjudicial para nuestro adelanto futuro. Si existe puerilidad en el hecho de interrogar a los Espíritus acerca de motivos fútiles, no la hay menos por parte de esos Espíritus que se ocupan en forma espontánea de lo que podemos denominar la rutina doméstica. Podrán ser buenos, pero ciertamente son todavía muy terrenales...

20) Si una persona, al morir, deja sus asuntos embrollados, ¿es posible pedir a su Espíritu que ayude a poner orden en ellos, y se puede también preguntarle el monto del activo real que ha dejado, en caso de que ese activo se desconozca, y siendo la cuestión en interés de la justicia?

«Estáis olvidando que la muerte es una liberación de las preocupaciones terrestres. ¿Creéis, pues, que el Espíritu que se siente feliz por la libertad que ha conquistado vendrá de buena gana a ponerse otra vez los grillos que lo aherrojaban, ocupándose de cosas que ya no le conciernen, para satisfacer la ambición de sus herederos, que quizá se han regocijado de su muerte, con la esperanza de que les sea lucrativa? Habláis de justicia, pero ésta reside, precisamente, en el desengaño que esa codicia de los herederos experimenta: es el principio de los castigos que les reserva Dios por su avidez de los bienes del mundo. Por otra parte, las confusiones que a veces produce la muerte de una persona forman parte de las pruebas por que deben pasar los vivientes, y ningún Espíritu tiene poder para libraros de ellas, porque están dentro de los designios de Dios.»

Observación. A no dudarlo, la respuesta que se acaba de leer contrariará a quienes se figuran que los Espíritus no tienen nada mejor que hacer que servirnos de auxiliares clarividentes para guiarnos no hacia el cielo, sino en la Tierra... Otra consideración viene en apoyo de esta respuesta. Si un hombre ha dejado, mientras vivía, sus asuntos en desorden a causa de su incuria, no es verosímil que después de su muerte vaya a preocuparse más por ellos, porque debe de sentirse feliz de haberse desembarazado del tráfago que para él representaban, y por poco elevado que sea, les atribuirá todavía menos importancia como Espíritu que la que le daba en su condición de hombre. En cuanto a los bienes ignorados que haya podido dejar, no tiene él ninguna razón de interesarse por ávidos herederos que probablemente ya les habrían olvidado si no esperaran sacar algún provecho del asunto. Y si se halla aún imbuido de las humanas pasiones, acaso la contrariedad de los herederos le haga experimentar, inclusive, un maligno goce.

Si, en interés de la justicia y de las personas a quienes ama, un Espíritu considera útil ofrecer revelaciones de ese tipo lo hará en forma espontánea, y para ello no se necesita ni ser médium ni recurrir a alguien que lo sea: el Espíritu mismo llevará al conocimiento del asunto mediante circunstancias fortuitas, pero nunca en virtud de las solicitaciones que le formulen en tal sentido, visto que tales requerimientos no pueden cambiar la naturaleza de las pruebas que se han de sufrir, sino más bien las agravarían, porque son casi siempre un signo de codicia y prueban al Espíritu que sus parientes se ocupan de él sólo por interés.

292. *Preguntas relativas a la situación de los Espíritus*

21) ¿Podemos solicitar a los Espíritus informaciones relacionadas con su situación en el mundo espiritual?

«Sí, y las dan gustosos cuando el pedido es dictado por la simpatía o el deseo de ser útil, y no se debe a mera curiosidad.»

22) ¿Se hallan en condiciones los Espíritus de describir la índole de sus padecimientos o de su felicidad?

«Perfectamente, y esa clase de revelaciones son para vosotros de gran enseñanza, por cuanto os inician en el conocimiento de la verdadera naturaleza de las penas y recompensas futuras. Al destruir las ideas falsas que os habéis formado sobre el asunto tienden a reavivar la fe y vuestra confianza en la bondad de Dios. Los Espíritus buenos se sienten dichosos cuando os describen la felicidad de los elegidos. Por su parte, los malos podrán ser forzados a relatar sus sufrimientos a fin de hacer que ellos mismos se arrepientan. Incluso hallan en esto, a veces, una especie de consuelo: son los desventurados que exhalan sus lamentos, con la esperanza de obtener compasión.

»No olvidéis que el fin esencial y exclusivo del espiritismo consiste en vuestro mejoramiento. Precisamente para que lo logréis se permite a los Espíritus que os inicien en la vida futura, ofreciéndoos ejemplos que os pueden ser beneficiosos. Cuanto más os identifiquéis con el mundo que os aguarda tanto menos deploraréis haber dejado aquel en que ahora os halláis. Este es, en suma, el objetivo actual de la revelación.»

23) Evocando al Espíritu de una persona cuyo destino desconozcamos ¿es posible averiguar de él mismo si vive aún en la Tierra?

«Sí, si la incertidumbre acerca de su muerte no es una necesidad o una prueba para aquellos que tienen interés en enterarse.»

—Si ha fallecido, ¿puede ponernos al corriente de las circunstancias de su muerte, de modo tal que nos sea factible comprobarla?

«Si atribuye alguna importancia a eso, lo hará. De lo contrario, se preocupará poco del asunto.»

Observación. La experiencia ha demostrado que, en un caso así, al Espíritu no lo mueven en manera alguna los motivos de interés que podamos tener en conocer las circunstancias de su muerte. Si desea revelarlas, lo hará espontáneamente, ya sea por vía mediúnmica o bien por la de las visiones o apariciones, y entonces puede proveer las más precisas indicaciones. Caso contrario, un Espíritu embaucador podrá engañarnos con toda facilidad y divertirse, incitándonos a emprender estériles investigaciones.

Suele suceder que la desaparición de una persona cuyo fallecimiento no sea posible verificar en forma oficial acarree problemas en los negocios de su familia. Sólo en casos muy raros —excepcionales— hemos visto a los Espíritus colaborar en el esclarecimiento de los hechos al pedírseles que lo hicieran. No cabe duda de que si quisieran podrían hacerlo con más frecuencia, pero muchas veces no se les permite, cuando tales problemas constituyen pruebas para aquellos que tendrían interés en quitárselos de encima.

Es, pues, dejarse seducir por una esperanza quimérica cuando se intenta, por ese medio, recuperar herencias que sólo tienen de positivo el dinero que se ha gastado en la empresa.

No faltan Espíritus dispuestos a alentar semejantes esperanzas y que no tienen escrúpulo alguno en inducir a los interesados a realizar indagaciones que, si sólo las pagan con un poco de ridículo, podrán darse por muy satisfechos.

293. *Preguntas sobre la salud*

24) ¿Pueden los Espíritus aconsejarnos con referencia a la salud?

«La salud es una condición necesaria para el trabajo que hemos de realizar en la Tierra, de ahí que los Espíritus se ocupen de ella con buena voluntad. Pero, como también entre ellos hay ignorantes y sabios, en este caso como en otros, no conviene dirigirse al primer Espíritu que se manifieste.»

25) Si consultamos al Espíritu de una celebridad médica ¿tendremos la certeza de obtener un buen consejo?

«Las celebridades médicas terrestres no son infalibles y suelen tener ideas sistemáticas, no siempre justas, de las cuales la muerte no las libera inmediatamente. La ciencia de la Tierra es muy poca cosa comparada con la ciencia celestial. Y sólo los Espíritus superiores poseen esta última. Sin que vosotros conozcáis sus nombres, pueden saber mucho más que vuestros sabios sobre todas las cosas. La ciencia no basta para tomar superiores a los Espíritus, y os asombraríais grandemente al ver el lugar que ciertos sabios ocupan entre nosotros. Así pues, el Espíritu de un sabio puede no saber más que cuando se encontraba en la tierra, si no ha progresado en cuanto Espíritu.»

26) El Espíritu del sabio, cuando ha desencarnado, ¿reconoce sus errores científicos?

«Si se ha elevado lo bastante para despojarse de su vanidad y comprender que su desarrollo no es completo, los admite y confiesa sin sentir vergüenza. Pero si no se halla suficientemente desmaterializado puede conservar algunos de los prejuicios de que estaba imbuido en la tierra.»

27) Un médico, al evocar sus enfermos fallecidos, ¿obtendrá de

ellos aclaraciones sobre la causa de su muerte, conociendo los errores que haya podido cometer en sus tratamientos y adquiriendo de esta manera un mayor cúmulo de experiencia?

«Es posible, y esto le será utilísimo, sobre todo si se hace asistir por Espíritus esclarecidos, que suplan su falta de conocimiento respecto a ciertos pacientes. Pero, para ello haría falta que emprendiese ese estudio con seriedad y asiduidad, proponiéndose un fin humanitario, y no como un medio para adquirir sin trabajo el saber y la fortuna.»

294. *Preguntas acerca de invenciones y descubrimientos*

28) ¿Están los Espíritus en situación de orientarnos en investigaciones científicas y en los descubrimientos?

«La ciencia es obra del talento. Sólo se ha de adquirir por medio del trabajo, porque únicamente con el trabajo avanza el hombre en su camino. ¿Qué mérito le cabría si no tuviera otra cosa que hacer que interrogar a los Espíritus para saberlo todo? A tan bajo costo, cualquier tonto podría convertirse en sabio. Sucede lo mismo con las invenciones y descubrimientos que se hacen en la industria. Además, hay otra consideración, y es que cada cosa debe venir a su tiempo y cuando las ideas están maduras para recibirlas. Si el hombre tuviera ese poder trastornaría el orden de las cosas, haciendo que los frutos sazonasen antes de lo debido.

»Ha dicho Dios al hombre: "Ganarás el pan con el sudor de tu frente". Admirable imagen, que pinta gráficamente la situación en que el ser humano está en la Tierra. Éste debe progresar en todo mediante el esfuerzo del trabajo. Si se le dieran las cosas hechas, ¿de qué serviría su inteligencia? Sería como el escolar que encomienda a otro que le haga su tarea.»

29) El sabio y el inventor, ¿nunca son asistidos por los Espíritus en sus investigaciones?

«¡Ah!, pero esto es muy diferente... Cuando llega el tiempo en que un descubrimiento ha de surgir, los Espíritus encargados de dirigir su marcha buscan al hombre capaz de llevarlo a buen término y le inspiran las ideas necesarias, de manera de dejarle todo el mérito, puesto que es preciso que él mismo elabore y ponga en práctica tales ideas. Acontece lo propio con todas las grandes realizaciones del intelecto humano. Los Espíritus tratan a cada hombre según su propia condición: al que sólo sepa cavar la tierra no lo harán depositario de los secretos de Dios. Pero sí sacarán de la oscuridad al individuo capaz de secundar sus designios. En consecuencia, no permitáis que la curiosidad o la ambición os arrastre por un camino que no corresponde al objetivo del espiritismo y que desembocaría, para vosotros, en los más ridículos fraudes.»

Observación. Un conocimiento más completo del espiritismo ha calmado la fiebre de los descubrimientos que, en los comienzos, algunas personas se jactaban de hacer por ese medio. Se había llegado a pedir a los Espíritus recetas para teñir los cabellos y remediar la calvicie, curar los callos de los pies, etc. Hemos conocido a muchos individuos que creían asegurada su fortuna y que sólo obtuvieron, de los Espíritus consultados, procedimientos más o menos ridículos. Pasa lo mismo cuando se pretende, con ayuda de los Espíritus, penetrar los misterios del origen de las cosas. Algunos Espíritus tienen, sobre tales materias, su propio sistema de interpretación, que por lo general no vale más que los de los hombres, y al que es prudente acoger sólo con la mayor reserva.

295. *Preguntas respecto a tesoros ocultos*

30) ¿Podrían los Espíritus llevarnos a descubrir tesoros escondidos?

«Los Espíritus superiores no se ocupan de tales cosas, pero los burlones suelen indicar la ubicación de tesoros inexistentes, o afirmar que hay uno en un sitio, cuando en realidad se halla en otro lado. Y esto tiene su utilidad, pues demuestra que la verdadera fortuna consiste en el trabajo. Si la providencia destina riquezas ocultas a alguien, esa persona las encontrará en forma natural, y no de otra manera.»

31) ¿Qué hemos de pensar de la creencia que sustentan algunos, de que existen Espíritus guardianes de tesoros escondidos?

«Los Espíritus que no están desmaterializados se apegan a las cosas. Los avaros que han ocultado sus tesoros podrán todavía vigilarlos y cuidarlos después de haber muerto, y la perplejidad en que se encuentran al ver que se los quitan es uno de sus castigos, que durará hasta que comprendan lo inútiles que son ya para ellos tales riquezas. Existen asimismo los Espíritus de la Tierra, que tienen a su cargo dirigir las transformaciones interiores del globo y a los que, por alegoría, se considera guardianes de las riquezas naturales.»

Observación. La cuestión de los tesoros ocultos corresponde a la misma categoría que la de las herencias ignoradas. Muy poco cuerdo sería el que contara con las presuntas revelaciones que pudieran hacerle los bromistas del mundo invisible. Ya hemos dicho que, cuando los Espíritus pueden o quieren ofrecer semejantes revelaciones, las hacen en forma espontánea y no necesitan médiums para ello. He aquí un ejemplo:

Una señora acababa de perder a su marido después de treinta años de matrimonio y se encontraba sin recursos, en vísperas de ser expulsada de su casa por sus hijastros, para quienes había sido como una verdadera madre. Se encontraba en el colmo de la desesperación, cuando una noche se le apareció el extinto y le dijo que lo siguiera hasta su despacho. Una vez ahí, le mostró su escritorio, que tenía aún colocados los sellos judiciales, y por un efecto de doble vista le hizo ver el interior del mueble, señalándole la existencia de un cajón secreto que ella no conocía. Acto seguido le indicó en qué forma se operaba el mecanismo para abrirlo, y agregó: «Yo había previsto lo que ahora sucede y he querido asegurar tu futuro. En esa gaveta encontrarás mi testamento. Te lego el usufructo de esta casa y una renta de (aquí especificaba la cantidad)». Después desapareció. Y cuando llegó el día de quitar los sellos judiciales nadie pudo abrir aquel cajón. La señora narró entonces lo que le había sucedido, y siguiendo las instrucciones de su difunto esposo abrió la gaveta, en cuyo interior se halló el testamento, en un todo conforme con lo que aquél le había anunciado durante su aparición.

296. *Preguntas relativas a los otros mundos*

32) ¿Cuál es el grado de confianza que deben merecernos las descripciones que de los diferentes mundos hacen los Espíritus?

«Depende del grado de adelanto real de los Espíritus que ofrezcan tales descripciones. Comprenderéis que los Espíritus vulgares son tan incapaces de informaros a este respecto como entre vosotros lo es un ignorante cuando se trata de describir todos los países de la Tierra. Muchas veces formuláis, acerca de esos mundos, preguntas de carácter científico que dichos Espíritus no están en condiciones de satisfacer. Si se hallan animados de buena fe, hablan sobre aquéllos según sus ideas personales. Pero si son Espíritus frívolos se divierten obsequiándoos con descripciones. Tanto más cuanto que esos Espíritus, que tienen tanta imaginación en su actual estado de erraticidad como la que poseían en la Tierra, extraen de ella los relatos de muchas cosas completamente irreales. Con todo, no creáis que os sea de todo punto imposible obtener algunas nociones acerca de los otros mundos. Los Espíritus buenos se complacen inclusive en describiros aquéllos en que moran, a fin de que esto os sirva de enseñanza para perfeccionaros y comprometeros a seguir el camino que os conduzca hasta ellos. Es ese un medio de fijar vuestras ideas sobre el porvenir y de no dejaros en la incertidumbre.»

—¿Cómo controlaremos la exactitud de esas descripciones?

«El contralor más adecuado está en establecer la concordancia que pueda existir entre ellas. Pero recordad que se proponen vuestro mejoramiento moral y que, en consecuencia, se os podrá informar mejor sobre el estado moral de sus habitantes, y no en lo que se refiere al estado físico o geológico de cada globo. Incluso con vuestros actuales conocimientos no podríais comprender lo que al respecto se os dijera. Ese estudio no serviría para vuestros progresos en la Tierra, y ya tendréis todas las facilidades para emprenderlo, cuando os encontréis en aquellos mundos.»

Observación. Las preguntas sobre la constitución física y los elementos astronómicos de los diversos mundos pertenecen al ámbito de las investigaciones científicas, trabajo este que los Espíritus no deben realizar por nosotros. De no ser así, un astrónomo encontraría sumamente cómodo encargar a los Espíritus los cálculos matemáticos que necesitará, sin duda cuidándose bien, después, de confesar quiénes los habían hecho. Si por medio de la revelación pudieran los Espíritus ahorrar al hombre la tarea de un descubrimiento, es probable que lo hicieran en favor de un sabio que fuese lo bastante modesto para admitir con franqueza que el mérito correspondía a ellos , y no en beneficio de esos orgullosos que niegan que los Espíritus existan, y a los cuales estos últimos suelen reservar, por el contrario, los desengaños del amor propio frustrado.

CAPÍTULO XXVII

CONTRADICCIONES Y SUPERCHERÍAS

Contradicciones

297. Los adversarios del espiritismo no han dejado de objetar que los adeptos a la doctrina no están de acuerdo los unos con los otros. Que no todos comparten las mismas creencias. En suma, que se contradicen recíprocamente. «Si la enseñanza os es impartida por los Espíritus —alegan—, ¿cómo se explica que no sea idéntica en todos los casos?» Ahora bien, sólo un estudio serio y en profundidad de la ciencia espírita podrá reducir este argumento a su justo valor.

Digamos desde ya, y para comenzar, que tales contradicciones, por las que ciertas personas hacen mucho alboroto, son en general más aparentes que reales. Que suelen relacionarse más con la superficie que con el fondo de la cuestión. Y que, por ende, carecen de importancia. Las contradicciones proceden de dos fuentes, a saber: los hombres y los Espíritus.

298. Las contradicciones de origen humano han sido suficientemente explicadas en el Capítulo IV, «Sistemas», nº 36, al cual remitimos al lector. Todos comprenderán que al principio, cuando las observaciones realizadas eran todavía incompletas, hayan surgido opiniones divergentes acerca de las causas y las consecuencias de los fenómenos espíritas. Las tres cuartas partes de esas opiniones se han desmoronado ya, ante el empuje de un estudio más serio y más a fondo. Con muy escasas excepciones, y dejando a un lado a algunas personas que no se apartan fácilmente de las ideas que han acariciado o concebido, es posible afirmar que a la hora actual existe unanimidad entre la inmensa mayoría de los espiritistas, al menos en lo tocante a los principios generales de la doctrina, aunque quizá no ocurra lo propio con algunos detalles desprovistos de significación.

299. Para comprender la causa y el valor de las contradicciones debidas a los Espíritus mismos, es preciso haberse identificado con la naturaleza del mundo invisible y haberlo estudiado en todos sus aspectos. A primera vista, podría parecer extraño que todos los Espíritus no piensen en la misma forma, pero esto no sorprenderá a quienquiera conozca el infinito número de grados que deben ellos recorrer antes de alcanzar la cúspide de la escala. En efecto, si pensáramos que todos los Espíritus aprecian las cosas de igual manera, esto equivaldría a suponerlos ubicados, sin excepciones, en un mismo nivel. Y si creyéramos que todos deben tener una visión exacta de las cosas, estaríamos admitiendo que en su totalidad hayan llegado a la perfección, lo que no es cierto ni puede serlo, si se tiene en cuenta que los Espíritus no son otra cosa que la humanidad misma, despojada de la envoltura corporal. Y visto que pueden manifestarse Espíritus de todas las categorías, de ello resulta que sus comunicaciones traerán en cada caso el sello de su ignorancia o de su sabiduría, de su inferioridad o de su superioridad moral. Es preciso distinguir lo verdadero de lo falso, lo bueno de lo malo, deben conducir las instrucciones ofrecidas en el curso de este libro.

No hay que olvidar que entre los Espíritus hay, como entre los hombres, pedantes y sabios a medias, orgullosos, presuntuosos y sistemáticos. Y como quiera que sólo a los Espíritus perfectos es dado conocerlo todo, existen para los demás (como para nosotros) misterios que ellos explican a su manera, con arreglo a sus propias ideas, y sobre los cuales podrán emitir opiniones más o menos exactas, que tratan de hacer prevalecer empeñando en ello su amor propio, y que gustan reiterar en sus mensajes. El error lo han cometido algunos de sus intérpretes, al haber adherido con harta ligereza a opiniones contrarias al buen sentido y haberse convertido en sus «editores responsables». Así pues, las contradicciones debidas a los Espíritus no tienen otra causa que la diversidad que existe —en lo que se refiere a inteligencia, conocimiento, juicio y moralidad— entre ciertos Espíritus que no son todavía aptos para saberlo y comprenderlo todo.

300. «¿De que sirve la enseñanza de los Espíritus —argumentarán algunas personas—, si no nos ofrece mayor certidumbre que las enseñanzas humanas?» Es fácil responderles. No aceptamos con la misma confianza las enseñanzas de todos los hombres, y puestos a escoger entre dos doctrinas, daremos preferencia a aquella cuyo autor nos parezca más esclarecido, capaz y sensato, y menos accesible a las pasiones. Pues bien, con los Espíritus se ha de obrar de igual manera. Si entre ellos los hay que no están en un nivel más alto que el humano, otros muchos, en cambio, han superado ese nivel, y éstos pueden ofrecernos instrucciones que en vano buscaríamos entre los hombres más instruidos. Debemos dedicarnos, pues, a distinguirlos en la multitud de Espíritus inferiores, si es nuestro deseo ilustrarnos, y a tal distinción lleva, precisamente, el conocimiento profundizado del espiritismo. Pero las instrucciones que nos proporcionan tienen un límite, y si no es dado a los Espíritus saberlo todo, con mayor razón ha de suceder lo propio con los seres humanos. Porque hay cuestiones sobre las cuales en balde se les interrogaría, ya sea debido a que se les prohíbe revelarlas, o bien a causa de que las ignoran también ellas, y respecto a esos temas sólo pueden darnos su opinión personal. Ahora bien, esas opiniones personales son las que los Espíritus orgullosos ofrecen como si fueran verdades absolutas, e insisten más, sobre todo, en aquello que debe quedar oculto, como el principio de las cosas y el porvenir, a fin de causarnos la impresión de que conocen los secretos de Dios. Y esos son, Precisamente, los puntos sobre los cuales hay más contradicciones.

301. He aquí las respuestas proporcionadas por los Espíritus a las siguientes preguntas, relativas a las contradicciones:

1) Un Espíritu que se comunique en dos centros distintos, ¿puede transmitirles respuestas contradictorias sobre el mismo tema?

«Si esos dos centros difieren entre sí, en punto a ideas y opiniones, las respuestas podrán llegarles tergiversadas, porque se hallan bajo la influencia de diferentes falanges de Espíritus: la contradicción no reside en la respuesta misma, sino en la forma como ha sido traducida.»

2) Se concibe que una respuesta pueda ser alterada. Pero, cuando las cualidades del médium permiten excluir toda posibilidad de mala influencia, ¿cómo se explica que algunos Espíritus expresen conceptos distintos y contradictorios, sobre un mismo tema, a personas, completamente serias?

«Los Espíritus de veras superiores no se contradicen jamás, y su lenguaje es siempre idéntico *con las mismas personas*. Mas, podrá variar según las personas y los lugares. Hay que prestarles atención, pues la contradicción muchas veces es sólo aparente, está más en las palabras que en el pensamiento. Si reflexionamos, hallaremos que la idea fundamental es la misma. Además, un Espíritu podrá contestar en forma diversa acerca de determinado tema, de acuerdo con el grado de perfeccionamiento de aquellos que lo evocan, ya que no conviene dar siempre a todos la misma respuesta, visto que no se hallan tan adelantados unos como otros. Es, exactamente, como si un niño y un sabio se formularan la misma pregunta. Por cierto responderías a cada, uno de ellos de modo que te comprendiera y quedase satisfecho. Aunque difirieran entre sí, las respuestas tendrían, en ambos casos, e mismo fondo.»

3) ¿Con qué objeto algunos Espíritus serios parecen dar crédito, ante ciertas personas, a ideas y aun prejuicios que frente a otros combaten?

«Es menester que nos entendamos: si alguien tiene una convicción muy arraigada sobre una doctrina —aunque ésta sea falsa—, será necesario que vayamos apartándolo de ese convencimiento, pero en forma paulatina. De ahí que utilicemos a menudo *sus propios términos* y demos la impresión de aprobar sus ideas, a fin de que ese individuo no se sienta confundido de pronto y no deje de recibir nuestras enseñanzas.

»Por otra parte, no conviene contrariar con excesiva brusquedad sus prejuicios. Sería esta la manera de que dejase de escucharnos. Por eso los Espíritus hablan muchas veces coincidiendo con el dictamen de los que les escuchan, a fin de ir llevándolos poco a poco a la verdad se adaptan al lenguaje de cada cual, como tú mismo haces si eres un orador un poco hábil. Esta es la razón por la cual no hablarán a un chino o a un mahometano como lo harían con un francés o un cristiano, porque estarían bien seguros de sufrir un rechazo.

»No hay que confundir con una contradicción aquello que no suele ser sino una fase de la elaboración de la verdad. Todos los Espíritus tienen su tarea, asignada por Dios. Y la cumplen dentro de las condiciones que juzgan convenientes para el bien de aquellos que reciben sus mensajes.»

4) Las contradicciones, aun aparentes, pueden suscitar dudas en la mente de algunas personas. ¿Qué medidas debemos adoptar para conocer la verdad?

«Para discernir lo verdadero de lo falso hay que profundizar las respuestas de los Espíritus y meditarlas con tiempo, con seriedad: se trata de un estudio completo que es preciso realizar, y hace falta tiempo para ello, como para cualquier otro estudio. Así pues, estudiad, comparad, ahondad. Os lo repetimos sin cesar: el conocimiento de la verdad tiene ese precio. ¿Cómo queréis alcanzarla, si todo lo interpretáis con arreglo a vuestras estrechas ideas, que consideráis grandes? Mas no se halla lejano el día en que la enseñanza de los Espíritus será uniforme en todas partes, así en los pormenores como en las cosas principales. La misión de los Espíritus consiste en destruir el error, pero esto sólo se puede ir haciendo de una manera gradual.»

5) Personas hay que no tienen el tiempo ni la aptitud necesaria para consagrarse a un estudio serio y en profundidad, y que aceptan lo que se les enseña sin analizarlo. Esa actitud ¿no les trae el inconveniente de dar crédito a los errores?

«Pongan en práctica el bien y no cometan mal ninguno: he ahí lo esencial. Para eso no hay diferentes doctrinas. El bien es siempre bueno, así lo hagáis en nombre de Alá o de Jehová, pues en el universo sólo existe un Dios.»

6) ¿Cómo ciertos Espíritus, que parecen desarrollados en inteligencia pueden sustentar ideas evidentemente falsas sobre determinadas cuestiones?

«Poseen su doctrina. Los que no son lo bastante adelantados pero creen serlo piensan que sus ideas son verdaderas. Lo mismo que sucede entre vosotros.»

7) ¿Qué debemos pensar de las doctrinas según las cuales podría comunicarse un solo Espíritu, que sería Dios o Jesús.

«El Espíritu que enseñe esto quiere dominar, de ahí su deseo de inculcar la idea de que es el único. Pero el desventurado que se atreva a usurpar el nombre de Dios pagará caro su orgullo. En cuanto a tales doctrinas, por sí mismas se refutan, porque están en contradicción con los hechos más comprobados. No merecen que se las analice seriamente, pues se hallan desprovistas de raíces.

»La razón os dicta que el bien proviene de una buena fuente y el mal de una fuente mala. ¿Por qué querríais que un buen árbol ofreciera malos frutos? Por otra parte, ¿habéis jamás cosechado uvas en un manzano? La variedad de las comunicaciones es la prueba más notoria de su diversidad de orígenes. Además, los Espíritus que pretendan ser los únicos en comunicarse, olvidan explicar por qué los demás no podrían hacer lo propio. Su pretensión es la negación de lo que el espiritismo tiene de más bello y consolador: las relaciones entre el mundo visible y el mundo invisible, de los hombres con los seres que les son queridos, y a los que en ese caso habrían perdido de una manera irremisible. Son esas relaciones las que identifican al hombre con su porvenir, que lo destacan del mundo material. Suprimirlas equivaldría a volver a sumir al ser humano en la duda, que es su tormento. Y también, alimentar su egoísmo. Examinando con atención la doctrina que sostienen tales Espíritus se encuentran en ella, a cada paso, contradicciones injustificables, así, como la huella de su ignorancia acerca de las cosas más evidentes y, por tanto, indicios ciertos de su inferioridad.

El Espíritu de Verdad

8) Entre todas las contradicciones que se observan en los mensajes de los Espíritus, una de las más sorprendentes es la relativa a la reencarnación. Si la reencarnación es una necesidad de la vida espírita, ¿cómo se explica que no la enseñen todos los Espíritus?

«¿No sabéis, acaso, que hay Espíritus cuyas ideas se hallan limitadas al presente, como sucede a muchos hombres en la Tierra? Piensan aquellos que su actual situación durará siempre. No ven más allá del ámbito de sus percepciones inmediatas, sin inquietarse por saber de dónde han venido y hacia dónde van. Y, sin embargo, deben someterse a la ley de la necesidad. La reencarnación es para ellos una necesidad, en la que sólo piensan cuando les ha llegado. Conocen que el Espíritu va progresando, pero ¿de qué manera lo hace? He aquí su problema. Entonces, si los interrogáis al respecto, os hablarán de los siete cielos, superpuestos como los pisos de una casa. Los hay también que se referirán a la esfera del fuego, la esfera de las estrellas, la ciudad de las flores y la de los elegidos.»

9) Comprendemos que los Espíritus poco adelantados puedan no entender esta cuestión. Pero, en tal caso, ¿por qué otros Espíritus, de notoria inferioridad moral e intelectual, hablan espontáneamente de sus diversas existencias y de su deseo de reencarnar para expiar su pasado?

«En el mundo de los Espíritus suceden cosas que os es muy difícil comprender. ¿No tenéis entre vosotros a personas harto ignorantes sobre ciertas cuestiones, pero que son esclarecidas en lo que respecta a otras; individuos que poseen más discernimiento que instrucción, y otros que tienen más talento que juicio; ¿sabéis, también, que ciertos Espíritus se complacen en mantener a los hombres en la ignorancia, aun cuando finjan estar instruyéndolos. y que aprovechan la facilidad con que se da crédito a sus afirmaciones? Pueden seducir a aquellos que no ven el fondo de las cosas, pero cuando se les reduce a silencio por medio del razonamiento, no mantienen sus posiciones durante mucho tiempo.

»Por otra parte, hay que tomar en cuenta la prudencia que generalmente emplean los Espíritus para propagar la verdad, ya que una luz demasiado viva y súbita encandilaría en vez de iluminar. Por tanto, en ciertos casos pueden juzgar conveniente difundirla sólo en forma gradual, con arreglo a las épocas, los lugares y las personas. Moisés no había enseñado todo lo que Cristo enseñó más tarde, y Jesús mismo expresó muchos conceptos cuyo significado se reservaba a las generaciones que le han sucedido. Habláis de la reencarnación y os asombráis de que este principio no haya sido enseñado en ciertos países. Pero pensad que en una nación donde el prejuicio racial se ha entronizado, en que la esclavitud se halla arraigada en las costumbres, hubieran rechazado al espiritismo, por el solo hecho de que proclamase la reencarnación por cuanto la idea de que el amo pudiera renacer esclavo, y a la inversa, les habría parecido monstruosa. ¿No era mejor obtener que aceptase, primero, el principio general, reservando para más tarde las consecuencias que de él emanan? ¡Oh, hombres! ¡Cuán miopes sois para juzgar los designios de Dios! Sabed, pues, que nada se hace sin su permiso y sin una finalidad que a menudo no podéis comprender. Os he dicho que en la convicción espírita se produciría la unidad: tened por cierto, que se hará, y que las disidencias —ya menos profundas actualmente— irán borrándose poco a poco, a medida que los hombres se iluminen, para desaparecer del todo, después. Porque es esa la voluntad de Dios, y contra ella el error no puede prevalecer.»

EL ESPÍRITU DE VERDAD

10) Las doctrinas erróneas que podrán enseñar determinados Espíritus ¿no tienen por efecto retrasar el progreso de la verdadera ciencia?

«Querríais tenerlo todo sin trabajo. Sabed que no hay campo donde no crezcan malas hierbas, que el agricultor debe extirpar. Esas doctrinas equivocadas son una consecuencia de la inferioridad de vuestro mundo. Si los hombres fueran perfectos no aceptarían más que lo verdadero. Los errores son como las piedras preciosas falsificadas, que sólo el ojo experto puede descubrir. Así pues, necesitáis un aprendizaje para distinguir lo auténtico de lo que no lo es. Y las doctrinas falaces os sirven para que aprendáis a discernir la verdad del error.»

—Los que dan crédito al error, ¿se retrasan en su progreso?

«Si creen en el error es porque no están lo bastante adelantados para comprender la verdad.»

302. Hasta tanto se produzca la unidad, cada cual se cree dueño de la verdad y sostiene ser el único que la posee: engaño este que no dejan de fomentar los Espíritus embaucadores. ¿En qué puede basarse la persona imparcial y desinteresada para formarse su propio juicio?

«La luz más pura no es oscurecida por ninguna nube. El diamante sin tacha es el que tiene más valor. Juzgad, pues, a los Espíritus por la pureza de su enseñanza. La unidad se hará allí donde el bien no haya sido nunca contaminado de mal. Ahí los hombres se unirán por la fuerza de las circunstancias, porque juzgarán que en ello reside la verdad. Notad además, que los principios fundamentales son en todas partes los mismos y deben uniros en un común pensamiento: el del amor a Dios y la práctica del bien. Sea cual fuere la forma de progreso que se suponga para las almas, el objetivo final es el mismo, y uno solo es también el medio de alcanzarlo: obrar el bien. No hay dos maneras de hacerlo. Si surgen disidencias fundamentales, en lo que se refiere al principio mismo de la doctrina, disponéis de una regla cierta para evaluarlas, y dicha regla es la siguiente: la mejor doctrina es aquella que satisface más al sentimiento y a la razón y que posee mayor número de elementos para conducir a los hombres al bien. Os aseguro que es ésa la que prevalecerá.

El Espíritu de Verdad

Observación. Las contradicciones que se presentan en las comunicaciones espíritas podrán deberse a las siguientes causas: la ignorancia de ciertos Espíritus; la superchería de los Espíritus inferiores que, por malicia o ruindad, afirman lo contrario de lo que ha dicho en otras partes el Espíritu cuyo nombre usurpan; la voluntad del Espíritu mismo, el cual habla de acuerdo con las épocas, lugares y personas; y puede juzgar conveniente no decir todo a todos; la insuficiencia del lenguaje humano para expresar las cosas del mundo incorpóreo; la imperfección de los medios de comunicación, que no siempre permiten al Espíritu expresar todo su pensamiento; y, por último, la interpretación que cada uno puede dar acerca de una palabra o de una explicación, conforme a sus ideas, prejuicios, o el punto de vista desde el cual enfoque el asunto. El estudio y la observación, la experiencia y la renuncia a todo sentimiento de amor propio son los únicos capaces de enseñar a distinguir esos diversos matices.

Supercherías

303. Si es desagradable engañarse, lo es todavía más ser embaucado. Por otro, parte, se trata de uno de los inconvenientes de los que resulta más fácil preservarse. Los medios para desbaratar los ardides de los Espíritus embusteros resaltan de todas las instrucciones anteriores que se han ofrecido en este libro. Por eso agregaremos poco al respecto. He aquí las respuestas que han dado los Espíritus con referencia al tema:

1) Las supercherías son, en la práctica del espiritismo, uno de los escollos que más incomodan. ¿Existe un medio para precaverse de ellas?

«Me parece que podéis hallar la respuesta a eso en todo lo que se os ha enseñado. Por supuesto, hay un procedimiento sencillo, y consiste en no pedir al espiritismo más de lo puede y debe daros: su objetivo es el mejoramiento moral de la humanidad. En tanto no os apartéis de él, no seréis jamás engañados, porque no existen dos modos de entender la verdadera moral, aquella que puede ser admitida por toda persona de buen sentido.

»Los Espíritus vienen a instruiros y a guiaros por la ruta del bien, y no por la de los honores y la fortuna, como tampoco para servir a vuestras pasiones mezquinas. Si no se les pidiera nunca nada fútil o que exceda el límite de sus atribuciones, no se ofrecería ningún asidero a los Espíritus embaucadores de lo que debéis concluir que quien es engañado está obteniendo solamente lo que merece.

»El rol de los Espíritus no consiste en informaros respecto de las cosas de este mundo, sino guiaros con seguridad en aquello que puede seros útil para el otro. Cuando os hablan de cuestiones terrenales es porque lo juzgan necesario, pero no porque se lo hayáis pedido. Si consideráis a los Espíritus como sustitutos de los adivinos y hechiceros, seréis engañados.

»Si los hombres no tuvieran más que dirigirse a los Espíritus para saberlo todo, no poseerían ya su libre arbitrio y se desviarían de la senda que Dios señala a la humanidad. El ser humano debe obrar por sí mismo. Dios no envía a los Espíritus para allanarle el camino material de la vida, sino con el objeto de ir preparándole el del porvenir.»

—Pero hay personas que no preguntan nada y, sin embargo, son indignamente engañadas por Espíritus que se presentan en forma espontánea, sin que se les llame...

«Si nada preguntan, dejan a esos Espíritus hablar, lo que viene a ser lo mismo. En cambio, si tales personas acogieran con reserva y desconfianza cuanto se desvíe del objeto esencial del espiritismo, los Espíritus frívolos no las convertirían con tanta facilidad en sus víctimas...»

2) ¿Por qué Dios permite que individuos sinceros, y que aceptan de buena fe el espiritismo, sean embaucados? ¿No podría esto tener el inconveniente de que vacilasen en su creencia?

«Si ello pusiera en peligro su creencia, sería porque su fe no es muy sólida. Los que renunciaran al espiritismo por una simple contrariedad demostrarían no comprenderlo y no consagrarse a su aspecto serio. Dios permite los fraudes para poner a prueba la perseverancia de los verdaderos adeptos y castigar a aquellos otros que hacen del espiritismo un objeto de entretenimiento.»

El Espíritu de Verdad

Observación. La picardía de los Espíritus embaucadores suele exceder cuanto se pueda imaginar. El arte con que urden sus intrigas y combinan los medios de persuadir sería notable si sólo se tratara siempre de bromas inocentes, pero esas supercherías pueden acarrear consecuencias ingratas para aquel que no se mantiene en guardia contra ellas. Por nuestra parte, estamos muy satisfechos de haber podido abrir a tiempo los ojos a muchas personas que tuvieron a bien pedir nuestra opinión, ahorrándoles con ello emprender acciones ridículas y comprometedoras. Entre los procedimientos de que tales Espíritus se valen hay que incluir en primera línea, por ser los más frecuentes, aquellos que se proponen tentar la codicia, como, por ejemplo, la revelación de presuntos tesoros ocultos, el anuncio de herencias u otras fuentes de riqueza. Además, se ha de tener desde ya por sospechosas las predicciones con fecha fija, así como toda indicación concreta acerca de intereses materiales. Hay que cuidarse de cualquier comportamiento prescrito o aconsejado por los Espíritus cuando su finalidad no es eminentemente racional; no dejarse deslumbrar por los nombres con que se anuncian para conferir a sus palabras un viso de verdad; desconfiar de las teorías y sistemas científicos aventurados y, por último, de todo aquello que se aparte del objetivo moral de las manifestaciones. Llenaríamos un libro curiosísimo con la historia de todas las supercherías que han llegado a nuestro conocimiento.

CAPÍTULO XXVIII

CHARLATANISMO E IMPOSTURA

Médiums interesados.– Fraudes espíritas.

Médiums interesados

304. Puesto que todo puede convertirse en motivo de explotación, no habría por qué asombrarse del hecho de que se quisiera también explotar a los Espíritus. Falta saber cómo reaccionarían ellos ante tal iniciativa, si alguna vez se intentara llevarla a la práctica. Digamos, para comenzar, que nada se prestaría más que semejante ocupación al charlatanismo y a las imposturas. Así como existen falsos sonámbulos, veríamos mucho más médiums igualmente falsos, y esta sola circunstancia bastaría para movernos con fundamento a desconfiar. En cambio, el desinterés constituye la respuesta más categórica que se pueda ofrecer a aquellos que no ven en los fenómenos sino hábiles maniobras, ya que no hay charlatanismo que sea desinteresado. ¿Qué podrían proponerse las personas que usasen de supercherías sin un beneficio propio, tanto más cuanto que su honorabilidad reconocida las pondría por encima de toda sospecha?

Si el provecho que un médium extrae de su facultad puede inducirnos a que sospechemos de él, no será ésta en manera alguna una prueba de que nuestras sospechas estén fundadas. Porque es posible que posea una aptitud real y que obre de muy buena fe, incluso si se hace retribuir por sus servicios. Veamos si en un caso así se puede, razonablemente, esperar un resultado satisfactorio.

305. Si se ha comprendido bien lo que llevamos expresado sobre las condiciones necesarias para servir de intérprete a los Espíritus buenos; las numerosas causas que pueden hacer que se retiren; las circunstancias independientes de su voluntad que muchas veces son un obstáculo para que se manifiesten, en suma todas las condiciones *morales* que pueden ejercer una influencia; sobre la naturaleza de las comunicaciones, ¿cómo es posible suponer que un Espíritu —por poco elevado que sea— esté a cualquier hora del día a las órdenes de un empresario de sesiones y sometido a sus exigencias, para satisfacer la curiosidad del primero que llegue? Conocemos la aversión que sienten los Espíritus por todo aquello que huela a codicia y egoísmo, y el poco caso que hacen de las cuestiones materiales. ¿Cómo pretender, entonces, que ayuden a comerciar con sus manifestaciones? Esto es algo que la razón rechaza, y habría que conocer muy mal la naturaleza del mundo espírita para creer que pudiese ser así. Sin embargo, como quiera que los Espíritus frívolos no son tan escrupulosos y sólo buscan ocasiones de divertirse a nuestras expensas, de ello resulta que, si no se es embaucado por un falso médium, existen muchísimas posibilidades de serlo por parte de algunos de tales Espíritus. Estas solas reflexiones dan la medida del grado de confianza que han de merecernos las comunicaciones de ese tipo. Por lo demás, ¿de qué servirían hoy en día los médiums que se hacen pagar, ya que si no poseemos personalmente el don mediúmnico podremos hallarlo en algún miembro de nuestra familia, o entre los amigos y conocidos?

306. Médiums interesados no son únicamente aquellos que puedan exigir una retribución fija: el interés no se traduce siempre en la esperanza de obtener un lucro material, sino también en toda clase de miras ambiciosas, sobre las que se puedan fundar esperanzas personales. Y es éste, asimismo, un mal paso que saben captar muy bien los Espíritus burlones, aprovechándola con una habilidad y picardía realmente notables; para lo cual fomentan engañosas ilusiones en aquellos que de este modo se colocan bajo su dependencia. En síntesis, la mediumnidad es una facultad que se concede para el bien, y los buenos Espíritus se alejan de quienquiera pretenda convertirla en un escalón para alcanzar cualquier cosa que no responda a los designios de la Providencia. El egoísmo es la plaga de la sociedad humana, y los Espíritus buenos lo combaten. Por tanto, no es posible suponer que se pongan a su servicio. Esto es tan razonable que huelga seguir insistiendo al respecto.

307. Los médiums de efectos físicos no pertenecen a esta categoría. En general, tales efectos son producidos por Espíritus inferiores menos escrupulosos. Pero no estamos afirmando que esos Espíritus sean por eso necesariamente malos: se puede ser un individuo rudo y al mismo tiempo muy honrado. Así pues, un médium de esa clase que quisiera explotar su facultad podría encontrar Espíritus que lo asistieran sin demasiada repugnancia. Mas aquí también se presenta otro inconveniente: el médium de efectos físicos, al igual que el de manifestaciones inteligentes, no ha recibido su facultad para que la disfrute personalmente, sino se le concede a condición de que haga buen uso de ella, y si abusa su empleo podrán retirársela, o volverla en contra de él, porque en definitiva los Espíritus inferiores se hallan a las órdenes de los superiores.

Los Espíritus inferiores se complacen mucho en engañar, pero no les agrada ser engañados. Si se prestan de buena gana a las bromas o a la curiosidad, porque gustan divertirse, no les satisface más que a los otros Espíritus ser explotados, ni servir de comparsas para la recaudación de fondos. En todo momento demuestran tener su propia voluntad, obrando cuándo y cómo mejor les parece, lo que hace que el médium de efectos físicos esté todavía menos seguro que el médium escribiente, en lo que se refiere a la regularidad de las manifestaciones. Pretender producirlas en días y horas prefijados sería dar pruebas de la mas profunda ignorancia. ¿Qué hacen, entonces, los que quieren ganar dinero? Simular los fenómenos... Es lo que puede suceder no sólo con quienes hagan de ello una ocupación desembozada, sino también con las personas simples en apariencia, que descubran que ese medio es más fácil y cómodo que trabajar. Si el Espíritu no produce fenómenos, se suplen éstos con imitaciones... ¡Tan fecunda es la imaginación humana cuando se trata de ganar dinero! Ahora bien, puesto que el interés demostrado por esos individuos constituye un motivo legítimo de sospecha, nos confiere un derecho de examen riguroso, que si los ofendiera justificaría nuestras sospechas. Y tan lícitas son éstas con esa clase de individuos como ofensivas resultan cuando estamos frente a personas honorables y desinteresadas.

308. La facultad mediúnmica, aun limitada a las manifestaciones físicas, no ha sido otorgada para que se la exhiba en las ferias de diversiones, y quienquiera pretenda tener bajo sus órdenes a los Espíritus para mostrarla en público, con todo derecho puede ser sospechado de charlatanismo o prestidigitación más o menos hábil. No se olvide esto cada vez que se vean anuncios de presuntas sesiones de *espiritismo* o *espiritualismo* a tanto la entrada, y recuérdese el derecho que se adquiere al ingresar.

De todo lo expuesto concluimos que el desinterés más absoluto es la mejor garantía contra el charlatanismo. Si no asegura en todos los casos la autenticidad de las comunicaciones inteligentes, quita a los malos Espíritus un poderoso medio de acción y cierra la boca a ciertos detractores.

309. Restaría lo que podemos denominar imposturas de aficionados, esto es, los fraudes inocentes de algunos bromistas de dudoso gusto. Sin duda, es posible practicarlos a modo de pasatiempo, en tertulias superficiales y frívolas, pero no en reuniones serias, donde sólo se admita a personas formales. Además, cualquiera puede darse el gusto de llevar a cabo una superchería improvisada, pero habría que estar dotado de rara paciencia para desempeñar ese rol durante meses y aun años, y en cada ocasión durante varias horas consecutivas. Tal perseverancia sólo puede ser debida a un interés, sea el que fuere, y el interés —una vez más lo reiteramos— autoriza cualquier sospecha.

310. Quizá se alegue que un médium que está dando su tiempo al público en bien de la causa no puede dejar de percibir remuneración, puesto que necesita vivir. Pero ¿lo da de veras en interés de la causa o en el suyo propio? ¿No será más bien porque ve en ello una actividad lucrativa? Siempre se encontrará a personas que lo hagan por ese precio. ¿No tiene el médium otra cosa en qué ocuparse? No olvidemos que los Espíritus, sea cual fuere su superioridad o inferioridad son las almas de los muertos, y si tanto la moral como la religión nos obligan a que respetemos los despojos mortales de éstos, más grande aún es nuestro deber de respetar a su Espíritu.

¿Qué se diría de alguien que exhumara un cadáver de su sepulcro y lo exhibiese por dinero, a causa de que ese cuerpo fuera adecuado para despertar curiosidad? ¿Es menos irrespetuoso mostrar el Espíritu que el cuerpo, bajo pretexto de que resulta curioso ver actuar a un Espíritu? Y notad que el precio de la entrada guardaría relación con las habilidades que el Espíritu fuera capaz de demostrar y con el atractivo del espectáculo. Por cierto que, si cuando estaba encarnado era actor, no pensaría que después de su muerte un director le haría desempeñar gratuitamente el rol, en provecho del director mismo.

No olvidemos que las manifestaciones físicas, tanto como las inteligentes, sólo las permite Dios para nuestra instrucción.

311. Dejando a un lado estas consideraciones morales, no ponemos en tela de juicio, de ninguna manera, que puedan existir médiums interesados que sean a la vez honorables y escrupulosos, porque en todos los oficios hay personas honradas. Estamos refiriéndonos únicamente al abuso, pero, por los motivos que hemos expuesto, se convendrá en que el abuso tiene más razón de ser entre los médiums retribuidos que entre aquellos otros que, considerando su facultad como una gracia, sólo la emplean para servir a los demás.

El grado de confianza o desconfianza que pueda merecernos un médium pagado depende, ante todo, de la estima a que se haga acreedor por su carácter y su moralidad, y esto, además de las circunstancias. El médium que, con un objetivo eminentemente serio y beneficioso, se viera impedido de consagrar su tiempo a otra ocupación, y por eso fuese *eximido* de otras obligaciones, no puede ser confundido con el médium *especulador*, vale decir, el que deliberadamente haga una profesión de la mediumnidad. Según sean el *motivo* y la *finalidad* de su conducta, los Espíritus pueden condenarlo, absolverlo y hasta asistirlo, pues juzgan la intención antes que el hecho material en sí.

312. Los sonámbulos que utilizan su facultad con un fin lucrativo no están en el mismo caso. Aunque esa explotación se halle sujeta a abusos, y el desinterés sea mayor garantía de sinceridad, la situación es diferente, ya que el que actúa es su propio Espíritu. Por tanto, se encuentra siempre a su disposición, y se va a decir verdad, los sonámbulos sólo están autoexplotándose y son libres de disponer de su persona como más les plazca en tanto que los médiums especuladores explotan a las almas de los difuntos (Véase nº 172, «Médiums sonámbulos».)

313. No ignoramos que nuestra severidad para con los médiums interesados subleva en contra de nosotros a todos aquellos que explotan (o están tentados de hacerlo) este nuevo negocio, y los convierte en nuestros enemigos encarnizados, sucediendo lo propio con sus amigos, quienes, como es natural, hacen causa común con aquellos. Nos consolamos de esto al pensar que los mercaderes expulsados del templo por Jesús tampoco lo habrán mirado con buenos ojos. También nos hacen frente las personas que no consideran la cuestión con tanta seriedad. Con todo, pensamos que nos asiste el derecho de tener una opinión y emitirla. No forzamos a nadie a que la adopte. Si una inmensa mayoría se ha solidarizado con ella será porque, aparentemente, la hallan justa. Pues no vemos, en efecto, cómo se podría demostrar que hay menos posibilidades de fraudes y abusos en la especulación que en el desinterés. En lo que a nosotros toca, si nuestros escritos han coadyuvado, así en Francia como en otros países, a arrojar el descrédito sobre la mediumnidad interesada, creemos que no será ese uno de los menores servicios que tales escritos hayan prestado al espiritismo serio.

Fraudes espíritas

314. Los que no admiten la realidad de las manifestaciones físicas atribuyen generalmente al fraude los fenómenos producidos. Se basan en el hecho de que los prestidigitadores diestros hacen cosas que parecen prodigios cuando no se conocen sus trucos. Y de ahí concluyen que los médiums no son otra cosa que escamoteadores. Ya hemos refutado este argumento (u opinión, más bien), principalmente en nuestros artículos sobre el señor Home y en los números de la *Revue spirite* de enero y febrero de 1858. Así pues, sólo diremos algunas palabras relativas al tema, antes de pasar a referirnos a algo más importante.

Existe una consideración que no escapará a quien se detenga a reflexionar un poco sobre el asunto. No cabe duda de que hay prestidigitadores de una destreza prodigiosa, pero no abundan. Si todos los médiums practicaran el escamoteo, habría que convenir en que ese arte hubiera logrado en corto tiempo progresos inauditos, haciéndose muy común de la noche a la mañana, pues lo encontraríamos como facultad innata en personas en las cuales no se hubiera sospechado su existencia, y hasta en niños.

Por el hecho de que haya charlatanes que venden drogas en las plazas públicas, e incluso existan médicos que, sin actuar en las plazas públicas, traicionen la confianza depositada en ellos, ¿vamos a pensar que todos los facultativos son charlatanes y que el cuerpo médico, en su conjunto, ha perdido la consideración de que goza? Y porque haya personas que venden agua coloreada haciéndola pasar por vino, ¿concluiremos que todos los fraccionadores de este producto lo adulteran, y el vino puro no existe? Se abusa de todo, hasta de lo más respetable, y es posible afirmar que el fraude requiere también talento. Pero siempre se propone un objetivo, lo mueve un interés material, sea el que fuere. Donde no existen posibilidades de obtener un lucro no habrá ningún interés en engañar al prójimo. Por eso dijimos, a propósito de los médiums mercenarios, que la mejor garantía es un desinterés absoluto.

315. Entre todos los fenómenos espíritas, los que más se prestan al fraude son los de carácter físico, por motivos que es conveniente examinar. Primero, porque al dirigirse a la vista más que a la inteligencia, son los que la prestidigitación puede remedar con mayor facilidad. Segundo, porque al excitar más que los otros la curiosidad, son más apropiados para atraer a la multitud y, en consecuencia, resultan más productivos. Desde estos dos puntos de vista, los charlatanes tienen gran interés en simular ese tipo de manifestaciones. Los espectadores, que en su mayoría desconocen la ciencia espírita, acuden a estos espectáculos en procura de una distracción, mucho más que de una instrucción seria, y ya sabemos que siempre es mejor pagado lo que divierte que lo que instruye. Pero, dejando esto aparte, hay otro motivo no menos decisivo. Si la prestidigitación es capaz de imitar fenómenos materiales, para los cuales no necesita más que destreza, hasta la fecha no le conocemos el don de improvisar, que requiere una dosis de inteligencia poco común, ni el de producir esos bellos y sublimes dictados de los Espíritus, a menudo tan llenos de acierto, que ofrecen éstos en sus comunicaciones. Lo cual nos trae a la memoria el episodio siguiente:

Un literato bastante conocido vino cierto día a vernos y nos manifestó ser muy buen médium escribiente *intuitivo*, y que se ponía a disposición de la sociedad espiritista. Como tenemos por costumbre admitir sólo en la sociedad a médiums cuyas facultades conozcamos, le pedimos tuviera a bien mostrarnos las suyas previamente, en una reunión particular. Así lo hizo, en efecto. Varios médiums experimentados ofrecieron allí disertaciones sobre temas que ignoraban, o respuestas de notable precisión a preguntas que se les formularon. Pero, cuando le tocó el turno a ese señor, escribió unas pocas palabras sin significado, alegando que ese día se encontraba mal dispuesto, y se marchó. De entonces acá no hemos vuelto a verlo más... Sin duda comprobó que el rol del médium de efectos inteligentes es más difícil de desempeñar que lo que él creía.

316. En todos los órdenes, las personas a quienes se engaña con mayor facilidad son aquellas que no pertenecen al oficio. Lo propio acontece con el espiritismo. Quienes no lo conocen son fácilmente engañados por las apariencias. En cambio, un atento estudio previo los iniciará no sólo en la causa de los fenómenos, sino en cuáles son las condiciones normales en que pueden ellos producirse, proveyéndoles así de los medios para reconocer el fraude, cuando éste existe.

317. Los médiums farsantes han sido estigmatizados como lo merecen en la carta que en seguida se leerá, y que hemos publicado en la *Revue spirite* de agosto de 1861:

«París, 21 de julio de 1861.

Señor:

Se puede estar en desacuerdo sobre ciertos puntos y hallarse en perfecto acuerdo sobre otros. Acabo de leer, en la página 213 del último número de vuestra revista, algunas reflexiones acerca del fraude en materia de experiencias espiritualistas (o espíritas), a las que tengo la satisfacción de adherir con todas mis fuerzas. Allí, cualquier disidencia en punto a teorías y doctrinas desaparece como por arte de encantamiento.

Quizá no sea tan severo como vos con esos médiums que, en forma digna y conveniente, aceptan una remuneración por el tiempo que consagran a tales experiencias, a menudo prolongadas y fatigosas. Pero sí lo soy tanto como usted (y nunca seremos lo bastante severos con ellos) respecto a esos otros que, en circunstancias similares, llegada la ocasión suplen con la trampa y el fraude la ausencia o insuficiencia de los resultados prometidos y esperados. (Véase nº 311.)

Mezclar lo falso con lo verdadero, cuando se trata de fenómenos obtenidos con intervención de los Espíritus, es realmente una infamia, y tendría obstruido su sentido moral el médium que creyera poder hacerlo sin escrúpulo. Conforme lo habéis hecho notar perfectamente, *es arrojar el descrédito sobre la cuestión en el ánimo de los indecisos, tan pronto como el fraude se descubre*. Agregaré que significa comprometer del modo más lastimoso a los hombres honorables que prestan a los médiums el apoyo desinteresado de sus conocimientos y sus luces, que se constituyen en garantes de la buena fe de tales médiums y, en cierta manera, los patrocinan. Equivale a cometer con ellos una falta verdaderamente gravísima.

Todos los médiums a los que se comprueben maniobras fraudulentas: que sean sorprendidos (para valerme de una expresión un tanto vulgar) «con las manos en la masa», merecerían ser proscritos por todos los espiritualistas o espíritas del mundo, para quienes sería un deber inexcusable desenmascararlos o estigmatizarlos.

Si juzgáis conveniente, señor, insertar estas pocas líneas en vuestra revista, están a vuestra disposición.

Sin otro particular, etc...

MATHIEU»

318. Todos los fenómenos espíritas no son igualmente fáciles de simular, y los hay que desafían, sin la menor duda, cuanta destreza poseen los prestidigitadores. Entre estos últimos se cuentan, sobre todo, los movimientos de objetos sin contacto físico, la suspensión de los cuerpos pesados en el aire, los golpes que se escuchan en diferentes lados, las apariciones y demás, salvo que para ello se empleen trucos y se acuda a la complicidad de otras personas. Por eso decimos que lo que hay que hacer en tales casos es observar con atención las circunstancias y, sobre todo, tener en cuenta el carácter y la posición de los que intervienen, sus móviles y el interés que pudieran tener en engañar. Es este el contralor más efectivo, pues hay circunstancias que no permiten en modo alguno sospechar un fraude. Así pues, pensamos que, en principio, debemos desconfiar de cualquiera que convierta esos fenómenos en un espectáculo o en un objeto de curiosidad o entretenimiento, y pretenda producirlos a voluntad, en el instante preestablecido, conforme ya lo explicamos. Nunca se repetirá demasiado que las inteligencias ocultas que se nos manifiestan tienen su susceptibilidad y quieren demostrarnos que son también dueñas de su libre arbitrio, no sometiéndose a nuestros caprichos. (Véase nº 38.)

Nos bastará señalar algunos de los ardides que se emplean, o que es posible utilizar en determinados casos, para prevenir contra el fraude a los observadores de buena fe. En cuanto a las personas que se obstinan en juzgar sin antes haber profundizado la cuestión, sería perder el tiempo tratar de abrirles los ojos.

319. Uno de los fenómenos más comunes es el de los golpes que se escuchan en el interior mismo de la madera, con o sin movimientos de la mesa o de otro objeto que se use en la experiencia. Este efecto es uno de los más fáciles de imitar, ya sea mediante el contacto de los pies, ya provocando débiles crujidos en el mueble. Y hay una pequeña treta especial, que será útil dar a conocer: basta apoyar en la mesa ambas manos con la palma hacia abajo, lo bastante cerca para que las uñas de los pulgares hagan fuerte presión la una contra la otra. Entonces, con un movimiento muscular de todo punto imperceptible, se las frota de manera que produzcan un ruidito seco, que se asemeja mucho a los de la tiptología interna. Ese ruido, al repercutir en la madera, completa la ilusión. Con tal procedimiento nada es más fácil que hacer escuchar los golpes que se pidan, así como el redoble del tambor, etc, respondiendo a determinadas preguntas con un sí o un no, o con números, y hasta indicando las letras del alfabeto.

Una vez que se está prevenido, el medio de evitar el fraude es muy sencillo. La maniobra no resulta posible si las manos están separadas una de otra y si se ha asegurado que ningún otro contacto físico pueda provocar el ruido. Por otra parte, los golpes reales de la tiptología interna ofrecen las siguientes características: a voluntad cambian de lugar y de timbre, cosa que no es posible cuando tales golpes se deben a la estratagema señalada o a cualquier otra análoga. Los golpes auténticos dejan de resonar en la mesa para hacerse escuchar en cualquier otro mueble que nadie esté tocando, o en las paredes, el cielo raso, etc., respondiendo, además, a preguntas imprevistas. (Véase nº 41).

320. Todavía más fácil de remedar es la escritura directa. Sin referirnos a los bien conocidos agentes químicos que hacen aparecer el texto sobre la hoja en blanco en un lapso predeterminado, cosa que es posible frustrar adoptando las precauciones más comunes, podría suceder que, mediante una maniobra, se reemplazara el papel en blanco por otro escrito de antemano. También es factible que el interesado en cometer la impostura posea el arte de distraer la atención de los demás en tanto escribe diestramente unas cuantas palabras. Inclusive algunas personas nos han dicho haber visto escribir de esa manera sirviéndose de un trozo de mina de lápiz sujeta con disimulo bajo la uña.

321. También se presta a la superchería el fenómeno de los aportes. Se puede fácilmente ser víctima de un escamoteador más o menos diestro, aun cuando no sea un profesional de la prestidigitación. A partir del nº 96, donde se trata el tema, los Espíritus mismos han puntualizado las condiciones excepcionales en que dicho fenómeno puede producirse, de ahí que sea licito pensar que su obtención *fácil* y *facultativa*, por parte de algunas personas, nos autoriza al menos a tenerla por sospechosa. En el mismo caso se halla la escritura directa.

322. En el capítulo «Médiums especiales», hemos señalado, de acuerdo con los Espíritus, las aptitudes mediúnmicas comunes y las que no abundan. Conviene, pues, desconfiar de aquellos médiums que pretenden poseer estas últimas demasiado fácilmente, o que ambicionan la multiplicidad de facultades, pretensión que sólo muy raramente se encuentra justificada.

323. Las manifestaciones inteligentes son, conforme a las circunstancias, las que mayor garantía de autenticidad ofrecen y, sin embargo, tampoco se hallan libres de imitación, al menos en lo que toca a las comunicaciones pueriles y vulgares. Se cree tener más seguridad con los médiums mecánicos, no sólo respecto a la independencia de las ideas, sino también en lo que a las supercherías se refiere. Por esta razón ciertas personas prefieren los intermediarios materiales. Pues bien, es un error... El fraude se cuela por todas partes, y sabemos que adiestrándose es posible dirigir a voluntad incluso a una cestilla o una tablita escribientes, confiriéndoles todas las apariencias de los movimientos espontáneos. Lo que permite descartar cualquier duda son las ideas que se expresen, ya provengan ellas de un médium mecánico o intuitivo, auditivo, parlante o vidente. Hay comunicaciones que rebasan de tal modo las ideas, los conocimientos y aun el alcance intelectual del médium, que habría que estar muy equivocado para atribuirlas a él mismo. Reconocemos en el charlatanismo gran destreza y fecundidad de recursos, pero no hemos visto aún que posea el don de conferir sabiduría al ignorante o ingenio a aquel que no lo posee.

En síntesis, reiteramos que la mejor garantía de autenticidad reside en la moralidad reconocida del médium y en la ausencia de todo móvil de interés material o de amor propio, que pudiera estimular en él, el ejercicio de las facultades mediúnmicas de que esté dotado, porque esos mismos móviles podrían llevarlo a simular las que no lo posea.

CAPÍTULO XXIX

REUNIONES Y SOCIEDADES ESPÍRITAS

Reuniones en general.— Sociedades propiamente dichas.— Temas de estudio.— Rivalidad entre sociedades.

Reuniones en general

324. Las reuniones espiritistas pueden proporcionar grandes beneficios, puesto que permiten esclarecerse mediante el intercambio recíproco de ideas, las preguntas y observaciones que cada cual podrá hacer, y que a todos aprovechan. Pero, para cosechar de ellas todos los frutos deseables, requieren condiciones especiales que analizaremos, porque sería un error creer que las sociedades espíritas sean iguales a las instituciones comunes. Por otra parte, visto que las reuniones constituyen todos colectivos, les concierne extraer las consecuencias naturales de las instrucciones que hemos ofrecido en los capítulos precedentes. Deben adoptar iguales precauciones y preservarse de los mismos escollos que los individuos. De ahí que hayamos incluido estos temas casi al final del libro.

Las reuniones espiritistas poseen características muy diversas, según sea el objeto que se propongan, y por el mismo motivo debe diferir también su constitución. Conforme a su naturaleza, podrán ser *frívolas, experimentales* o *instructivas*.

325. Las *reuniones frívolas* están integradas por personas que sólo ven el aspecto divertido de las manifestaciones, entreteniéndose con las bufonadas de los Espíritus livianos, los cuales se aficionan mucho a este tipo de reuniones, donde gozan de completa libertad para exteriorizarse, de ahí que no dejen de acudir a ellas. Se pide allí toda clase de puerilidades, haciéndose decir la buenaventura por los Espíritus, poniendo a prueba la perspicacia de éstos al solicitarle que adivinen la edad de las personas o lo que hay en sus bolsillos, descubrir secretos y otras mil cosas de parecida importancia.

Tales reuniones carecen de trascendencia. Pero, como los Espíritus frívolos son a veces inteligentísimos y, generalmente, tienen un humor bien dispuesto y jovial, suelen suceder ahí cosas muy curiosas de las cuales puede extraer provecho la persona observadora. El que no haya visto más que eso, y juzgue al mundo de los Espíritus según esta muestra, se formará una idea tan falsa de él como el concepto que nos merecería la población entera de una gran ciudad si la juzgáramos tan sólo por lo que viéramos en algunos de sus barrios. El simple buen sentido está diciéndonos que los Espíritus elevados no pueden asistir a semejantes reuniones, cuyos espectadores no son más serios que los actores que en ellas intervienen. El que proyecte ocuparse únicamente de cuestiones fútiles tendrá que evocar a los Espíritus ligeros, así como en una tertulia se contratan cómicos para divertir a los asistentes. Pero sería una profanación llamar a personas de nombres venerables, mezclando lo sagrado con lo profano.

326. Las *reuniones experimentales* tienen por objeto, más especialmente, la obtención de manifestaciones físicas. Para muchas personas, éstas constituyen un espectáculo antes curioso que instructivo. En cuanto a los incrédulos, salen de ellas más asombrados que convencidos cuando sólo eso han visto, y únicamente piensan en descubrir los trucos que suponen se han empleado, pues no entienden nada de lo que presenciaron. Todo lo contrario sucede con aquellas personas que han estudiado previamente la cuestión: comprenden de antemano la posibilidad de los fenómenos, y los hechos positivos a que asisten determinan después —o completan— su convencimiento. Si hay impostura, están en condiciones de detectarla.

No obstante, este tipo de experimentaciones reportan una utilidad que nadie podría desconocer, porque son las que han permitido descubrir las leyes que rigen el mundo invisible, y para muchas personas constituyen, sin resquicio a dudas, un poderoso motivo de convicción. Pero seguimos sosteniendo que por sí solas no bastan para iniciar en la ciencia espírita, del mismo modo que la inspección visual de un ingenioso mecanismo es incapaz de revelar su mecánica oculta, cuando no se conocen las leyes que la gobiernan. Con todo, si tales experimentaciones son dirigidas con método y prudencia, se obtendrán de ellas resultados mucho mejores. Volveremos muy pronto sobre el particular.

327. Las *reuniones instructivas* poseen características enteramente distintas, y como en ellas se obtiene la verdadera enseñanza, insistiremos más sobre los requisitos que deben satisfacer.

La primera condición es que sean siempre serias, en toda la extensión de la palabra. Hay que persuadirse de que los Espíritus a quienes se desea evocar son de una naturaleza especialísima, puesto que lo sublime no puede conjugarse con lo trivial, ni lo bueno con lo malo y si se quieren alcanzar resultados satisfactorios es preciso apelar a los buenos Espíritus. Pero no basta con pedir que éstos acudan: se requiere, en forma terminante, hallarse en situación propicia para que *quieran realmente* venir. Ahora bien, los Espíritus superiores no harán acto de presencia en reuniones de hombres frívolos y superficiales, como tampoco hubieran asistido a ellas cuando estaban encarnados.

Una sociedad no es de veras seria sino a condición de que se ocupe de cosas útiles, excluyendo cualesquiera otras. Si aspira lograr fenómenos extraordinarios simplemente por curiosidad o pasatiempo, los Espíritus que los producen podrán presentarse, sí, pero no los otros... En suma, sea cual fuere el carácter de una reunión siempre encontrará Espíritus dispuestos a secundar sus tendencias. Así pues, una reunión formal se apartará de su objetivo real si de la enseñanza pasa a dedicarse al entretenimiento. Las manifestaciones físicas —según antes hemos dicho— tienen su utilidad. Los que deseen asistir a los fenómenos, vayan a las reuniones experimentales, pero aquellos que quieran comprender deben concurrir a las reuniones de estudios. De esta manera los unos y los otros podrán completar su instrucción espírita, así como en el estudio de la medicina unos alumnos siguen los cursos y otros hacen práctica clínica.

328. La instrucción espiritista no incluye tan sólo la enseñanza moral impartida por los Espíritus, sino además el estudio de los hechos: a éste incumbe la teoría de todos los fenómenos, la búsqueda de sus causas y, como consecuencia, la comprobación que resulta posible y lo que no lo es. En resumen, la observación de cuanto pueda hacer adelantar a esta ciencia. Ahora bien, incurriría en error quien creyera que los hechos se limitan a los fenómenos extraordinarios, y que los únicos dignos de atención son aquellos que impresionan más los sentidos. Porque hay a cada paso, en las comunicaciones inteligentes, fenómenos que los hombres reunidos allí con fines de estudio no podrían descuidar. Tales hechos cuya enumeración sería imposible, surgen de una cantidad de circunstancias fortuitas, y aunque menos espectaculares, no por ello dejan de ser del más alto interés para el observador, que encontrará en ellos, o la confirmación de un principio conocido, o la revelación de un principio nuevo, que le permita internarse más allá en los misterios del mundo invisible. Y ahí también hay filosofía.

329. Por otra parte, las reuniones de estudios son de grandísima utilidad para los médiums de manifestaciones inteligentes, sobre todo para aquellos que tienen un firme deseo de perfeccionarse y que no asisten a ellas con una tonta presunción de infalibilidad. Como dijimos anteriormente, entre los grandes escollos con que tropieza la mediumnidad figuran la obsesión y la fascinación. Esos médiums podrán, pues, engañarse de muy buena fe sobre el mérito de las comunicaciones que reciban, y se explica que los Espíritus embusteros tengan completa libertad de acción cuando están tratando con personas que ignoran el asunto. De ahí que hagan desistir a su médium de todo contralor, y que, si es necesario, lo induzcan a tomar aversión a cualquiera que podría esclarecerlo. Entonces, merced al aislamiento en que lo mantienen y la fascinación que ejercen sobre él, esos Espíritus pueden con facilidad conseguir que el médium acepte cuanto a ellos se les ocurra.

Nunca lo repetiremos demasiado: ahí reside no solamente el escollo, sino además el peligro. Sí, estamos afirmando que se trata de un auténtico peligro... Y el único medio de sustraerse a él consiste en el contralor que ejerzan personas desinteresadas y benévolas que, juzgando las comunicaciones fríamente y con imparcialidad, puedan abrir los ojos al médium y hacerle advertir aquello que no está en condiciones de ver por sí mismo. Ahora bien, todo médium que tema someterse a ese juicio va camino de la obsesión. El que crea que la luz se ha hecho sólo para él se encuentra completamente uncido al yugo. Si toma a mal las observaciones que se le hacen, las rechaza y se irrita por ellas, no cabe la menor duda acerca de la mala índole del Espíritu que está asistiéndole.

Ya hemos dicho que un médium puede carecer de los conocimientos necesarios para comprender sus errores. Podrá dejarse engañar por palabras altisonantes y por un lenguaje presuntuoso, siendo seducido por los sofismas, y esto, con la mejor buena fe del mundo. De ahí que, a falta de sus propias luces, deba modestamente recurrir a las de los otros, conforme a los adagios según los cuales «cuatro ojos ven más que dos» y «nunca se es buen juez en la propia causa». Desde este punto de vista, las reuniones son de considerable utilidad para el médium, si es lo bastante sensato para escuchar las opiniones, porque en ellas habrá personas que vean más claro que él y que capten los matices —con frecuencia tan sutiles— mediante los cuales el Espíritu comunicante deja traslucir su inferioridad.

Todo médium que desee sinceramente no ser juguete de la mentira debe, pues, tratar de ejercer su facultad en las reuniones serias, presentando en ellas, asimismo, lo que haya obtenido cuando está solo. Ha de aceptar con gratitud —y aun solicitar— el examen crítico de las comunicaciones que recibe. Si se halla expuesto a la influencia de Espíritus embusteros, el procedimiento más seguro para quitárselos de encima es demostrarles que no pueden engañarlo. Desde otro punto de vista, el médium que se irrita a causa de la crítica que se hace a sus comunicaciones no tiene ningún fundamento para adoptar tal actitud, pues su amor propio es ajeno a la cuestión, ya que lo que él expresa no le pertenece, y no es por ello más responsable que si estuviera recitando los versos de un mal poeta.

Hemos insistido respecto a este punto, porque si se trata de un obstáculo para los médiums lo es asimismo para las reuniones, en las que importa mucho no confiar a la ligera en todos los intérpretes de los Espíritus. El concurso de un médium obseso o fascinado sería para las sesiones más dañoso que útil, de manera que quienes intervienen en ellas deben rechazarlo. Creemos haber desarrollado ya el tema suficientemente para que les sea imposible equivocarse en lo que se refiere a las características de la obsesión, si el médium no puede por sí mismo reconocerla. Una de las más notorias es —qué duda cabe— la pretensión del médium de que tiene razón contra el parecer de todo el mundo. Los médiums obsecados que no quieren admitir su situación se asemejan a esos enfermos que creen gozar de perfecta salud y terminan mal, por no haber accedido a someterse al tratamiento adecuado.

330. Lo que una reunión formal debe proponerse es apartar de ella a los Espíritus mentirosos. Se equivocarían sus miembros si se creyeran a cubierto de ese riesgo por el objetivo que los mueve y la calidad de sus médiums. Sólo conseguirán verse libres de esa clase de Espíritus cuando hayan creado por sí mismos las condiciones favorables que se requieren.

Para que se comprenda bien lo que sucede en un caso así, remítase el lector a lo expresado en el capítulo «Influencia del ambiente», nº 231.

Debemos representarnos a cada persona como rodeada de cierto número de acólitos invisibles que se identifican con su carácter, gustos y tendencias. De esta manera, todo individuo que entre a formar parte de una reunión está llevando consigo a Espíritus que les son afines. Según su número y su naturaleza, esos acólitos podrán ejercer, sobre la reunión y las comunicaciones que en ella se reciban, una influencia buena o mala. Una reunión perfecta sería aquella cuyos miembros todos, animados por idéntico amor al bien, llegaran en compañía sólo de Espíritus buenos. A falta de lo perfecto, la mejor reunión será aquella en la que el bien prevalezca sobre el mal. Esto es demasiado lógico para que sea preciso abundar sobre el tema.

331. Una reunión es un ente colectivo cuyas cualidades y propiedades son la resultante de todas las de sus miembros y forman una especie de haz. Ahora bien, ese haz tendrá tanta más fuerza cuanto más homogéneo sea. Si se ha entendido bien lo expuesto en el nº 282, «Preguntas sobre las evocaciones», en la respuesta a la pregunta número 5, acerca de la forma en que los Espíritus son advertidos de nuestro llamamiento, se comprenderá con facilidad el poder que tiene la asociación del pensamiento de los asistentes a la reunión. Si el Espíritu, en cierto modo, experimenta el impacto del pensamiento, así como nosotros recibimos el de la voz, veinte personas que se unan con idéntica intención poseerán necesariamente más fuerza que una sola de ellas. Más, para que todos esos pensamientos converjan en el mismo objetivo, es menester que vibren al unísono, que se confundan —si así vale decirlo— en uno solo, cosa que no puede suceder si no hay recogimiento (o concentración).

Por otra parte, el Espíritu, al llegar a un ambiente que le es de todo punto simpático, se encuentra en él más a gusto. Hallando ahí sólo amigos, viene con más buena voluntad y está mejor dispuesto a responder a las preguntas que se le planteen. El que haya seguido con alguna atención las manifestaciones espíritas de carácter inteligente habrá podido convencerse de esta verdad. Si los pensamientos son discordantes, resulta de ello un choque de ideas que es desagradable para el Espíritu y, por tanto, perjudicial para la manifestación. Lo propio acontece a un hombre que debe dirigir la palabra a una asamblea. Si siente que los pensamientos de todos los allí reunidos le son simpáticos y benévolos, la impresión que recibe de ello repercute sobre sus propias ideas y le imprime más verbosidad. La unanimidad de la concurrencia ejerce sobre él una suerte de acción magnética que multiplica sus recursos, en tanto que la indiferencia u hostilidad de los asistentes lo turbará, paralizándolo. De esta manera, los actores son como electrizados por los aplausos que reciben. Ahora bien, los Espíritus, mucho más impresionables que los encarnados, han de experimentar en mayor medida aún la influencia del medio.

Toda reunión espiritista debe, pues, tender a lograr la mayor homogeneidad posible. Queda entendido que estamos refiriéndonos a las reuniones que desean llegar a resultados serios y en verdad útiles. Si sólo se quiere lograr comunicaciones, sean del tipo que fueren, sin preocuparse por la condición moral de los Espíritus que las ofrezcan, salta a la vista que todas las precauciones enumeradas son innecesarias, pero en tal caso no hay que quejarse de la calidad del producto obtenido.

332. Visto que las condiciones esenciales de toda reunión seria son la concentración y la comunión de ideas, se comprenderá que una cantidad excesiva de asistentes tiene que constituir uno de los factores más opuestos a la homogeneidad. Desde luego, no hay un límite absoluto para el número de personas que formen parte de la reunión, y se concibe que cien personas suficientemente concentradas y atentas estarán en mejores condiciones que diez que se hallen distraídas y metan bulla. Pero resulta evidente también que cuanto mayor sea el número de individuos presentes, tanto más difícil será satisfacer las condiciones requeridas. Por lo demás, es un hecho comprobado por la experiencia que los pequeños círculos íntimos son siempre más propicios para recibir comunicaciones elevadas y esto, por los motivos que dejamos expuestos.

333. Hay todavía otro requisito no menos necesario, y es la regularidad de las sesiones. En todas ellas se encuentran siempre ciertos Espíritus a los que podríamos denominar concurrentes *habituales*, pero no aludimos aquí a esa clase de Espíritus que es dable hallar por doquier y que en todo se entrometen. Aquéllos son, o Espíritus protectores, o los que se evocan con mayor frecuencia. Mas no se piense que tales Espíritus no tengan otra cosa que hacer que atendernos: poseen sus propias actividades y podrán, además, estar en condiciones desfavorables para que los evoquemos. Cuando las reuniones se efectúan en días y horas preestablecidos, ellos se preparan en consecuencia, y es raro que falten a la cita. Los hay también que llevan la puntualidad al extremo, enojándose por un cuarto de hora de retraso, y si han fijado de antemano el momento exacto en que deben mantener una conversación, en balde se les evocará unos minutos antes, porque sólo se presentan a la hora convenida. Agreguemos, sin embargo, que aun cuando los Espíritus prefieren la regularidad, los realmente superiores no son tan severos a este respecto. La exigencia de una puntualidad rigurosa es en el Espíritu un signo de inferioridad, como todo lo que sea pueril. Fuera de las horas fijadas pueden, sin lugar a dudas, hacer acto de presencia, y aun acuden de buen grado si la finalidad de la reunión es útil. Pero nada es más dañoso para las buenas comunicaciones que evocarlos a tontas y a locas, por mero capricho y, sobre todo, cuando no existe un motivo serio para hacerlo. Como no tienen por qué someterse a nuestros antojos, tal vez no quieran molestarse en acudir, y en ese caso, sobre todo, podrán otros tomar su lugar y usurpar su nombre.

Sociedades propiamente dichas

334. Cuanto acabamos de exponer sobre las reuniones en general se aplica, como es lógico, a las sociedades regularmente constituidas. Pero estas últimas deben luchar contra algunas dificultades especiales, que nacen del vínculo mismo que une a sus miembros. Muchas veces se nos han solicitado opiniones acerca de su organización, las que resumiremos aquí en pocas palabras.

El espiritismo, que acaba de nacer, es evaluado aún en forma muy diversa, y un gran número de sus adeptos lo comprende demasiado poco en su esencia para que pueda formar un vínculo poderoso entre los miembros de lo que se podría llamar una asociación. Dicho lazo no puede existir más que entre aquellos que ven el objetivo moral de la doctrina, lo comprenden y *lo aplican a sí mismos*. En cambio, entre los que sólo encuentran en ella fenómenos más o menos curiosos no se podría establecer una unión seria. Al poner los hechos por encima de los principios, una simple divergencia en la forma de encararlos podrá dividirlos. No sucede lo mismo con los primeros, porque sobre la cuestión moral no es posible que existan dos maneras diferentes de juzgar las cosas. De ahí el hecho muy digno de notar de que en cualquier parte en que se encuentren se sientan atraídos los unos hacia los otros por una mutua confianza. La afabilidad recíproca que reina entre ellos elimina el embarazo y la reserva que nacen de la susceptibilidad, del orgullo herido por la menor discrepancia de opiniones y del egoísmo, que sólo se interesa por sí mismo. Una sociedad en la que tales sentimientos predominen, sin divisiones, donde sus integrantes se reúnan a fin de instruirse con las enseñanzas de los Espíritus y no en la expectativa de presenciar fenómenos más o menos interesantes, como tampoco hacer que su opinión prevalezca; una sociedad así —repetimos— será no solo viable, sino además indisoluble. La dificultad, que aún existe, para reunir a numerosos elementos homogéneos desde este punto de vista, nos mueve a decir que, en interés de los estudios y por el bien de la causa misma, las reuniones espiritistas deben tender a multiplicarse en grupos pequeños antes que tratar de formar grandes asociaciones. Tales grupos, manteniendo correspondencia entre sí, visitándose e intercambiando sus observaciones, pueden desde ya integrar el núcleo de la gran familia espírita que algún día unificará todas las opiniones y unirá a los hombres en un idéntico sentimiento de fraternidad, sellado por la caridad cristiana.

335. Ya hemos visto lo muy importante que resulta la uniformidad de sentimientos para obtener buenos resultados. Esa uniformidad será por fuerza, tanto más difícil de alcanzar cuanto mayor sea el número de personas implicadas. En los grupos reducidos sus miembros se conocen mejor y hay más seguridad en cuanto a los nuevos integrantes que se incorporan a ellos. El silencio y la concentración son allí más fáciles de conseguir y todo ocurre como en familia. En cambio, las reuniones numerosas excluyen la intimidad, debido a la variedad de elementos que las componen. Exigen amplios locales, mayores recursos pecuniarios y un aparato administrativo que no necesitan los grupos pequeños. Las diferencias de carácter, ideas y pareceres se acentúan más en ellas, ofreciendo a los Espíritus perturbadores mayores facilidades para sembrar la discordia entre sus miembros. Cuanto más numerosa sea una reunión, tanto más difícil resultará contentar a todos. Cada cual querría que los trabajos fuesen hechos a su modo, y que se traten de preferencia los temas que le interesan más. Algunos creen que su condición de asociados les otorga el derecho de imponer su propio punto de vista. De ahí surgen conflictos generadores de un malestar que tarde o temprano conducen a la desunión, y por último a que la institución misma se disuelva, suerte ésta que toca a todas las sociedades, sea cual fuere su objetivo. Los grupos limitados, en cambio, no se hallan sujetos a los mismos vaivenes. Por lo demás, la caída de una sociedad grande constituiría un aparente fracaso para la causa del espiritismo, y sus enemigos no dejarían de sacar partido de ella. Pero la disolución de un grupo restringido pasará inadvertida, y por otra parte, cuando uno de éstos se dispersa otros veinte se forman allí mismo. Ahora bien, dos decenas de grupos de quince a veinte personas cada uno conseguirán y harán más para la divulgación de la doctrina que una sociedad integrada por trescientas o cuatrocientas personas.

Se argumentará, sin duda, que los miembros de una asociación que obraran como acabamos de señalar no serían verdaderos espiritistas, puesto que el primer deber que impone la doctrina consiste en la caridad y la benevolencia. Esto es perfectamente justo. Por eso, los que actúan así son espíritas de nombre más que de hecho, buen seguro que no pertenecen a la tercera categoría (véase nº 28). ¿Pero quién afirma que sean ni siquiera espiritistas, de la clase que fueren? Aquí se presenta una consideración que no deja de tener su importancia.

336. No olvidemos que el espiritismo cuenta con enemigos interesados en contrarrestarlo y que ven con malos ojos sus triunfos. Los más peligrosos no son aquellos que lo atacan de frente, sino los que actúan en la sombra, y que palmeándolo con una mano lo agreden con la otra. Estos seres malévolos se infiltran en todas partes donde puedan inferir algún daño. Sabiendo que la unión hace la fuerza, se ocupan de socavarla sembrando la discordia. ¿Quién asegura que los que meten cizaña y perturban las reuniones son agentes provocadores interesados en promover el desorden? Por supuesto que no se trata ni de verdaderos ni de buenos espiritistas, ya que nunca podrán hacer bien pero sí mucho mal . Y se comprende que les resulte infinitamente más fácil insinuarse en las sociedades numerosas que en los grupos pequeños, donde todos se conocen. Merced a solapadas intrigas, que pasan inadvertidas, y repartiendo dudas, desconfianzas y enemistades. Pretextando interesarse por la causa —lo que no es sino hipocresía—, critican todo, mantienen conciliábulos y forman corrillos que a breve plazo destruyen la armonía del conjunto: justamente lo que deseaban conseguir... Con esta clase de individuos, apelar a los sentimientos de caridad y fraternidad equivale a hablar a quienes se fingen sordos, por cuanto su finalidad consiste, precisamente, en aniquilar esos sentimientos, que son el mayor obstáculo con que tropiezan sus ocultas maquinaciones. Tal situación, que resulta enojosa para cualquier sociedad, lo es más aún en las sociedades espiritistas, porque inclusive en el caso en que no acarrea una ruptura, ocasiona al menos una preocupación que es incompatible con el recogimiento y la atención requeridos.

337. Si el grupo va por mal camino —se dirá—, los hombres sensatos y bien intencionados ¿no tienen acaso el derecho de crítica? ¿O deben desentenderse del mal sin decir nada, aprobándolo con su silencio? A no dudarlo, les asiste ese derecho y, más aún, se trata de un deber. Pero si su intención es absolutamente buena, emitirán sus opiniones en forma moderada y afable, con franqueza y no en secreto. Y si tales opiniones no son tomadas en cuenta, se retirarán. Porque no es concebible que quien no tenga segundas intenciones se obstine en seguir perteneciendo a una institución donde se proceda en forma inadecuada.

Se puede, pues, establecer como principio que quienquiera, en una sociedad espírita, incite al desorden o a la desunión, en forma ostensible o solapada, sirviéndose del medio que fuere, o es un agente provocador o, es por lo menos, un espiritista muy malo, del que convendrá desembarazarse lo antes posible. Pero los acuerdos mismos que unen a todos los miembros de la institución suelen poner obstáculos a esto. De ahí que sea conveniente evitar compromisos indisolubles. Los hombres de bien se obligan siempre lo necesario, pero los mal intencionados lo hacen en extremo.

338. Además de las personas notoriamente malévolas que se infiltran en las sociedades, están aquellos que, debido a su propio carácter llevan consigo la perturbación a todas partes. De esta manera nunca será excesiva la prudencia en lo que se refiere a la admisión de nuevos miembros. En tal caso, los más molestos no son los desconocedores de la materia, ni inclusive los descreídos: la convicción sólo se adquiere mediante la experiencia, y hay personas que de buena fe desean esclarecerse. De los que es preciso cuidarse, sobre todo, es de aquellos individuos que tienen un sistema de interpretación preconcebido, y de esa clase de incrédulos que dudan de todo, hasta de la evidencia misma, así como de los orgullosos, que pretenden disfrutar en forma exclusiva del monopolio de la sabiduría infusa y que en todas partes se empeñan en imponer su opinión, mirando con desdén a cuantos no piensan igual que ellos. No os dejéis sorprender por su fingido deseo de instruirse. Más de uno se sentiría muy molesto si se viera obligado a convenir en que estaba en el error. Cuidaos, principalmente, de esos peroradores insípidos que se obstinan siempre en pronunciar la última palabra, y de aquellos otros que sólo se complacen en llevar la contraria. Todos esos hacen perder tiempo sin provecho alguno, ni siquiera para ellos mismos. Los Espíritus no gustan de la palabrería inútil.

339. Vista la necesidad de evitar cualquier motivo de perturbación y distracción, una sociedad espiritista que esté en camino de organizarse debe prestar la mayor atención a las medidas apropiadas para quitar a los causantes de desórdenes los medios de hacer mal, y ofrecer las más grandes facilidades para sacárselos de encima. Los grupos pequeños sólo necesitan establecer un reglamento muy sencillo para mantener el orden en las sesiones. En cambio, las sociedades regularmente constituidas exigen una organización más completa. El mejor sistema organizativo será aquel que demuestre ser el más simple. Y tanto los grupos limitados como las asociaciones mayores podrán extraer lo que les sea conveniente, o consideren útil, del reglamento de la Sociedad Parisina [de Estudios Espíritas], que ofrecemos más adelante.

340. Las sociedades pequeñas o grandes, así como los grupos, sea cual fuere su importancia, deben luchar contra otro obstáculo: los factores de perturbaciones no están solamente entre miembros, sino además en el mundo invisible. De la manera que hay Espíritus protectores para las instituciones, las ciudades y pueblos, así también existen Espíritus malévolos que se apegan a los grupos humanos o a los individuos aislados. En primer término, comienzan con los más débiles y accesibles, a los que tratan de convertir en sus instrumentos, y poco a poco intentan ir envolviendo a los demás, porque su perversa alegría crece en proporción al número de personas que puedan uncir a su yugo. Por eso, cada vez que un miembro de un grupo caiga en la trampa, hay que recordar que se tiene a un enemigo en el campamento, o un lobo en el aprisco, y que será preciso mantenerse en guardia, porque es más probable que multiplicará sus intentonas. Si no se le desalienta oponiéndole enérgica resistencia, la obsesión se tornará entonces en un mal contagioso, manifestándose en los médiums por perturbaciones en su facultad, y en el resto de los integrantes del grupo, por sentimientos hostiles, perversión del sentido moral y ruptura de la armonía. Ahora bien, como el más poderoso antídoto para ese veneno es la caridad, precisamente ésta será la que el perturbador trate de sofocar. Por eso, no hay que aguardar a que el mal se haya vuelto incurable para ponerle remedio. Ni siquiera se ha de esperar a que aparezcan sus primeros síntomas, sino es preciso dedicarse, sobre todo, a prevenirlo. Para lo cual existen dos procedimientos que bien empleados, son eficaces: la plegaria que salga del corazón y el estudio atento de los menores indicios que revelen la presencia de Espíritus mentirosos. La primera atrae a los buenos Espíritus, que sólo asisten con celo a quienes los secundan con su confianza en Dios. El segundo demuestra a los Espíritus malos que están tratando con personas que ven con suficiente claridad y son lo bastante sensatas para no dejarse engañar. Cuando uno de lo miembros del grupo sufra la influencia de la obsesión, todos los esfuerzos de los demás deberán tender, tan pronto como se adviertan los primeros síntomas, a abrirle los ojos antes que el mal se agrave a fin de llevarlo así a la convicción de que se ha equivocado y al deseo de ayudar a los que quieren liberarlo.

341. La influencia del medio es la resultante de la naturaleza de los Espíritus y de su forma de actuar sobre los seres vivientes encarnados. Cada cual podrá deducir por sí propio al respecto de esa influencia y de las condiciones más favorables para una sociedad espiritista que aspire a granjearse la simpatía de los Espíritus buenos, obteniendo sólo comunicaciones provechosas y apartando, las malas. Tales condiciones dependen por entero de las cualidades morales de los miembros, y se resumen en los puntos que siguen:

• perfecta comunión de miras y de sentimientos;

• benevolencia recíproca entre todos los miembros de la sociedad;

• renuncia a cualquier sentimiento contrario a la verdadera caridad humana;

• deseo unánime de instruirse y mejorarse mediante la enseñanza de los buenos Espíritus, y aprovechamiento de sus consejos. El que se halle persuadido de que los Espíritus superiores se manifiestan con el propósito de hacernos progresar y no para nuestra diversión, comprenderá que deben ellos retirarse de aquellas personas que se limitan a admirar su estilo sin extraer ningún fruto de lo que dicen, y sólo les atraen las sesiones por el mayor o menor interés que les ofrezcan, conforme a sus gustos particulares;

• exclusión de todo aquello que, en las comunicaciones solicitadas a los Espíritus, tenga únicamente por objeto satisfacer la curiosidad;

• recogimiento (o concentración) y respetuoso silencio durante las conversaciones entabladas con los Espíritus.

• asociación de todos los que están presentes a la sesión, por medio del pensamiento, al llamamiento que se hace a los Espíritus evocados;

• colaboración de los médiums, con renuncia a todo sentimiento de orgullo, amor propio y supremacía, y con el exclusivo deseo de ser útiles.

Ahora bien, estas condiciones ¿son tan difíciles de satisfacer que sea imposible lograrlas? No lo creemos así... Confiamos, por el contrario, en que las reuniones en verdad serias, como ya las hay en diferentes lugares, se multiplicarán, y no vacilamos en afirmar que a ellas deberá el espiritismo su más amplia difusión. Al unir a hombres honrados y de recta conciencia impondrán silencio a la critica, y cuanto más puras sean sus intenciones mayor respeto obtendrán, incluso por parte de sus adversarios; *cuando la burla se ensaña con el bien deja de provocar risas y se torna despreciable*. En las reuniones de ese género habrán de establecerse, por la fuerza misma de las circunstancias, un genuino lazo de simpatía y una solidaridad mutua que habrán de coadyuvar al progreso general.

342. Sería erróneo suponer que las sesiones dedicadas más especialmente a la producción de manifestaciones físicas queden fuera de esta fraternal armonía y excluyan todo pensamiento serio. Si bien es cierto que no requieren condiciones tan rigurosas como las otras, también lo es que no se asistirá impunemente a ellas con una actitud frívola, y se equivocaría quien creyera que en este tipo de sesiones el concurso de los asistentes es del todo nulo. Prueba lo contrario el hecho de que a menudo las manifestaciones de esta índole, aun las provocadas por médiums poderosos, no pueden obtenerse en ciertos ambientes. De modo que también para esto existen influencias adversas, que sólo pueden deberse a las divergencias u hostilidad de sentimientos de los asistentes, y que paralizan los esfuerzos de los Espíritus.

Ya hemos señalado que las manifestaciones físicas son de gran utilidad, pues abren un amplio campo de estudios al observador, porque se trata de un orden completo de fenómenos insólitos que se desarrollan ante sus ojos y cuyas consecuencias son incalculables. Por consiguiente, una reunión podrá ocuparse de ellos con miras muy serias, pero no le será posible alcanzar su objetivo —ya sea como estudio, o bien como medio de convicción— si no se coloca en las condiciones favorables. El requisito principal no es la fe de los presentes, sino su deseo de esclarecerse, sin segundas intenciones y sin prejuicios que le muevan a rechazar hasta lo evidente. La segunda condición radica en limitar el número de asistentes, a fin de evitar la infiltración de elementos heterogéneos. Si es verdad que las manifestaciones físicas son producidas, en general por los Espíritus menos adelantados, también lo es que no por ello dejan de tener un objetivo providencial, y los buenos Espíritus las propician cada vez que puedan alcanzar un resultado útil.

Temas de estudio

343. Cuando se evoca a los Espíritus de parientes y amigos, o a los de ciertos personajes célebres, con el propósito de comparar sus opiniones de ultratumba con aquellas que profesaban cuando estaban encarnados, muchas veces llegan momentos en que languidece la conversación, salvo que se caiga en el terreno de lo vulgar y fútil. Por otra parte, bastantes personas piensan que *El Libro de los Espíritus* ha agotado prácticamente los cuestionarios de moral y filosofía. Pues bien, es un error. Por eso puede ser útil que señalemos una fuente de la que es posible extraer temas de estudio que son ilimitados, si así vale calificarlos.

344. Si la evocación de los Espíritus de hombres ilustres, de Espíritus superiores, es eminentemente útil, debido a la enseñanza que nos imparten, la de los Espíritus comunes no deja también de serlo, aunque estos últimos se muestren incapaces de dar solución a problemas de vasto alcance. Por su propia inferioridad se pintan solos, y cuanto menor es la distancia que los separa de nosotros, más relaciones con nuestra propia situación encontramos en ellos, aparte de que suelen ofrecernos rasgos característicos del más alto interés, conforme lo hemos explicado en el nº 281, hablando de la «Utilidad de las evocaciones de Espíritus comunes». Por tanto, es esa una mina inagotable de observaciones, aun si nos limitamos a los Espíritus de aquellos individuos cuya última encarnación haya tenido alguna particularidad relativa a las circunstancias de su muerte, su edad. sus buenas o malas cualidades, su situación feliz o desventurada en la Tierra, sus costumbres, estado mental, etcétera.

En cambio, cuando se trata de Espíritus elevados el campo de acción para los estudios se amplía. Además de las preguntas sobre cuestiones psicológicas, que tienen su límite, podemos plantearles una cantidad de problemas morales, que se extienden hasta lo infinito, relacionados con todas las situaciones de la vida, el comportamiento más apropiado que se ha de adoptar en tal o cual contingencia así como las obligaciones recíprocas entre los seres humanos y demás. El valor de la instrucción que se reciba sobre cualquier tópico —sea éste moral o histórico, filosófico o científico— depende por entero del grado de perfeccionamiento del Espíritu a quien interrogamos. A nosotros cabe juzgarlo.

345. Amén de las evocaciones, propiamente dichas, los dictados espontáneos de los Espíritus nos ofrecen infinidad de tópicos de estudio. En tal caso, aguardaremos a que el Espíritu comunicante escoja el tema que más le agrade. En circunstancias así, varios médiums podrán operar al mismo tiempo. Hay ocasiones en que es factible llamar a un Espíritu determinado, pero lo más común es que esperemos a los que tengan a bien presentarse, y muchas veces se manifiestan del modo más imprevisto. Sus mensajes podrán después suscitar una cantidad de preguntas cuyo tema se halla de esa manera dispuesto de antemano. Las respuestas que se obtengan han de ser comentadas cuidadosamente, a fin de estudiar todas las ideas que contienen y juzgar si poseen un sello de verdad. Como hemos dicho antes, ese análisis, llevado a cabo con severo rigor, constituye la mejor garantía contra la intromisión de Espíritus embusteros. Por tal motivo, así como para instrucción de todos, podrán darse a conocer también las comunicaciones recibidas fuera de la sesión. Hay allí, según se verá, un manantial inagotable de elementos eminentemente serios e instructivos.

346. Las actividades de cada sesión pueden organizarse de la siguiente manera:

1) Lectura de las comunicaciones espíritas obtenidas en la sesión anterior, y que se han pasado en limpio.

2) *Asuntos varios:* correspondencia; lectura de mensajes recibidos fuera de las sesiones; relato de hechos que interesan al espiritismo.

3) *Temas de estudio:* dictados espontáneos; cuestiones diversas y problemas morales planteados a los Espíritus; evocaciones.

4) *Disertaciones*: examen crítico y analítico de las diferentes comunicaciones obtenidas; debate sobre diversos puntos de la ciencia espírita.

347. A veces, los grupos de reciente formación se ven detenidos en sus tareas por la falta de médiums. Éstos son, naturalmente, elementos esenciales de las reuniones espiritistas, pero no indispensables, y se equivocaría quien creyera que faltando ellos nada resta por hacer. A no dudarlo, los que se reúnen proponiéndose tan solo un objetivo de experimentación no podrán realizar cosa alguna si carecen de médiums, así como los integrantes de una orquesta se ven impedidos de cumplir sus funciones si no tienen a mano los instrumentos musicales necesarios. Pero las personas que deseen llevar a cabo un estudio formal de la doctrina encontrarán mil motivos de ocupación tan útiles y provechosos como los que hallarían si dispusieran de médiums. Por lo demás, los grupos que poseen médiums pueden en alguna ocasión verse privados de ellos, y sería de lamentar que en tal caso creyesen necesario suspender la reunión. Los Espíritus mismos podrán, de vez en cuando, colocarlos en tal emergencia, a fin de enseñarles a arreglárselas sin ellos. Diremos más: es necesario, para aprovechar la enseñanza de los Espíritus, consagrar algún tiempo a meditarla. Los miembros de instituciones científicas no están siempre inclinados sobre el instrumental de laboratorio, y no por ello se ven impedidos de encontrar tópicos que debatir. Y las sociedades literarias, en ausencia de poetas y oradores que ofrezcan disertaciones, leen y comentan obras de autores antiguos y modernos, así como las asociaciones religiosas promueven, en circunstancias similares, meditaciones sobre las Escrituras. Pues bien, las sociedades espiritistas deben obrar de igual modo, y será de gran beneficio para su adelanto organizar conferencias en que se lea y comente cuanto pueda tener relación con la doctrina, ya sea en pro o en contra. De los debates en que cada cual aporta el tributo de sus propias reflexiones brotan rasgos de luz que pasarían inadvertidos en una lectura individual. Además de los libros especialmente consagrados al tema, también en los periódicos abundan hechos, relatos, acontecimientos y ejemplos de virtudes o vicios que plantean graves problemas morales que sólo pueden ser resueltos por el espiritismo, y es este un medio más de demostrar que la doctrina tiene relación con todos los aspectos del orden social. Sostenemos que una sociedad espírita que organice sus trabajos en esa forma, proveyéndose de los materiales necesarios, no hallará bastante tiempo para dedicar a las comunicaciones directas con los Espíritus. De ahí que llamemos sobre este punto la atención de los grupos realmente serios, esos que se empeñan más en instruirse que en procurarse un medio de matar el tiempo. (Véase nº 207 en el capítulo «Formación de los médiums»).

348. Tanto los grupos que se ocupan en manera exclusiva de comunicaciones inteligentes como aquellos otros que se entregan apenas al estudio de las manifestaciones físicas tienen su misión específica. Ni unos ni otros permanecerían fieles al genuino Espíritu de la doctrina si se miraran con malos ojos; y el que arrojase la primera piedra estaría demostrando, por ese solo hecho, ser víctima de una influencia perniciosa. Todos deben colaborar (aunque lo hagan por caminos diferentes) en el objetivo común, que es la búsqueda y divulgación de la verdad. Su antagonismo —que no sería sino un efecto del orgullo exacerbado— facilitaría armas a los detractores del espiritismo, sólo perjudicando a la causa que pretendieran defender.

349. Estas últimas reflexiones son aplicables asimismo a todos aquellos grupos que puedan discrepar sobre algunos puntos de la doctrina. Según quedó dicho, en el capítulo «Contradicciones y supercherías», tales divergencias de opinión casi siempre se refieren a cuestiones secundarias, y muchas veces sólo a la terminología empleada. Sería pueril, entonces, provocar una escisión en el grupo por el mero hecho de no pensar exactamente igual que otros. Algo peor aún es que los diversos grupos o sociedades de una misma ciudad se envidien recíprocamente. Se explica la envidia entre personas que compitan entre sí, pudiendo inferirse hasta un daño material, pero cuando no existen intereses creados la envidia no puede ser otra cosa que una mezquina rivalidad inspirada por el amor propio. Como quiera que, al fin de cuentas, no existe sociedad capaz de reunir en sí a todos los adeptos de la doctrina, las que están animadas de un auténtico anhelo de difundir la verdad y cuyo objetivo es únicamente moral deben ver con júbilo multiplicarse los grupos, y si alguna competencia se establece entre ellos, deberá ser sobre cuál obrará mayor suma de bien. Las instituciones que pretenden poseer en forma exclusiva el privilegio de la verdad tendrán que demostrarlo tomando por divisa el principio de *amor y caridad*, porque tal es la de todo espiritista verdadero. ¿Quieren vanagloriarse de la superioridad de los Espíritus que las asisten? Pues entonces, pruébenlo con la superioridad de las enseñanzas que les ofrezcan y aplíquenlas a sí mismas. Es este un medio infalible para identificar a las que marchan por el mejor camino.

Algunos Espíritus (más presuntuosos que lógicos) intentan en ocasiones imponer formas de interpretación extrañas e impracticables, amparándose en los nombres venerados con que se adornan. Pronto el buen sentido hace justicia a tales utopías, pero en el ínterin podrán sembrar la duda y la incertidumbre entre los adeptos. De ahí provienen, a menudo, disensiones pasajeras. Además de los medios que hemos señalado para juzgarlos, hay otro criterio que da la justa medida de su mérito, y es el número de partidarios que hayan reclutado. La razón misma dice que el sistema de interpretación que encuentre más eco entre las multitudes debe estar más cerca de la verdad que aquel otro que es rechazado por la mayoría y ve que sus filas van raleando. Así pues, tened por cierto que los Espíritus que rehúsan la discusión de su enseñanza proceden de esa manera porque conocen la debilidad de la misma.

350. Si —como ha sido anunciado— el espiritismo debe traer consigo la transformación de la humanidad, sólo podrá hacerlo mejorando a las masas, lo que se logrará en forma gradual, poco a poco, por medio del mejoramiento de los individuos. ¿Qué importancia podrá tener el que creamos o no en que los Espíritus existen, si tal creencia no nos torna mejores, más afables e indulgentes para con el prójimo, más humildes y pacientes en medio de la adversidad? ¿De qué sirve al avaro ser espiritista, si sigue siendo avaro; al orgulloso, si continúa pagado de sí mismo: al envidioso, si no deja de envidiar a los demás? Los hombres todos podrían creer en la realidad de las manifestaciones y, sin embargo, la humanidad permanecer estacionaria: pero no son tales los designios de Dios. Toda sociedad espírita que sea sería debe tender al fin providencial que le corresponde, agrupando en si a cuantos profesen sus mismos sentimientos. Entonces habrá entre las sociedades unión, simpatía y fraternidad, en lugar de un vano y pueril antagonismo engendrado por el amor propio y que se funda mas en las palabras que en los hechos. Entonces serán fuertes y poderosos, pues se apoyarán sobre una base inconmovible: el bien de todos. Entonces conquistarán el respeto e impondrán silencio a las burlas tontas, porque hablarán en nombre de la moral humana que todos acatan.

Ese es el camino en el que nos hemos esforzado por poner al espiritismo. La bandera que hemos enarbolado bien alto es la del espiritismo humanitario, en torno a la cual tenemos la satisfacción de ver ya reunidos a tantos hombres en todos los rincones del mundo, pues comprenden que en él reside su tabla de salvación, la salvaguardia del orden público, los signos de una nueva era para el genero humano. A todas las sociedades espiritistas invitamos a cooperar en esta obra grandiosa, para que de un polo a otro de la Tierra se extiendan la mano fraterna y aprisionen el mal dentro de una red inextricable.

CAPÍTULO XXX

REGLAMENTO DE LA SOCIEDAD PARISINA DE ESTUDIOS ESPÍRITAS

Fundada el 1º de abril de 1858

y autorizada por disposición del señor Prefecto de Policía, el 13 de abril del mismo año, conforme al dictamen de Su Excelencia el señor Ministro del Interior, y de la seguridad general.

Nota. Aunque este reglamento sea fruto de la experiencia, no lo ofrecemos en manera alguna como modelo obligatorio, sino tan sólo para facilitar la organización de las sociedades espíritas que se proyecte formar, y que podrán extraer de él las disposiciones que consideren útiles y aplicables a las circunstancias particulares en que se hallen. Con todo, por muy simplificada que sea su estructura, puede serlo mucho más todavía cuando se trate, no de sociedades regularmente constituidas, sino de simples grupos íntimos, que sólo necesitan establecer medidas de orden, preservación y regularidad en los trabajos.

Lo incluimos, asimismo, con carácter informativo, para aquellas personas que deseen entrar en relaciones con la Sociedad Parisina de Estudios Espíritas, ya sea como corresponsales, o bien a título de miembros de la misma.

CAPÍTULO PRIMERO: *Fines y constitución de la Sociedad*

ARTÍCULO 1. La Sociedad tiene por objeto el estudio de todos los fenómenos relativos a las manifestaciones espíritas y su aplicación a las ciencias morales, físicas, históricas y psicológicas. Tanto las cuestiones políticas como las de controversia religiosa y economía social quedan en ella prohibidas.

La institución adopta por nombre: *Société parisienne de Etudes spirites* [Sociedad Parisina de Estudios Espíritas].

ARTÍCULO 2. La Sociedad se compone de miembros titulares, socios libres y miembros correspondientes.

Podrá otorgar el título de miembro honorario a personas residentes en Francia o en el extranjero que, por su posición o por sus trabajos, puedan prestarle servicios destacados.

Los miembros honorarios quedan sujetos a una reelección.

ARTÍCULO 3. La Sociedad sólo admite a personas que simpaticen con sus principios y con la finalidad de sus trabajos. A las que ya estén iniciadas en los principios fundamentales de la ciencia espírita, o que se hallen animadas con seriedad del deseo de instruirse en dicha ciencia. Por consiguiente, la Sociedad excluye a quienquiera pueda aportar factores de perturbación a las reuniones, ya por una disposición de ánimo hostil y de oposición sistemática, o bien por cualquier otra causa, produciendo de esta manera pérdidas de tiempo en inútiles discusiones.

Todos los miembros se obligan recíprocamente a la benevolencia y el buen trato. En todas las circunstancias deben poner el bien general por encima de las cuestiones personales y de amor propio.

ARTÍCULO 4. Para ser admitido en calidad de socio libre, hay que dirigir al Presidente de la Sociedad una solicitud por escrito, avalada por dos miembros titulares que se constituyan en garantes de las intenciones del postulante.

Dicha solicitud de admisión debe hacer constar, en forma resumida, los siguientes datos: a) si el aspirante posee ya conocimientos en materia de espiritismo, b) el estado de sus convicciones acerca de los puntos fundamentales de esta ciencia, y c) su compromiso de cumplir en un todo el presente reglamento.

La solicitud de ingreso será considerada por la Comisión, la cual propondrá, si ha lugar, la admisión, la postergación o el rechazo.

La postergación es de rigor para todo candidato que no posea ningún conocimiento de la ciencia espírita y no simpatice con los principios de la Sociedad.

Los socios libres tienen el derecho de asistir a todas las sesiones y participar en los trabajos y debates que se lleven a cabo con finalidades de estudio, pero no poseerán en ningún caso voto deliberativo en lo que concierne a los asuntos de la Sociedad.

Los socios libres sólo conservan su calidad de tales durante el año de su admisión, a cuyo término la Sociedad ratificará o no su permanencia en tal carácter.

ARTÍCULO 5. Para ser miembro titular se debe haber sido socio libre durante un año por lo menos, haber asistido a más de la mitad de las sesiones realizadas y haber dado en ese lapso pruebas notorias de sus conocimientos y convicciones en cuanto a espiritismo, así como de su adhesión a los principios de la Sociedad y de su voluntad de obrar, en toda circunstancia, respecto a los demás miembros, conforme a los principios de la caridad y de la moral espírita.

Los socios libres que hayan concurrido con regularidad a las sesiones, por un término de seis meses, podrán ser admitidos como miembros titulares si, además, llenasen las demás condiciones requeridas.

La admisión será propuesta de oficio por la Comisión, con el asentimiento del asociado, si estuviere además apoyada por tres miembros titulares. En breve plazo la Sociedad resolverá sobre ella, si ha lugar, en escrutinio secreto que se llevará a cabo después de un informe verbal de la Comisión.

Solamente los miembros titulares tienen voto deliberativo y gozan de la facultad que concede el Artículo 25.

ARTÍCULO 6. La Sociedad limitará, si lo juzga pertinente, el número de socios libres y de miembros titulares.

ARTÍCULO 7. Miembros correspondientes son aquellos que, no residiendo en París, mantienen relaciones con la Sociedad y la proveen de documentos útiles para sus estudios. Podrán ser nombrados a solicitud de un solo miembro titular.

CAPÍTULO II: *De la administración*

ARTÍCULO 8. La Sociedad es administrada por un Presidente Director, secundado por los miembros de la Dirección y de la Comisión.

ARTÍCULO 9. La Dirección estará integrada por:

un Presidente; un Vicepresidente; un Secretario General; un Secretario Adjunto, y un Tesorero.

Además, se podrán designar uno o varios Presidentes Honorarios.

En ausencia del Presidente y del Vicepresidente, las sesiones podrán ser presididas por uno de los miembros de la Comisión.

Artículo 10. El Presidente-Director debe velar por los intereses de la Sociedad y de la ciencia espírita. Ejerce la Dirección General y la Superintendencia de la Administración, así como la conservación de los archivos.

El Presidente es nombrado por tres años, y por un año los demás miembros de la Dirección, siendo todos ellos reelegibles indefinidamente.

ARTÍCULO 11. La Comisión se halla compuesta por los miembros de la Dirección y otros cinco miembros titulares que se escogerán, de preferencia, entre aquellos que hayan aportado un concurso activo a los trabajos de la Sociedad, prestado servicios a la causa del espiritismo o dado muestras de su disposición de ánimo afable y conciliadora. Estos cinco miembros, como los de la Dirección, serán designados por un año, y reelegibles.

La Comisión es presidida, de derecho, por el Presidente-Director, y en ausencia de éste, por el Vicepresidente o por aquel de sus miembros que se nombre con tal propósito.

A la Comisión compete: el examen previo de todas las cuestiones y proposiciones, administrativas y demás, que se han de someter a la Sociedad; el contralor de los ingresos y egresos de la misma, así como de los libros de contabilidad llevados por el Tesorero; la autorización de los gastos ordinarios, y la adopción de todas las medidas que se conceptúen necesarias.

Además, la Comisión debe examinar los trabajos y temas de estudio propuestos por los diversos miembros, preparar otros por sí misma, y fijar el orden de las sesiones, de acuerdo con el Presidente.

El Presidente puede siempre oponerse a que ciertos tópicos sean tratados e incluidos en el Orden del Día, salvo que los remita a la Dirección, para que decida en consecuencia.

La Comisión se reunirá en forma ordinaria, antes de la apertura de las sesiones, para proceder al examen de los asuntos de rutina, y puede además hacerlo en forma extraordinaria, en cualquier instante en que lo juzgue pertinente.

Los miembros de la Dirección y de la Comisión que hayan estado ausentes por tres meses consecutivos y sin aviso serán tenidos por renunciantes y se proveerá a su reemplazo.

ARTÍCULO 12. Las resoluciones, ya sea de la Dirección o de la Comisión, serán adoptadas por mayoría absoluta de los miembros presentes. En caso de empate, el voto del Presidente será decisivo.

La Comisión podrá deliberar cuando cuatro de sus miembros se hallen presentes.

El voto secreto es de derecho cuando lo soliciten cinco de los miembros.

ARTÍCULO 13. Cada tres meses, seis miembros, escogidos entre los titulares o los socios libres, serán designados para desempeñar las funciones de *comisarios*.

A éstos toca velar por el orden y buen desarrollo de las sesiones, y controlar el derecho de entrada de toda persona extraña que venga para asistir a ellas.

Con ese propósito, los comisarios se pondrán de acuerdo para que siempre uno de ellos esté presente en la apertura de las sesiones.

ARTÍCULO 14. El ejercicio social se inicia el 1º de abril de cada año.

Los nombramientos para la Dirección y la Comisión se harán en la primera sesión de mayo. Los miembros en ejercicio continuarán con sus funciones hasta esa fecha.

ARTÍCULO 15. Para subvenir a los gastos de la Sociedad, abonarán una cuota anual de 24 francos los miembros titulares y 20 francos los socios libres.

Se cobrará a los miembros titulares, al ser admitidos como tales, la suma de 10 francos, por única vez.

La cuota anual deberá satisfacerse en forma íntegra, por el año que corre.

Aquellos miembros que sean aceptados en el transcurso del año sólo pagarán por los trimestres que falten para su finalización, incluyendo el trimestre en que sean admitidos.

Cuando marido y mujer se incorporen como socios libres o miembros titulares, sólo se exigirá a ambos el importe de una cuota y media en lugar de dos.

Cada seis meses —el 1º de abril y el 1º de octubre— el Tesorero presentará ante la Comisión una rendición de cuentas, donde se detallen el empleo de los fondos y el estado de las finanzas de la Sociedad.

Una vez abonados los gastos comunes obligatorios, de alquileres y otros, si queda un excedente favorable en caja, la Sociedad determinará su destino.

ARTÍCULO 16. A todos los miembros aceptados, sean socios libres o miembros titulares, se entregará un carnet que acredite su condición de tales. Dicho carnet estará a su disposición en Tesorería, de donde cada interesado podrá retirarlo, previo pago de la cuota anual y el derecho de ingreso, este último solamente para los miembros titulares, de acuerdo con el Artículo anterior. El nuevo miembro sólo podrá concurrir a las sesiones cuando haya retirado su carnet. Si no lo hace en el término de un mes, a partir de la fecha de su admisión, será tenido por renunciante.

También se considerará renunciante a todo miembro que no haya satisfecho su cuota anual dentro del primer mes de renovación del ejercicio social, desatendiendo la advertencia que le hará llegar la Tesorería.

Capítulo III: *De las sesiones*

Artículo 17. Las sesiones de la Sociedad se realizarán todos los viernes a partir de las 20, salvo modificación, si hubiere lugar.

Las sesiones podrán ser particulares o generales, pero nunca públicas.

Toda persona que pertenezca a la Sociedad, con el carácter que fuere, al concurrir a cada sesión deberá firmar el libro de asistencias.

Artículo 18. El silencio y el recogimiento (o la concentración) se exigirán en forma rigurosa en el transcurso de la sesión, y en especial durante los estudios. Nadie podrá hacer uso de la palabra sin permiso del Presidente.

Todas las preguntas que se formulen a los Espíritus deberán serlo por intermedio del Presidente, quien podrá negarse a plantearlas, conforme a las circunstancias.

Quedan particularmente prohibidas todas las preguntas fútiles, de interés personal, inspiradas por la curiosidad, o que respondan a la intención de someter a prueba a los Espíritus, así como todas aquellas que no se propongan un objetivo de utilidad general, desde el punto de vista de los estudios.

Así mismo, se prohíbe cualquier discusión que desvíe del tema específico que se esté tratando.

Artículo 19. A todo miembro asiste el derecho de solicitar se llame al orden a quienquiera se aparte de las conveniencias en la discusión, o perturbe las sesiones del modo que fuere. La moción de llamado al orden se pondrá a votación de inmediato. Si se aprueba, se dejará constancia de ella en el acta de la sesión.

Tres llamados al orden que se hagan a un miembro de la Sociedad en el lapso de un año producen de derecho su exoneración, cualquiera fuere su título.

Artículo 20. Ninguna comunicación espírita recibida fuera de la Sociedad puede ser leída en sesión antes de haber sido sometida al Presidente o a la Comisión, los cuales están facultados para aprobar o rechazar su lectura.

Una copia de toda comunicación de ese tipo, cuya lectura en sesión se haya autorizado, debe quedar incorporada a los archivos de la Sociedad.

Todas las comunicaciones obtenidas en el transcurso de las sesiones pertenecen a la Sociedad. Los médiums que las hayan recibido podrán tomar copia de ellas, si así lo desean.

Artículo 21. Las sesiones particulares se reservan a los miembros de la Sociedad. Se realizan el primero y tercer viernes de cada mes y, cuando exista, el quinto viernes también.

La Sociedad reserva, para las sesiones particulares, todos los asuntos relativos a sus cuestiones administrativas, así como los temas de estudio que exijan la mayor tranquilidad y concentración, o que considere adecuado profundizar antes de tratarlos en presencia de personas extrañas.

Tienen derecho a concurrir a las sesiones particulares, además de los miembros titulares y los socios libres, los miembros correspondientes que se hallen de paso en París, y los médiums que presten su concurso a la Sociedad.

Ninguna persona ajena a ésta será admitida en las sesiones particulares, salvo casos excepcionales, y contando con el asentimiento previo del Presidente.

Artículo 22. Las sesiones generales se efectúan el segundo y cuarto viernes de cada mes.

En ellas, la Sociedad autoriza la admisión de personas ajenas con el carácter de oyentes, que podrán asistir en forma temporaria, sin pertenecer a la institución. La Sociedad se reserva el derecho de suspender dicha autorización cuando lo juzgue apropiado.

Nadie puede concurrir a las sesiones como oyente sin haber sido presentado antes al Presidente por un miembro de la Sociedad, el cual garantizará la conducta de esa persona y su deseo de no acarrear perturbaciones ni interrupciones de los trabajos.

Por lo demás, la Sociedad sólo acepta en calidad de oyentes a quienes aspiren a convertirse en miembros de la misma, o que simpaticen con sus tareas, y se hallen ya lo bastante interiorizados de la ciencia espírita para comprender lo que se hace. Se rechazará en forma terminante a las personas que sólo vengan atraídas por motivos de curiosidad o cuyas opiniones sean hostiles al espiritismo.

Los oyentes no tienen derecho a usar de la palabra salvo casos de excepción, que el Presidente determinará. El que perturbe el orden del modo que fuere, o ponga de manifiesto malevolencia hacia los trabajos de la institución, podrá ser invitado a retirarse de la sesión, y en todos los casos se dejará constancia de ello en el libro de asistencias, prohibiéndosele la entrada de allí en adelante.

El número de oyentes habrá de limitarse al de asientos disponibles. Los autorizados a concurrir a las sesiones deberán ser inscritos con anterioridad en un registro destinado a este efecto, donde se hará mención de su domicilio y se consignarán los nombres de las personas que los recomiendan. En consecuencia, toda solicitud de admisión como oyente tendrá que ser dirigida varios días antes de la fecha de la sesión al Presidente, quien será el único en expedir las autorizaciones de ingreso hasta la clausura de la lista de asistentes.

La autorización de ingreso únicamente es válida para la fecha consignada en ella y la persona a cuyo nombre se haya expedido.

No se podrá conceder entrada a un mismo oyente para más de dos sesiones, excepto si lo autoriza el Presidente, y esto, en casos excepcionales. Cada miembro de la Sociedad no puede presentar como oyentes a más de dos personas por vez. El número de autorizaciones suscritas por el Presidente no será limitado.

No se permitirá el acceso a los oyentes que llegaren pasada la hora de apertura de la sesión.

Capítulo IV: *Disposiciones varias*

Artículo 23. Todos los miembros de la Sociedad le deben su cooperación. Por consiguiente, se les invita a tomar conocimiento —en sus respectivos ámbitos de observación— de los hechos, antiguos o recientes, que puedan guardar relación con el espiritismo, e informar sobre ellos. Al mismo tiempo se les solicita investiguen, en cuanto les fuere posible, la autenticidad de tales hechos.

Igualmente se les pide que comuniquen a la Sociedad los datos de todas las publicaciones que se relacionen en mayor o menor grado con el objeto de sus trabajos.

Artículo 24. La Sociedad hará un examen crítico de las diversas obras publicadas sobre el espiritismo, cuando lo juzgue pertinente. Con este propósito encomendará a uno de sus miembros —titular o socio libre— la redacción de un informe que se publicará, si es conveniente, en la *Revue spirite*.

Artículo 25. La Sociedad creará una biblioteca especializada, compuesta de las obras que reciba en carácter de donación y la que con tal objeto adquiera.

Los miembros titulares podrán venir a la sede de la Sociedad para consultar la biblioteca o los archivos, en días y horas que se fijarán con ese fin.

Artículo 26. Puesto que la Sociedad considera que su responsabilidad podría verse moralmente comprometida por publicaciones particulares de sus miembros, nadie podrá utilizar, en ningún escrito, su título de «miembro de la Sociedad Parisina de Estudios Espíritas» si no ha sido autorizado por ella y sin que previamente la Sociedad haya tomado conocimiento del manuscrito. A la Comisión corresponderá elaborar un informe al respecto. Si la Sociedad juzga al escrito incompatible con sus principios, se escuchará lo que el autor desee expresar, despues de lo cual será invitado, ya a modificarlo, ya a desistir de su publicación, o bien, por último, a no emplear en ella su título de miembro de la Sociedad.

En caso de no acatar el autor la resolución adoptada, podrá ser separado de la Sociedad.

Todo escrito publicado por un miembro de la Sociedad escudándose en el anónimo, y sin ninguna mención que permita identificar a su autor, entra en la categoría de las publicaciones comunes cuya evaluación la Sociedad se reserva el derecho de hacer. No obstante, sin desear poner trabas a la libre emisión de las opiniones personales, la Sociedad invita, a aquellos de sus miembros que proyecten realizar publicaciones de ese género, a solicitar previamente su dictamen oficioso, en interés de la ciencia espírita.

ARTÍCULO 27. Siendo el deseo de la Sociedad mantener en su seno la unidad de principios y una disposición de ánimo de mutua benevolencia, podrá disponer la separación de todo miembro que sea causa de perturbaciones o adopte abiertamente una actitud hostil hacia ella mediante escritos comprometedores para la doctrina, u opiniones subversivas, o con una conducta que la Sociedad no podría aprobar. Con todo, la separación de la persona afectada sólo se hará luego de una advertencia oficiosa previa que no haya sido acatada, y tras escuchar al miembro inculpado, si considera conveniente explicarse. La decisión será sometida a votación secreta y adoptada por una mayoría de las tres cuartas partes de los miembros presentes.

ARTÍCULO 28. Ningún miembro que renuncie en forma voluntaria a su condición de tal en el curso del año podrá reclamar el reembolso de la parte correspondiente del importe de su cuota anual abonada. En cambio, dicha cuantía será devuelta al miembro que sea separado de la Sociedad por resolución de ésta.

ARTÍCULO 29. El presente reglamento es pasible de modificación, si hubiere lugar. Las propuestas de enmiendas sólo podrán ser presentadas a la Sociedad por conducto de su Presidente, a quien deberán ser comunicadas, previo someterlas al dictamen de la Comisión.

Sin modificar su reglamento en los puntos esenciales, la Sociedad puede adoptar todas las medidas complementarias que juzgue pertinentes.

CAPÍTULO XXXI

DISERTACIONES ESPÍRITAS

Sobre el espiritismo.– Sobre los médiums.– Sobre las sociedades espíritas.– Comunicaciones apócrifas

Hemos reunido en este capítulo unos cuantos mensajes espontáneos dictados por los Espíritus, que pueden completar y confirmar los principios expuestos en la presente obra. Hubiéramos podido incluir un número mucho mayor, pero nos limitamos a los que se relacionan más particularmente con el porvenir del espiritismo, así como con los médiums y las reuniones. Lo ofrecemos a la vez con el carácter de instrucciones y de modelos del género de comunicaciones realmente serias. Finalizamos el capítulo con algunos mensajes apócrifos seguidos de observaciones que permiten identificarlos como tales.

Sobre el espiritismo

I

Tened confianza en la bondad de Dios y sed lo bastante esclarecidos para comprender los preparativos de la nueva vida que Él os destina. Bien es verdad que no os será dado disfrutar de ella en esta existencia. Pero ¿no os sentiríais dichosos si, no reencarnando en este globo, contemplarais desde las alturas la obra que habéis iniciado y que se desplegará ante vuestros ojos? Fortificaos, mediante una fe sólida y sin vacilaciones, contra los obstáculos que al parecer surgirán ante el edificio cuyos cimientos estáis levantando. Robustas son las bases sobre las que se apoya: Cristo colocó la piedra fundamental. ¡Valor, pues, arquitectos del Divino Maestro! Trabajad, edificad, que Dios coronará vuestra obra. Pero recordad que Jesús no admitía por discípulos a quienes sólo tienen la caridad en los labios. Porque no basta creer: es necesario, sobre todo, dar ejemplos de bondad, benevolencia y desinterés, sin lo cual vuestra fe sería estéril para vosotros mismos.

San Agustín

II

El propio Cristo preside los trabajos de toda índole que están realizándose para ofreceros la era de renovación y perfeccionamiento que vuestros guías espirituales os predicen. En efecto, si echamos un vistazo (prescindiendo de las manifestaciones espíritas) sobre los acontecimientos contemporáneos, sin la menor vacilación reconoceréis los signos precursores que os probarán de manera irrefutable que los tiempos predichos han llegado. Entre todos los pueblos se establecen comunicaciones. Las barreras materiales son derribadas, y los obstáculos morales que se oponen a su unión, así como los prejuicios políticos y religiosos, se borrarán con rapidez. Entonces, el reinado de la fraternidad será instituido al fin, en forma sólida y duradera. Ya podéis observar cómo los monarcas mismos, llevados por invisible mano, toman la iniciativa de sancionar reformas, cosa que para vosotros es insólita. Ahora bien, las reformas que se originan en lo alto de la sociedad y de manera espontánea son mucho más rápidas y perdurables que aquellas otras que surgen de abajo y son arrancadas por la fuerza. Pese a los prejuicios de mi infancia y de la educación que recibí, y a despecho también del culto de la tradición a que me consagraba, yo había presentido la época actual, que me hace feliz, y más dichoso todavía me siento al venir a deciros: ¡Valor, hermanos! Trabajad para vosotros mismos y para el porvenir de los vuestros. Hacedlo, sobre todo, por vuestro mejoramiento personal y en vuestra próxima existencia gozaréis de una ventura de la que os es tan difícil formaros una idea como a mí hacérosla comprender.

Chateaubriand

III

Pienso que el espiritismo es un estudio enteramente filosófico de las causas ocultas, de los movimientos interiores del alma que poco o nada han sido aclarados hasta la fecha. Más que descubrir nuevos horizontes, el espiritismo explica. La reencarnación y las pruebas que se sufren antes de alcanzar la meta suprema no son revelaciones, sino una importante confirmación. Estoy impresionado por las verdades que este *medio* saca a luz. Y a propósito digo *medio*, porque en mi sentir el espiritismo es una palanca que permite derribar las barreras de la incomprensión. La preocupación por las cuestiones morales está todavía por crearse. Los hombres discuten sobre política, que toca a los intereses generales. Lo hacen también por los intereses particulares. Se apasionan en el ataque o la defensa de las personalidades. Cada sistema tiene partidarios y detractores. Pero las verdades morales, que son el pan del alma, el pan de vida, se abandonan en el polvo que los siglos han venido acumulando. Todos los perfeccionamientos parecen útiles al pueblo, salvo el del alma. Su propia educación y elevación son para él quimeras aptas, cuando más, para llenar los ocios de sacerdotes, poetas y mujeres, ya sea como una simple moda o a título de enseñanza.

Si el *espiritismo* resucita al *espiritualismo*, dará a la sociedad el impulso que despierte en unos la dignidad interior, en otros la resignación y en todos la necesidad de elevarse hacia el Ser Supremo, olvidado e ignorado por sus ingratas criaturas.

J. J. Rousseau

IV

Si Dios envía a los Espíritus para instruir a los hombres, lo hace con el propósito de esclarecerlos acerca de sus deberes, mostrarles el camino que puede abreviar sus pruebas y, con ello, acelerar su adelanto. Ahora bien, así como el fruto alcanza su madurez, no de otro modo el hombre llegará a la perfección. Pero al lado de los Espíritus buenos, que desean vuestro bien, hay otros que son imperfectos, y quieren vuestro mal. En tanto los primeros os impulsan hacia adelante, estos últimos intentan haceros retroceder. Debéis poner toda vuestra atención para distinguir unos de otros. Hay un medio fácil: sólo tratad de comprender que nada que provenga de un Espíritu bueno puede dañar a nadie, y todo aquello que sea malo debe proceder de un mal Espíritu. Si no escucháis los sabios consejos de los Espíritus que quieren vuestro bien, si os ofenden las verdades que puedan deciros, es evidente que estáis siendo influidos por malos Espíritus. Sólo el orgullo puede impedir que os veáis tal como sois. Pero si no lo veis, otros están viéndolo por vosotros. De suerte que os censuran, tanto los hombres, que se burlan de vosotros por detrás, como los Espíritus.

Un Espíritu familiar

V

Santa y bella es vuestra doctrina; su primer jalón está plantado, y con firmeza. Ahora sólo debéis marchar. El camino que tenéis ante vosotros es amplio y majestuoso. Bienaventurado el que llegare a destino. Cuanto más prosélitos hayáis hecho tanto más se os acreditará en vuestra cuenta. Mas para esto es menester, no abrazar la doctrina con frialdad, sino poner fervor en ello, y ese fervor os será multiplicado, porque siempre Dios está con vosotros cuando obráis el bien. Todos aquellos que reunáis serán otras tantas ovejas devueltas al redil. ¡Pobres ovejas extraviadas. Persuadíos de que el más escéptico y ateo, el más incrédulo, en fin, tiene siempre un rinconcito en su corazón, que él mismo trata de ignorar. Pues bien, ese rinconcito hay que buscarlo, y encontrarlo. Porque es su lado vulnerable, por donde lo abordaremos. Se trata de una pequeña fisura que expresamente ha dejado Dios para facilitar a su criatura el medio de retornar a Él.

San Benito

VI

No os asustéis por determinados obstáculos, ante ciertas controversias.

No atormentéis a nadie porque se obstine mucho. Los incrédulos sólo se convencerán si sois desinterezados, tolerantes y caritativos con todos, sin excepción.

Principalmente, guardaos de violentar la opinión de los demás ni con la palabra ni con públicas demostraciones. Cuanto más modestos seáis tanto más lograréis hacer que os aprecien. Si ningún móvil personal os mueve a obrar, hallaréis en vuestra conciencia una fuerza de atracción que sólo el bien procura.

Por mandato de Dios trabajan los Espíritus para el pro de todos, sin excepción alguna. Haced lo mismo vosotros, espiritistas.

San Luis

VII

¿Cuál es la institución humana —y aun divina— que no haya debido superar obstáculos y cismas, contra los que tuvo que batallar? Si no poseyerais más que una existencia, triste y muriente no os atacarían, porque sabrían que ibais a sucumbir en cualquier momento. Pero, como vuestra vitalidad es fuerte y activa, y como el árbol espírita tiene robustas raíces, suponen que podrá vivir por largo tiempo, y entonces intentan hacharlo. ¿Qué podrán hacer esos envidiosos? Todo lo más que logren será abatir unas cuantas ramas, las cuales retoñarán con nueva savia y habrán de ser más fuertes que nunca.

Channing

VIII

Os hablaré sobre la firmeza que debéis tener en vuestros trabajos espíritas. A este respecto se os ha hecho una mención que os aconsejo estudiéis con ahínco y apliquéis a vosotros mismos su Espíritu. Porque, como a san Pablo, os perseguirán, no en carne y hueso, mas en Espíritu. Los incrédulos, los fariseos de esta época os vituperarán, se mofarán de vosotros con desprecio. Pero nada temáis: será una prueba que ha de fortificaros si sabéis consagrarla a Dios, y más tarde veréis cómo vuestros esfuerzos son coronados por el buen éxito. A la luz de la eternidad habrá de ser ese un gran triunfo vuestro. No olvidéis que en este mundo es ya un consuelo, para las personas que han perdido a parientes y amigos, saberlos dichosos y poder comunicarse con ellos, lo cual es una felicidad. Así pues, seguid adelante. Cumplid la misión que Dios os asigna, y será tenida en cuenta el día en que comparezcáis ante el Todopoderoso.

CHANNING

IX

Soy yo el que ha llegado, tu Salvador y tu Juez. Vengo, como antaño lo hice entre los hijos descarriados de Israel, a traer la verdad y disipar las tinieblas. Escuchadme: el espiritismo, igual que en otro tiempo lo hacía mi palabra, debe recordar a los materialistas que por encima de ellos reina la inmutable verdad: el Dios bueno, el Dios grande que hace germinar las plantas y eleva el oleaje. He revelado la doctrina divina. Como el segador, he liado en haces el bien esparcido en la humanidad y dije: «¡Venid a mí todos los que padecéis...!»

Pero los hombres ingratos se han apartado del camino recto y ancho que conduce al reino de mi Padre, extraviándose en los ásperos senderos de la impiedad. No quiere mi Padre aniquilar a la especie humana. Quiere —no ya mediante la voz de profetas y apóstoles— que, ayudándoos los unos a los otros —muertos y vivientes, esto es, muertos según la carne, porque la muerte no existe—, os socorráis mutuamente, y la voz de los que ya no están entre vosotros se haga escuchar aún para clamar: «¡Orad y creed! Porque la muerte es la resurrección, y la vida, la prueba que habéis escogido, durante la cual vuestras virtudes, cultivadas, deben crecer y desarrollarse como lo hace el cedro».

Creed en las voces que os responden: son las almas mismas de aquellos a quienes evocáis. Muy rara vez me comunico yo. Mis amigos, los que asistieron a mi vida y a mi muerte, son los intérpretes divinos de los mandatos de mi Padre.

Débiles hombres, que creéis en el error de vuestras oscuras inteligencias, no extingáis la llama que la divina clemencia ha puesto en vuestras manos para iluminar la ruta que seguís y reconduciros, cual hijos pródigos, al regazo de vuestro Padre.

En verdad os digo, creed en la diversidad, en la *multiplicidad* de los Espíritus que os rodean. Me siento demasiado conmovido por vuestras miserias, por vuestra inmensa fragilidad, para no tender una mano compasiva a los infelices extraviados que, viendo el cielo, caen sin embargo en el abismo del error. Creed, amad, comprended las verdades que os son reveladas. No mezcléis la cizaña con el buen grano, los sistemas con las verdades.

¡Espiritistas! Amaos, que es esa la primera enseñanza. instruíos, que es esa la segunda. Todas las verdades se hallan en el cristianismo. Los errores que en él han arraigado son de origen humano. Y he aquí que, desde más allá de la tumba, donde creéis que no hay nada, se escuchan voces que os gritan: «¡Hermanos, nada perece! Jesucristo es el vencedor del mal: sed vosotros los vencedores de la impiedad...»

Observación. Este mensaje, obtenido por uno de los mejores médiums de la Sociedad Espírita de París, fue suscrito por un nombre que el respeto sólo nos permitiría reproducir con la mayor reserva, tan grande sería la insigne gracia de su autenticidad, y porque se ha abusado de él con sobrada frecuencia en comunicaciones que, evidentemente, son apócrifas: ese nombre es el de Jesús de Nazaret. No dudamos en manera alguna de que pueda él manifestarse. Pero si los Espíritus en verdad superiores sólo lo hacen en circunstancias excepcionales, la razón nos impide creer que el Espíritu puro por excelencia responda al llamamiento de cualquiera. En todos los casos, habría profanación en atribuirle un lenguaje indigno de Él.

Por estas consideraciones nos hemos abstenido siempre de publicar nada que llevase ese nombre. Y creemos que nunca será demasiado cuidadoso en las publicaciones de este género, que sólo son auténticas para el amor propio del que las recibe y cuyo menor inconveniente es proveer de armas a los adversarios del espiritismo.

Según hemos dicho, cuanto más elevados en la jerarquía espiritual son los Espíritus con tanto mayor desconfianza debemos acoger su nombre al pie de los mensajes mediúmnicos. Habría que estar dotado de excesivo orgullo para vanagloriarse de gozar del privilegio de sus comunicaciones y creerse digno de conversar con ellos de igual a igual. Ahora bien, en el mensaje que acabamos de transcribir sólo comprobamos una cosa, y es la incontestable superioridad del lenguaje y de las ideas. Dejamos a cada cual la tarea de juzgar si Aquel cuyo nombre lleva no lo desautorizaría.

Sobre los médiums

X

Todos los hombres son médiums, todos poseen un Espíritu que los orienta hacia el bien, cuando saben escucharlo. Aunque algunos se comuniquen directamente con él por conducto de una mediumnidad particular y otros sólo lo escuchen a través de la voz del corazón y de la mente, no por ello deja de ser su Espíritu familiar quien los aconseja. Ya le llaméis Espíritu, razón o inteligencia, en todos los casos es una voz que responde a vuestra alma, diciéndoos buenas palabras. Sólo que no siempre la comprendéis. No todos los hombres saben obrar de acuerdo con los consejos de la razón, y no estoy refiriéndome a esa razón que, más que marchar, se arrastra y repta, perdiéndose en la maraña de los intereses materiales y groseros, sino a esa otra razón que eleva al ser humano por encima de sí mismo, trasladándolo a regiones desconocidas; llama sagrada que inspira al artista y al poeta, divino pensamiento que eleva al filósofo, impulso que arrebata a los individuos y a los pueblos; razón que el vulgo es incapaz de comprender, pero que levanta al hombre y lo aproxima a Dios, llevándolo más cerca de Él que cualquier otra criatura; entendimiento que sabe conducirlo de lo conocido a lo desconocido y le hace realizar las cosas más sublimes. Así pues, escuchad esa voz interior, ese genio bueno que sin tregua os habla, y llegaréis progresivamente a oír a vuestro ángel de la guarda, que desde lo alto del cielo está tendiéndoos la mano. Repito: la voz íntima que habla al corazón es la de los Espíritus buenos, y desde este punto de vista, todos los hombres son médiums.

CHANNING

XI

Tan antiguo como el mundo es el don de la mediumnidad. Médiums eran los profetas. Los misterios de Eleusis se basaban en la mediumnidad. Caldeos y asirios poseían médiums. Sócrates era guiado por un Espíritu que le inspiró los admirables principios de su filosofía, y cuya voz escuchaba. Todos los pueblos han tenido sus médiums, y las inspiraciones de Juana de Arco no eran otras que las voces de los Espíritus bienhechores que la dirigían. Este don, que a la hora actual se difunde por doquiera, se tornó más raro durante la edad media, pero nunca ha dejado de manifestarse. Swedenborg y sus adeptos han tenido muchos seguidores. La Francia de los últimos siglos, irónica e impregnada de una filosofía que, proponiéndose terminar con los abusos de la intolerancia religiosa, sofocó bajo la capa del ridículo cuanto fuese ideal, debía rechazar al espiritismo, que no cesaba de progresar en el norte. Dios permitía esa batalla de las ideas positivas contra las ideas espiritualistas, porque el fanatismo se había apoderado de estas últimas. Ahora, cuando los adelantos de la industria y de las ciencias han desarrollado el arte del bien vivir hasta el punto de que las tendencias materiales se han tornado dominantes, Dios quiere que los seres humanos sean reconducidos hacia los intereses del alma. Desea que el perfeccionamiento del hombre moral llegue a lo que debe ser, vale decir, el fin y el objetivo de la vida. El Espíritu humano sigue un camino necesario, que es imagen de la gradación experimentada por todos los seres que pueblan el universo, tanto visible como invisible. Todo progreso llega a su tiempo, y la hora de la elevación moral ha sonado para la humanidad. Esta elevación no se cumplirá aún en vuestros días. Pero agradeced al Señor porque estéis asistiendo a esa bendita aurora.

PIERRE JOUTY (padre del médium)

XII

Dios me ha encomendado una misión que debo realizar entre aquellos creyentes a quienes concede el favor del mediumnato. Cuanto mayores gracias reciben del Altísimo, tanto más peligros corren, y esos peligros son más grandes por nacer de las gracias mismas que Dios les otorga. Las facultades de que gozan los médiums les atraen los elogios de los hombres: felicitaciones, adulaciones, he aquí el obstáculo... Esos médiums, que deberían tener presente siempre su incapacidad primitiva, la olvidan. Y hacen más todavía: aquello que sólo deben a Dios, lo atribuyen a su propio mérito. ¿Qué sucede entonces? Que los buenos Espíritus los abandonan, y se convierten en juguete de los malos, quedándose sin brújula para orientarse. Cuanto mayor capacidad adquieren, tanto más son inducidos a achacarse un mérito que no les corresponde, hasta que a la postre Dios los castiga retirándoles una facultad que no podría sino resultarles fatal.

Nunca insistiré demasiado en recordaros que os encomendéis a vuestro ángel de la guarda, para que os ayude a permanecer siempre vigilantes contra vuestro más cruel enemigo, que es el orgullo. No olvidéis, vosotros, que tenéis la dicha de ser intérpretes entre los Espíritus y los hombres; no olvidéis que, sin el apoyo de nuestro Divino Maestro, seríais castigados con más severidad, porque habéis sido más favorecidos.

Confío en que esta comunicación tenga sus frutos, y deseo que pueda ayudar a los médiums a mantenerse en guardia contra el escollo en el que vendrían a estrellarse. Ese obstáculo —ya os lo dije— es el orgullo.

JUANA DE ARCO

XIII

Cuando queráis recibir comunicaciones de Espíritus buenos debéis prepararos para obtener esa gracia mediante el recogimiento, las intenciones sanas y el deseo de obrar el bien con miras al progreso general. Recordad que el egoísmo es causa de retraso para todo adelanto. No olvidéis que si Dios permite, a algunos de vosotros, recibir el soplo de ciertos hijos suyos que, por su conducta, han sabido merecer la ventura de comprender su bondad infinita, es porque desea, por nuestro ruego y en vista de las buenas intenciones que os mueven, concederos los medios para que avancéis por su camino. Así pues, médiums, aprovechad esa facultad que Dios quiere otorgaros. Tened fe en la mansedumbre de nuestro Maestro. Practicad siempre la caridad y no os canséis jamás de ejercer tan sublime virtud, así como la de la tolerancia. Estén vuestras acciones, en todos los casos, en armonía con vuestra conciencia, porque es esa una manera segura de centuplicar vuestra felicidad en esta vida transitoria y prepararos una existencia mil veces más grata todavía.

Absténgase del uso de su facultad el médium que no se sienta con fuerzas para perseverar en la enseñanza espírita, pues si no aprovecha la luz que lo ilumina será menos excusable que otros y habrá de expiar su ceguera.

Pascal

XIV

Hoy os hablaré del desinterés, el cual debe ser una de las cualidades esenciales de los médiums, así como la modestia y la dedicación. Dios les ha concedido la mediumnidad para que ayuden a difundir la verdad, y no para que la conviertan en un comercio. Y por tales no entiendo sólo a los que quisieran explotarla del mismo modo que lo harían con una facultad común, aquellos que oficiarían de médiums como uno se hace bailarín o cantante, sino a todos los que pretendan servirse de la mediumnidad con propósitos interesados, sean éstos cuales fueren... ¿Es racional suponer que los Espíritus buenos, y menos aún los Espíritus superiores, que condenan la codicia, consientan en ofrecerse como espectáculo y, cual si fuesen comparsas, se pongan a disposición de un empresario de manifestaciones espíritas? Tampoco es lógico creer que los buenos Espíritus puedan propiciar los designios del orgullo y la ambición. Dios les permite comunicarse con los hombres para que saquen a éstos del lodazal terrestre, y no con el fin de servir de instrumentos para las pasiones mundanas. No puede Él, por tanto, estar satisfecho con aquellos que desvían de su verdadero objetivo el don que les concedió, y os aseguro que serán castigados por ello, aun en la Tierra, mediante las más acerbas desilusiones.

DELPHINE DE GIRARDIN

XV

No cabe duda de que todos los médiums están llamados a servir a la causa del espiritismo en la medida de sus facultades, pero poquísimos de entre ellos dejan de caer en la trampa del amor propio: es esta una piedra de toque que raramente falla. Por eso, de cada cien médiums apenas encontraréis uno solo (por ínfimo que sea) que en los primeros tiempos de su mediumnidad no se haya creído llamado a obtener resultados superiores y predestinado a cumplir importantes misiones. Los que sucumben a esa vanidosa ambición (y son muchos) se convierten en víctimas inevitables de los Espíritus obsesores, quienes no tardan en subyugarlos lisonjeando su orgullo y atacándolos por su lado flaco. Cuanto más han pretendido elevarse tanto más ridícula es su caída; y esto, si no les resulta desastrosa. Las grandes misiones sólo se confían a hombres excepcionales, y Dios los pone por sí propio, sin que ellos lo hayan buscado, en el medio y en la posición en que su concurso podrá ser eficaz. Nunca recomendaré demasiado, a los médiums que carecen de experiencia, que desconfíen de las afirmaciones que puedan hacerles ciertos Espíritus, respecto al presunto rol que están destinados a desempeñar. Porque si toman esto por lo serio sólo cosecharán contrariedades en este mundo y un severo castigo en el otro. Convénzanse de que, en la modesta y oscura esfera en que se hallan ubicados, pueden prestar grandes servicios, ora ayudando a convertir incrédulos, ora prodigando consuelos a los afligidos. Si deben salir del anonimato, serán conducidos por una mano invisible, que les preparará el camino, y puestos en evidencia –por así decirlo– a pesar suyo. Acuérdense de esta sentencia: «cualquiera que se enaltece será humillado; y el que se humilla, será enaltecido».

EL ESPÍRITU DE VERDAD

Sobre las sociedades espíritas

Nota. Entre las comunicaciones que siguen, algunas se recibieron en la *Sociedad Parisina de Estudios Espíritas*, o fueron dirigidas a ella. Otras, que nos han sido transmitidas por diversos médiums, contienen consejos de carácter general sobre los grupos de estudio, su organización y los impedimentos con que pueden tropezar.

XVI

¿Por qué no iniciáis vuestras sesiones con una invocación general, una especie de plegaria que os facilite la concentración? Pues debéis saber que sin recogimiento sólo obtendréis comunicaciones frívolas. Los buenos Espíritus acuden únicamente a aquellos lugares donde se les evoca con fervor y sinceridad. Es esto lo que no se comprende suficientemente. Por tanto, a vosotros toca dar el ejemplo. *A vosotros* que, si lo queréis, podréis llegar a ser uno de los pilares del nuevo edificio. Observamos vuestros trabajos con satisfacción, y os ayudamos, pero a condición de que por vuestra parte nos secundéis, mostrándoos a la altura de la misión que estáis llamados a cumplir. Formad un núcleo y entonces seréis fuertes. Si así lo hacéis, los malos Espíritus no os dominarán. Ama Dios a los simples de Espíritu, lo que no quiere decir los tontos, sino aquellos que hacen renuncia de sí mismos y marchan hacia Él sin orgullo. Podéis llegar a ser un foco de luz para la humanidad. Sabed diferenciar entre el buen grano y la cizaña. Sembrad sólo aquél y guardaos de permitir que prolifere ésta. Porque la cizaña impedirá que el buen grano se desarrolle, y en tal caso seríais responsables de todo el mal que de ello resultara. Así como también os cabría la responsabilidad de las malas doctrinas que pudierais propagar. Recordad que algún día el mundo puede tener los ojos puestos en vosotros. Haced, pues, que nada empañe el brillo de las cosas buenas que resulten de vuestro esfuerzo. De ahí que os recomendemos pedir a Dios que os asista.

San Agustín

Habiéndose solicitado a san Agustín que dictara una fórmula de invocación general, respondió:

«Sabéis que no existe una fórmula absoluta. Dios es demasiado grande para conceder más importancia a las palabras que al pensamiento. Ahora bien, no creáis que baste pronunciar unas cuantas palabras para apartar de vosotros a los malos Espíritus. Sobre todo, cuidaos de no emplear una de esas fórmulas vulgares que se recitan para descargar la conciencia. La eficacia de una fórmula estriba en la sinceridad del sentimiento que la dicte y, principalmente, en la unanimidad de intenciones, porque ninguno de los presentes que no se asociara a ella de corazón podría beneficiarse con la misma, ni beneficiar a los demás. En consecuencia, redactadla vosotros mismos y hacédmela conocer, si así lo deseáis, que os ayudaré.»

Nota. La fórmula siguiente, de invocación general, fue redactada con ayuda de este Espíritu, quien la completó en varios de sus puntos.

«Rogamos a Dios Todopoderoso que nos envíe a buenos Espíritus para que nos asistan. Que aleje de nosotros a los que pudieran inducirnos a error. Que nos dé las luces necesarias para poder distinguir la verdad de la impostura.

Líbranos también, Señor, de los Espíritus malévolos que podrían sembrar la desunión entre nosotros fomentando la envidia, el orgullo y los celos. Si algunos intentan infiltrarse aquí, en el nombre de Dios les rogamos encarecidamente que se retiren.

Y vosotros, Espíritus buenos que dirigís nuestros trabajos, dignaos venir a instruirnos y tornadnos dóciles a vuestros consejos. Haced que en nosotros se borre todo pensamiento de carácter personal ante la idea del bien general.

Pedirnos principalmente a (aquí, el nombre del Espíritu de quien se trate), que es nuestro protector especial, tenga a bien brindarnos hoy su ayuda.»

XVII

Amigos míos, dejadme que os dé un consejo, porque estáis marchando por un terreno nuevo, y si seguís la ruta que os señalamos no os extraviaréis. Os han dicho algo muy cierto, y deseamos recordároslo: que el espiritismo es sólo una moral y poco o nada debe salirse de los carriles de la filosofía, si no quiere caer en el dominio de la curiosidad. Dejad a un lado las cuestiones científicas. La misión de los Espíritus no consiste en resolverlas, ahorrándoos el trabajo de las investigaciones, sino tratar de haceros mejores, pues así adelantaréis realmente.

San Luis

XVIII

Se han mofado de las mesas giratorias, pero no se burlarán jamás de la filosofia, de la sabiduría y de la caridad que resplandecen en las comunicaciones serias. Aquéllas representaron el vestíbulo de la ciencia espírita. Al ingresar en él hay que dejar los prejuicios, como se deja un abrigo en el perchero. Nunca os encareceré demasiado que convirtáis vuestro grupo en un centro serio. *Hagan donde se les ocurra demostraciones físicas, miren y escuchen en otras partes, pero en vuestro grupo, comprended y amad.* ¿Qué os figuráis ser, a los ojos de los Espíritus superiores, cuando hacéis girar o levantarse del suelo una mesa? Simplemente, escolares... ¿Acaso el sabio malgasta su tiempo recitando el alfabeto de la ciencia? En cambio, si os interesáis por las comunicaciones serias, se os tendrá por hombres formales, en busca de la verdad.

San Luis

Habiéndose preguntado a san Luis si con eso estaba desaprobando la obtención de manifestaciones físicas, replicó:

«No podría censurar los fenómenos de carácter físico, porque si se producen, ello ocurre con el permiso de Dios y con una finalidad útil. Cuando dije que han sido el vestíbulo de la ciencia espírita les asigné su verdadero rol, dejando así constancia de su utilidad. Sólo repruebo a los que hacen de ellos un objeto de entretenimiento y de curiosidad, sin extraer la enseñanza que emana de los mismos. Las manifestaciones físicas son, respecto a la filosofia del espiritismo, lo que la gramática es con relación a la literatura, y el que ha alcanzado ya cierto nivel en una ciencia no pierde el tiempo repasando los fundamentos.»

XIX

Amigos míos y fieles creyentes, siempre me es muy grato poder guiaros por la senda del bien. Es esta una agradable misión que Dios me encomendó y que me complace mucho, porque ser útil es siempre una recompensa. Reúnaos el Espíritu de la caridad, tanto la caridad que da como aquella otra que ama. Mostraos pacientes en presencia de las injurias de vuestros detractores. Manteneos firmes en el bien y, sobre todo, humildes ante Dios. Sólo la humildad eleva. Es esta la única grandeza que Dios reconoce. Sólo así los buenos Espíritus se llegarán hasta vosotros. De lo contrario, vuestra alma será presa del Espíritu del mal. Benditos seáis en nombre del Creador y creceréis a los ojos de los hombres al mismo tiempo que a los de Dios.

SAN LUIS

XX

La unión hace la fuerza. En consecuencia, permaneced unidos para ser fuertes. El espiritismo ha germinado, echando ya profundas raíces. Va a extender por la Tierra sus ramas bienhechoras. Es menester que os tornéis invulnerables a los dardos emponzoñados de la calumnia y de la negra falange de los Espíritus ignorantes, egoístas e hipócritas. Para conseguirlo, una indulgencia y una afabilidad recíprocas deben presidir las relaciones entre vosotros. Vuestros defectos tienen que pasar inadvertidos y sólo vuestras virtudes deben señalarse. Si la antorcha de la santa amistad reúne, ilumina y da calor a vuestros corazones, resistiréis las acometidas impotentes del mal, así como el peñasco inquebrantable contrarresta los embates del furioso oleaje.

SAN VICENTE DE PAÚL

XXI

Amigos míos, queréis formar un grupo espiritista y os doy mi aprobación, por cuanto los Espíritus no están satisfechos con aquellos médiums que permanecen en el aislamiento. Dios no les ha concedido esa sublime facultad para ellos solos, sino para el bien general. Al comunicarse con otros, encuentran mil oportunidades para instruirse sobre el valor de las comunicaciones que reciben, mientras que estando solos se hallan mucho más expuestos a ser víctimas de los Espíritus embusteros, quienes están encantados de vérselas con un médium sobre el cual no se ejerce contralor. Esto digo para los que sois médiums, y si no estáis dominados por el orgullo lo comprenderéis, sacando provecho de ello. Y ahora, para los otros, agregaré lo que sigue.

¿Os dais cuenta, realmente, de lo que debe ser un grupo espírita? No, porque en vuestro celo creéis que lo mejor es reunir el mayor número posible de personas a fin de convencerlas. Pero desengañaos: cuanto más reducido sea vuestro grupo tanto más obtendréis. Respecto a los incrédulos, los persuadiréis, sobre todo, por el ascendiente moral que ejerzáis sobre ellos, mucho más que por los fenómenos que podáis mostrarles. Si sólo atraéis a las personas mediante los fenómenos, vendrán a veros por curiosidad, y hallaréis curiosos que no os creerán y reirán de vosotros. En cambio, si vuestro grupo está integrado sólo por personas de bien, tal vez no os crean de inmediato, pero por de pronto os respetarán y el respeto inspira siempre confianza. Estáis convencidos de que el espiritismo debe traer una reforma moral: sea vuestro grupo pues, el primero en ofrecer el ejemplo de las virtudes cristianas[2] porque en estos tiempos de egoísmo es en las sociedades espiritistas donde la auténtica caridad debe hallar un refugio. Así ha

2. Nosotros conocemos un sujeto que fue aceptado para un empleo de confianza en una casa importante, porque era espiritista sincero y se ha creído encontrar una garantía de moralidad en sus creencias.

de ser, amigos míos, un grupo de verdaderos espíritas. Otra vez os daré más consejos.

FÉNELON

XXII

Me habéis preguntado si al multiplicarse los grupos en una misma localidad ello no engendraría rivalidades inconvenientes para la doctrina. A esto os responderé que quienes están penetrados de los genuinos principios del espiritismo ven en todo espiritista a un hermano y no a un rival. Los que miren con malos ojos a otros grupos estarán demostrando que hay en ellos una segunda intención, inspirada por el interés o por el amor propio, y que no les mueve el amor a la verdad. Os aseguro que si entre vosotros hubiera personas así, pronto sembrarían en vuestro medio perturbaciones y discordias. El verdadero espiritismo tiene por divisa la *benevolencia y la caridad*. Excluye toda rivalidad, excepto la emulación del bien que se pueda hacer. Todos los grupos que inscriban esa divisa en su estandarte podrán tenderse la mano como buenos vecinos, que no dejan de ser amigos por no habitar la misma casa. Los que pretendan tener por guías a los mejores Espíritus deberán probarlo poniendo de manifiesto los más elevados sentimientos. Haya lucha entre ellos, pues, pero lucha por conquistar grandeza de alma, abnegación, bondad y humildad. El que arrojare primero la piedra a otro demostraría, por ese solo hecho, que es inducido por malos Espíritus a proceder así. La índole de los sentimientos que dos hombres pongan de relieve el uno hacia el otro será la piedra de toque para conocer la naturaleza de los Espíritus que los asisten.

FÉNELON

XXIII

Silencio y recogimiento son condiciones esenciales para toda comunicación seria. Jamás los obtendréis con aquellos que, en vuestras reuniones, sólo sean movidos por la curiosidad. Así pues, obligad a los curiosos a que vayan a divertirse a otra parte, porque su ligereza causaría perturbaciones.

No debéis tolerar que se entablen conversaciones en el momento en que se interroga a los Espíritus. Mantenéis a veces comunicaciones que exigen preguntas serias por vuestra parte y respuestas no menos graves de los Espíritus evocados, creedme, quienes se disgustan por los continuos cuchicheos de algunos asistentes a las sesiones. Con eso no se logra nada que sea completo y realmente formal. Por su lado, el médium que está escribiendo experimenta —él también— distracciones que son muy perjudiciales para su función.

San Luis

XXIV

Os hablaré de lo necesario que es, en vuestras sesiones, observar la mayor regularidad, o sea, evitar toda confusión, cualquier divergencia en las ideas. Tales discrepancias favorecen la sustitución de los buenos Espíritus por malos, y casi siempre son estos últimos los que se apresuran a responder a las preguntas formuladas. Por otra parte, en una sesión compuesta por diversas personas, que sean desconocidas las unas para las otras, ¿cómo evitar las ideas contradictorias, la distracción o (peor aún) una vaga y burlona indiferencia? Querría hallar un medio eficaz y seguro para evitar esto. Quizás esté en la concentración de los fluidos esparcidos en torno a los médiums. Sólo ellos —pero, sobre todo, los que son estimados— retienen a los buenos Espíritus en la sesión. Pero su influencia apenas basta para ahuyentar a la muchedumbre de los Espíritus ligeros. El trabajo de análisis de las comunicaciones es muy importante. Nunca será demasiada la profundización de las preguntas y, sobre todo, de las respuestas. Fácil es que se deslice un error, aun para aquellos Espíritus que estén animados de las mejores intenciones. La lentitud de la escritura, durante la cual el Espíritu se desvía del tema, que él agota tan pronto como lo ha concebido, así como la movilidad y la indiferencia hacia ciertas formas convenidas, todos estos factores y otros muchos hacen que debáis confiar sólo hasta cierto punto, siempre subordinando esa confianza al análisis del mensaje, aun cuando se trate de las comunicaciones más auténticas.

GEORGES *(Un Espíritu familiar)*

XXV

¿Con qué objeto, las más de las veces, pedís comunicaros con los Espíritus? Para obtener bellos fragmentos, que enseñáis a vuestros conocidos como si se tratara de muestras del talento que poseemos. Y los conserváis cuidadosamente en álbumes, pero en vuestro corazón no hay lugar para ellos... ¿Creéis que nos sentimos muy halagados de venir a posar en vuestras reuniones, como si fuese un concurso, y desplegar gran elocuencia para que podáis decir, al final, que la sesión ha sido interesantísima? ¿Qué os queda después de haber logrado una comunicación admirable? ¿Pensáis que veníamos en busca de vuestros aplausos? Desengañaos: no nos gusta más divertiros de una manera que de otra. En cuanto a vosotros, en vano disimuláis la curiosidad que os anima. Nuestro fin es haceros mejores. Ahora bien, cuando advertimos que nuestras palabras no producen frutos, sino que todo se reduce a una estéril aprobación por vuestra parte, vamos a buscar a otras almas que sean más dóciles. Entonces permitirnos que nos reemplacen aquellos Espíritus que están deseosos de hablar, y que nunca faltan. Os asombráis de que los dejemos usurpar nuestro nombre, pero ¿qué puede importaros esto, si os da lo mismo que seamos nosotros o ellos? Sabed, sin embargo, que no permitiríamos que sucediese tal cosa si se tratara de las personas por quienes nos interesamos de veras, esto es, aquellas con quienes no estamos perdiendo nuestro tiempo. Ésas son nuestras preferidas, y las preservamos de la mentira. Echaos la culpa a vosotros mismos si con tanta frecuencia se os engaña. Para nosotros, el hombre serio no es el que no ríe nunca sino aquel otro cuyo corazón se siente impresionado por nuestras palabras, sobre las cuales medita y de las que saca provecho. (Consúltese nº 268, preguntas 19 y 20.)

MASSILLON

XXVI

El espiritismo debería ser un escudo contra el Espíritu de la discordia y de las disensiones. Pero en todas las épocas ese Espíritu ha venido blandiendo su antorcha sobre los humanos, porque envidia la felicidad que la paz y la unión procuran a los hombres. ¡Espiritistas! Es posible que se infiltre él en vuestras reuniones, y, no lo dudéis, tratará de sembrar en ellas la enemistad, pero será impotente contra aquellos que estén inspirados por la verdadera caridad. Por tanto, manteneos en guardia, y vigilad sin cesar en la puerta de vuestro corazón, así como en la de vuestras reuniones para impedir que entre el enemigo. Si vuestros esfuerzos no logran evitar que el enemigo penetre en los demás, siempre dependerá de vosotros prohibirle el acceso a vuestra propia alma. Si surgen disensiones entre vosotros, sólo podrán ser inspiradas por malos Espíritus. De esta manera, los miembros del grupo que en sí hayan desarrollado más el sentimiento de los deberes que les imponen tanto la urbanidad como el verdadero espiritismo, son los que tienen que mostrarse más pacientes, decorosos y dignos. Los buenos Espíritus, pueden, a veces, permitir que se produzcan esas luchas a fin de que tanto los buenos como los malos sentimientos tengan ocasión de exteriorizarse, siendo posible entonces separar el buen grano de la cizaña, y ellos estarán siempre del lado en que haya más humildad y verdadera caridad.

San Vicente De Paúl

XXVII

Rechazad severamente a todos esos Espíritus que se presentan como consejeros exclusivos, predicando la división y el aislamiento. Son casi siempre Espíritus vanidosos y mediocres, que tienden a imponerse a los hombres débiles y crédulos, prodigándoles alabanzas exageradas a fin de fascinarlos y mantenerlos bajo su dominio. Por lo general, se trata de Espíritus ávidos de poder, que cuando estaban encarnados eran déspotas de un pueblo o de su propia familia, y después de su muerte quieren seguir disponiendo de víctimas a las cuales tiranizar. Como regla, desconfiad de las comunicaciones que exhiban un carácter de misticismo y extravagancia, o que prescriban la realización de ceremonias o actos extraños: en esos casos existe siempre un motivo legítimo de sospecha.

Desde otro punto de vista, creed que cuando una verdad debe ser revelada al género humano es comunicada en forma instantánea, por así decirlo, a todos los grupos formales que posean médiums serios, y no a éstos o aquéllos en particular, con exclusión de todos los demás. Nadie es médium perfecto si está obsecado, y hay obsesión manifiesta cuando un médium sólo es apto para recibir comunicaciones de un solo Espíritu, por mucho que éste trate de mostrarse elevado. En consecuencia, todo médium o grupo que se tengan por privilegiados debido a comunicaciones que sólo ellos pueden recibir y que, por otra parte, se sometan a prácticas linderas con la superstición, están sin lugar a dudas bajo el imperio de una obsesión perfectamente caracterizada, sobre todo cuando el Espíritu dominador se cubre con un nombre que todos —encarnados y desencarnados— debemos honrar y respetar, no permitiendo que lo comprometan a la ligera.

Es incontestable que, sometiendo al crisol de la razón y de la lógica todas las enseñanzas y comunicaciones de los Espíritus, será fácil rechazar lo absurdo y erróneo. Un médium puede ser fascinado y un grupo engañado, pero el contralor riguroso de los demás grupos, el conocimiento adquirido en la materia y la alta autoridad moral de los dirigentes, así como los mensajes de los principales médiums que ostenten el sello de lógica y autenticidad de nuestros mejores Espíritus, harán rápida justicia de esos dictados embusteros y astutos debidos a una multitud de Espíritus farsantes o malvados.

ERASTO *(discípulo de san Pablo)*

Observación. Una de las características que distinguen a los Espíritus que desean imponerse y lograr la aceptación de ideas extravagantes y sistemáticas consiste en que pretenden tener razón contra todos, aun cuando nadie comparta su punto de vista. La táctica que emplean es evitar la discusión, y cuando se ven rebatidos en forma arrolladora por las armas irresistibles de la lógica se niegan desdeñosamente a responder y prescriben a sus médiums que se alejen de los centros donde sus ideas no son acogidas. Ahora bien, ese aislamiento es lo peor que puede suceder a los médiums, porque entonces éstos no tienen cómo defenderse del yugo de tales Espíritus obsesores, que los guían como a ciegos y suelen llevarlos por caminos perniciosos.

XXVIII

Los falsos profetas no están sólo entre los encarnados: también los hay, y en mucho mayor número, entre los Espíritus orgullosos que, aparentando amor y caridad, siembran la desunión y retrasan la obra emancipadora de la humanidad, para lo cual perturban todo con sus absurdos sistemas de interpretación, que imponen a sus médiums. Y para fascinar mejor a aquellos a quienes desean engañar, para dar más peso a sus teorías, se adornan sin escrúpulos con nombres que los humanos sólo pronuncian con respeto: los de santos justamente venerados, los de Jesús y María, y hasta el de Dios mismo.

Ésos son los que esparcen fermentos de antagonismo entre los grupos, empujándolos a aislarse los unos de los otros y mirarse con malos ojos. Sólo esto bastaría para desenmascararlos, porque al obrar así ofrecen ellos mismos la más formal desmentida a lo que pretenden ser. Ciegos, pues, son los hombres que se dejan apresar en tan grosera trampa.

Pero hay otros muchos medios para reconocerlos: los Espíritus a cuyo orden afirman pertenecer deben no sólo ser muy buenos, sino además eminentemente lógicos y racionales. Pues bien, pasad sus sistemas por el tamiz de la razón y el buen sentido y veréis lo que de ellos queda. Por tanto, convenid conmigo en que, cada vez que un Espíritu indique, como remedio para los males de la humanidad, o como medios de obtener su transformación, cosas utópicas e impracticables, medidas pueriles y ridículas; cuando formule un sistema que sea contradicho por las más vulgares nociones de la ciencia, no podrá ser más que un Espíritu ignorante y mentiroso.

Por otra parte, tened por cierto que si la verdad no siempre es apreciada por los individuos, lo será en todos los casos por el buen sentido que poseen las multitudes, y es este incluso un nuevo motivo de certidumbre. Si dos principios se contradicen recíprocamente, tendréis la medida del valor intrínseco de cada uno de ellos observando cuál encuentra mayores ecos y simpatías. En efecto, sería ilógico admitir que una doctrina que viera disminuir la cantidad de sus adherentes fuese más verdadera que otra cuyos partidarios aumentaran en número. Puesto que Dios desea que la verdad llegue a todos, no la confina dentro de un círculo estrecho y restringido, sino antes bien, hace que surja en diferentes puntos, a fin de que en todas partes la luz resplandezca junto a las tinieblas.

ERASTO

Observación. La mejor garantía de que un principio es expresión de la verdad reside en el hecho de que sea enseñado y revelado por diversos Espíritus, a través de médiums que no se conozcan los unos a los otros y en distintos lugares, además de que dicho principio se vea confirmado por la razón y sancionado por la adhesión del mayor número de personas. Sólo la verdad puede hacer que una doctrina eche raíces. Un sistema erróneo podrá reclutar algunos prosélitos, pero, como carece de la condición esencial de la vitalidad, ha de tener tan sólo una existencia efímera. De ahí que no valga la pena inquietarse por su aparición, ya que terminará suicidándose a causa de sus propios errores y caerá en forma inevitable ante esa arma poderosa que es la lógica.

Comunicaciones apócrifas

Suele haber comunicaciones tan absurdas, que por mucho que vengan firmadas con los nombres más respetables, el más elemental buen sentido pone de manifiesto su falsedad. Pero otras hay en que el error se disimula bajo apariencias de autenticidad, y éstas engañan, impidiendo a veces descubrirlas en un primer examen, mas no podrán resistir a un análisis serio. Sólo transcribiremos algunas, como muestras de este tipo de comunicaciones.

XXIX

La creación perpetua e incesante de los mundos es para Dios como un eterno goce, por cuanto ve sin cesar que sus rayos se tornan cada día más luminosos en felicidad. Para Dios no existe la cantidad, como tampoco el tiempo. Por eso, los centenares y los millares no son para Él ni más ni menos los unos que los otros. Es un Padre cuya dicha está constituida por la ventura colectiva de sus hijos, y en cada segundo de la creación ve una nueva felicidad venir a fundirse en la dicha general. No hay paradas ni suspensiones en ese perpetuo movimiento, esa grande e incesante ventura que fecunda Tierra y Cielo. Sólo se conoce del mundo una minúscula fracción, y tenéis hermanos que viven en latitudes a las que el hombre no ha llegado todavía a penetrar. ¿Qué significan esos calores que tuestan y esos fríos mortales que paralizan los esfuerzos de los más audaces? ¿Creéis simplemente que allí termina vuestro mundo, cuando no podéis avanzar más con vuestros precarios recursos? ¿Podríais medir con exactitud vuestro planeta? No lo creáis. Porque hay en él más regiones ignoradas que conocidas. Pero, como sería inútil propagar más todas vuestras malas instituciones, leyes, acciones y modos de vida, aquí y allá existe un límite que os detiene y que seguirá deteniéndoos hasta que tengáis que transportar las buenas simientes que vuestro libre albedrío haya elaborado. ¡Oh! No conocéis ese mundo al que llamáis la Tierra... Después de esta comunicación veréis que en vuestra existencia comienzan muchas pruebas. Va a llegar la hora en que habrá otro descubrimiento fuera del último que se ha hecho. Se ensanchará el ámbito conocido de vuestra Tierra, y cuando toda la prensa entone ese hosanna en la totalidad de las lenguas, vosotros, pobres hijos que amáis a Dios y buscáis su voz, lo habréis sabido antes que aquellos mismos que darán su nombre al nuevo territorio.

VICENTE DE PAÚL

Observación. Desde el punto de vista del estilo, este mensaje no resiste ante la crítica. Incorrecciones, pleonasmos, giros viciosos saltan a los ojos de quienquiera sea un poco letrado. Pero esto no probaría nada contra el nombre que lo firma, ya que tales imperfecciones podrían deberse a insuficiencia del médium, como lo hemos demostrado antes en el presente libro.

Lo que pertenece al Espíritu comunicante es la idea. Ahora bien, cuando afirma que existen en nuestro planeta más lugares ignorados que conocidos, y que un nuevo territorio va a ser descubierto, esto es, para un Espíritu que se dice superior, dar pruebas de la más profunda ignorancia. No cabe duda de que se podrán descubrir, en las regiones glaciales, algunas tierras ignotas, pero aseverar que tales comarcas se hallan pobladas y que Dios las ha ocultado a los hombres civilizados a fin de que éstos no implantaran en ellas sus malas instituciones, es tener demasiada fe en la confianza ciega de aquellos a quienes el Espíritu obsequia con semejantes absurdos.

XXX

Hijos míos, vuestro mundo material y el mundo espiritual, que tan poco se conocen todavía, vienen a ser como los dos platillos de una perpetua balanza. Hasta la fecha nuestras religiones y leyes, costumbres y pasiones han hecho descender tanto el platillo del mal y elevarse el del bien, que se ha visto al mal reinando soberano en la Tierra. Desde hace siglos vienen exhalando siempre el mismo lamento los labios del hombre, y la conclusión fatal a que éste llega es pensar que Dios es injusto. Los hay, incluso, que hasta niegan su existencia. Porque veis todo aquí y nada allá... Veis lo superfluo ofendiendo a la necesidad, el oro que reluce junto al cieno: todos los contrastes más chocantes, que deberían probaros vuestra doble naturaleza. ¿A quién se debe esto? ¿Quién tiene la culpa? He aquí lo que hay que buscar, con calma y con imparcialidad. Cuando sinceramente se desea hallar un remedio eficaz, se lo encuentra. Pues bien, a despecho de ese señorío de lo malo sobre lo bueno, que se debe a vuestra propia culpa, ¿por qué no veis cómo lo restante marcha en derechura por la línea recta que le ha trazado Dios? ¿Acaso habéis visto a las estaciones del año perturbarse? ¿Los calores y los fríos chocar sin consideración? ¿La luz del Sol dejar de iluminar la Tierra? ¿Esta última olvidar en su entraña las simientes que el hombre ha depositado en ella? ¿Habéis visto que cesen los miles de perpetuos milagros que se producen ante nuestros ojos, desde la germinación de la brizna de hierba hasta el nacimiento del niño, que es el hombre del futuro? Empero, si todo marcha bien en lo que depende de Dios, todo marcha mal en lo que del hombre depende. ¿Cuál es el remedio para esto? Muy sencillo: acercarse a Dios, amarse los unos a los otros, unirse, comprenderse y seguir tranquilamente la ruta cuyos horizontes se ven con los ojos de la fe y de la conciencia.

VICENTE DE PAÚL

Observación. Esta comunicación se obtuvo en el mismo centro que la anterior, pero ¡cuán diferente es de aquélla! No sólo por las ideas, sino también en lo que se refiere al estilo. Todo en ésta es justo, profundo y sensato, y por cierto que san Vicente de Paúl no la desaprobaría, de ahí que sea posible atribuirla a él sin temor.

XXXI

¡Adelante, hijos, estrechad filas! Esto significa que la unión hará vuestra fuerza. Vosotros, los que trabajáis en la construcción del gran edificio, vigilad y esforzaos siempre por consolidar sus cimientos, y entonces podréis levantarlo alto, muy alto... En todo nuestro globo es inmenso el progreso. Un número incalculable de prosélitos forman filas bajo nuestra bandera. Muchos escépticos —y aun los más incrédulos— se acercan también.

Adelante, hijos, marchad con el corazón erguido y pletórico de fe. Bella es la senda que seguís. No disminuyáis la rapidez de vuestra marcha. Continuad siempre en línea recta y servid de guías a los que vienen en pos de vosotros, los cuales serán dichosos, muy dichosos...

Id, hijos. No necesitáis la fuerza de las bayonetas para sostener vuestra causa: sólo os es menester la fe. Creencia, fraternidad, unión, he ahí vuestras armas. Fuertes sois con ellas, más poderosos que todos los grandes potentados del universo juntos, pese a sus ejércitos, flotas, cañones y metralla.

Vosotros, que estáis combatiendo por la libertad de los pueblos y la regeneración de la gran familia humana, avanzad, hijos, con coraje y perseverancia, que Dios os ayudará. Buenas noches, y hasta la vista.

NAPOLEÓN

Observación. Napoleón era, cuando estaba encarnado, un hombre grave y serio como el que más. Todo el mundo conoce su estilo breve y conciso. Hubiera degenerado curiosamente si, tras su muerte, se tornara verborrágico y burlesco. Este mensaje pertenece quizás al Espíritu de algún soldado que se llamaba también Napoleón.

XXXII

No, no es posible cambiar de religión cuando no se tiene una que pueda, a la vez, satisfacer el sentido común y a la inteligencia y, sobre todo, que sea capaz de ofrecer al hombre consuelos actuales. No, no se cambia de religión: se cae, de la necedad y la dominación, en la sabiduría y la libertad [sic]. ¡Marchad, marchad, pequeño ejército nuestro! Id, y no temáis las balas enemigas. Porque las que han de mataros no han sido fabricadas aún, si desde lo hondo del corazón permanecéis siempre en la senda de Dios, vale decir, si queréis combatir siempre pacífica y victoriosamente por la buena posición social y la libertad.

VICENTE DE PAÚL

Observación. ¿Quién reconocería a san Vicente de Paúl en este lenguaje, en estas ideas deshilvanadas y faltas de sentido? ¿Qué significa la frase: «No, no se cambia de religión: se cae, de la necedad y la dominación, en la sabiduría y la libertad»? Por lo de las balas que «no han sido fabricadas aún», tenemos la firme sospecha de que este Espíritu es el mismo que firma «Napoleón» en el mensaje anterior.

XXXIII

Hijos de mi fe, cristianos de mi doctrina olvidada por los intereses de las oleadas de la filosofía de los materialistas, seguidme por el camino de Judea, seguid la pasión de mi existencia, contemplad ahora a mis enemigos, ved mis sufrimientos, mis tormentos y mi sangre vertida.

Hijos, espiritualistas de mi nueva doctrina, disponeos a soportar, a desafiar las oleadas de la adversidad, los sarcasmos de vuestros enemigos. La fe marchará sin tregua en pos de vuestra estrella, que os llevará al camino de la dicha eterna, tal como la estrella condujo por la fe a los magos de Oriente hasta el pesebre. Cualesquiera sean vuestras adversidades, sean cuales fueren vuestras penas y las lágrimas que hayáis derramado en ese globo de exilio, tened valor y estad persuadidos de que la alegría que os inundará en el mundo de los Espíritus estará muy por encima de los tormentos de vuestra pasajera existencia. El valle de lágrimas es un valle que debe desaparecer para dar lugar a la brillante morada de la alegría, la fraternidad y la unión, a la que llegaréis por vuestra fiel obediencia a la santa revelación. La vida, queridos hermanos míos de esta esfera terrestre completamente preparatoria, sólo puede durar el tiempo necesario para vivir bien preparado a esa (otra) vida que jamás podrá cesar. Amaos, amaos como yo os he amado y sigo amándoos todavía. ¡Hermanos, valor, hermanos! Yo os bendigo y en el cielo os aguardo.

JESÚS

En estas brillantes y luminosas regiones adonde el pensamiento humano puede apenas llegar, el eco de vuestras palabras y de las suyas [sic] ha venido a golpear mi corazón.

¡Oh! ¡De cuánta alegría me siento inundado al veros, continuadores de mi doctrina! No, nada se acerca al testimonio de vuestros buenos pensamientos. Estáis viéndolo, hijos: la idea regeneradora lanzada por mi antaño en el mundo, perseguida, detenida un momento bajo la presión de los tiranos, avanzará en adelante sin obstáculos, iluminando los caminos a la humanidad, por tanto tiempo sumergida en tinieblas.

Todo grande y desinteresado sacrificio, hijos míos, tarde o temprano ha traído sus frutos. Mi martirio os lo ha demostrado: ¡mi sangre vertida por mi doctrina salvará a la humanidad y borrará las faltas de los grandes culpables!

Benditos seáis, vosotros, que hoy tomáis lugar en la familia regenerada. ¡Id, valor, hijos!

JESÚS

Observación. Sin duda, no hay nada malo en estas dos comunicaciones. Pero ¿acaso Cristo alguna vez tuvo ese lenguaje presuntuoso, enfático y ampuloso? Compárense ambas con la que hemos transcrito antes, que lleva el mismo nombre, y se verá de qué lado se encuentra el sello de la autenticidad.

Todas estas comunicaciones se obtuvieron en el mismo centro. Se advertirá en el estilo una semejanza de familia, giros verbales idénticos, iguales expresiones que se reiteran con frecuencia, como, por ejemplo, «id, marchad, hijos», etc, de donde se puede concluir que es un mismo Espíritu el que transmitió todas ellas, bajo diferentes nombres. En ese centro, sin embargo —formado por personas muy concienzudas, por lo demás, pero un tanto crédulas—, no se hacían evocaciones ni se formulaban preguntas. Se esperaba todo de los mensajes espontáneos, y ya sabemos que no es esa una garantía en cuanto a la identidad de los Espíritus comunicantes. En cambio, si le hubieran hecho preguntas un tanto apremiantes y preparadas con lógica, fácilmente hubiesen puesto a ese Espíritu en su lugar. Pero sabía él que no debía temer nada, ya que no le preguntaban cosa alguna, y aceptaban sin contralor y a ojos cerrados cuanto les decía. (Véase nº 269.)

XXXIV

¡Cuán bella es la naturaleza! ¡Y qué prudente la Providencia, en su previsión! Pero vuestra ceguera y vuestras pasiones humanas os impiden ser pacientes y confiar en la prudencia y la bondad de Dios. Os lamentáis por la más pequeña nubecilla, ante el menor retraso en vuestras previsiones. Sabed, pues, impacientes que dudáis, que nada ocurre sin un motivo previsto siempre, premeditado siempre para beneficio de todos. El motivo de lo que antecede es para reducir a nada, hombres de temores hipócritas, todos vuestros augurios de un mal año para vuestras cosechas.

Dios suele inspirar a los hombres la inquietud por el porvenir para empujarlos a la previsión. Y ved qué grandes son los medios para completar vuestros temores sembrados a propósito, y que casi siempre ocultan intenciones ávidas antes que la idea de un prudente aprovisionamiento inspirado por un sentimiento de humanidad en provecho de los humildes. Ved las relaciones entre nación y nación que de ahí resultarán. Ved qué transacciones deberán realizarse. ¡Cuántos medios vendrán a colaborar para prevenir vuestros temores! Porque, ya lo sabéis, todo se eslabona. Por eso, grandes y pequeños participarán en la obra.

¿Acaso no veis ya, en todo ese movimiento, una fuente de cierto bienestar para la clase más laboriosa de los estados, clase esta de veras interesante, que vosotros los grandes, vosotros los omnipotentes de esta Tierra, consideráis como personas sujetas a impuestos según vuestra voluntad y creadas para proveer a vuestras satisfacciones?

Además, ¿qué sucede después de todo ese vaivén de un polo al otro? Que una vez bien provistos, a menudo el tiempo ha cambiado. El Sol, obedeciendo el pensamiento de su Creador ha hecho madurar en pocos días vuestras cosechas. Dios puso la abundancia allí donde vuestra codicia meditaba sobre la escasez, y pese a vosotros los humildes podrán vivir. Sin saberlo, sin sospecharlo, habéis sido causa de una abundancia.

No obstante, acontece —a veces Dios lo permite— que los malvados triunfen en sus ávidos proyectos, pero entonces es una enseñanza que quiere Dios ofrecer a todos. Desea Él fomentar la previsión humana. El orden infinito que reina en la naturaleza, y el valor ante los acontecimientos, es lo que deben los hombres emular, sobrellevando estos últimos con resignación.

En cuanto a aquellos que, calculadamente, se aprovechan de los desastres, creed que se les castigará por eso. Dios quiere que todos sus seres vivan. El hombre no debe especular con la necesidad ni traficar con lo superfluo. Justo en sus beneficios, grande en su clemencia, demasiado bueno para nuestra ingratitud, en sus designios es Dios impenetrable.

BOSSUET, ALFRED DE MARIGNAC

Observación. Este mensaje no contiene, seguramente, nada malo. Hay en él, inclusive, ideas filosóficas profundas y muy sabios consejos, que podrían engañan acerca de la identidad del autor, a personas poco versadas en literatura. El médium que lo había recibido lo sometió al contralor de la Sociedad Espírita de París y unánimemente le declararon allí que no podía pertenecer a Bossuet. Interrogado al respecto el Espíritu de san Luis, respondió: «En sí misma, esa comunicación es buena, pero no creáis que haya sido Bossuet quien la dictó. La escribió un Espíritu, quizás un poco bajo inspiración, y su autor puso el nombre del gran obispo al pie de ella, a fin de que la aceptasen con más facilidad. Pero, por el lenguaje debéis reconocer la sustitución: pertenece al Espíritu que colocó su propio nombre a continuación de Bossuet». Se preguntó entonces a ese Espíritu el motivo que lo había impulsado a obrar de tal manera, y dijo: «Tenía deseos de escribir algo a fin de permanecer en el recuerdo de los hombres. Viendo que era débil, he querido añadirle el prestigio de un nombre importante.» —Pero ¿no pensasteis que se descubriría que no era de Bossuet? —¿Quién lo sabe nunca con certeza? Podíais engañaros. Otros menos esclarecidos lo hubieran aceptado...

En. efecto, la facilidad con que algunas personas admiten aquello que proviene del mundo invisible con el aval de un nombre respetado, es la que alienta a la superchería a los Espíritus embusteros. Debemos poner toda nuestra atención para poder desenmascarar los ardides de estos últimos, y sólo es posible lograrlo con la ayuda de la experiencia obtenida mediante un serio estudio. De ahí que sin cesar repitamos: Estudiad antes de practicar, porque es este el único medio de no adquirir experiencia a costa de vosotros mismos.

CAPÍTULO XXXII

VOCABULARIO ESPÍRITA

Agénere *(agénére,* del griego *a*, privativo, y *geine*, *geinomai*, engendrar; que no ha sido engendrado)**.** Variedad de las apariciones tangibles. Estado de ciertos Espíritus que pueden adoptar de manera momentánea las formas de una persona viviente, hasta el punto de producir completa ilusión. (Véase nº 125.)

Erraticidad *(erraticité)*. Situación de los Espíritus errantes, vale decir, no encarnados, durante los intervalos entre sus existencias corpóreas.

Espírita *(spirite)*. Perteneciente o relativo al espiritismo. Partidario del espiritismo: el que cree en las manifestaciones de los Espíritus: «un buen espírita, un mal espírita; la doctrina espírita».

Espiritismo *(spiritisme)*. Doctrina basada en la creencia de que existen los Espíritus y sus manifestaciones.

Espiritista *(spiritiste)*. Esta palabra, empleada en los comienzos para designar a los adeptos del espiritismo, no ha sido consagrada por el uso (en francés), ha prevalecido, en cambio, el término *espírita*. En castellano se usan hoy indistintamente.

Espíritu *(Esprit)*. En el sentido especial que les confiere la doctrina espírita, *los Espíritus son los seres inteligentes de la creación, que pueblan el universo más allá del mundo material, constituyendo el mundo invisible*. No se trata, en manera alguna, de seres especialmente creados, sino de las almas de aquellos que han vivido en la Tierra o en otros mundos y que han dejado su envoltura corporal.

Espiritualismo *(spiritualisme)*. Se dice en el sentido opuesto al de materialismo (Academia). Creencia en la existencia del alma espiritual e inmaterial. *El espiritualismo es la base de todas las religiones*.

Espiritualista *(spiritualiste)*. Perteneciente o relativo al espiritualismo. Partidario del espiritualismo. Quienquiera que crea que no todo en nosotros es materia, es un espiritualista, lo que no implica en ningún modo la creencia en las manifestaciones de los Espíritus. Todo *espírita* es necesariamente *espiritualista*, pero se puede ser espiritualista sin ser *espírita*. En cambio, el materialista no es ni lo uno ni lo otro. Se dice: la filosofía *espiritualista*.— Obra escrita que responde a las ideas *espiritualistas*.— Las manifestaciones *espíritas* son producidas por la acción de los Espíritus sobre la materia.— La moral *espírita* deriva de la enseñanza impartida por los Espíritus.— Hay *espiritualistas* que se mofan de las creencias *espíritas*.

En estos ejemplos, el reemplazo del vocablo *espiritualista* por *espírita* ocasionaría evidente confusión.

Estereotito *(stéréotite,* del griego *stéréos*, sólido). Cualidad de las apariciones tangibles.

Golpeador *(frappeur)*. Cualidad de ciertos Espíritus. Espíritus golpeadores son aquellos que revelan su presencia mediante golpes y ruidos de diversa índole.

Medianímico/ ca *(médianimique)*. Perteneciente o relativo a la medianimidad o mediummidad. Cualidad del poder de los médiums. *Facultad medianímica.*

Medianimidad *(médianimité)*. Facultad de los médiums. Sinónimo de *mediumnidad.* Estas dos palabras se suelen emplear indiferentemente. Si se quisiera establecer una distinción entre ellas se podría decir que *mediumnidad* posee un sentido más general, y *medianimidad*, uno más concreto. Posee el don de la *mediumnidad. La medianimidad mecánica.*

Médium (del latín *medium*, medio, intermediario). Persona que puede servir de intermediaria entre los Espíritus y los hombres.

Mediumnato *(médiumat)*. Misión providencial de los médiums. Vocablo creado por los Espíritus. (Véase Capítulo XXXI: «Disertaciones espíritas», comunicación número 12).

Mediúmnico/ ca *(médiumnique)*. Véase «Medianímico, ca».

Mediumnidad *(médiumnité)*. Véase «Medianimidad».

Neumatofonía *(pneumatophonie,* del griego *pneuma*, aire, soplo, viento, espíritu, y *phone*, sonido o voz). La voz de los Espíritus: comunicación oral de los Espíritus sin el concurso de la voz del médium.

Neumatofónico/ ca *(pneumatophonique)*. Perteneciente o relativo a la neumatofonía.

Neumatografia *(pneumatographie,* del griego *pneuma*, aire, soplo, viento, espíritu y *graphó*, yo escribo). Escritura directa de los Espíritus sin el concurso de la mano del médium.

Neumatógrafo *(pneumatographe)*. Médium apto para obtener el fenómeno de escritura directa.

Periespíritu *(périsprit,* del griego *péri*, alrededor). Envoltura semimaterial del Espíritu. En los encarnados sirve de vínculo o intermediario entre Espíritu y materia. En los Espíritus errantes constituye su cuerpo fluídico.

Psicofonía *(psychophonie)*. Comunicación de los Espíritus por conducto de la voz de un médium parlante.

Psicografía *(psychographie)*. Escritura de los Espíritus por medio de la mano del médium.

Psicógrafo *(psychographe,* del griego *psuké*, mariposa, alma, y *graphó*, yo escribo). Persona que ejerce la psicografía: médium escribiente.

Reencarnación *(réincarnation)*. Regreso del Espíritu a la vida corpórea. Pluralidad de existencias.

Reencarnacionista *(réincarnationiste)*. Persona o doctrina que profesa la creencia en la reencarnación.

Sematología *(sématologie,* del griego *sema*, signo, y *logos*, discurso). Lenguaje de los signos. Comunicación de los Espíritus mediante el movimiento de los cuerpos inertes.

Tiptología *(typtologie)*. Lenguaje por medio de golpes: una forma de comunicación de los Espíritus. *Tiptología alfabética*.

Tiptológico/ ca *(typtologique)*. Perteneciente o relativo a la tiptología.

Tiptólogo (*typteur*, del griego *tuptó*, yo golpeo). Variedad de médium apto para la tiptología. *Médium tiptólogo*.

ÍNDICE

· Colección Sendero ·

· TÍTULOS DE LA COLECCIÓN ·

1. El libro de los espíritus,
Allan Kardec

2. Libro egipcio de los muertos,
Versión poética de A. Laurent

3. El libro de los médiums,
Allan Kardec

4. El libro de oro,
Conde de Saint Germain

5. La ciencia de los espíritus,
Eliphas Lévi

6. Tratado elemental de ciencia oculta,
Papus